Reflective Teaching in Early Education
(Second Edition)

幼儿园反思性教学
——有效教与学的十项原则

〔英〕珍妮弗·科尔韦尔（Jennifer Colwell） 等／著
阿曼达·英斯（Amanda Ince）

钱 雨 等／译

中国轻工业出版社

图书在版编目（CIP）数据

幼儿园反思性教学：有效教与学的十项原则／（英）珍妮弗·科尔韦尔（Jennifer Colwell）等著；钱雨等译．—北京：中国轻工业出版社，2022.9
ISBN 978-7-5184-3853-2

Ⅰ.①幼⋯　Ⅱ.①珍⋯　②钱⋯　Ⅲ.①学前教育–教育研究　Ⅳ.①G61

中国版本图书馆CIP数据核字（2022）第005979号

版权声明

Copyright © Jennifer Colwell, Amanda Ince and Contributors, 2021.

This translation of Reflective Teaching in Early Education, 2nd edition is published by arrangement with Bloomsbury Publishing Plc.

> 保留所有权利。非经中国轻工业出版社"万千教育"书面授权，任何人不得以任何方式（包括但不限于电子、机械、手工或其他尚未被发明或应用的技术手段）复印、拍照、扫描、录音、朗读、存储、发表本书中任何部分或本书全部内容，以及其他附带的所有资料（包括但不限于光盘、音频、视频等）。中国轻工业出版社"万千教育"未授权任何机构提供源自本书内容的电子文件阅览、收听或下载服务。如有此类非法行为，查实必究。

总 策 划：石　铁
策划编辑：高　君　　责任终审：张乃柬　　责任校对：万　众
责任编辑：张天怡　　责任监印：刘志颖

出版发行：中国轻工业出版社（北京东长安街6号，邮编：100740）
印　　刷：三河市鑫金马印装有限公司
经　　销：各地新华书店
版　　次：2022年9月第1版第1次印刷
开　　本：787×1092　1/16　印张：26.5
字　　数：310千字
书　　号：ISBN 978-7-5184-3853-2　　定价：88.00元
读者热线：010-65181109，65262933
发行电话：010-85119832　传真：010-85113293
网　　址：http://www.chlip.com.cn　http://www.wqedu.com
电子信箱：1012305542@qq.com
如发现图书残缺请拨打读者热线联系调换
211055Y1X101ZYW

推 荐 序

我和钱雨相识相知于20世纪90年代末，至今已有20多年。那时，钱雨的硕士生导师虞永平主持着教育部"十·五"规划课题《生活化、游戏化的幼儿园课程研究》。该课题开题培训时，虞老师也邀请我参会了。其间，钱雨知道我曾主持过"九·五"课题《我国幼儿园课程体系的研究》，便访问了我，随后在《育儿周刊》上发表了这次访谈。

会后，我俩的交往逐渐密切起来，建立了亦师亦友的亲密关系。我非常喜欢钱雨的勤奋好学：她从幼儿师范学校毕业后在省级机关幼儿园工作了七八年，之后在南京师范大学读了三年硕士，在南京晓庄学院工作一年后又到华东师范大学，师从张华教授攻读博士，继而经哈佛大学联合培养，现在华东师范大学担任学前教育系的教师。

她一直注重通过不断地学习来提升自己。我十分佩服钱雨的乐观坚毅：她在工作和继续读书期间，始终把体弱多病的母亲带在身边。她经历了九死一生的难产，还要面对亲生和非亲生的三个子女，等等。我心疼她的艰难处境，但她面对种种困难，一如既往地积极乐观、毫不气馁，始终保持着对学习和工作的满腔热情。她有着超强的毅力。

她非常信赖和敬重我，我们之间超过了一般师生的情谊。我时常牵挂她和孩子们过得好不好，她每次来南京的第一件事情也是来看望我，与我一起喝茶，聊聊工作和学术的进展，有时还会带孩子一起过来。当然，她有时也会向我倾诉困惑和委屈，我总是耐心倾听并鼓励她目光放远些，心胸放宽些。经过交流后，她依然精神抖擞地面对生活。

我更欣赏钱雨的专业素养和水平，尤其是她那独立的思辨能力。她不仅经历过幼儿园教育工作的实践锤炼，还通过攻读硕士、博士学位获得了理论的提升和架构。她是一位优秀的学前教育专业的青年学者，主持了多个国家和省部级课题，已经出版了

3部专著、2部教材和1部译著，还为孩子创作了一套绘本。

我和钱雨曾合作整理《中华人民共和国幼儿教育60年大事记》，发表在《学前教育研究》上。去年，她出版了《教育全在细节中》[1]一书，以母亲、老师、学者的多重身份，通过讲述陪伴三个孩子成长的故事，彰显了她先进的教育理念和有效的实际经验。今年，她翻译了本书，这是由英国的学前教育理论工作者和实践工作者合作的研究成果。

本书既可以作为理论参考书，又可以当作工具书和实践案例集，适合学前教育领域的实践者和理论研究者共同阅读。书中涉及学前教育的课程、教学、学习、语言发展、环境创设及特殊教育等多个领域的理论，例如，在学习理论中总结了行为主义、建构主义、认知主义、社会—文化学习理论的特征，再结合反思案例，让读者思考这些理论如何影响教师的教学实践和儿童的学习经验。中国文化中的三省吾身，在西方文化语境里和反思性教学有异曲同工之妙。

在钱雨的这一新译作成果闻世之际，我写了几句心里话，一是祝贺，二是期望。衷心祝福钱雨继续做好自己，家庭幸福；也期待她和所有的年轻学前教育研究者能够不断反思、不断学习，为我国高质量的学前教育贡献更多的学术成果。

唐淑

2022年5月于南京师范大学

---

[1] 该书由作家出版社于2021年出版。

译者序

当今,迈向高质量的学前教育已经成为中国学前教育变革的核心。学前教育的高质量决不是指园舍豪华、环境布置精美、游戏材料昂贵……恰恰相反,很多时候,高质量的学前教育可能发生在一个原生态的操场上,一间普通的活动室里,一张摆放着貌似简陋的低结构游戏材料的圆桌前。

所谓的高质量学前教育,关注焦点应当是托幼机构环境是否支持高质量学习,教师是否为儿童提供了高质量的日常教学。更重要的是,作为教育者的我们,是否通过反思性教学点亮了儿童的生命之光,让童年在幼儿阶段呈现它应有的多姿多彩的样貌。反思性教学如同一根魔杖,所指之处春风起、万物生,让平凡的日子拥有魔法的力量。

在本书中,"教学"一词等同于大教学论中广义的教学涵义,包含了整个学前教育过程,而非指狭义的"课堂教学"。书中的"教师"一词包括托幼机构所有的教职工,他们的保教对象是从出生到学前阶段的儿童。书中提出了十项反思性教与学原则,也就是有效教与学原则,部分原则你可能并不陌生,例如:

原则1——有效教与学使学习者在最广泛的意义上终身受益。这意味着要广义地看待学习成果,认真对待平等和社会公正问题。

原则3——有效教与学重视先前的经验和学习的重要性。教与学应该考虑到学习者的已有经验,以便计划他们的下一步。

原则4——有效教与学需要教师为学习提供支架。教师不仅应该在认知层面,还应该在社会性和情感方面提供支持学习者发展的活动。

原则8——有效教与学重视非正式学习的重要性。非正式学习(如校外学习)至少应该被认为与正式学习同等重要。

原则9——有效教与学取决于教师的学习。教师需要不断学习。

多年以来，我坚持不懈地寻找适合学前教育专业人士（包括教师、园长、学前教育专业学生）职前与职后阅读的书籍。我期待有一本能够引导学前教育者自我反思和成长的好书，因为，成为一名反思型教师，意味着我们每一天都在修正自己的人生态度，永远保持年轻的心态，时刻体验成长的快乐。成为终身学习者意味着个体必须保持积极的反思能力。

很多人好奇，我是如何从幼儿园教师成长为大学教授的。很简单，当我还是学生的时候，我就喜欢挑战老师的教学方式，绝不是个传统意义上的听话学生。虽然我看起来又乖又甜，但内心非常独立和坚定。当我成为教师的时候，我也保持着对教材合理性的质疑。我会反思，教材上的某个活动为什么不受儿童欢迎？做哪些调整会带来不一样的后果？就我的个人体验来说，反思能力是一名好老师成长的核心，跟随儿童比跟随教材更加重要。

当"万千教育"的高君编辑向我推荐这本书时，我意外又惊喜。当时，我正打算写一本类似的书，鼓励学生成长为反思型教师。听过我讲授《学前教育学》课程的学生一定记得，十余年来，课程的第一讲始终是"成为反思型学前教育专家"。这门课程曾经获得华东师范大学教学大赛一等奖，我也在课程中和学生不断地反思和成长。

我犹豫着把英文版翻阅了一遍——先看目录，再看小结，最后看了看页数。书的确很厚，几乎面面俱到，包括儿童研究的马赛克方法、国际教师政策的文本、儿童语言发展特点、全纳教育、课程评价……如果翻译它，意味着我要花费整整一年的时间抛下手头的其它书稿和论文。我犹豫着再次翻阅这本英文书，仿佛看到了一个英文版的自己。英国作者所说的，恰好是我自己想说的话，在理论思辨之外，还体贴周全地加入了反思活动和专家问题。

本书共三部分：第一部分建议如何"成为专业的反思型教师"，介绍了有效教与学的十项原则，这部分内容非常适合新教师的入职研讨，也适合给学前教育专业的新生作为补充阅读；第二部分"为学习创造条件"则探讨了如何创设支持高质量教与学的环境；第三部分探讨了课程、教学法和评估这三个重要的教育维度；第四部分回顾了评估和全纳教育的重要性；第五部分探讨了学前教育的作用，提出了反思型教师如何为社会的民主进程做出贡献。本书的每一章都包含理论、研究成果和反思活动案例。例如：

> **反思活动** 6.3
>
> **目的**：和一两位同事一起思考与儿童相处需要的特质。
>
> **证据和反思**：思考你作为学前教师的优势以及拥有的特质。和你一起工作的同事如何与你互补，以确保儿童在环境中得到充分的支持？
>
> **进行"需求分析"**：你和教工团队是否有需要发展的领域？你会怎么做？
>
> **拓展**：和整个团队一起重复并拓展此活动。

这些有趣又有益的反思活动案例可以成为幼儿园教研活动很好的资源，每一章的反思活动都可以成为教研活动时的工作坊主题，供教师与园长研讨、思考和成长，也可以成为学前教育专业新生课堂研讨的主题。

东西方学前教育思想也在这本书中体现了交融，我们追求共同的价值观，对高质量的学前教育有着一致的认识。本书的部分作者来自英国伦敦大学学院，这所著名大学的早期教育专业和华东师大的学前教育系也有着悠久的合作历史。翻译过程中，我也与阿曼达（Amanda）交流了一些术语和细节。我非常期待有朝一日邀请英国作者团队来华，亲眼目睹中国学前教育教师的智慧和反思精神，是如此不同凡响。

《论语》中说"吾日三省吾身"，又云"学而不思则罔，思而不学则殆"。只要拥有反思能力，就会有一颗赤子般纯净的心灵，保持灵魂与精神青春常驻。今天的儿童教育者有多少能力只是一个起点，更重要的是我们能够在反思中不断成长，成为更好的自己。

本书翻译分工如下：第一部分由钱雨、张陈诗媛翻译，第二部分由贾钱玉、孙梦、赵丽翻译，第三部分由海青、钱雨翻译，第四、五部分由朱美玲、李乐翻译，全书由钱雨统一校译和审订。

让我们共同期待中国学前教育走向反思性教与学，期待每一位教师都成为反思型教师，期待教与学的美好相遇让每一间平凡无奇的教室成为学习的奇迹绽放的地方。

钱雨
2022 年春于上海华东师范大学

自 序

"新冠病毒"流行的 2020 年

在本书的终稿基本完成时,肆虐全球的新型冠状病毒肺炎(简称"新冠病毒")改变了世界。儿童的生活发生了巨大的变化,学前教育机构和学校对许多人关闭了大门,社会交往尽可能地减至最少,以减缓病毒的传播。

当然,通过改进检测、追踪、治疗方式以及研发疫苗,病毒最终有望得到控制。然而,这对我们所有人以及学前教育都产生了相当大的影响,而且这情景似乎还将持续一段时间。为了支持教师在这个"新世界"中顺利工作,并确保我们能够提供最新的建议,我们在反思性教学网站上增设了一个板块,专门讨论由新冠病毒流行引发的问题,同时提供了有关最新的实用建议和法规文件的链接,以及有关在困难时期的团队管理和社区隔离时支持儿童社会交往等问题的论文。我们不知道这种情况会把我们带到哪里,也不知道这种支持需要持续多长时间,但我知道,这确实会对所有人的生活产生影响。

对学前教师来说,这种影响将有两个相关但又截然不同的线索。首先,疫情可能会造成人员伤亡,压力和焦虑,以及健康问题、财务问题和沉重的悲伤之情。其次,学前教育环境可能会发生非常显著的变化。最明显的变化是我们需要提供一个安全的环境。尤其是,距离和卫生要求可能会影响儿童与教职工的活动、人际交往和出勤情况。

此外,对儿童和家庭的短期、中期、长期影响可能会过大,但也许不那么明显。有些家庭已经适应并成功应对了疫情,甚至可能享受慢一点的生活节奏以及更多的共度时光。但其他人可能面临着严峻的挑战,在健康、人际关系、就业或财务问题方面承受着相当大的压力和焦虑。总的来说,相当多的证据表明,相对不平等现象在整个英国已经变得日益恶化。作为学前教育工作者，我们需要谨慎应对这些复杂而敏感的问题，回应儿童并与他们的家庭建立联系。

  我们真诚地希望，本书所提供的反思和指导工具将为你在面对个人和专业问题时提供切实有用的支持。

珍妮弗·科尔韦尔和阿曼达·英斯

2020 年 7 月

前　言

本书的第二版在进一步变革的时代面世。与本书的第一版以及反思性教学丛书中的其他书籍一样，我们认为反思性实践在帮助教师理解行业变化以及在决定如何应对这些变化时运用判断力方面起着至关重要的作用。

本书通篇使用"学前教育"一词描述学前教育机构中的实践，其中"机构"一词指的是学前教育发生的所有机构，包括但不限于公立学前教育机构；私立、志愿者创办和独立学校中的学前教育机构；学前班；托儿所；儿童中心等项目运营的托儿所；学园和免费学校。在这些机构中工作的成人被称为教师，我们用"教师"一词包括所有的教职工，他们的保教对象是从出生到7岁的儿童，无论工作背景或职称如何，他们都精心地支持儿童的学习与发展。考虑到这一职业范围之大，教师可能会扮演各种角色，包括园长、主班教师、教研主任、配班教师和保育员。本书建立在这样一个信念之上，即无论处于何种机构，无论角色如何，儿童都有权获得由致力于反思性实践的专业人员引领的高质量的学前教育。

我们认为，教师和儿童之间充满关爱的关系必须是各类学前教育机构教育的基础，如果没有提供支持情感的环境，就不可能支持儿童的学习与发展。因此，我们应该意识到，把"关爱"和"教育"放在对立的两端是错误的二分法，认知发展、身体发育、社会和情感发展都是学前教育的重要内容。

与儿童的父母、照护者和家人一起，学前教师会在儿童的成长时期发挥非常重要的作用。大量研究表明，高质量的学前教育对儿童未来的生活与教育成就具有持久的益处，尤为有力的证据表明，早期教育干预对处于社会经济不利环境中的儿童具有积极影响。为了支持这项工作，本书提供了三条关键信息。

第一，在大多数情况下，我们能够分辨出一种实践形式比其他实践形式更有效。因此，可以通过收集证据并在实践中进行调查和评估来发展、改进、推广和维护专业知识。

第二，有关有效实践的证据应该得到进一步阐释。作为教师，除了掌握有关教学策略的知识外，我们还需要能够识别这些策略背后的理论，从而理解自己的所作所为及其原因。

第三，学前教育具有道德目的和社会效应。学前教育与未来的社会、个人的幸福和成就感有关，更重要的是，与儿童的生活极其相关。这些问题均需要经过深思熟虑。

因此，反思性教学对于发展学前教育至关重要。本书提供了两个层次的支持以促进反思性实践：

- 针对学前教育实践中的关键问题提供全面的循证指导，包括儿童发展、关系建立以及教学策略；
- 特定的循证原则和概念有助于支持教师深入理解理论，并为学前教育实践提供指导和支撑。

本书概述

本书包括以下四部分内容。

"**第一部分　成为专业的反思型教师**"审视了我们作为学前教师的角色。其中，第1章重点反思了我们自身，以及作为学前教师，我们能为儿童、家庭和社会做出的贡献。第2章介绍了理解"学习"的方法，以及儿童是如何认识和理解的。第3章聚焦于反思性实践，讨论了反思的过程，以及个人和团队如何发展这一过程，从而提高教育质量。第4章介绍并探讨了有效教与学的十项原则，以及它们如何提供一个框架来发展和回顾学前教育实践。这些原则来自英国的一项重要研究和发展项目——教与学研究项目（Teaching and Learning Research Programme，TLRP，2000—2012），并借鉴了世界各地的研究证据。

这四章内容共同支持了反思的过程，有助于我们理解自己和自己的行为，思考我们做什么和为什么这样做，并为反思过程引入结构框架。此外，通过讨论有效教与学的十项原则，我们对学前教育实践的指导和支撑理论有了更深入的了解，从而启发了我们的反思。

"**第二部分　为学习创造条件**"探讨了创设支持高质量教与学的环境。我们从思索教育中重要的环境因素（第5章）开始，然后转向生活的核心，重点关注人际关系（第6章）。第7章以此为基础阐述了如何创造积极的行为循环。最后，我们讨论了一系列室内外的学习空间（第8章），以及它们为正式和非正式学习所提供的支持。

"第三部分 为学而教"通过三个经典的教学维度——课程、教学法和评估，以支持教育实践的发展。第9章首先探讨了学前教育课程的优点和挑战，继而回顾了其目标和设计原则。第10章将这些想法付诸行动，并为各年龄阶段的学前儿童制订短期、中期和长期计划。第11章提供了一些方法，从而帮助大家理解教学的艺术、技巧和科学方法，以及教育专业知识的发展。第12章拓展了这一点，介绍了听、说、读、写在整个课程中的重要作用。最后，本部分阐述了评估如何成为学前教学中不可或缺的一个方面（第13章）。

"第四部分 反思成果"聚焦于教师教学行为的结果。第14章回顾了评估，尤其是在评估儿童的需求和进步时，我们应该如何与家长合作。第15章要求我们考虑不同方面的差异，强调接受差异作为人类客观条件的一部分，以及如何建立全纳的社区，而这反过来将有助于发展全纳的社会。

"第五部分 深入理解"是本书最后的总结部分。它通过对专业知识和专业精神的讨论来整合一些重要议题。第16章整合了前几章的有力观点，构成了学前教与学中经典问题的整体性概念框架。第17章探讨了学前教育在社会中的作用，并提出了反思型教师如何为民主进程做出贡献。

如何使用本书

本书包含许多通过培训和专业发展来支持学生与专业人员的专题。每章基于教师的经验和当下的研究对关键问题进行了介绍与探讨。

反思活动：该部分包括对目标、方法和拓展内容的全面阐释。你可以单独实践，也可以与同事或同学一起完成。

> **专家问题**
>
> 专家问题是什么？
>
> 这些问题散落在本书的各处，旨在促进教师思考，挖掘概念分析的潜力。这些问题也被纳入第16章进行集中讨论，并对本书中提供的知识进行强化。

案例研究：该部分旨在提供教师活动的真实示例，包括教师的经验与研究，可以帮助我们将理论与学前教育机构中的日常教育实践联系起来。

有效教与学的原则：英国教与学研究项目提出了十项"循证教育原则"，旨在支持教育者的专业判断。这些原则贯穿于整本书，第4章对其进行了详细讨论，明确了大多数教师和研究人员一致同意的有效教学的持久特征。

研究总结：该部分概述某个研究项目或研究主题积累的系列论据，揭示了推动专业知识发展的理论。

本书作者团队

希望本书提供的信息和原则对你有所助益，鼓励你和他人尽可能地开展合作。我们建议你与一位同事或其他同学合作，将书中提供的反思活动应用于实践，以拓展思维。我们已经这样做了，因为我们坚信，借鉴他人的经验、知识、想法与专业知识有助于扩展自己的知识和发展思维。在本书的撰写过程中，我们运用了这种方法——共同努力以拓展思维，整合知识，全面概述当下学前教育实践和服务面临的关键问题。本书作者团队的信息如下。

珍妮弗·科尔韦尔（Jennifer Colwell）博士是英国的一位教育顾问和作家，研究重点是反思性实践、教师如何支持儿童社会能力的发展，以及这些能力如何影响儿童的学习。

阿曼达·英斯（Amanda Ince）博士现任英国伦敦大学学院教育学院首席研究员，通过提供培训、指导以及支持行动研究项目，与伦敦和东南部的学前教育机构以及小学建立了密切的合作。

海伦·布拉德福德（Helen Bradford）博士是一位独立的英国学前教育顾问，也是0—3岁婴幼儿方面的专家，目前在大学从教，研究兴趣包括幼儿发展、语言和读写能力发展。

海伦·爱德华兹（Helen Edwards）博士曾是一位英国教师和幼儿园园长，现在是基础阶段论坛和某在线学习期刊的联合创办者与管理者。

朱利安·格雷尼尔（Julian Grenier）博士是英国纽汉谢灵厄姆幼儿园和儿童中心的校长，也是合作教学学校联盟的联合创始人。

埃莉诺·基托（Eleanor Kitto）博士是英国伦敦大学学院教育学院的高级研究员（早期教育专业），与学前教育机构和小学教职人员密切合作为行动研究项目提供支持。

尤妮斯·拉姆斯登（Eunice Lumsden）博士是英国北安普顿大学早期教育专业负责人，也是高等教育协会的高级研究员、皇家艺术学会研究员，并在联合国教科文组织专家小组中担任顾问。

卡特里奥娜·麦克唐纳（Catriona McDonald）是英国阿伯丁大学的高级讲师，儿童教育实践学士学位和学前教育硕士学位的项目负责人，对儿童通过游戏进行主动学习特别感兴趣，这种学习为支持儿童学习与发展提供了整合的、全面的方法。

朱丽叶·米克尔伯格（Juliet Mickelburgh）曾是一位英国早期教育教师，现在是一本儿童读物的作者，以早期教育作者和编辑的身份为基础阶段论坛工作。

玛丽·莫洛尼（Mary Moloney）博士是爱尔兰利莫瑞克大学伊玛克特教育学院反思性教学和儿童早期研究学院的讲师，研究兴趣包括学前教师教育、国际政策与实践、专业化、管理和全纳教育。

希拉·纳特金斯（Sheila Nutkins）是英国阿伯丁大学教育学院的高级讲师、教育硕士（荣誉）专业负责人，参与所有初级教师教育课程以及儿童教育实践学士学位和幼儿教育硕士学位的学生教学、培养和支持工作。

约安娜·帕拉约洛古（Ioanna Palaiologou）博士是英国伦敦大学学院教育学院的学术助理、儿童发展方面独立的心理咨询师，研究重点是学习心理学、游戏、数字技术以及幼儿教育学和伦理学的影响。

德博拉·普赖斯（Deborah Price）是一位英国退休讲师和作家，专注于学前教师平等方面的写作，最新的工作重点是帮助悲伤和失落的儿童。

丽贝卡·斯温德尔（Rebecca Swindells）是英国东萨塞克斯郡蓝门幼儿园和蓝门思维咨询公司的常务董事，拥有教育学硕士学位以及多年的学前和小学教育经验。

目 录

第一部分　成为专业的反思型教师 / 001

第1章　身份——我们是谁，我们支持什么 ········· 002
　　引言 ·· 002
　　教师的自我认知 ································ 003
　　了解儿童 ······································ 015
　　通过生活进行学与教 ···························· 023
　　结语 ·· 024

第2章　学习——如何理解学习者的发展 ········· 025
　　引言 ·· 025
　　学习过程 ······································ 026
　　先天、后天和能动性 ···························· 033
　　后天、先天和能动性 ···························· 041
　　评估学习 ······································ 047
　　结语 ·· 050

第3章　反思——如何提高教学质量 ············· 051
　　引言 ·· 051
　　困境、反思、有效性和质量 ···················· 053
　　反思性实践的意义 ······························ 061
　　结语 ·· 075

第 4 章	原则——有效教与学的基础是什么	077
	引言	077
	循证教育原则	077
	有效教与学的十项原则	080
	结语	096

第二部分　为学习创造条件 / 097

第 5 章	环境——实然与应然	098
	引言	098
	社会环境	100
	个人和能动性	115
	结语	118

第 6 章	关系——如何相处	119
	引言	119
	机构中的关系	120
	学习中的关系	131
	改善园所氛围	136
	结语	139

第 7 章	参与——如何管理行为	140
	引言	140
	理解行为	141
	行为管理：教师的经验	147
	行为管理：实践指南	156
	结语	161

第 8 章	空间——如何创设学习环境	163
	引言	163
	学习环境	164

布置学习空间 ··· 173

　　学前教育中的技术运用 ·· 182

　　结语 ··· 186

第三部分　为学而教 / 187

第 9 章　课程——学前教育教什么 ······································ 188

　　引言 ··· 188

　　思考课程 ··· 189

　　儿童的学习：发展与课程 ··· 205

　　学前教育中的课程实践 ·· 210

　　结语 ··· 213

第 10 章　计划——如何实施课程 ······································· 214

　　引言 ··· 214

　　为游戏教学法制订计划 ·· 216

　　制订计划的过程 ·· 225

　　保教评价 ··· 229

　　结语 ··· 236

第 11 章　教学法——如何制定有效策略 ······························· 238

　　引言 ··· 238

　　"教学法"是什么 ·· 238

　　教学艺术、技巧与科学 ·· 241

　　教学法、知识与学习 ··· 246

　　促进学习者发展 ·· 253

　　教学本领 ··· 257

　　制定系列课程 ·· 261

　　结语 ··· 263

第 12 章　交流——语言如何支持学习 ·············· 264

引言 ·············· 264
语言有效发展的特点 ·············· 265
语言与学前教育实践 ·············· 266
创设适宜的环境支持交流与早期语言发展 ·············· 270
语言与学习 ·············· 273
语言发展与广泛的思考 ·············· 281
结语 ·············· 286

第 13 章　评估——评估如何促进学习 ·············· 287

引言 ·············· 287
评估、学习与教学 ·············· 288
通过评估支持学习的策略 ·············· 294
评估中的家庭参与 ·············· 301
结语 ·············· 305

第四部分　反思成果 / 307

第 14 章　教学成果——如何评估学习成就 ·············· 308

引言 ·············· 308
关于评估的观点 ·············· 309
评估的目的与价值 ·············· 315
行动中的评估 ·············· 322
结语 ·············· 325

第 15 章　全纳——如何创造学习机会 ·············· 327

引言 ·············· 327
差异的不同方面 ·············· 329
实践与过程 ·············· 339
结果 ·············· 347

结语···348

第五部分　深入理解 / 351

第16章　专业知识——概念工具如何让职业生涯充满魅力·······················352
　　　引言···352
　　　教育目标··358
　　　社会背景··361
　　　教育过程··366
　　　学习成果··371
　　　结语···374

第17章　专业化——反思性教学如何为社会做出贡献·······························375
　　　引言···375
　　　专业化与社会···376
　　　教育与社会···387
　　　结语···398

参考文献　// 401

第一部分
成为专业的反思型教师

第 1 章　身份——我们是谁，我们支持什么

第 2 章　学习——如何理解学习者的发展

第 3 章　反思——如何提高教学质量

第 4 章　原则——有效教与学的基础是什么

要成为真正的反思型教师，我们需要思考我们是谁、立场是什么，以及我们的行为可能带来的后果。

第 1 章重点反思了我们自身，以及作为学前教师，我们能为儿童、家庭和社会做出的贡献。第 2 章介绍了理解"学习"的方法，以及儿童是如何认识和理解的。第 3 章聚焦于反思性实践，以及个人和团队如何发展这一过程，从而提高教育质量。第 4 章介绍并探讨了有效教与学的十项原则，以及它们如何提供一个框架来发展和回顾学前教育实践。这些原则来自英国的一项重要研究和发展项目——教与学研究项目，并借鉴了世界各地的研究证据。

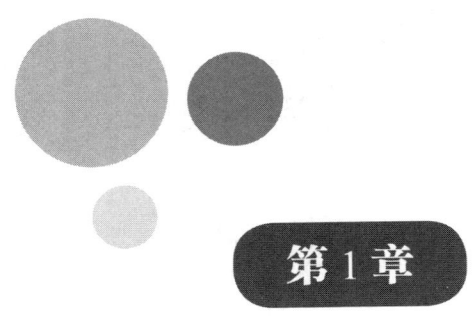

第1章

身份——我们是谁,我们支持什么

引　言

本章关注学前教育机构中的教师、儿童,以及我们对自己和他人的感觉与看法。

我们在这里探讨的一个关键问题是"身份",即作为专业人员,学前教师在角色和地位不断演变的大背景下所拥有的特征。我们分析了成人和儿童的身份如何相互关联,以及我们的身份怎样与迎面而来的文化、机会相互联系。为了理解彼此的身份——尤其是自我的身份,我们必须考虑个人生活经历如何塑造我们成为什么样的人,以及我们如何看待世界和他人。

本章首先关注学前教师的角色,以及自己和他人是如何感知这些角色的。我们反思了选择学前教师这一职业的原因,以及可能形成和维系教育实践的价值观。我们探讨了围绕"专业"这一术语和含义所展开的争论,介绍了关于学前教师复杂角色的已知信息以及如何应对这种复杂性。本节也表达了一个信念——我们总是可以通过做些什么来提高教育质量,从而造福同事、儿童及其家庭,甚至我们自己。

其次,重点思考了儿童。我们思考自己的价值观,即决定哪些事情重要所依据的原则和标准,会如何影响我们对儿童及其学习的看法,以及我们对他们的期望。我们发现,这些期望可以不断地被挑战,以确保实现我们最热切的梦想,心有猛虎,细嗅蔷薇。

之后,探讨了学前教育是如何影响儿童成长的,以及儿童的学前教育经历如何影响他们的生活和未来的教育成就。本节最后讨论了反思型学前教师的职业发展,包括将个人价值观与实践相匹配的愿景。

最后,指出与本章相关的基于实证研究的若干"原则"。我们在每一章的开头呈现这些原则。第4章详细介绍了这十项原则的起源、发展,以及它们如何支持教师深入理解学前教育理论。

> **有效教与学的原则**
>
> 以下原则与本章所阐述的学前教育中的身份和价值观尤其相关。
>
> **原则1:有效教与学使学习者在最广泛的意义上终身受益。** 学习的目的应该是帮助人们开发智力、个人和社会方面的资源,从而成长为积极的公民,为经济发展做出贡献,并在多样化和不断变化的社会中茁壮成长。这意味着要广义地看待学习成果,并认真对待平等和社会公正问题。
>
> **原则9:有效教与学取决于教师的学习。** 教师需要不断学习,特别是通过课堂探究来发展知识和技能,并适应与发展教师这一身份。这一点应得到承认和支持。

教师的自我认知

成为一名学前教师

当你看到一个个孩子日益走出自我、结交朋友,与世界、彼此建立联系时,他们所取得的点滴进步都是对教师的奖励。

我曾经教过非常年幼的特殊儿童——我所有的假期都在从事这种工作——我知道那就是我想做的事情。

每个人都非常投入,非常专注于自己在做的事情。

(儿童中心托儿所的教师;Beaumont,2008,pp. 142—149)

有许多原因让人们选择在学前教育机构工作。英国学前教育机构多种多样,从大型公立或私营的托儿所、幼儿园到小型家庭机构,为未来的学前教师提供了大量选择。

然而，与一些其他国家学前教师以及英国的中小学教师相比，伴随着英国学前教育机构多样性的，是颇低的工资和通常较为简陋的工作条件。尽管如此，人们还是基于各种原因选择在学前教育机构工作。事实上，越来越多的人认识到学前教师这一角色的价值，儿童在学前教育中的经历对其一生的积极影响日益得到人们的理解和认可（OECD[1]，2017）。

学前教师进入该行业的动机包括：

- 喜欢并希望和儿童在一起；
- 热爱学习和教学；
- 了解儿童的每一个发展里程碑；
- 对儿童教育怀有道德使命；
- 受到学校、大学或家庭的影响；
- 将工作与照顾自己的孩子相结合。

"喜欢孩子"通常是那些选择在学前教育领域工作的人的一个强烈动机，也是桑顿等人（Szanto et al.，2003）在对学前教育从业者的一项研究中最常引用的原因。这也呼应了桑顿等人长期以来对学前教师所需素质的描述，以及莫伊尔斯（Moyles）所描述的学前教师支持儿童教育的热情。

除此之外，广义而言，学前教师喜欢有机会分享有关学习的热情，人们或许尤其会被学前教育阶段潜在的自由和创造力吸引，在这一阶段，对儿童发展的全面关注得到了明确阐述，并且鼓励令人兴奋的、积极又好玩的室内外学习环境。这些观念可以在特定机构的教育目标中体现，或者蕴含在特定的教学法或教育哲学中，比如蒙台梭利教育法（参见 O'Donnell）或华德福教育法（参见 Ullrich）。

学前教师可能希望与处于社会经济劣势的家庭和儿童一起努力，为改善这些弱势儿童的人生做出贡献。为支持儿童特定方面的发展与学习所产生的工作机会也会引起人们对其他方面的关注，如对早期沟通和语言的关注或对特殊教育需求的兴趣，发现为儿童提供早期支持以及与家庭密切合作如此重要。本书第 17 章将讨论学前教育实践与社会之间的联系。

---

[1] 英文全称为"Organization for Economic Co-operation and Development"，即经济合作与发展组织，中文简称"经合组织"。——译者注

学校、大学和家庭也是影响人们选择在学前教育领域工作的重要因素。重要的是，必须承认"学前教育是女性行业"这一观念对学前教育领域有着很大影响，学校教师和家庭成员往往建议年轻女孩从事学前教育工作。2018年，英国学前教师中女性仍然占绝大多数，男性教师仅占7.4%，其中1.8%的男性是托幼机构的保育员和助教（Bonetti，2019）。这种情况不可避免地与人们所认为的女性、母亲和有偿照护工作之间的"自然"关系密不可分（参见Spencer-Woodley）。一位教师说："我过去很喜欢和姐姐的孩子们玩——我妈妈总是说我应该做保姆或照顾小孩子，因为我很有耐心。"（Szanto et al.，2003，p. 20）

反思活动 1.1

目的：反思你从事学前教育工作的决定。

证据与反思：写一个简短的总结，描述你第一次接触儿童时的感受。如果可以，也记录一下你在获得资格或完成初始训练时的感受。这只针对你自己，所以要坦诚。阅读你所写的内容，并在你记下的特定价值观上做标记。把这些列出来，试着找出导致这些价值观形成的个人经历，以及为什么它们如此重要。例如，确保儿童有时间游戏——因为我担心他们没有足够的自由游戏机会。

拓展：你可能会发现，与同事或同学分享一些想法并讨论"成为学前教师"的动机是有帮助的。

你也可能会发现，其中一些原因比其他原因更实际。例如，我选择这份工作是因为它让我既保留工作，又可以去学校接送女儿。像这样的原因不需要评判对错，我们都是基于多种因素做出决定的。

思考你的动机和价值观是如何随着时间推移而发生改变的，这可能会很有趣。

对学前教育工作者的性别固化贯穿于这一领域的各个层面。2017年，英国教育部（Department for Education，DfE；p. 24）指出："我们希望儿童在学前教育机构里既有男性榜样，又有女性榜样……希望更多的男性选择在学前教育机构工作。"然而，认为女性比男性更适合照顾儿童的观念持续影响着职场。佩恩和麦奎尔（Penn & McQuail，1997）的一项研究通过访谈一些实习教师来探讨其对儿童保育的观点。受访者提到对这一工作很重要的个性品质包括"耐心、善良、理解、宽容、灵活性、一致性和可靠性",他们将这些品质与"母亲"的特质联系起来。

英国的纳特布朗（Nutbrown，2012）指出，在学业上学习吃力的的年轻女性选择将幼儿教育而非学校教育作为自己的职业，有助于延续这种观点，即学前教师依靠女学生们天然的特质，而不是通过培训获得的实践能力（Szanto et al.，2003，p. 66）。关于男性是否适合担任儿童保教专业人员的辩论进一步加强了这种观点，且这一辩论受到简单化、不加批判地对待性别与性问题的方式困扰（Robb，2019，p. 233）。男性的性取向受到质疑，并被认为从事学前教育工作可能是由于不当的性动机（Rolfe et al.，2003）。这种观点，以及学前教育与女性从业者的强烈关联，或许是男性选择这一职业的巨大阻碍。

我甚至从来没有想过我会从事儿童教育工作，因为这份工作从不被认为是在校男生的职业选择，可以这么说，我选择这份职业是意外的。

当我在攻读学位时，我和一位有小孩的同学住在一起，我帮忙照顾他的小孩。我发现我很享受这个过程，因此我决定将学前教师作为职业。现在我有了自己的孩子，为了能积极地参与他们的成长，我兼职工作，这对我来说是一种生活方式，但在很多人眼里这是一种不寻常的选择。（Szanto et al.，2003，p. 21）

反思活动 1.2

目的：思考你对男性、女性和学前教师特征的认知。

证据与反思：想出一位你所欣赏的女性或男性，不一定是学前教育工作者，但必须是你认识的人。列出其性格中的关键品质，如诚实、体贴、可靠。

现在列举一位有效的学前教育者的关键品质。

这些品质有什么相通之处？有哪些不同之处？这对你的观点和行为有哪些启示？你还能从中了解到什么？

拓展：这些信息如何影响你对于学前教师职业的性别刻板印象？

最近，越来越多的研究试图了解男性进入学前教育领域的潜在好处。这些研究有多样化的发现：一项来自奥地利的研究认为，男女混合的教师团队所教育的儿童的社交互动显著高于纯女性的教师团队（Huber & Traxl，2018）。该研究还发现，在学前教育团队中，男孩被男教师吸引的频率明显更高。同时，艾格纳等人（Aigner et al.，

2013）发现，相对于女性照护者，男性照护者会提供更放松的日常活动安排。这些迹象表明，从事学前教育工作的男性非但没有任何不利因素，反而有大量潜在的优势。男性应该被自然地接受为学前教育师资的一部分（Rohrmann，2016，p.201）。

学前教育中的价值观

我们每个人关于学前教育的重要性和作用的价值观，对于维持我们作为学前教师的动机和抗逆力至关重要。影响我们实践的价值观不一定是明确的，但至少有三个相关原因来明确价值观，这些原因与发展反思性实践紧密相关。首先，明确价值观有助于评估我们的信念是否一致，以及在协调同事之间可能存在的差异方面是否一致。其次，它可以帮助我们评估和应对外部压力，例如，如何应对政府政策的变化。最后，它可以帮助我们评估自己的信念与实际做法是否一致，例如，我们可能说倾听儿童很重要，但是在忙着完成计划好的活动时，我们真的在倾听吗？

反思活动 1.3

目 的：反思指导你实践的价值观。

证据与反思：列出你的核心价值观，这不是别人期望你做或你不得不做的事情。你应该思考：什么对你来说是重要的？在与儿童/职业/同事的互动和关系中，你认为什么是重要的？

想一想你是如何调整自己的实践的，或采取行动消除导致你的行为偏离价值观的因素。

拓 展：想一想，在一天中不同的时间与不同的儿童互动时，你的做法和价值观总是一致的吗？

除了个人价值观，在特定环境下工作可能要求我们遵循特定的行为准则、标准或指导性文件，这些文件阐明了特定的学前教育服务的价值承诺，如表1.1所示。之所以要为专业实践制定规范和标准，其中一个原因是它们为专业人员和广泛的受众清楚地阐明了学前教育工作者的实践准则。

表 1.1 专业标准和行为准则

英格兰 教师标准	教师应始终表现出高标准的个性品质和职业操守，并通过以下方式维护公众对其职业的信任，在学校内外保持高标准的道德和行为： • 尊重学生，建立起植根于相互尊重的关系，并始终遵守与教师专业职位相适应的适当界限； • 根据法律规定，维护学生的福祉； • 表现出对他人权利的宽容和尊重； • 不破坏英国的基本价值观，包括民主、法治、个人自由和相互尊重，以及对具有不同信仰和信念的人的宽容； • 不以利用学生的脆弱性或可能导致他们违法的方式来表达个人信念； • 必须对所从教学校的风气、制度和实践给予适当和专业的尊重，并在出勤和守时方面严格要求自己； • 必须了解并始终遵从有关职责的法定框架。
学前教育专业 师范生职业 能力	学前教育专业师范生将通过实习、观察实践和学业考核获得九项能力。他们将了解以下内容的重要性： • 拥护儿童的权利和参与； • 促进儿童整体发展； • 直接与儿童、家长和同事合作以促成健康、幸福、安全和具有培育性的保育； • 观察、倾听并为儿童制订计划，以支持他们的健康成长、早期学习、发展和过渡； • 保护儿童的安全； • 实践融合教育； • 与父母和其他照护者建立伙伴关系； • 与他人合作； • 持续的专业发展。
公立大学的 教学和领导	学前教师把教育和照顾婴幼儿作为首要任务。他们有责任在专业实践和行为中达到尽可能高的水平。儿童保教专业成绩优秀的毕业生，以及经测评符合从出生到早期基础阶段教育体系[1]（Early Years Foundation Stage，EYFS）结束的所有实践标准的毕业生将获得学前教师资格。学前教师要正直、诚实，有扎实的儿童早期发展知识，同时保证更新自己的知识和技能，具备自我批判能力。 学前教师要认识到关键阶段 1 和关键阶段 2[2] 的课程与早期基础阶段的课程是连续的。同时，要与父母或其他照护者建立积极的职业关系，共同致力于实现儿童利益的最大化。

---

[1] 服务对象是 0—5 岁儿童。——译者注
[2] 英国教育阶段分为：关键阶段 0，指幼儿园阶段，通常称为基础阶段；关键阶段 1，指 1—2 年级（5—7 岁）；关键阶段 2，指 3—6 年级（7—11 岁）；关键阶段 3，指 7—9 年级（11—14 岁）；关键阶段 4，指 10—11 年级（14—16 岁），结束考试被称为"普通中等教育证书考试"；关键阶段 5（通常被称为第六学级），指 12—13 年级（16—18 岁），结束考试包括中学高级水平考试、中学准高级水平考试、国家职业资格考试和国家高等教育文凭考试。——译者注

（续表）

公立大学的教学和领导	学前教师必须： • 设定高期望来激励、鼓励和激发所有儿童； • 促进儿童取得良好的进步和成果； • 展现出有关早期学习和早期基础阶段教育的良好知识储备； • 基于所有儿童的需要制订保教计划； • 根据所有儿童的长处和需要调整保教实践； • 准确、有效地评估； • 保障和促进儿童的幸福，提供安全的学习环境； • 履行广泛的专业责任。
苏格兰教育	从整个框架来看，"我们的早期学习和保育太棒了"。 自我评价是学前教育机构中一切工作的核心。所有教师都要积极地持续评估和改善学前教育机构。 • 儿童、父母/照护者和家人的观点被有效地用于改善生活和工作环境。 • 机构中每个人关于机构的优点和改进需求的观点一致。 • 父母/照护者可以通过定期参加一系列正式或非正式的活动来支持机构的改进。 • 所有教师都把监测和评估儿童的学习质量、追踪儿童的进步和成就作为工作重点。他们作为一个团队进行有效的工作。 • 机构中具备一种通过分享实践、同伴支持和挑战而形成的强烈的改进精神。 • 所有教师的专业学习都与自我评价结果及确定的有待改进之处相关。 • 教师在评价和改进活动中，其内心和外在行为都会有所变化，同时他们具有前瞻性。 • 教师有效利用来自学习共同体以及苏格兰等地的最新研究信息，以促进专业学习与发展。 • 教师对所有儿童及其家庭都有很高的期望，并采用多种多样的方法评估儿童在整个学习过程中的进步。
北爱尔兰学前教育课程指南	学前教师要关心每个儿童的整体发展，并对其充满兴趣，必须： • 了解儿童是如何学习与发展的，以拓展和加强他们的学习； • 了解每个儿童的背景和需求，并将这些信息放在学前教育的首要位置； • 灵活处理，且维护儿童的幸福，培养儿童的自尊。 成人在支持儿童学习方面起着至关重要的作用。一日生活安排要十分灵活，给予儿童充足的时间。教师应该： • 考虑儿童的年龄和发展阶段； • 回应所有儿童在一年里不断变化的需求； • 特别关注那些在机构中自信心不足的儿童，帮助他们熟悉一日常规，形成归属感。

（续表）

北爱尔兰学前教育课程指南	园长/主任应该以身作则，为机构中其他工作人员树立榜样。他们还应与父母/监护人/照护者保持联系，以实现儿童的利益最大化。 反思与评价教育实践是改进学习和教学的核心。要定期讨论如何取得进步，并做出促进儿童学习的决定。
威尔士政府	教学的专业标准与领导力 • 教育理念：教与学是至关重要的 教师始终通过逐渐影响学习者和改进教学来帮助学习者获得最佳成就。 • 合作：使有效的教学方法得以传播 教师要抓住机会与所有学习伙伴进行富有成效的工作，以提高专业效率。扮演领导角色的教师要营造一种相互支持的氛围，在这种氛围中，有效的合作要在学校内外蓬勃发展，以传播有效的教学方法。 • 领导力：促进有效的教学方法持续发展 教师通过专业活动的各个方面发挥领导作用，以支持学校内外的其他人努力实现威尔士的教育目标。 • 创新：推动教学方法不断发展 教师要采用创新的观点，以控制和测评方法与技巧来改善教学成果。 • 专业学习：让有效的教学方法更加深入 教师要不断扩展知识、技能和理解，并展现反思以及对挑战和支持抱有开放态度是如何支持专业学习，以推动教育学的逐步发展的。

自21世纪以来，越来越多的国际研究文献继续强调高质量的学前教育对儿童后续发展的持久、积极的影响，例如，经合组织的"强势开端[1]报告"以及英国学前教育有效准备研究项目[2]（EPPE）和有效学前、中小学教育项目[3]（EPPSE）针对3—16岁以上儿童的报告。有鉴于此，高质量的教育需要高质量的教师（Mathers, Singler, & Karemaker, 2012）。

这类研究促使人们更加了解拥有合格资质的学前教师的重要性，导致学前教育领域教师资格水平的提高，取得本科和硕士资格的教师人数大幅度增加。然而，在英国，高学历的教育工作者数量最近在下降，尤其是私立教育机构的教师人数，教师流动率很高（NDNA[4]，2019）。救助儿童会（Save the Children，2018）的研究表明，英格兰当前的学前教师短缺数量达到1.1万名。这引发人们担忧儿童将不能获得高质量的

---

[1] 英文为"Starting Strong"。——译者注
[2] 英文为"Effective Provision of Pre-school Education"。——译者注
[3] 英文为"Effective Pre-School, Primary and Secondary Education Project"。——译者注
[4] 英文为"National Day Nurseries Association"，即英国的日托托儿所协会。——译者注

学前教育，从而导致他们在开启法定的小学教育之前面临更大的"落后"风险。社会不平等有可能永久存在。

多年来，一直有人呼吁为学前教师开发更多有意义的职业路径（Tickell，2011），并呼吁不同路径的薪酬待遇保持一致。开发如果成功，将可能鼓励更多人从事学前教育工作，并支持他们留在这个领域。

至少在某些国家，认可学前教育在儿童生活和社会中的作用与认可学前教师及其工作作用之间存在脱节，探究其原因十分重要。毕竟，如果学前教育者的幸福感低，觉得自己不被重视，或者觉得报酬过低而离开这个行业，就可能对儿童及其家庭生活产生不利影响。投资学前教育已被证明对社会和经济发展都有好处，这是一个全社会都关注的问题。据计算，为高质量的学前教育每投入1美元，将产生8.90美元的收益，这相当于到2050年，总收益超过3000亿美元（Lynch & Vaghul，2015）。

我们可以在提倡学前教育并尽可能地为儿童和家庭提供高质量的学前教育方面发挥作用（这些问题将在第17章中详细讨论）。实现这一点的一个重要步骤是培养反思型教师。我们必须识别和理解自己的个人价值观和信念、它们如何与我们的实践相关联，以及它们一直以来甚至未来将如何受到个人经验、环境和理解的影响。我们需要有自我意识和"反思性"，从而能够质疑自己，这是反思性实践的一个重要元素。尽管后者涉及社会、组织、教学等其他因素，但反思性直接聚焦于自我反思能力（Moore，2004）。意识到教师的角色和学前教育的潜力有助于我们支持学前教育，支持儿童，也支持我们自己。

审视自己、自己的动机和自己的实践，可能非常具有挑战性，甚至有时会令人感到不适，特别是当我们承认自己可能并不总是按照自己希望的那样行事时。我们的行动可能是出于好意，但是新信息的出现会改变预设的路径。

当然，信念也许特别难以改变，因为它们可能建立在宏大的文化和物质基础之上。事实上，我们甚至会觉得自己的信念代表了"客观真理"，因此无须考虑更多的东西。反思性实践需要道德承诺和开放思想的有趣结合。在充分实现价值承诺的同时，我们还必须渴望学习和提高。第3章将更全面地探讨这个问题，说明如何挑战我们对儿童和学习的预设观念。

教师身份

"身份"的概念总结了我们对自我的思考。个人身份意识渗透在生活的方方面面，尤其受到父母、朋友和同事等"关键他人"的影响。我们作为教师的身份将受到学前教育机构的影响，在其中工作的成人会被周围的一切（包括媒体）感知。那么，学前教育的作用是如何被设想的？学前教师的角色是如何被他人和我们自己看待的？（参见 Heilbronn）

如上所述，教育学家和政策制定者对于早期经历的作用，包括儿童在学前教育机构中的经历，有一个普遍的共识。现在，越来越多的神经科学证据可以详细说明这些经历是如何对儿童的大脑发育产生重大影响的（参见 The Royal Society[1]）。纵向研究也为这些观点提供更多证据，如学前教育有效准备研究项目（1999）和有效学前、中小学教育项目（2015）指出，与未接受学前教育的儿童相比，接受学前教育对儿童有积极的影响，特别是处于弱势环境中的儿童（Melhuish et al., 2015）。

> **专家问题**
>
> 社会教育目标："保教"愿景是什么？
>
> 这个问题有助于建立一个概念框架，以展现长期存在的问题和教师的专业知识（见第16章）。

人们一致认为学前教育是重要的（可能正因为如此），政策制定者们确定并引用了一些继续投资学前教育的理由。在教育、社会保健和卫生等各级战略中，关于学前教育作用的讨论仍在继续，包括学前教育的主要作用：是否应该提供日托，使父母特别是女性能够获得有偿工作；是否采取干预措施，在需要的情况下支持儿童的学习与发展；是否为以后的学校教育提供基础，或确保他们作为学习者和独特的儿童的发展。这不可避免地会影响人们对学前教育实践和教师的看法。

在围绕学前教育的公开言论中，让儿童做好"入学准备"的人很多（参见 Whitebread & Bingham）。这与存在已久的两种截然不同的观点相关，一种主张儿童主导的、非正式的教学方法，另一种主张结构化方法，特别是在早期读写方面。基于游戏的学习通常被放在一个连续体的一端，而另一端是一种被设计得更正式的方法，旨在培养学业能力（Guimaraes & McSherry, 2002）。同样，许多人认为，尤其是在公开争论中，就学前教育的适宜性实践而言，关注教学过程的人与关注结果和实现特定目标的人之间存在着二元分歧（参见 Mathers, Singler, & Karemaker）。

《蒂克尔报告》（Tickell Report, 2011）通过将辩论的焦点转向"学校无准备"，在这场僵局中取得了两项经过深思熟虑的重要进展。在实践中进行反思，能够支持我们

---

[1] 英国皇家学会。——译者注

理解自己作为个体所处的立场,思考立场的基础,考虑证据,在必要的时候进行调整与发展。

反思活动 1.4

目的:反思"入学准备"和"学校无准备"这两种观点。

证据与反思:确定一个还没有做好入学准备的儿童。他有什么特点?如何帮助这个儿童?你能否辨别出有助于支持儿童向小学教育过渡的个性?

拓展:你在多大程度上同意这样的主张,即事实上,学校应该为儿童做好准备而不是儿童为学校做好准备?这需要什么?你认为哪些行为对儿童进入小学教育是必不可少的?这如何影响你的教育实践?学前教师在这场辩论中的角色是什么?

学前教育目标观将不可避免地影响学前教师的角色。合同和职业描述将阐释教师的具体责任,可参见英国《学前教师标准》(Early Years Teacher Standards)和《教师标准》(Teacher Standards)。但是,虽然合同条款极为重要,但最重要的问题是如何更普遍地解释这些条件和角色。这要求我们认识到学前教育是一项复杂的活动,职业描述和合同条款虽然必要,但不足以充分有效地表述它。

莫斯(Moss)已经确定了人们对学前教师的两种不同看法,它们与学前教育作用的基本假设有关。在他的模型中,学前教师(或工作者)被视为学前教育实践中的"替代母亲"或"技术人员"。他提出学前教师的第三种角色,即研究者和共同建设者,他特别将其与意大利瑞吉欧地区的学前教育服务联系起来(Moss,2006)。这强调了教师角色视角的差异。无论如何描述,在任何情况或环境下,学前教师的角色都涉及情感和智力方面的平衡,以支持和促进儿童的整体学习与发展。

在情感角色中:

- 向儿童展示敏感性,高度重视他们的幸福感(Laevers,1994);
- 展示情感素养,确保儿童和家长的情感需求得到认可和满足(Goleman,1995);
- 担任重要他人,确保儿童能够形成适当的依恋(Elfer et al.,2003)。

此外,学前教师必须:

- 高度重视平等和反歧视问题；
- 高度重视儿童的健康及其身体安全；
- 高度重视安全事宜。

学前教师的作用包括但不限于：
- 激励儿童的学习与思考；
- 提升儿童的学习自主性；
- 观察和倾听儿童；
- 评估儿童的学习过程，计划下一步的学习与发展；
- 增强学习意识，使学习可视化并鼓励成长型思维；
- 积极与儿童一起思考，包括持续性共享思维；
- 与家长建立和维持积极的关系。

就像其他教育阶段的教学一样，反思型学前教师的角色在现实中可能比任何职业描述、实践规范、模型或理论所暗示的更不稳定。每位教师的个人价值和身份永远都很重要。

研究总结 1.1　促进有效的早期学习研究项目

简介

促进有效的早期学习研究项目（Fostering Effective Early Learning，FEEL）通过对已有研究进行综述，探寻了学前教育质量持续转型变化所需要的教育实践和专业发展的关键要素。

主要发现

该综述得出了一些结论，包括（2017，p. 5）：

1. 尽管学前教育的结构质量要素（如教师资质和师幼比）有助于教育实践，但还是需要持续关注教师专业发展的过程质量，以改变师幼互动的质量（以及高质量课程的开发和实施）；

2. 一个初步达成的共识——教师需要在儿童发展的研究和理论方面有扎实的知识基础，以适当地回应儿童在学习、个性、文化及发展上的需要；

3. 现有的证据表明，正式的资格证书在为提供高质量的学前教师方面发挥着重要作用，同时对教育领导力也具有重要影响，但是资格证书应辅以结构清晰的教师专业发展内容，从而改进特定的教与学策略，并填补实践和学习的空白；

4. 提供高质量的课程需要经验丰富的教师，其教学方法要敏感细腻且引人入胜，包括与儿童进行具有挑战性的互动（即过程质量）；为了实现这些破茧成蝶的变革，教育工作者应具有坚实的知识基础和目标意识；这意味着重视他们的工作、持续学习和专业精神；

5. 许多学前教师现在可能并不熟悉关键的学科知识、儿童发展理论或者儿童学习所需要的高质量互动，因此为这些教师示范高质量的师幼互动、提供可用于学习和反思的丰富范例和榜样，以及在专业发展的背景下面对面地建立信任和融洽的关系都是必不可少的；

6. 实践的改变需要持续的支持，还需要尝试和定义新技能的机会——最好在一个观念相同的学前教育工作者共同体中进行。

进一步思考

- 在为儿童制订计划时，你所在的机构是否充分了解/足够重视儿童的成长？
- 促进有效的早期学习研究项目可能有助于支持有关专业发展的决策，你有哪些专业发展需求？
- 你认为学前教育提供的高质量课程应该是怎样的？

了 解 儿 童

学前教育的定义很大程度上是基于"我们认为儿童是'栖居'于家庭和社区中的"这一观点。深入理解儿童，需要反思型教师运用更广泛的经验，同时发展个人对每个儿童的认识，与每个儿童建立融洽的关系。

儿童如何经历学前教育

由于儿童的年龄、进入学前教育机构的时间以及家庭养育类型的不同，儿童所经历的学前教育有很大差异。进入学前教育机构可能是儿童第一次长时间离开主要照护者，因此这对于儿童和家庭都格外重要。如何从家庭过渡并衔接到学前教育机构的生活，在很大程度上取决于儿童和机构的入园政策，例如，儿童是否必须在独自入园前和照护者共同待一小段时间。第 6 章将深入地讨论儿童对成人的情感依恋以及学前教育机构中关键人的角色（参见 Bowlby）。

进入学前教育机构的儿童渐渐意识到成人持有的价值观，以及哪些品质是可取的（见第 6 章）。发展儿童积极的自我概念的一个核心策略是明确目标，并不断地提供机会，使儿童能够发展我们想要培养的学习品质。作为反思型学前教师，我们必须意识到自己在与儿童及其家长的交流中出现的有意识或无意识的言语与非言语线索。例如，我们在给儿童及其家长的反馈中是否指出和叙述了儿童的学习与思考，也重视学习的各个方面、各个领域以及所有的学习环境，比如发生在机构之外的学习？（见第 4 章）

这些早期经验将影响儿童对于自身的认识，并将直接影响他们的学习方式。美国的德韦克（Dweck，1986）对于"思维模式"概念的解读在此处尤为相关，第 2 章将深入探讨。儿童认为自己的潜能是固定的还是充满成长潜力的？他们是否被鼓励去了解学习的各个方面？例如，特别是在学校环境中，哈蒂（Hattie，2012）的研究已经被学前教育者用来帮助年幼的儿童进行可视化学习，并举例说明积极的学习行为，如"试一试"和"不断尝试"。经过精心设计的动物角色能够帮助儿童理解、认同和表达自己。案例研究 1.1 提供了一个相关案例。

> **案例研究 1.1　早期学习的"全校"模式**
>
> 在伍德巷幼儿园中，教师在集体活动时间给孩子们介绍了 8 个玩具动物角色。每个动物角色都是以一个特定的学习品质命名的，如"坚持不懈的企鹅""专注的猫"和"学霸豹子"。教师还与孩子们分享了一些趣闻逸事，用孩子的日常语言和熟悉的情境来展示这些小动物是如何表现自己的学习品质的。例如，好奇的鳄鱼注意到苗圃里的植物和蔬菜长得不一样，其中有些已经被蛞蝓和蜗牛吃了，于是问了很多问题，思考为什么会发生这种情况，并想知道如果植物被盖住后会发生什么。他还上网调查了更多关于蛞蝓和蜗牛的信息，了解它们最喜欢吃哪种植物。随后，儿童和成人着重讨论了说明鳄鱼好奇特征的情节。家长们通过家长会和学校网站了解这些动物角色，并被鼓励在家里发现这些学习品质，并与孩子分享。这是全校教学模式的一部分，鼓励所有成人、

> 儿童和广泛的社区群体运用与学习相关的语言，以适合儿童年龄的方式使用范例和角色。

我们可以进一步明确价值观，积极支持儿童识别和反思自己的学习方式，通过支持小组工作，鼓励儿童将自己视为整体的一部分。我们将在探讨关系的第6章和探讨学习评估的第13章中再次讨论这些问题。

本章的开头阐述了学前教师所持有的核心价值观，这些价值观支撑着教育实践并塑造了工作方式。许多教师在尊重儿童方面高度重视道德实践和他们所在机构的民主做法，有时受到联合国《儿童权利公约》（1989）的启迪。这对于那些在英国某些地区或特定组织中工作的人来说可能特别重要，但它在任何大型或小型的学前教育机构中都具有高度的相关性。对一些人来说，这种伦理关怀贯穿于教育实践，创造了一种将儿童的思想和情感融入日常生活并加以重视的教育方法，其中包括为婴儿和前语言儿童开发近距离观察工具，以增强教师对独一无二的个体的认识，与儿童分享观察结果，并要求他们根据这些观察结果使用自己的语言进行评论。卡尔（Carr，2001）在叙事和"故事"方面的研究可以特别有效地用于融合儿童的视角，避免对儿童学习的成人阐释。

让儿童发声，可以帮助我们更深入地了解他们的需求。要做到这一点，我们必须倾听和注意他们的情感、思想、愿望、偏好和态度（Murray，2019），无论他们如何选择或表达。

兰开斯特（Lancaster）通过采用摄影和创意项目等方法激发儿童对其受教内容的思考，并在倾听儿童方面做了富有影响力的工作。由英国的克拉克等人（Clark et al.，2005）发明的"马赛克方法"[1]已经逐渐完善，这种方法将儿童主导和多媒体记录方式融合于实践之中，可灵活筛选以满足机构、儿童或某一特定项目活动的需求。"马赛克"方法使得我们能够深刻理解儿童的视角，并在制定决策和计划时用于参考。这对于你反思如何在机构中引发儿童的想法可能颇有裨益。

---

[1] 由克拉克撰写专门介绍马赛克方法的《倾听幼儿——马赛克方法》一书已由中国轻工业出版社于2020年3月出版。——译者注

了解儿童的需求

人们通常认为,学习者的"需求"应该被视为教学政策制定的出发点。然而,"需求"的提出引发了两个问题,即目标是什么以及如何判断什么是有价值的。作为反思型教师,表明我们如何看待每个学习者的基本需求,并致力于满足这些需求是非常重要的。通过这种方式,我们正在做出价值承诺,并思考如何清晰地看待自己和他人的角色。

美国马斯洛(Maslow, 1954)的经典理论在此处值得一提,因为他把满足需求的驱动力与学习动机联系起来。马斯洛提出了基本需求层次理论,指出人们必须先满足较低层次的需求,然后才能满足较高层次的需求。这一观点可以用金字塔来表示(见图1.1)。

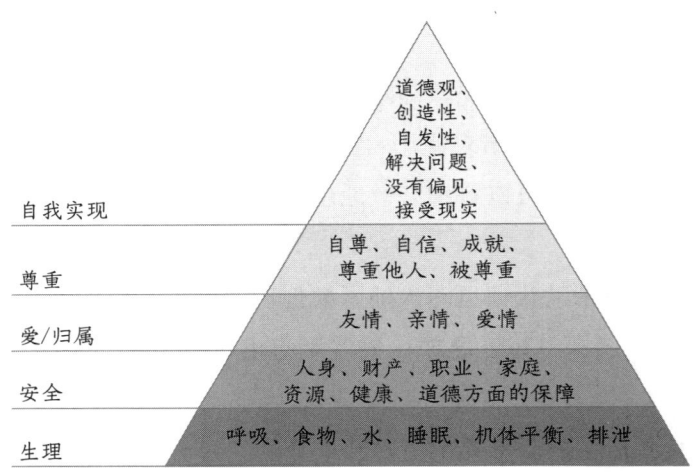

图1.1 马斯洛的需求层次

最低层次表达了我们对食物、住所、氧气、水等物质的基本生理需求。第二层次涉及对安全感和远离焦虑的需求。第三层次包括归属感、被爱以及能够回报爱的需求。第四层次包含对声望、地位、成功和自我感觉良好的需求。最后一个层次可能被视为教育的最终目标——人们发挥自己潜力的需要——具有创造性和自发性。

教师和儿童在人性方面并无不同,因此他们都有这些要素所代表的不同需求。值得注意的是,马斯洛提醒我们,如果儿童非常饥饿或痛苦,那么教学互动不太可能有效。成功的教育环境能使教师和儿童都感到安全,受到尊重和重视,也能满足适当的基本需求。只有在这样的环境中,学习才能发生。

就像我们需要考虑自己的个人身份和价值观一样,在将儿童视为个体和学习者时,关于每个儿童类似"传记"的知识具有重要价值。我们很可能会发现,许多特征是相似的,但其他特征是独一无二的。不同的学前教育机构可能会为每个儿童保存名称不同的各种记录,包括个别儿童档案、"我的自传书"和学习日志。它们有时是电子格式的,包括专门设计的在线学习日志,如 Tapestry[1] 或 "特简单"(2 Simple)小程序,提供了一种观察、记录、报告、与家长联系的方法,甚至可以管理和储存我们的反思。

这些个人记录关注儿童发展和目标评估的程度,或融合不同声音、发展学习和思维的程度,根据不同机构和督导部门的外部要求而有所不同。哈钦(Hutchin,2007)详细描述了随着时间的推移,儿童的学习日志或档案可能包括:

- 来自家庭和关于家庭的信息;
- 反映儿童在家兴趣的材料;
- 来自其他群体和重要人物的信息,比如双语助教;
- 纪录,以照片、有注释的图画和有意义的标记等形式记录思考的过程以及儿童想如何发展他们的项目;
- 图式游戏的观察记录。

这样的档案可以为每个儿童提供一个良好的起点和连续的记录,增强个体学习者的理解,帮助儿童的物质、社会和文化环境得到认可与理解。学前教育机构还可以进行家访,在儿童入园或入托的起始阶段发起个别接触,也可以在整个托幼阶段时不时地进行家访。事实上,学前教师需要与父母或照护者建立互惠的关系,从而使双方能够共同理解和支持儿童的发展。

 反思活动 1.5

目的:加深对某个儿童的理解。

证据与反思:研究某个儿童的一般行为。想一想,他如何与其他儿童互动?如何应对学习任务?试着用哈蒂或德韦克提出的方法来分析有效学习的特

---

[1] 一种基于 java 的 Web 应用程序框架,一个动态交互式网站的开发平台。——译者注

> 点或其他材料。
>
> 在可能的情况下，给儿童提供开放式的机会，让他们通过写字、画画、说话或其他的交流方式表达自己。谈论朋友、经历、家庭、最喜欢的书或电视角色都可以透露许多有用的信息。要做好记录。
>
> 与照护者和其他教师讨论儿童，请他们提供家庭信息、特定人物照片、场合或玩具等。
>
> 在可能的情况下，与儿童讨论对个人兴趣、友谊、需求等问题的个别看法。
>
> 一旦有了这些信息，就可以进行初步总结。
>
> 想一想，你对建构更适合儿童的教育有哪些新的理解？
>
> **拓展**：与同事讨论你的发现以及发展教育实践的计划。

审视自己的儿童观

关于学前教育机构中的儿童应该是什么样子，可能人人都有自己的看法，如快乐、健康、积极参与、与自己和他人相处融洽、关心他人、乐于学习、善于倾听等。我们也会对不太理想的儿童特征有一些想法。

研究已经发现，我们对儿童的评估和判断可能受到儿童的性别、种族、家庭社会经济地位，甚至他们名字的影响（Meighan & Siraj-Blatchford，2007）。我们如果抱有成见而不加反思，就可能会以不公平或不公正的方式对待特定的个人、儿童群体或家庭。标签或刻板印象会导致一种被称为"自证预言"的现象，从而造成严重的社会不公（Brophy & Good，1974；Nash，1976；Mortimore et al.，1988；Hart et al.，2004）

作为反思型学前教师，我们必须专注于支持和促进所有儿童的发展。因此，需要时不时地从最初或常规的反应中退后一步，审视自己有意识或无意识的归类过程。例如：

- 我们个人是如何认知、分类和给儿童及其家庭贴标签的？
- 我们如何不受标签的影响，思考儿童及其家庭并与之合作？

当然，为了有效地回应儿童的需求，促进弱势群体的进步，教师必须探寻理解、组织儿童和为儿童分组的方法。然而，这应该考虑到每个特定情境的目的，以及已知环境如何能促进学习（见第15章）。例如，研究表明，让混龄儿童一起游戏和学习，特别是对年幼的儿童来说，可以促进他们的认知发展（Howes & Farver，1987）。

 反思活动 1.6

目的：了解你对儿童及其家庭的看法。

证据与反思：首先，在不参考报名表或任何名册的情况下，写出班级里儿童的名字，注意你是按照什么顺序列出他们的名字的，是否发现有的儿童名字很难记住？这个顺序会告诉你，哪些儿童比其他儿童更令人难忘，原因是什么？

其次，如果你班上的儿童能够表达交友偏好，那么做一个表格，在最左侧一列从上到下写出每个儿童的名字。从左手边往下依次思考每个儿童，并在横线上标出你认为哪几个儿童愿意和那个儿童玩。把每个儿童的"分数"加起来，你就会形成一个列表，呈现你认为喜欢一起玩的儿童。

当你这样做时，把每个儿童带到一边，让他们从照片中选择所有他们喜欢一起玩的儿童，并将其记录在一个新的表格中。请注意，回答没有对错之分，也不要让其他儿童听到。你需要意识到，如果处理不当，可能会导致问题。你如果发现儿童关心或讨论他们的答案，那么也许可以进行观察，看看儿童在一段持续的时间里都与谁接触。要知道，这比询问儿童要可靠得多。

比较两个表格。关于你如何看待儿童，以及同伴如何看待这个儿童，表格说明了什么？你是否高估了一些儿童，同时低估了另一些儿童？你觉得为什么会高估或者低估他们？你从对儿童的看法中学到了什么？

拓展：考虑每个儿童，你会用什么词来描述他们？记下任何可能存在的模式，例如，你的某些想法是否与男孩和女孩相关，或者与来自不同阶级、种族或宗教背景的儿童有关。可能有一些观点与学业能力、身体特征或行为模式之类的东西相关。这对儿童的身份，或者你对他们作为学习者的期望带来了哪些问题？

反思自己的思考和实践可以帮助我们理解日常所面对的选择和决定的复杂性，有助于确保未来的行动是适宜的，并继续对自己的工作负责。人们很容易陷入不断强化的刻板印象的循环之中。基于成人对儿童如何学习和应该如何被教的"内隐假设",美国的布鲁纳(Bruner,1996)使用"民间教学法"这一术语来分类成人如何指导或影响儿童。他断言,许多假设以及与之相关的实践更多地反映了"民俗"或"常识"的观点,而不是根植于理论和研究的观点。

有各种各样的"工具"可以支持反思性实践,这将在第 3 章中详细探讨。此处的相关材料是哈特的"创新思维框架"(Hart,2000)。这个框架的精髓在于,它让我们打破或中断常规思维,尝试新的想法,后者需要以建设性的、有利的和包容性的方式进行建构。表 1.2 总结了哈特的"创新思维五步法"。

表 1.2 创新思维五步法

建立连接	探索儿童反应的具体特征是如何与即时、广泛的学习环境的特点相联系的。
发现矛盾	通过寻找一种看似合理的替代解释来质疑一种给定解释背后的假设,这种解释以一种新的视角来解读情境意义,有助于梳理出原始解释背后的规范和期望,以便重新审视它。
儿童视角	尝试进入儿童的参照系,从儿童的角度看儿童反应的意义和逻辑。
关注情感影响	审视自己的情感在赋予情境意义中所起的作用,以及在引导我们得到特定解释中所起的作用。
延迟评判	认识到我们可能缺乏对自己的判断足够自信所需的信息或专业知识,包括在采取措施获取更多信息时没能进一步分析和判断儿童的需求。

 反思活动 1.7

目的:根据哈特的创新思维框架回顾某个儿童的学习情况,参见表 1.2。

证据与反思:回忆某个让你困扰的儿童,回顾某个让你惊讶的儿童游戏或学习活动的例子。

对所发生的事写一篇简短的概述。

现在用哈特的框架来反思发生了什么。它有助于阐明可能的解释吗?你还想知道哪些有帮助的内容?如何发现它们?

拓展:把你写的东西与其他认识这个儿童的同事分享。他们和你有着一致还是恰好相反的理解?你觉得这是为什么?未来采用什么样的策略看起来最合适?

讨论对儿童及其行为的理解是一个有用的方法，可以帮助我们挑战自己的先入之见。第3章和第6章将讨论集体反思的意义。

通过生活进行学与教

在学前教育中发展职业生涯

这本关于反思性学前教学的书是在人们多年来呼吁深入认识英国学前教育专业化的背景下编写的。需要澄清的是，我们在本书中对专业化的理解超出了该术语的民间用法，用于描述实践的行为和特征，如保密性，深度聚焦于审视学前教育实践以及反思型教师可以发挥的积极作用。鲍尔将"专业化"定义为"源于理论方法的行动"，"反映了明确和共同的职业价值观"（Ball，1994，p.59）。莫伊尔斯、亚当斯和马思格罗夫（Moyles，Adams，& Musgrove，2002，p.5）提出的"专业维度"的"关键术语描述"，以持续学习背景下的批判性反思实践的理念为基础：

专业思维包括反思实践的能力，以及通过对教学法的严密检查和分析做出明智决定的能力，包括思考教师对实践的阐述、评价和不断的改进。专业人员具有一种积极的学习态度，并有能力不断提高自己的专业水平。

接下来的章节都基于这一定义。但是，有一些潜在的问题需要思考。在本书中，探讨"学前教育专业化运动和学前教师的角色是否能够建立或加强抵御外部规范的独立思想"这一问题，是非常适合的。这些外部规范可能会贬低、削弱和低估教师与儿童的声音和专业知识（参见Brock & Moss）。

当考虑把学前教育作为一个长期的职业时，我们不能忽视那些通常具有较差的物质条件和低收入，尤其是在不稳定的环境里工作的同行。我们希望将对反思性学前教育的关注作为有关学前教育从业者的讨论的一部分，这有可能支持学前教育中集体声音的持续发展，以影响（各级）决策者和预算制定者，解决待遇、条件和公众对这一工作的看法等问题，因为这将有助于保证学前教师的专业知识在这个领域中得以珍视、鼓励和支持。

此外，第16章和第17章探讨了学前教育在社会中的专业知识与地位。

结　语

　　本章伊始探讨了"我们是谁""我们支持什么",表明必须深入探究这些问题。事实上,为了获得答案,我们必须思考很多问题,如为什么要进入这个行业,这个行业代表什么,以及我们在这个行业中的角色应该是什么。此外,要成为真正的反思型教师,我们还必须努力理解是什么驱使我们、我们如何看待儿童及其家庭,并摆脱无意识的偏见。我们如果真的相信学前教育塑造儿童未来的能力,就必须注意自己的行动及其如何积极或消极地影响儿童及其家庭。通过理解儿童在学前教育中的经验以及教师在形成这种经验方面的作用,我们试图消除那些消极影响。儿童作为今日与明日的年轻公民,他们的声音应该得到尊重和珍惜。这种儿童观,以及我们与家长、同事合作的方式应该体现我们对这些原则的承诺。

　　本章提出的问题也需要我们思考学前教师的集体立场是什么。我们认为,反思型学前教师必须基于道德和民主原则,在有关塑造与影响学前教育教学的理解与讨论中继续发挥积极作用。后续章节将继续讨论这些观点(如第 17 章)。

第 2 章

学习——如何理解学习者的发展

引　言

学习可以被认为是人类获取、理解、应用和扩展知识、概念、技能以及态度的过程。对于儿童及其学习的理解，影响着我们在计划、促进、鼓励和支持学习时做出的选择。目前有一种将儿童学习和成就之间的差异归因于儿童自身缺陷的倾向。然而，这种缺陷决定论可以向好的方向转变。"信心决定论"则认为，只要环境有利于学习，并提供有利的学习机会，所有儿童就都会成为潜力无穷、强大、有力的学习者（Hart et al., 2004；Swann et al., 2012）。

反思型教师采用信心决定论，关注儿童能做什么，而非不能做什么。他们感兴趣于儿童对理解和发展的需求，而不是知识或能力的不足之处。我们如果把所有儿童都看作潜力无穷、强大、有力的学习者，就一定会努力让每个儿童都接受教育，并建构和利用专业知识来寻找、理解和消除学习障碍。

本章将探讨学习的含义，回顾一些有关学习的经典理论，并思考对这些理论的理解如何影响教师的教学实践、儿童的早期学习经验和未来的学习成果。

有效教与学的原则

以下原则与本章所阐述的学习尤其相关。

原则 3：有效教与学重视先前的经验和学习的重要性。 教与学应该考虑到学习者的已有经验，以便计划他们的下一步。这建立在前期学习的基础上，也要考虑到不同学习群体的个人和文化经验。

  原则 6：有效教与学促进学习者的主动参与。教与学的首要目标应该是培养学习者的独立性和自主性。这包括获得一系列学习策略和实践能力，培养积极的学习态度，并相信自己是优秀的学习者。

  原则 8：有效教与学重视非正式学习的重要性。非正式学习（如校外学习）至少应该被认为与正式学习同等重要。因此，非正式学习应该在正式的教育过程中得到适当的重视和使用。

学习过程

  学习是人类活动中一个高度复杂的领域。几个世纪以来，哲学家和心理学家一直在分析学习，因此出现了许多试图描述学习过程的理论。我们通过鉴别四种学习理论来简化这个复杂的领域。这四种学习理论对教育中的教与学都有着特定的影响，每种方法都突出了学习的一个特定方面。表 2.1 对这些理论进行了概述。

表 2.1 行为主义、建构主义、认知主义、社会—文化学习理论的特征

	行为主义	建构主义	认知主义	社会—文化
学习者	外部动机驱动下的被动个体	内部动机驱动下的主动个体	认为人脑的运作方式与计算机相似；聚焦于记忆	通过与他人互动获得知识和理解
教学	教师传递知识	教学提供体验和建构知识的机会	使用死记硬背的学习方法	有经验者支持学习者
学习	学习依赖于对正确行为的系统强化	学习可以独立于教学	重视记忆，特别是用于短期回忆和应用的工作记忆	重视与更有知识的人互动以获得新的知识
活动特点	倾听教师	个人实验或游戏	小组和个人重复内容	教师和儿童一起参与解决问题的活动中

（续表）

	行为主义	建构主义	认知主义	社会—文化
潜在问题	可能无法与现有的理解相联系；难以调整结构以支持不同的学习者	寄希望于儿童的内在动机和对自己负责的自主性	可能没有认识到已有学习的重要性	可能很费时；依赖于更有知识的人在场

行为主义学习理论

行为主义学习理论表明，无论是动物还是人类，都是通过在经验、思维和行为之间建立联系或"联结"来学习的。经验，尤其是重复的经验，有助于我们产生反应、学习新事物。在探索行为主义学习法时，美国的桑代克（Thorndike，1911）提出了两个原则。

第一，效果律：

满足感或不适感越大，这种刺激—反应联结就会越强或越弱。

第二，练习律：

在给定的情境下，反应发生的概率随着过去在相同情境下的反应次数而增加。

因此，令人满意、有问题或不舒服的活动更容易让人记忆深刻，也更有可能导致新的思维或行为的出现，就像那些重复的活动一样。

直到20世纪60年代，行为主义理论一直都是学习理论的主流观点。其中，最重要的部分是由美国心理学家斯金纳（Skinner，1968）提出的理论。斯金纳在桑代克的研究基础上发展了一个学习模型，该模型指出，被强化的行为（即导向积极或成功的结果）往往会重复，未被强化的行为则往往不会重复。

行为主义学习法在教育领域的影响巨大。20世纪早期，它为基于教师主导进行教授知识和技能的"教学科学"工作奠定了基础。这种教学法使学习者处于相对被动的地位。儿童的主体性非常有限。教师选择活动、引导讨论，儿童则通常被要求倾听。行为主义教学法往往会在儿童接受法定教育的早期学习中产生更明显的影响。我们可以看到这种方法对一些人观点的影响，他们认为儿童要为正式的学校教育做好准备，也许需要通过坐上一段时间来"为上学做好准备"（见第4章和第14章）。受行为主义影响的教学在全世界都可以看到。强化儿童工作和努力的重要性已经得到认可,即通过表扬、成绩、奖品和奖励来强化期望出现的行为。大家特别关注的是成人在这个过程中的高度控制:决定学科主题、提供指导、发布任务、纠正、评估和强化反应。在许多方面,这使得计划课程变得容易,并涵盖主题的所有方面。然而,这种教学方法也存在矛盾,如学习者的能动性(Schoon,2018)。也许最重要的是与学习者现有的理解相关联的问题。儿童已经知道和理解了什么?新的学习如何与儿童的已有经验联系起来?新知识与儿童已经理解的知识如果没有联系,就可能导致儿童缺乏学习动机和兴趣,因为儿童不能利用所提供的知识来建立有意义的理解。

建构主义学习理论

建构主义学习理论表明,人们通过思维和经验之间的相互作用,以及复杂的认知结构的顺序发展来学习。最有影响力的建构主义理论家是瑞士的皮亚杰(例如,1926,1950,1961)。

皮亚杰指出,当儿童面对一种新的经验时,他们既调整现有的思维"顺应"新的经验,又"同化"这种经验的各个方面,从而超越心理的"平衡"状态,重新构建自己的思维来创造另一种平衡。渐渐地,儿童会对自己的经历有更详细、更复杂、更准确的理解。也就是说,随着知识的增长,他们会理解更复杂的问题,并在不同的现象之间建立联系。

皮亚杰提出,在心理认知结构的连续发展过程中,儿童的学习和理解能力会在其中的一些典型阶段中发展。这些阶段包括:

- 感知运动阶段(约 0—2 岁)
- 前运算阶段(约 2—7 岁)
- 具体运算阶段(约 7—12 岁)
- 形式运算阶段(约 12 岁以后)

在前三个阶段中,儿童直接经验的作用被认为是至关重要的。

皮亚杰理论对学前教育影响深远,在许多领域中都有所体现,例如,人们普遍强调提供具有挑战性的环境,让儿童能够独立探索和学习(Parker-Rees et al.,2010)。也许皮亚杰理论最大的影响是通过游戏促进学习。对皮亚杰来说,游戏和实践在每个阶段的同化过程中都起着至关重要的作用(Piaget,1951)。事实上,许多学前教师认为游戏是培养终身学习品质的关键（Elkind，2007），能培养儿童的自尊和独立学习的能力（Bowman et al.，2001），并支持儿童的社会性和情感发展（De Vries，2000）。然而，人们并非一直认可游戏是学前教育的重要成分（Whitebread et al.，2012），尤其是当儿童进入义务教育阶段时。

随着普洛登委员会报告（Plowden Committee，CACE[1]，1967，para. 522）的发布，小学教育中的建构主义方法也产生了相当大的影响，报告提出：

皮亚杰的解释似乎比其他任何解释都更符合观察到的儿童学习事实，这与普遍认为最有效的小学教育实践是一致的，因为它是由经验得出的。

在20世纪60年代末和70年代，以皮亚杰研究成果为基础的"儿童中心"教学法被许多学前教育机构和学校大力采用。受普洛登报告的影响，人们在提供多样化和具有启发性的课堂环境方面注入了巨大的想象力与关怀，使儿童能够获得具有挑战性的经验（例如，Marsh，1970）。建构主义对小学低年级学生学习的影响尤其明显，因为它从儿童的兴趣出发，通过游戏和实践经验进行学习的好处相对明确（Anning，1991；Dowling，1992；Doddington & Hilton，2007）。然而，实证研究表明，建构主义教学法在小学高年级的实际教学实践中没有得到很好的体现（Galton，Simon，& Croll，1980）。随着儿童在学校的发展，建构主义理论对日常经验的影响似乎减少了。

在大多数教育机构中，受建构主义影响的教学都很明显，这体现在丰富多样的刺激性环境、个性化的工作与创造性的艺术，以及拓展的项目和调查中。但最重要的是，建构主义的影响体现在教师如何与儿童相处，如何与他们密切合作。教师从中获得机会来感受儿童遇到新经验和有意义的经验时的沉醉和兴奋之情。同时，要注意活动的协商和对学习中直接经验的强调。这些因素在创造高水平的动机和参与性方面有着巨大的作用，因为儿童遵循自己的兴趣，而不是被教师主导。

然而，建构主义教学法的批评者指出，在儿童没有接受结构化输入的情况下，对某一特定任务、问题或课程的掌握情况是很难监控的。此外，儿童兴趣的多样性往往会产生相对复杂的分组形式，因为所提供的活动范围很大，有时会跨越不同的教室或环境（见第8章）。教师可以参与管理这些环境，而不是直接支持儿童的学习。此外，对自我发现的强调淡化了教师、其他成人和儿童在支持每个儿童的学习方面的潜在益

---

[1] 英文全称为"Central Advisory Council for Education"，即英格兰教育咨询委员会。——译者注

处。例如，虽然成人为儿童提供了刺激性的游戏环境，但却没有为儿童提供扩展学习的支持，这被称为"幼儿期错误"（early childhood error）。

皮亚杰的研究也受到了许多质疑，特别是关于认知结构发展阶段的顺序模型可能导致人们对儿童能力的低估。唐纳森（Donaldson，1978）、蒂泽德和休斯（Tizard & Hughes，1984）等心理学家证明了儿童的智力远超于皮亚杰所说的水平。当被观察的儿童处于对他们有意义的环境中时，类似的发现就会出现。在这种情况下，儿童在更早年龄阶段所表现出的社会能力比皮亚杰理论认为的要强得多（Dunn，1988；Siegler，1996）。

科尔韦尔（Colwell，2012）认为，那些不相信儿童能够发展社会能力的教师，如果采用上述的"缺陷决定论"，就不太可能为儿童提供可以相互作用、共同完成任务的环境。如果教师认为儿童没能力共同完成任务，就意味着这些儿童没有机会展示、发展或实践这些能力，他们的能力不足就会被证实，从而产生自证预言现象。

认知主义学习理论

认知主义学习理论侧重于内部心理过程，如记忆、感知觉、注意力和问题解决。多年来，它一直是心理学的主导观点，有关这类主题的研究也相当多。认知主义学习理论最初是在心理学家着眼于"超越黑箱"[1]来解决行为主义的刺激和反应之间的中介过程时发展起来的。随着该理论的进一步发展，认知心理学家开始设想人脑以类似于计算机的方式运作。特别是，信息处理能力被认为通过受控的科学方法进行学习。这些观察使我们能够详细了解影响行为的内部心理过程。这个过程包括三个不同的阶段：刺激分析的输入、存储、提取（从记忆中）以对刺激做出反应。这种学习理论重视记忆，特别是那种用于短时回忆和应用的工作记忆（如死记硬背）。从更微妙的角度来看，它也可以被看作知识型课程的基础。在优先考虑知识的情况下，可以预料到事实会被储存在长期记忆中，并且可以被不断地重新访问以建立更复杂的图式和理解。这一观点与皮亚杰关于学习进阶的研究相呼应，并在布鲁纳关于"螺旋式课程"的研究中得到了很好的阐述（1986）。撰写本书时，英格兰教师教育和早期职业发展的政府政策（DfE，2019）特别强调了认知的重要性（DfE，2019a；2019b），尤其是

---

[1] 行为主义学习理论主张心理学应该摒弃意识、意象等太多主观的东西，只研究所观察到的并能客观地加以测量的刺激和反应，无须理会其中的中间环节，华生称之为"黑箱作业"。——译者注

记忆在学习中的作用（Allen & Sims，2018）。

认知主义的教与学在国际上具有重要意义，许多内容得到认可。例如，美国《学习的科学》（*Science of Learning*，Deans for Impact[1]，2015）的概要部分强调了"关键的认知原则"，其中包括：以现有知识为基础的重要性；避免工作记忆负担过重的必要性；肯定认知发展的多变性；记忆中意义的重要性；实践和教师反馈的重要作用。有趣的是，当聚焦于"早期学习科学"时（Deans for Impact，2019），其概要变成了：（在强调课程学习之前）发展自我意识；尊重他人；自我调节和培养独立性。

美国的例子表明，认知科学的具体发现需要与有关儿童学习的其他理论相结合。事实上，认知主义学习理论的批评者认为，大脑的功能十分强大，因此不能简单地将大脑等同于一台处理信息的计算机。他们指出，认知主义缺乏对学习中身体、社会性、创造力和情感因素的认识，而儿童存在于复杂的社会和文化环境中，具有各种相关动机和能动性（Passolunghi & Costa，2016）。第四种学习理论解决了其中一些问题，被称为社会—文化学习理论。

社会—文化学习理论

这种学习观主要有两种形式。一方面，它使人们注意到嵌入在特定环境和社会实践中的语言与理解形式，这些都被认为是学习者可以利用的重要"文化资源"。此外，在一个更具互动性的层面上，社会文化心理学注意到经验丰富的他人在支持能力较差的学习者，以及在"调解""支架"和扩展他们的理解方面的关键作用。

这一理论的开创者是苏联的维果茨基（Vygotsky，1962，1978），他的俄文出版物可以追溯到20世纪30年代。随着维果茨基的英文著作越来越多，人们逐渐对皮亚杰理论的优缺点进行重新评估。心理学家布鲁纳（1986）、伍德（Wood，1988）和沃茨奇（Wertsch，1985）等人都阐述了维果茨基的研究对现代教育的重要作用。

儿童一出生，社会实践和社会环境对他们的影响就开始了。儿童与父母、照护者和其他家人互动，体验文化中的语言和行为。通过互动和观察，儿童学习被期望的行为，了解什么是有价值的。例如，默瑟（Mercer，1992）谈及他的女儿是如何通过观察大孩子来"迁移"新的游戏方式的。因此，建议教师在开始新的学习经验之前，应思考儿童的文化和理解程度，以确保每个儿童都能赋予知识以意义，并能与已有的知

---

[1] 院长联盟，是美国的非营利组织，致力于促进教师的专业发展。——译者注

识建立联系。

社会—文化学习理论重视更有经验的人在拓展儿童理解方面的作用，因为它强调儿童作为各种关系中的一员是如何在社会环境中学习的（Vygotsky，1962）。这具有深刻的教育意义。对维果茨基来说，学习依赖于知识更丰富的人。合作者、指导者、父母、同伴或教师都可以履行这一角色。伙伴的合作使学习者从了解已有的知识发展到在他人的支持下了解能够知道的知识。"最近发展区"一词是指现有能力和潜在能力之间的"差距"。知识更丰富的伙伴可以帮助儿童弥合这一差距。学前教育学的特点突出了教师或同伴的支持，这被称为"持续性共享思维"（Colwell，2012）。

布鲁纳为这种关系提出了一个恰当的比喻，即建造房屋。房子从地基开始逐渐建起来时需要脚手架来支撑这个过程，但当它已组装好，并且所有的部件都被固定时，脚手架就可以拆除了。这座房子——"学习者的理解"——将独立存在。

到目前为止，本章已经总结了四个主要理论对教与学过程的影响（见表2.1），接下来将具体关注作为学习者的儿童以及影响个体学习差异的因素。

 反思活动 2.1

目的：思考行为主义、建构主义、认知主义和社会—文化心理学在实践中的应用。

证据与反思：回顾一天中你所用的主要学习情境和教学方法。

注意每个学习情境和每个教学方法，然后思考其涉及的心理学原理。

利用表2.1，思考你是否有效地利用了每种学习理论的优势。这对你所使用的教学策略有什么影响？是否需要做出改变？你是否受到学习中的缺陷决定论或信心决定论的影响？教工团队是否可能因深入理解所使用教学方法背后的理论而获益？

拓展：思考每种学习理论的优点和缺点，及其对你的教育实践的影响。

先天、后天和能动性

下面两节将介绍一些影响学习的因素。关于"先天"（生理因素）和"后天"（环境因素）的重要性的争论已经持续了几个世纪。第一节介绍了先天因素，但也说明了后天培养的重要性。第二节以后天培养为主，但表明先天因素同样也会产生影响。所以，需要进一步明确的是，我们认为先天因素和后天培养在儿童的学习与发展中都具有非常重要且深远的影响，这实际上也是许多人的观点。因此，为了支持儿童的学习与发展，这两者我们都需要了解。

同时，我们探讨了"能动性"。它指的是人类基于自己的理解和自由意志而采取行动的能力。尽管人在很大程度上受到生理、境遇和环境的影响，但我们并非不可避免地被它们决定。事实上，在任何情况下，行动总会产生某种差异。虽然这一理念将个人的行为责任置于我们的身上，但它也强调了作为教师，我们有责任支持儿童发现并发挥他们的能动性（Schoon，2018）。

大脑的发育

婴儿的大脑是一个高度功能化的器官（Huotilainen，2010）。在婴儿出生时，几乎所有的神经元——信息传递细胞都已存在。随着大脑的发育和学习的发生，这些神经元之间建立起了连接。神经元之间形成的连接数量越多，大脑的功能就会越好（Nutkins，McDonald，& Stephen，2013）。

这些连接（突触）的形成有两种关键方式：一部分由生物学决定，另一部分由每个儿童的经验决定。首先，在发育的早期阶段，大脑会产生大量的突触，但随后会选择性地修剪掉那些不使用的突触。正如布兰斯福德（Bransford，1999，p. 104）等人所说：

……神经系统建立了大量的连接。然后，个体经验在这些神经网络中发挥作用，选择适当的连接，并去除不适当的连接。剩下的就是一个完善的结构，它构成了发育后期的感觉和认知基础。

突触增加的第二种方式是由经验驱动的，因为突触的增加在生物学方面可以巩固新的学习。这种适应和发展的过程被称为"可塑性"，贯穿于人的一生。这些过程对教学有着巨大的影响。与儿童打交道的教师都必须意识到，儿童与他人的互动在支持这种连接的发展中起着至关重要的作用（Zeedyk，2006；Szalavitz & Perry，2011；参见 Bowlby）——强调先天因素和后天培养在儿童发展中都起着关键作用。

研究表明，大脑神经元连接发展的最佳时期是在 6—12 个月，儿童的大脑在 3 岁时已经达到成熟时期的 80%，6 岁时达到 90%（Lenroot & Giedd，2006）。因此，这一时期对于支持儿童的学习、发展和充分发挥他们的学习潜力至关重要（Mustard，2006；Nutkins，McDonald，& Stephen，2013）。反思型教师应该意识到自己在支持儿童发展、学习和开发具有学习能力的大脑方面所发挥的作用。

事实上，近年来，生物学家和神经学家的研究引起了人们的广泛关注，新的认知开始影响我们对人类发展的理解及其对教与学的启示（Dowling，1999）。从教育的角度来看，我们必须接受遗传基因变化的贡献，同时要与父母和其他人一起承担起责任，帮助每个儿童充分发挥潜力。为了支持儿童教育工作，教师对大脑多了解一些是很有帮助的。

大脑有以下三个关键的生物要素。

- 爬行动物系统：监测基本的生存需求，如饥饿、口渴、温暖和风险
- 边缘系统：与情绪和长期记忆有关
- 大脑皮层：与更高级的心智功能有关，如语言发展

要使教育或教学取得成功，必须满足由爬行动物系统监测的核心生存需求。虽然对几乎所有需求都依赖于成人的婴儿来说，这一点是确凿无疑的，但它也是任何年龄段儿童都必须得以满足的一个因素。

第 6 章探讨了情感的作用，以及情感作为信任关系的一部分来支持儿童学习的重要性。事实上，我们已经注意到，在某种程度上，儿童与他人的互动会支持或阻碍大脑的发展。

边缘系统负责控制身体的各种功能，如解释情绪反应、储存记忆和身体机能（包括调节激素）。因此作为反思型教师，我们需要支持大脑这一方面的发育，并理解，儿童的行为和对各种情况的反应能力可能受限于大脑发育的水平。

在大脑皮层内，左半脑的部分区域对分析能力特别重要，如语言、逻辑、模式识别和反思性思维。相比之下，右半脑更多与直觉和表征能力有关，如可视化、想象力、韵律、节奏和表达。这里存在着将复杂的、相互作用的认知系统过度简化的危险（Hellige，1993）。然而，重要的是，作为学前教育者，我们要认识到随着大脑的发育，儿童日后学习所需的许多技能和功能都正在发展。

通过对人类大脑的概述（尽管相当浅显），我们可以发现儿童的心智能力是生物因素和环境因素相互作用的产物，这一点是无可置疑的。那么如何帮助儿童提高学习

能力呢？一些提倡以大脑为基础的学习形式，如"健脑操""脑兼容教室"和其他相关项目已经提供了答案。这些倡议的目的是使教师思考相关研究的影响，以便将其纳入实践。然而，小心谨慎是必要的，因为正如教学原则所证明的那样（见研究总结 2.1），许多关于大脑的科学知识还不足以有力地支撑那些有时用于实践的结论。目前流传着许多"神经神话[1]"，应谨慎对待那些"基于大脑"的方案。英国皇家学会已经发布了对于现有知识的总结，并针对这些问题进行了明确的提醒（2011a，2011b）。正如他们所说："许多神经科学仍然处于实际应用的'上游'。"（2011b，p. 76）

研究总结 2.1　教育神经科学

英国教与学研究项目汇集了卓越的教师、神经科学专家、心理学家和教育学家来评判神经科学对教育的影响。有人认为神经科学具有巨大的潜在意义，也有人认为许多项目的应用是不合理的，学校里的一些"神经神话"应该受到质疑。

从本质上来讲，将"脑科学"过于直接地应用于"实践"的愿景是错误的。下面的模型（Morton & Frith，1995）不仅反映了大脑、思维和行为之间的关系，还呈现了广泛的中介环境和个体内部因素。

大脑、思维和行为的模型

环境因素的例子	个体内部因素的例子	影响因素
氧气 营养 毒素	突触形成 突触修剪 神经元连接	大脑
教学 文化机构/制度 社会因素	学习 记忆 情感	思维
临时性约束 例如，教学工具	表现 误差 改进	行为

---

[1] 2002 年，经济合作与发展组织在大脑与学习项目中首次提出了"神经神话"的概念，即"一种由误解、误读或错误引用事实而产生的错误理解，这些科学地（通过大脑研究）建立的事实为大脑研究在教育和其他环境中的应用提供了依据（OECD，2002）"。——译者注

关键发现	启示
先天/后天：生理特点并非无法改变。生理不能单一地限制学习，因为学习也可以影响生理。	教学的目的应该是发掘儿童的潜能，丰富他们的经验。
神经神话：教育已经在某些"基于大脑"的想法上投入了大量资金，但这些想法并不是基于公认的对大脑的科学理解。这其中有许多想法尚未经过验证，还有一些则被认为是无效的，例如： 　　通过提供符合个性偏好的"学习风格"的材料可以提高学习能力的观点没有得到有效的证据支持（Coffield et al.，2004）。 　　鼓励教师推测儿童倾向于左脑型还是右脑型是错误的。儿童大多数的日常表现，包括学习活动，都需要两个脑半球以一种复杂的平行方式共同工作。	商业性的"基于大脑"项目应采用专业的判断。 　　过于狭隘地关注学习风格实际上会广泛地抑制学习者的发展。 　　关于右脑型或左脑型的观念，特别是如果将其与性别化的假设相联系，就会对儿童进行不合理的分类。
神经科学：神经科学专家和心理学家的部分见解对教与学策略有广泛的启示，值得进一步探索。例如： 　　当我们学习新信息时，这个新信息和我们已有的知识之间形成的语义联系会使它变得更有意义（Binder et al.，2003）。 　　对一个物体进行心理观想涉及大脑的大部分回路，而这些回路是在实际看到这个物体时被激活的（Kosslyn，2005）。	"审慎乐观"是有理由的。 　　意义的建构是理解和记忆的关键。 　　"观想"作为一种学习工具，具有很强的作用和实用性。
审慎乐观：我们对大脑的了解还处于早期阶段。方法论上存在着局限性，且神经科学与教育之间的概念转换也需要谨慎对待。但其潜力是巨大的。	对神经科学、心理学和教育之间研究合作的需求越来越大，这种合作包括从各个学科角度进行洞察和理解。

健康、身体发育和缺陷

儿童的发展是整体性的，行为和学习是情感、认知和健康因素的相互作用而产生的结果（例如，Evangelou et al.，2009；Denham et al.，2002；Cowie，2012）。我们的立场是，身体发育是认知技能（如交流和语言等）获得最佳发展的基础，而良好的身体发育对于情感发展、幸福感以及总体的健康状况也是至关重要的。事实上，关于学习、健康和社会环境之间的关系已经有了大量的研究。这些研究指出，儿童会从支持他们发展、提高基本的粗大运动能力和精细运动能力的活动中受益。这种活动的设计应该是为了提高他们对身体及其运动潜能的认识。发展这些能力有助于儿童力所能及地从事许多学习任务。因此，问题不在于儿童是否准备好了学习，而在于儿童在其发展水平下准备好了学习什么。观察将再次成为支持反思型学前教师计划适宜的活动（支持和拓展儿童的技能）和提供明确的渐进机会的关键工具，而这些都基于并运用了先天因素。

对许多儿童来说，现代生活减少了他们自由奔跑、跳跃和活动身体的机会与动力。事实上，越来越多的证据表明，到了入学阶段，运动能力还不成熟的儿童数量正在增加，这也影响了他们的学习体验（例如，Goddard Blythe，2006）。这再一次强调了先天因素和后天培养对儿童发展的重要性。

儿童肥胖症的增加引发了人们更多的担忧，因为现在处于法定入学阶段的每五个儿童中就有一个被确定为超重（National Health Service[1]，2019）。研究表明，早期超重的儿童有可能成为肥胖的青少年和成人（Reilly et al.，2005；Nadar et al.，2012），并会产生出一系列相关的健康问题。因此，人们越来越重视让学前教师为儿童及其家庭推广健康的生活方式。

健康一直都与社会环境密切相关（Rutter & Madge，1976；Wilkinson & Pickett，2010）。自20世纪70年代以来，平均生活水平的普遍提高一度降低了这个问题的突出性，但目前英国仍有约30%的儿童生活在相对贫困中（Joseph Rowntree Foundation，2018）。这是反思型学前教师所关注的关键问题，因为"童年时期的贫困是未来不利处境的五个最有力且最一致的预测因素之一"（Lanyard & Dunn，2009，p. 133）。我们虽然可能对具体的经济和社会问题无能为力，但可以努力发现所教儿童及其家庭的需求，必要时联系合适的支持网络和其他专业人员，他们可以帮助有需要的家庭。此外，还可以制定具体的策略，以便在机构中支持这些家庭（参见 The Field Report）。事实上，研究表明，高质量的学前教育可以改善弱势儿童的后期发展（Melhuish et al.，2015）。

为了查明健康和发育方面的问题，关键的发展里程碑已经得以确定，以使保健、社会护理和教育领域的从业者能够监测儿童的成长与进步。这样的指导对于教师思考

---

[1] 英国国民健康保险制度，缩写为"NHS"。——译者注

儿童的发展，以及规划适宜的教育实践是很有用的。反思型教师可以借鉴这些指导，同时必须意识到"并非所有儿童的发展速度都是相同的"——达到里程碑的"典型"年龄存在很大的差异（Sharma & Cockerill，2014，p. 29）。如前所述，严格遵守与年龄相关的认知发展阶段是对皮亚杰理论的主要批评之一。因此，里程碑不应该被用作检查表。人们担心，儿童有时可能会在身体充分发育成熟之前就被要求做一些事情。在所有年龄段，成就反映的可能是当前的发展，而不是长期的学习能力，这是一个至关重要的区别。我们不能判断和假设儿童目前的能力就是他们未来的能力。然而，这也要与学前教师确定儿童潜在的发展问题和对于支持的需求相平衡。

在此，我们讨论先天因素、后天培养和儿童发展时，也要注意缺陷问题（见第15章）。近些年来，将缺陷理解为有关权利和机会问题的呼声越来越高。这表明，正是"环境"使人"止步"。例如，一个人可能爬不上台阶，是环境使他止步，那么移除台阶，就能消除障碍。因此，我们必须花时间来理解和确定个人需求，并加以解决。我们必须考虑到，虽然缺陷的根源可能是先天的，但后天培养在儿童的经历中发挥着重要作用，以及儿童如何将自己视为强大的、有能力的学习者，正如本章开头所述。

曾经，智力的概念被认为是理所当然的，并作为一个广义的术语传入我们的文化中，以标记儿童作为学习者的能力。例如，心理学家克兰（Kline，1991）认为可以根据遗传特性来衡量能力。事实上，教师和家长经常用"聪明"或"机灵"来描述儿童，教师也经常用"能力"来描述小学生和班集体。这些术语（智力和能力）以及那些用来描述儿童的语言影响着我们对儿童的看法、期望以及我们与他们分享的事物。人们习惯性地认为，智力虽有普遍的特点，但我们也可以客观地测量它，并用它来预测未来的成就。然而，大量的研究表明事实并非如此，智力的测量存在一定的缺陷，并且可能对儿童和青少年具有潜在的危害。有研究表明（例如，Egan & Bunting，1991），可以教儿童做智力测试，但没有得到辅导、接受特定教学方式或来自特定群体的儿童可能会被归类为智力水平较低的儿童，而这纯粹是基于他们的经验而非他们的能力。

反思活动 2.2

目 的：思考学前教育工作者的责任，以确定儿童潜在的发展问题。思考以下两种需求之间的复杂作用，一是让儿童按照自己的节奏发展，二是将儿童转给其他专业人员接受评估或支持。

证据与反思：建议你与一位同事一起思考你们什么时候曾觉得某个儿童可能有需要专业干预的特殊教育需求或发展问题。思考这种情况发生的时间，以及儿童从专业支持中的受益。同时，思考在这种情况之外，儿童的发展与你的预期之间的差异。

拓 展：现在是否有令你担忧的儿童？与同事讨论你目前所教的儿童之间的发展差异。你对这些儿童的未来发展有哪些设想？这些设想是否合理？

德韦克多年来的研究表明（1986，1999），为什么对固定能力思维或固定智力水平观念进行质疑非常重要。德韦克特别研究了儿童如何思考、解释和"归因"自己的能力。接受智力"实体理论"（entity theory）的人往往认为，个人能力是固定的，他们在面对新的挑战时要么"能"要么"不能"取得成功。因此，他们倾向于采取一种"习得性无助"的形式，这种倾向往往会持续到成年时期。然而，接受智力"增强理论"（incremental theory）的人相信自己可以学习和提高。因此，他们的积极性更高，参与度更高，也更愿意承担风险，表现出很好的"抗逆力"（Claxton，1999）和独立行动的能力。为了支持学前教育机构中的儿童成为能动的学习者，相信他们能够成功，我们必须在童年早期为他们打下基础。需要注意的是，我们的行为和评论可能会让儿童用"缺陷决定论"而不是"信心决定论"来看待自己（见图2.1）。

```
可能对儿童学习产生积极              学习者              可能对儿童学习产生消极影
影响的因素                                              响的因素

• 身体健康                                              • 疾病
• 均衡营养                                              • 饥饿
• 充足睡眠            生理和环境因素                    • 疲劳
• 适宜的服装                                            • 不适宜的服装
• 适当的居所                                            • 恶劣的居住条件


• 认为努力是值得的                                      • 认为努力是不值得的
• 对成功的自信心                                        • 可感知的失败、羞愧
• 有意义的奖励                                          • 缺少奖励
• 对学习过程的认识    个人因素                          • 对学习过程认识不足
• 掌控感                                                • 无助感
• 来自重要他人的鼓励                                    • 缺少关注或鼓励
• 丰富的经验和语言                                      • 有限的经验和语言


• 积极的家庭支持和高期望                                • 家庭的失职和低期望
• 同伴支持和良性竞争                                    • 同龄人对学习的反抗和嘲笑
• 社会支持系统、大家庭、  社会支持形式                  • 有限的社会支持、消极的
  榜样示范和相关经验                                      榜样示范和许多干扰


• 与认知相匹配                                          • 太容易或太困难
• 情绪满足                                              • 情绪不安
• 被认为是相关的、有个人                                • 被认为无关紧要、对个人
  意义的                任务和挑战的                      毫无意义
• 在积极的教学法下参与其中  质量                        • 在被动的教学法下难以参与
• 互动式任务和主题                                        其中
                                                        • 枯燥的任务或主题


                              学习者参与
                    注意、专注、实践、反思、坚持：建立和拓展
                              有意义的概念框架。
```

图 2.1　影响学习者参与的因素（改编自 Bransford et al., 1999）

正如我们所看到的，虽然"先天"的影响是真实存在的，且不同儿童之间发展和

能力的差异确实存在，但是我们也应看到，文化因素以及教师的行动极大地弥合了这些差异。因此，我们确实有能力塑造儿童的未来。

后天、先天和能动性

本节将讨论有助于"后天培养"和学习环境的社会与文化因素，同时继续了解"先天因素"。我们提醒教师、家长和照护者注意增加学习机会。

社会建构主义和社会—文化心理学的发展，使人们对文化、经验和语言如何影响学习有了更深入的了解。这种文化影响的主要来源通常有：家庭和社区、同伴关系、教育环境以及媒体和新技术。我们将依次探讨每个话题。

值得注意的是，其中的许多话题在其他章节中讨论过，有的十分详细，有的从不同的角度出发。这是非常必要的，因为儿童的发展是整体性的，在任何既定情境下都有多种力量在发挥作用，影响着经验和结果。这就是反思型教师应该努力从多角度进行思考的原因。

家庭和社区

多年来，家庭环境一直被认为对儿童的教育具有至关重要的作用。家庭和社区文化以几种不同的方式影响儿童的学习与发展。

财富和未来成就

虽然我们承认，物质不是人类最重要的需求，而且很多家庭依靠非常低的收入照顾和供养子女，但还是存在与儿童财富和未来成就有关的问题。例如，科格伦等人（Coghlan et al., 2010, p. 1）指出，生活在贫困中对儿童早期发展的影响最大，它"……会导致健康状况和学业不佳"（尤其是沟通、语言和读写能力、数学学习以及个性、社会性和情感发展）。这些问题会贯穿儿童的整个学校生活并一直持续到成年。从学校收集到的数据表明，"通过测评所有关键发展阶段中学生的表现可以发现，有资格吃免费午餐的学生，他们的表现都低于那些没有资格吃免费午餐的学生"（Statistics for Wales, 2014）。相比于不符合免费午餐资格的同龄人，有资格吃免费午餐的贫困学生在27岁时保持稳定就业的可能性要低23%（DfE, 2018）。研究表明，出生在贫困中的儿童很可能继续生活在贫困中。卡拉吉安纳基（Karagiannaki，2017）发现，父母的财富与孩子25岁时的学历和成就显著相关，与就业和收入也有显著的相关性。作为反思型学前教师，我们必须意识到这一点，并尽可能地缓解此类问题。研究表明，我们是可以有所作为的。

习得行为

从出生开始，婴儿就通过观察并与成人、兄弟姐妹和同龄人的互动来习得行为。埃万耶卢（Evangelou，2009，pp. 81—82）等人总结道：

> ……儿童通过身处于被重要的成人、兄弟姐妹和同龄人环绕的社会环境中来学习如何行动。通过这些互动，儿童了解自己的社会现实情况。在文化互动和共同语言的使用中，最重要的"课程"之一是情感表达和行为的适宜形式。这些共同语言通过家庭的文化语库（cultural repertoire）为儿童的社会经历提供了丰富的话语和叙述。学前教育机构需要辨识和支持这些不同的语库。

> **专家问题**
>
> 全纳：在正式和非正式的互动中，所有儿童及其家庭是否都受到了尊重和公平对待？信息是否有用并且便于获取？
>
> 这个问题有助于建立一个概念框架，以展现长期存在的问题和教师的专业知识（见第16章）。

因此，儿童一出生就开始学习什么是适宜的行为，了解哪些事物在家庭和社区中被重视与不被重视。然后，儿童将带着根植于文化经验的行为和价值观进入学前教育机构。

文化资本

法国社会学家皮埃尔·布尔迪厄（Pierre Bourdieu）的文化资本理论在教育领域具有很大的影响力。该理论指出，在行为举止和价值观方面，最富裕/中上层阶级的人被认为优于那些不那么富有/下层阶级的人。这包括前文所讨论的习得行为。一些儿童所拥有的文化资本"没有为他们提供一个能让他们轻松获得学习机会的认知体系或行为方式系统"（Parker-Rees & Willan）。因此，这个系统因为重视某些家庭文化而不是其他家庭文化，导致了社会不平等。反思型教师可能需要花时间来思考他们是否偏爱某些儿童、群体或社区的行为，以及如何确保所有儿童都有机会学习和取得成功。

家庭学习环境

虽然财富已被证明对儿童的成就有影响，但父母的行为也被证明对儿童的学习有重大影响。事实上，学前教育有效准备研究项目（参见 Sylva et al.，2004a）发现，父母参与学习对儿童的成绩和社会成就都有重要作用（参见 Siraj-Blatchford，2010）。有助于形成积极的家庭学习环境的活动，包括给孩子读书、教孩子唱歌和参观图书馆（Sylva et al.，2004b）。因此，那些能够帮助父母理解并真正享受与儿童共同学习的益处的策略会有助于儿童的学习。这可能是儿童从小就开始发展学习技能的一种方式。

支持学习品质的发展

有人认为，与其说 21 世纪教育的根本目的是传授特定的知识、技能和理解，不如说是促进终身学习能力与信心的发展。这项事业的核心是发展积极的学习品质，如抗逆力、游戏力和互惠力（Claxton & Carr，2002，p.9），正如案例研究 1.1 所述。

凯兹（Katz，1993，p.2）把学习品质定义为"相对持久的思维习惯或以特定方式应对特定情况的倾向"。学习品质就是我们对学习情境的反应。我们是否带着好奇心去完成一项新任务，是否愿意尝试（也许会失败，然后再努力）去解决问题？还是害怕失败，认为新任务是件苦差事？支持儿童发展学习品质，必须是学前教育者的工作重点。面对学习任务，培养一种"能做到"的好奇心，可以决定儿童在成长过程中的学习方式。我们对于可取和不可取的学习品质所做出的反应会给儿童传递出隐含的信息。表扬好奇心和探究，而不是专注于任务的成功完成，这可能是支持积极学习品质发展的有效方式。此外，还能发展元认知技能（见第13章）。同样，通过帮助家长了解积极学习品质的发展和影响，可能对儿童及其未来的学习大有好处。例如，对孩子期望很高的家长，如果对孩子过分挑剔或将儿童的某些学习视为失败，就会无意中阻碍儿童学习品质的发展。

 案例研究 2.1　学前教育中共有的批判性思维

学校：一个由英国伦敦卡姆登区不同地段幼儿园和儿童中心的教师们组成的研究小组成立了。这些机构的共同点是将英语作为第二语言的儿童比例很高。本研究以三四岁儿童为研究对象，在三所幼儿园进行课堂教学。

目的：我们希望通过鼓励儿童发展自己的想法来培养他们具备有效学习的特征，利用已有知识学习新知识，进而选择做事情的方式并找到新的方法。

我们发现了什么

第一课：我们希望儿童在解决问题时表现出毅力和独立性。我们计划了一个非常具有挑战性的活动，让儿童根据故事《回家的路》（*The Way Back Home*）

在宇宙飞船上点亮一盏灯。我们提供了电线、鳄鱼夹和灯泡，并通过谨慎提问鼓励儿童使用试错法。通过这个活动，他们学会了制作电路。我们注意到一些儿童（主要是女孩）不愿意参与这个活动，他们表现出不愿意冒险，而更喜欢成人的指导。因此，我们调整了第二节研究课的重点，以确保任务是开放式的。

第二课：第二节研究课的重点是让儿童选择不同的方式进行一个活动。儿童以小组的形式工作，他们的挑战是找到一个可以隐藏"莫希怪兽"的地方。他们被要求与小组成员分享自己选择某个地方的理由。该课程的目的是让儿童合作，尽管成人提出了一些鼓励儿童表达想法的问题，但儿童之间的合作性互动却很少。我们发现，让儿童共享资源以鼓励他们一起思考是很重要的。作为这节研究课的结果，大家一致认为第三节课应该鼓励儿童作为一个团队一起努力，同时准备尝试不同的东西。

第三课：在第三节研究课中，一组男孩一起做烹饪活动，一组女孩一起做建构活动。这些活动本来不是他们的首选。每一组中的个体都被要求扮演特定的角色。成人可以离开小组，让儿童分配角色。所有儿童都对自己的角色表现出了持续的兴趣和自豪感，并且知道小组中每个成员的角色。

儿童学到了什么：就直接结果而言，教师们评论道："孩子们更能自我引导，能自信地做出自己的选择，并在需要时寻求大人的帮助和支持。"

我们学到了什么：我们得出如下结论——开放式任务更有可能促发冒险精神和持续的思维共享；灵活性和选择性对于保持儿童的兴趣和让他们参与决策非常重要；对儿童集体来说，共享资源，从而为共同思考和解决问题创造机会是很重要的。

儿童能够在没有成人参与的情况下在小组内分配角色，这使他们对自己的角色充满热情，理解同伴的责任，从而促进共同思考。

我们惊讶于儿童高水平的毅力，特别是当他们对学习有很高的期望时，例如，给电路布线。

我们改变了做法，每周提供一次与故事文本相关的"挑战"；调整课堂环境，鼓励共同的批判性思维；并计划新的小组合作机会。

通过研究家庭和社区对儿童学习与发展的影响，我们注意到儿童与他人的关系和互动在学习中起到重要作用。随着儿童进入学前教育机构,与他们互动的人会越来越多,接下来将探讨这些互动对儿童学习的影响。

同伴关系

儿童在学龄前阶段会经历两个截然不同的社会世界(Colwell,2012)。这两种不同的社会世界与儿童和教师或同伴的互动有关,包括儿童在不同规模和小组中参与具有不同重点和目的的任务(Kutnick et al.,2007)。我们知道儿童同伴对彼此的发展做出了重大贡献(Ladd,2005)。事实上,在学前教育机构中,儿童与同伴在一起的时间比他们与教师在一起的时间要多(Wilcox-Herzog & Kontos,1998;Kutnick et al.,2007)。随着儿童的进步,他们与同伴相处的时间也在延长。在与同伴相处的这段时间里,儿童学会很多东西,包括建构理解、了解什么是有价值的,以及适当的语言和行为。因此,一个群体的文化——他们看重什么以及不看重什么,会对儿童价值观的形成产生影响,也会为终身学习定下基调(见第6章)。

教育环境

正如前文所说,儿童的学习品质很容易受到环境的影响。环境以及儿童与他人的互动将支持或削弱这些品质(Bertram & Pascal,2002)。每个学前教育机构或学校都有自己独特的文化,这些文化由在这些环境中工作的人和与他们相关的人创造,如校长、管理者、领导者、地方当局工作人员、当地社区人员。而这种文化也必须被看作一种学习环境,它至少与构成物理环境的砖瓦、灰泥、玩具和设备一样必要。群体文化会含蓄地向儿童及其家庭表明什么是有价值的,什么是重要的。事实上,成人创造的文化会影响儿童的行为。谢里登(Sheridan,2007)发现,在学前教师坚持自己处于主导地位并要求儿童服从的情况下,儿童往往会对同伴表现出更多的反社会行为。因此,我们的行为会影响我们所教儿童的行为。可见,积极的反思型学前教师必须创造一种有利于促进学习、培养好奇心和充满尊重的文化并以身作则。

> **专家问题**
>
> 文化:学前教育机构能否通过肯定儿童的贡献、建立合作关系和提供有吸引力的机会来支持更多的学习?
>
> 这个问题有助于建立一个概念框架,以展现长期存在的问题和教师的专业知识(见第16章)。

媒体和新技术

儿童正在一个数字世界中成长，这个数字世界里充斥着媒体输入和不断更新的技术进步。虽然关于这种技术所带来的潜在好处和挑战的争论仍在继续，例如，儿童对技术资源的接触，但我们必须理解这种环境变化对教与学的影响。技术为儿童提供了多种学习工具，让他们接触许多有趣的学习机会，而这些机会是瞄准了这个有利可图的市场的人们所开发的（Arnott，2017）。作为反思型学前教师，必须思考以下两个问题：一是如何利用这些学习机会，二是如何尽可能地确保所有儿童都能获得这些学习机会。第8章将进行充分、全面的讨论。

个性、自尊和学习者身份

研究表明，人的个性不是一成不变的，人会发展和变化（Ardelt，2000）。因此，我们决不能认为儿童具有某种会伴随一生的特殊人格特征。而我们的作用之一是支持儿童的发展，帮助他们成为如本章开头所说的强大、有力的学习者。

根据汉普森（Hampson，1988）的研究，心理学家对人格的理解源于三种有助于分析的线索。

外行视角：这是一种人们预测他人行为的方式。常识、有关他人个性和可能做出的行动的看法可以被用来预测与解释行为。

特质理论：这类理论试图确定人格维度，并客观地衡量这如何导致个人拥有不同的学习风格。然而，虽然学习风格决定论（learning style approach）认识到儿童（甚至是成人）可能以不同的方式学习，这很重要，但要把它转化为具体的课堂教学却不是一件容易的事情。事实上，对此类研究的系统综述表明，"学习风格"的科学基础比较薄弱（Coffield et al.，2004）。

自我视角：个性发展与自我形象和身份发展密切相关。最重要的是，它使人们注意到反思自己和考虑他人观点的能力。因此，儿童成长的社会环境、文化、与生活中重要他人的互动和经历，这三者被视为影响儿童自我认知和随后的行动模式的重要因素。由于我们在与儿童打交道的过程中扮演着重要角色，因此我们的行为会影响儿童成长过程中对自己作为学习者和个体的看法，进而影响他们的学习动机。

这三种线索都有助于我们理解儿童是具有潜在不同学习风格的个体。同时，它们也强调了教师对儿童合理期望的重要性。

当我们考虑先天因素和后天培养对儿童的影响时，还必须认识到人类不完全是由先天因素、后天培养塑造的，我们还有能动性。科斯塔和麦克雷（Costa & McCrae）强调了个人在其个性发展中的作用。他们指出，个性不是生活过程中的产物，"……人不是环境的棋子，而是积极的能动者，他们一生都在坚定不移地追寻自己的存在方式"（1997，p. 283）。为了让儿童和成人在他们的个人成长中成为积极的能动者，我们必须支持他们发展技能，让他们意识到自己的能动性以及如何利用能动性。

评 估 学 习

本节概述了影响学习和动机的关键因素。

学习的隐喻

在文化史中，关于学习的理论层出不穷。然而，正如我们所看到的，虽然当代科学正在逐渐积累更稳定的知识，但学习这个领域仍然很复杂。因此，思考两种学习隐喻之间的共鸣非常有用，这两种隐喻试图使文化多变性和科学复杂性变得富有意义。

我们在这里借鉴了斯法德（Sfard，1998）的研究，他在论文《论学习的两种隐喻和只选择其中一种隐喻的危险》（*On Two Metaphors for Learning and the Dangers of Choosing Just One*）中表明，学习隐喻提供了一种看似简单的方式来表现公认的理解框架。

学习即"获得"

斯法德（1998，p. 5）写道："自文明的曙光出现以来"，人类的学习就被视为"获得某种东西"，无论是知识还是概念发展都是这样获得的。不管是哪种情况，人们都认为"人的头脑是一个容器，要被某些材料填满，学习者则成为这些材料的主人"。这与"儿童是一个空的容器，随时准备好被课程内容填满"的想法相一致。这些课程内容可能包括知识、技能、事实和态度，在教师指导、支持、传授和解释的帮助下通过记忆获得，之后就可以应用、迁移、与他人共享，等等。从历史上看，国家教育体系就是建立在这一学习隐喻基础之上的，以系统的方式提供条件、支持和指导，从而使学习者在每个发展阶段的成就最大化。我们将在本书中探索这一模式的替代方法，如本书的第 11 章。

学习即"参与"

另一种隐喻是在近些年出现的，但在当代世界中的重要性正迅速增长。它强调学习者是"对参与某种活动感兴趣的人"（Sfard，1998，p. 6）。通过活动来学习；在直接、真实地参与实际情境的过程中，通过实践来学习。在父母、家人和朋友的支持下，儿童可能学会玩游戏、购物、认出某个足球队，或者通过独自过夜变得更加独立。可能性是无限的。这个隐喻肯定了真实情境中的直接经验。

我们不妨讨论一下这两种学习隐喻的相对优势和劣势。然而，反思型学前教师应该注意到，这些隐喻代表了两种非常重要的学习发生方式。换句话说，通过正规教育或固定的课程来获得能力是必要的，但仅仅依靠这些能力是不够的。仅仅依靠"获得"可能使正规教育不适合年幼儿童的需求，而随着儿童的成长和发展，仅仅依靠"参与"有可能使儿童的思维受到环境的限制，并使他们的知识出现断层，从而阻碍儿童未来的学习——具体而言，也就是我们已经讨论过的：新知识是建立在已有知识的基础之上的。

有效学习的特征

本章回顾了影响学习的几个相互联系的复杂问题。随着证明高质量学前教育益处的证据不断增多，以及我们对儿童学习与发展的理解不断加深，对学前教师的指导、支持和建议也在不断增加。事实上，学前教师需要了解儿童学习的不同方式，以便提供有效的支持（Tickell，2011）。在学前教育阶段，通过有效的教与学，学习的特征已经凸显，见表 2.2。

表 2.2　有效学习的特征[1]

游戏和探索——参与	• 发现和探索 • 在游戏中利用已有知识 • 愿意"试一试"
主动学习——动机	• 参与和专注 • 不断尝试 • 乐于实现所设定的目标

---

[1]　来自英国标准及考试局。——译者注

（续表）

创造和批判性思维——思考	• 有自己的想法 • 用已有知识学习新知识 • 选择做事的方式并探索新的方法

学习特征与本章所述主题的共鸣是显而易见的。在促进儿童参与的"游戏和探索"中，提到了尝试、探索和游戏。在"主动学习"中，重点关注了儿童的动机、对任务的参与以及成人如何促进这种参与。对所有人来说，只有当新知识具有相关性并与个人所经历的事件有意义地联系在一起时，才会发生深刻、持久的学习，我们正是通过这些个人事件来理解生活的。而了解儿童，规划适当的活动并帮助他们认识到任务的价值，对于支持儿童的主动学习至关重要。最后，"创造和批判性思维"与儿童如何学习有关，包括发展信心和能力、在知识之间建立联系、有自己的想法并探索新的方法。

最后一个特征可以说是儿童长大成人的过程中，支持他们学习的最重要因素。人类有独特的能力来反思自己的思维过程，并制定新的策略。这种对自己认识的自我意识能力被称为"元认知"（Flavell，1970，1979，见第 13 章）。近年来，通过改进培养"思维能力"（例如，Fisher，2008）的可行方法，特别是提倡在童年早期进行持续性共享思维，"元认知"得到了有力的支持和推广（Siraj-Blatchford et al.，2003）。参与有关持续性共享思维的活动可以帮助儿童发展批判性的思考能力并增长知识（Siraj-Blatchford & Sylva，2004；Sylva et al.，2007）。

 反思活动 2.3

目的：根据有效学习的特征回顾你的计划。

证据与反思：你的计划是否明确指出有效学习的特征将如何得到发展和支持？你是否观察儿童，并计划培养他们具备这些特征？

拓展：思考是否有更多的观察机会来为特殊儿童及其需求进行规划，回想儿童是否正在发展这些特征，以及未来的重点是什么。

结　　语

　　本章回顾了四种重要的学习理论。学习是一个极其复杂的话题，本章只是触及了其中许多问题的表面。事实上，关于人类的学习还有许多有待发现之处。当我们试图了解儿童理解什么时，教学内容一定包含智力因素，然后提供个性化的支持以扩展他们的知识。

　　本章还阐述了身体和大脑中的生理与生物因素如何与家庭和社区中的社会与文化因素相互作用（长期存在的"先天—后天"争论要素）来影响儿童的学习的，以及如何通过了解这些问题来增加活动中的学习可能性。

　　也许最重要的是，本章试图确立这样一种共识——对所有儿童学习能力的重视是一种职业责任，也是改善儿童生活的先决条件。无论儿童的情况如何，学前教师都有宝贵的机会影响他们的学习和生活，让他们变得更好。

第 3 章

反思——如何提高教学质量

引　言

本书基于这样一种信念——有效的学前教育实践是一项复杂且高度技术性的活动，尤其需要教师运用判断力决定如何行动。在这样做的过程中，许多人发展了支持判断的反思性教学实践要素。

随着我们成长为学前教师，我们的专业知识与日俱增。在学前教育领域里尤为明显的是，专业知识可以通过多种不同的方式得到发展和认可。在英国，学前教育专业人员通常有一系列的培训机会，以更好地与刚出生到 5 岁的儿童共处。这些培训包括学徒培训和 2 级以上的职业资格认证，以及大学课程，包括学前教育初级教师培训、基础（预科）学位或早期儿童相关学位课程以及硕士学位课程。

教师在专业学习的旅程中发展专业技能。获得资格证书或得到工作机构的认可，如晋升，象征着这种成长的特定里程碑。然而，一个新的角色并不是学习旅程的终点。随着时间的推移，经验会越来越丰富，对于儿童、家庭、同事间合作的了解越来越多，专业知识也会不断发展。

如果学习要贯穿职业生涯，我们就必须参与反思的过程，因为这将有助于专业发展和能力的螺旋上升（见图 3.1）。我们注意到，这种模式讨论的是"教学"过程，而这在学前教育阶段可能是一个有争议的话题。然而，我们可以把"教学"这个词解释为一切有学习发生的活动（Hirst，1973）。第 11 章将进一步讨论这个问题，但是教学并不只是在我们遵循特定教学实践时才会发生，因而无论成人是否将自己视为传统意义上的教师，这个模式都适用于所有的学前教育从业者。英国教育标准局[1]的《早期教育督导手册》(*Early Years Inspection Handbook*, 2013, p. 33)规定：

教学不应该被理解为一种"自上而下"或正式的工作方式。这是一个宽泛的术语，涵盖了成人帮助儿童学习的多种不同方式，包括计划好的、儿童发起的游戏和活动中与儿童的互动：交流和示范语言；展示、解释、论证、探索想法；鼓励、质疑、回忆；叙述正在做的事情；促进发展和设置挑战。

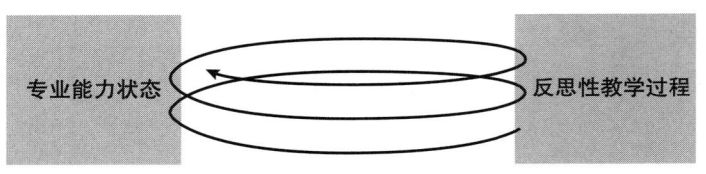

图 3.1　职业发展的螺旋上升

反思性实践会让教师发现个人意义，也会使保教质量稳步提高。事实上，由于反思性教学实践是基于实证的，因此它会支持参与机构内部培训的教师、在读的本科生、有学前教育专业学位的教师、新任合格教师、教学助教和有经验的专业人员达到操作标准，具备胜任力。此外，反思性教学实践的概念特别关注教育的目标、价值和社会影响。

有效教与学的原则

以下原则与本章所阐述的学习尤其相关。

原则7：有效教与学促进个体和社会的过程和结果。 学习是一种社会活动。应该鼓励和帮助学习者与他人合作，分享想法，共同建构知识。向学习者了解他们的学习情况并给予他们发言权，这既是一种期望，又是一种权利。

原则9：有效教与学取决于教师的学习。 教师需要不断学习，特别是通过课堂探究来发展知识和技能，并适应与发展教师这一身份。这一点应得到承认和支持。

---

[1] 英文为"Office for Standards in Education"。——译者注

本章主要分为三个部分。第一部分介绍学前教师面临的一些困境和挑战，以及与循证实践、专业标准和能力有关的核心问题。第二部分对反思性教学的七个主要特征进行界定和论述。在探讨这些特征时，我们特别强调了循证实践以及教师如何支持彼此的反思性教学实践。最后，本章将作为指南，为个人和团队的反思性教学奠定基础。

困境、反思、有效性和质量

学前教育中的困境和挑战

儿童学习与发展的复杂性以及学前教育环境的实际需求，使得教师的工作永远在路上。在任何教学中，你都可以不断地计划，开展更多的研究，寻求其他资源。仅仅思考本书所涉及的教学实践的多个方面，我们就能感受到学前教育工作中广泛的专业问题。当实际情况、专业标准、个人理想以及更广泛的教育和学习问题被放在一起综合考虑时，这种需要协调各类要求和潜在冲突的工作就会变得非常艰巨。学前教师需要学习一套复杂的专业技能和观点：在一个更大的实践共同体中找到自己的定位；管理"个人发展"的情绪维度；联系、整合和协调各种理论来源与实践经验。

整个学前教育工作群体所需的专业知识是多样的、复杂的、易变的，且部分取决于他们的角色和所工作的机构环境。学前教育工作者要与儿童共处、与家庭保持联络，可能还要领导教学实践、支持工作人员和管理人员。无论角色是什么，英国四个地区所有的学前教育工作者都必须遵循政府立法制定的学前教育框架。这些框架就如何对待儿童规定了一些最低标准和不容置疑的基本原则。然而，如何在日常工作中具体落实也是灵活多变的。它们往往涵盖了类似的领域，并提供了重要的指导原则供人们遵循。通常情况下，它们要求学前教师认识到儿童的独特性、建立积极关系、提供有利的环境并支持儿童的学习与发展。这些原则促使我们产生对教育环境中每个儿童学习与发展的期望和承诺。

这些原则显然可以与研究相结合。它们为教师可能遇到的一些两难困境提出了深刻的见解。在任何情况下，解决这样的困境，都需要学前教育工作者运用专业判断力来评估出最合适的行动方案。

两难困境发生在每个阶段每天的教学实践中。表3.1概述了学前教育机构或教室环境中一些常见的两难困境，但这不是一个详尽的列表，不包括与领导力有关的具体困境。因此，当你阅读下表时，请反思它们与你的相关性，以及是否有其他困境与你的具体角色和环境有关。

表 3.1 学前教师所面临的常见两难困境

将儿童视为独立的个体和完整的人	将儿童视为群体中的一员
基于个体组织儿童	基于群体组织儿童
允许儿童自由玩耍和选择他们想做的活动，以及自行推进活动	提供由成人主导的活动，指导儿童的学习和活动，以确保经验的广泛性
利用主动性和活动的乐趣来激励儿童	提供理由和奖励，让儿童有完成任务的外在动力
从理解儿童的兴趣和图式出发，发展学习和活动的领域	提供与学校/幼儿园长期规划相关的主题或"社会"希望儿童接受的主题
开发支持儿童跨领域学习的活动	以独立和不连续的方式系统地处理每个学习领域
在活动的过程中追求高质量的学习体验	在儿童活动中追求高质量的最终结果
关注儿童学习与发展的各个方面	以整体的方式看待儿童的学习与发展，并同等重视所有的发展领域
试图培养合作性的社交技能	培养个人的自立和自信
引导儿童接触共同文化	承认多元文化社会中的文化多样性
在所有儿童中平等分配教师的时间、注意力和资源	关注特定儿童的需求
在工作中为儿童提供"专业"的保教服务	在工作中考虑个人的需求
运用日常活动来支持儿童的安全感，并支持工作人员的轮换和比例	摆脱常规，以支持儿童对变化的理解，将其视为拓展游戏和学习的时机
支持和鼓励儿童冒险，探索具有潜在危险的活动	使风险最小化，控制活动和环境以保障安全
允许儿童自己选择做什么，是否参加活动	支持儿童参加集体教学活动，为他们今后的学习做准备
让儿童有独处的空间和地方可以退缩	合理布置空间，使儿童在任何时候都能被看到和听到
在一天的大部分时间里允许儿童自由走动（包括室内和室外）	限制户外活动，安排一日生活按照固定时间开展

反思性实践与循证实践

学前教师获得证据的三种主要来源分别是：第一，学术界和专业教育研究机构的研究；第二，基于教师的研究；第三，学前教育相关数据。我们将依次探讨这三种证据。

近年来，有关使用"证据"为学前教育实践提供信息的讨论相当多（Peeters & Vandenbroeck，2011）。国内外的研究证据都清楚地表明了学前教育质量的重要性，这促使学前教育发生了重大变化。有研究表明，早期经验为之后的所有学习奠定基础（Allen，2011，OECD，Starting Strong，2017；EPPSE 3-16，2014），可以减少与父母背景和社会经济地位有关的不平等现象（Melhuish et al.，2015），也可以对经济增长与繁荣产生深远影响（Ho et al.，2010；Field，2010，OECD，2017）。国内外有关学前教育的观点导致许多政府政策文件和立法的出台，学前教育受到重视是因为这一阶段的生活对儿童学习与发展有着明确而普遍的影响（DCSF[1]，2008；DFE，2012；DFE，2020）。由于认识到学前教育的重要性，英国政府于2000年将学前教育机构的监管和监测工作移交给了英国教育标准局，而不是社会服务部门。他们认为，这是一种建立完善的通用质量基础的方法。英国教育标准局还提供了一些后文会探讨的数据。

反思活动 3.1

目的：回顾你所经历过的两难困境。

证据与反思：想想你自己的情况和经历。仔细阅读表3.1，看其中已确定的困境是否能反映你所经历的现实困境。是否还有其他与你的具体情况有关的两难困境？

完成这个练习后，请你试着找出目前面临的三个最为紧迫的困境。仔细思考它们，并考虑是否有可用的措施来缓解这些困境（例如，与同事讨论制定行为管理办法；根据近期的政策文件改变评估的做法；改变学习环境中的常规，以确保儿童发起的活动和成人主导的活动相结合）。

---

[1] 英文全称为"Department for Children, Schools and Families"，即儿童、学校和家庭部。——译者注

> 重要的是,从其中一个困境开始思考——你需要什么证据才能有效地解决它,以及这些证据可能来自哪里。解决困境的过程往往是缓慢和渐进的,但这种职业发展往往具有强大的变化潜力。
>
> **拓展**:请注意,这种反思性活动很可能会导致机构内部的某项正式研究;阅读"反思活动3.2",请思考这一点。

梅尔休伊什(Melhuish,2004)回顾了关于学前教育效果的国际研究文献。他指出,高质量的学前教育一直支持儿童的学习和社会性发展,而低质量的学前教育不仅不会产生任何好处,甚至会带来负面影响。这类文献中的信息,以及一些著名的研究,如学前教育有效准备研究项目(Sylva et al.,2004a,2004b),随后的有效学前、中小学教育项目(2015),以及北爱尔兰开展的类似研究——北爱尔兰有效学前教育研究项目[1](IDE,2006)和威尔士的基础教育阶段有效实践的监测与评价项目[2],都强调需要高质量的教师来支持和促进这一重要的发展和学习阶段。特别是,这些研究项目促使人们认识到学前教育行业(从出生到8岁)需要专业的学前教师和领导者。他们倡导的理念是,学前教师需要有高超的技能、知识和经验,并了解循证实践、反思和批判性思维的重要性(Siraj-Blatchford & Manni,2007;Siraj-Blatchford,2008;Allen,2011)。

也许第二个证据来源对教师来说是最重要的。在这种情况下,证据是由学前教师自己收集的。席尔瓦(Sylva,1999a)研究了学前教育的不同研究范式,并强调机构内部研究是如何有效地促进政策和实践发展的。古德费洛和赫奇斯(Goodfellow & Hedges,2007)提出,参与对自身教学实践的研究对于学前教师的专业化至关重要,这使他们能够成为有能力的研究者,也可以在影响学前教育准备和实践的过程中更多地发言(Solvason,2012)。随着学前教师和专家数量的增加,该行业的专业性也在不断提高,并通过机构中的工作实践、学前教育论坛、会议和持续专业学习,为教师提供积极参与研究的机会(参见 Stenhouse)。

图 3.2 所示的模型概括了学习环境中实践和探究之间的关系。这个模型指出,可

---

[1] 英文为"Effective Pre-school Provision in Northern Ireland",缩写为"EPPNI"。——译者注
[2] 英文为"Monitoring and Evaluation of the Effective Implementation of the Foundation Phase",缩写为"MEEIFP"。——译者注

以根据可能存在的问题来思考机构中的实践难题。在这个过程中，仔细思考也许会非常有帮助。正如前文所说，这强调了我们对实践中两难困境的认识——当存在多种相对立的可能性时，如何做出决定。

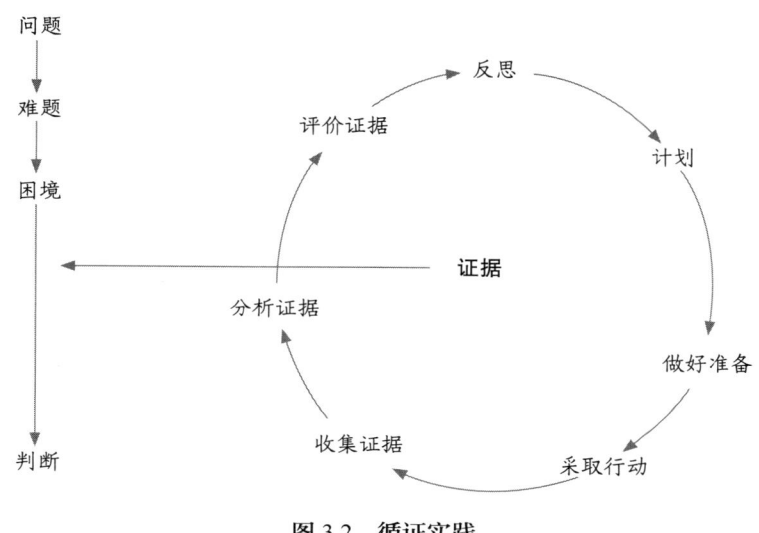

图 3.2　循证实践

学前教育实践的专业化本质能够使教师做出高水准的判断，图 3.2 显示了来自行动研究和其他研究的证据如何帮助教师提高判断能力。这种判断能力体现在许多研究实例中，这些研究着眼于高质量的学前教育实践和持续的专业发展的重要属性（Children in Europe，2008；NAEYC，1993；OECD，2001，2006；Nutbrown，2012；参见 Pring）。正如人们普遍赞同的，反思是专业化中非常重要的一部分（Peeters & Vandenbroeck，2011；Siraj et al.，2017）。

举例而言，儿童的行为如果挑战了机构的惯常做法，就可能导致教师立即做出愤怒的反应，以维护自己的控制权。不过，之后的反思可能会促使教师思考几个可能长期存在的问题。教师和儿童的关系会不会因为某种原因出现问题？儿童是否尊重教师的权威并认可其行为是合理的？环境和活动是否吸引儿童，还是让儿童感到厌烦？成人主导的活动是否计划周全，是否提供了关注的重点、趣味性、进步和成功的学习经验？这些问题中的每一个以及其他问题，都值得通过机构中的研究来进一步调查。

对许多学前教师来说，团队工作是教育实践的一个基本组成部分。尽管我们必须了解并反思自己的行为，但研究表明，如果整个工作团队以共同的期望和观点来合作，其结果往往会得到更显著的改善（参见 Banerjee et al., 2012）。佩特斯和范登布鲁克（Peeters & Vandenbroeck, 2011）拓展了这项研究，分析教师进行专业探讨时让全员参与并与他人合作的重要性，总结了学前教师顺利开展反思活动所需要具备的条件，具体如下：

在意见有分歧的情况下寻找（通常是临时）解决方案的能力。所谓"分歧"是指不同意见、不同视角或两难困境，正如我们已经了解的，这往往是反思的起点。那些能够深入讨论不同想法和意见，然后达成共识并付诸实施的团队，往往会表现出有效的反思性实践。

关注参与其中的他人（即我们不了解的人）的能力。即试图理解并设身处地为他人（如家长）着想的能力。

与他人（同事、家长、儿童）共同构建知识的能力。即与他人（如指导者、研究者、同事、家长和儿童）合作，共同建构新知识和新工作方式的能力。

专注于改变的能力。即有能力在托幼机构中进行试验，尝试新事物、新想法，在工作中发挥创造力。

这些观点强调了认识自己、反思自己的实践和工作团队实践的重要性。

第三类证据是教育机构的情况或基准证据，包括评估、检查或接收的数据。它们通常被提供给学前教育机构以支持改进策略。这些数据也可以提供给家长，以便他们做出选择。如果行业出现动荡，那么这类证据对机构和学校管理者，以及检查组和其他评判机构和教师有效性的人来说，都是非常重要的。

因此，善于反思的教师应该能够利用或贡献许多证据来源，并用这些证据影响教育实践。不过，我们应该注意到，简单或直接地将结论转化为行动是不明智的。因为学习和教学中会涉及许多变量，直接的"因果"关系类结论很难经得起推敲。因此，对"什么是有效的"这个问题进行简单回答是不可靠的，在解释研究证据对特殊儿童或学习环境的意义时，专业判断仍然是一个非常重要的筛选程序。

当然，我们前面所概述的证据来源——解读教育研究、探究教师自身的专业实践以及使用机构情况或标准数据——这三者实际上是相辅相成的。因此，反思型教师应该能够利用或贡献许多证据来源，并用这些证据来指导教育实践。然而，与社会科学的其他领域一样，学前教育中的证据必须始终得到批判性的评估，因为绝对的"真理"是不存在的。学前教育机构中可能存在许多不同的观点和意想不到的情况，因此反思型教师必须能够利用基于经验的个人判断和任何可用的证据来源来支持决策。

学前教育和职业发展的有效性标准

近年来，许多国家政府都制定了能力准则和"标准"，为那些从事并寻求培训和进一步专业发展的人提供参照标准。标准用于描述特定的属性、技能、知识和理解，教师为获得所选职业的公认资质就需要表现出与之相匹配的行为。

标准的演变可能需要相当长的时间，而且往往是建立在特定地区或中央政府的政治观点之上的。在大多数情况下，标准为初始培训、持续专业发展和绩效管理提供了一个法定的参照标准。

广泛的标准和能力可以帮助学生、教师、导师、校长、监督者、经营者、家庭教师和其他从事学前教育和专业发展的人确定目标。它们可以：

- 提出明确的期望；
- 帮助教师规划和审视发展、培训和工作情况；
- 坚持以提高教育质量为重点；
- 为教师的表现获得专业认可提供依据。

不过，我们需要明确这些模式和标准的现状。一致的国家课程和法定评估程序所要求的标准，可能与要求教师进行深度合作时所遵循的标准完全不同。例如，在英国的不同区域、北美以及欧盟的不同国家，标准的性质有巨大的差异。除此之外，还有第9章所讨论的蒙台梭利（Montessori）、瑞吉欧·艾米利亚（Reggio Emilia）和新西兰课程（Te Whāriki）等教学法之间的差异。而且，历史上任何特定时期所要求的标准都不可能保持不变。为了说明这一点，可以想一想170多年前英格兰对"师范生"的要求（见图3.3）。

> **师范生教育管理规定**
> **教育委员会会议记录，1846 年**
>
> **候选者要求**
> - 年满 13 岁。
> - 没有任何可能影响工作的身体缺陷。
> - 有道德品质的证明。
> - 能流畅阅读，表达自如。
> - 能工整地书写正确的单词和标点符号，能听写简单的散文。
> - 能根据口述写出四则运算的总和，包括简单的和复合的算式；正确计算，并了解度量衡表。
> - 能指出简单句子中的词性。
> - 对地理知识有基本的了解。
> - 能复述基督教的教义，理解教义的含义，并熟悉经文历史的概要。（只对在与英格兰教会有关的学校工作的教师有这一条要求）
> - 能教导小班，令督导人员满意。
> - 女孩应该能够整齐地缝纫和编织。

图 3.3　关于师范生教育的规定条例

因此，我们必须记住，官方批准的标准是在特定的历史和背景下产生的。尽管现有研究的影响力逐渐减弱，但它们受到当时的政策制定者的文化、价值观和优先事项的强烈影响。在英国，聚焦于知识、理解、技能和专长的标准，其清晰愿景或鲜明特征通常被认为非常有局限性（参见 Osgood，2004），没有考虑到学前教师的其他素质同等重要。凯布尔和米勒（Cable & Miller，2011）谈到了情感因素、个人阅历、观点、信仰和价值观的重要性，认为这些文件中所体现的有关教师能力的观点是狭隘的、基于工作表现的，是监督和问责政治文化的一部分，而这种政治文化并没有认识到学前教师的复杂性和潜在创造性。尽管从教师的叙述和相关研究中可以看出，情绪性是教师的一种基本能力，需要多元理解和管理儿童，与他们的家庭打交道，但许多标准没有提及教师的情感能力（Cable & Miller，2011）。当其他人指出缺乏创新空间时，格林菲尔德（Greenfield，2011）概述了在多学科背景下的工作中新的思维方式和互动方式的重要性。佩特斯和范登布鲁克（2011）称赞了教师求知若渴的优点，以及持续学习、质疑、讨论并能准备好回应和行动的意愿。

> **反思活动** 3.2
>
> **目的**：对政策文件的批判性理解。
>
> **证据与反思**：想一想你目前工作中的现行政策文件（实践的标准或框架），然后问问你自己：
>
> - 这份文件的目的是什么？
> - 它描述了什么样的价值观和基本假设？
> - 它对个人的职业角色有什么影响？对我们所教的儿童及其家庭有什么影响？
>
> 当然，这是反思和循证实践的一个重要因素。
>
> **拓展**：思考如何解读文件，有助于你调整自己的教育实践。

在 40 年的职业生涯中，学前教师可能会经历许多政策体系，而历史性或比较性的反思将有助于教师保持对它们的正确认识。鲍多克等人（Baldock et al., 2009）建议，就任何政策文件而言，看清其依据的价值观非常重要，因为它植根于特定的时间点，随后会发生变化。此外，政府政策与地方当局的自治权以及个人的价值观之间可能存在矛盾。

尽管人们认识到了标准的易变性和主观性，但许多学前教师、研究者和政策制定者仍然重视这种方法，因为它具有实用性。它仍然是我们工作的主要方式，以确保儿童及其家庭的安全和福祉（Kingston & Melvin, 2012）。第 11 章详细说明了这场与学前教育专业化和高质量实践标准有关的讨论。

因此，尽管标准的个别特点可能会因其过度规定和局限性而受到批评，但为教师的专业发展提供培训和支持的方式仍然是灵活的，并由学前教育管理部门决定。

反思性实践的意义

反思性实践的概念源于杜威（Dewey, 1933），他将"常规行动"与"反思行动"

进行对比。杜威认为，常规行动是由传统、习惯和权威等因素以及制度的条款和预期所引导的。言外之意，常规行动是相对静态的，因此对不断变化的重点事项和环境反应迟钝。另一方面，反思行动需要教师有不断进行自我评估和发展的意愿。除此之外，反思行动意味着灵活性、严谨分析和社会意识。

在杜威看来，反思行动是指根据支持它的理由对任何信念或假定的知识形式进行积极主动、坚持不懈的缜密思考。对自己的工作缺乏反思的教师往往安于现状，只"专注于寻找最有效的方法来解决大部分人所共同认定的问题"（Zeichner & Liston，1996，p. 9）。当然，那些基于持续假设的常规行动也是必要的，但杜威认为，仅有常规行动是不够的，反思"能够指导我们的行动，使之具有预见性"（1933，p. 17）。

唐纳德·舍恩（Donald Schön，1983a，1983b，1987）拓展了这些观点，分析了许多不同的职业：医学、法律、工程、管理，等等。舍恩强调，大多数专业人员都会面临这样的特殊情况——需要利用知识和经验来指导行动，他称之为"专业艺术性"。这是"教师在独特的、不确定的、有冲突的实践环境中所表现出来的一种专业能力"（1987，p. 22）——一种"行动中的认识"。因此，舍恩区分了"行动后反思"和"行动中反思"，前者用于回顾和评估，后者促成立即行动，两者都有助于提高反思型教师的能力。

> **专家问题**
>
> 反思：我们的教育实践是否基于循序渐进、有据可依和协作性的改进策略？
>
> 这个问题有助于建立一个概念框架，以展现长期存在的问题和教师的专业知识（见第16章）。

其他人，如所罗门（Solomon，1987），有力地证明了反思是一种社会实践。在这种实践中，向他人表达观点是发展开放的批判性观点的核心。因此，同事和导师的支持对于建构理解是非常有帮助的，其中的观点会通过"合作文化""探究共同体"和"网络"学习等得到进一步扩展。

这些关于如何成为反思型教师的观点，在发展和被应用于实践时既具有挑战性又令人兴奋。本节通过确定和讨论反思性实践的七个关键特征来回顾这些观点的含义。

1. 反思性实践意味着积极关注我们行动的目标和结果。
2. 反思性实践是在一个循环或螺旋式上升的过程中开展的，在这个过程中，教师不断地监控、评估和修正自己的实践。
3. 反思性实践需要具备循证调查的能力，以支持更高标准的教育实践。
4. 反思性实践需要开放的心态、责任感和专注。
5. 反思性实践需要教师以其他研究的证据和观点为依据进行判断。

6. 反思性实践、专业学习和个人成就感通过与同事的合作和对话得到加强。
7. 反思性实践使教师能够创造性地发展规定的教与学框架。

现在，我们将详细地探讨反思性实践的每一个特征。

目标与结果

反思性实践意味着对目标和结果以及方法和技术能力的积极关注。这个问题首先关系到学习环境中实践的直接目标和结果，因为这对任何教师来说都是首要责任。然而，这种实践不能孤立于广泛的社会影响，因此反思型教师必须考虑到这两个方面。

英国教育政策制定史上的一个例子将说明教育机构外部的变化如何影响教育机构内部的行动。特别是，我们将探讨学前教育富有争议的地位和价值，它与实践的关系以及政策发展是如何影响它的。

20世纪末，与欧洲邻国相比，英国投入学前教育服务的公共资金水平很低。在多样化的学前教育提供者中，他们大多有着不同的目的和意图，包括私立、教会或私人的学前教育机构。尽管存在多样性，但实际上，每个地区的家长几乎是别无选择的，而且私立学前教育机构和公立学前教育机构之间几乎没有合作或协调。一些权威报告表达了对这一问题的担忧，包括《朗博尔德报告：从质量开始》（Rumbold Report: Starting with Quality，DES；1990），以及后来著名的研究者，如席尔瓦等人（1999b），都表达了同样的担忧，但政府基本不理会这些报告。此时，英国对学前教育的重要性缺乏政治意识。人们普遍认为，儿童是其父母的私人责任，照顾儿童是母亲天然的"工作"。

在随后的20年里，英国政府发现，许多国内外的研究表明高质量的学前教育对国家经济增长、儿童学习与发展都有可能带来影响，因此政策制定和资金投入出现了爆炸式增长（Sylva et al.，2004a；Melhuish et al.，2004）。然而，这种增长主要出现在公立学前教育机构中，侧重于增加学前教育机构的数量，以满足父母返回工作岗位的需求，而不是提高其质量。数量增长的短期目标被放在了首位，但这受到了学前教育领域人士的严厉批评，许多人认为数量扩张是以牺牲质量为代价的，如果提供学前教育是为了改善儿童的教育、保育，并最终改善他们的生活，那么保证质量就是至关重要的。但政府似乎忽视了有关儿童学习与发展的研究，这些研究表明儿童作为学习的积极共建者，需要高素质的、有经验且知识渊博的学前教师才能茁壮成长。

虽然有一些旨在提高学前教育质量的拨款尝试，例如，通过2006年的"转型基金"（Transformation Fund）支持学前教师获得资格证书，但这一举措并没有明显改变劳动力的构成，英格兰的大多数学前教师仍然缺乏资质（Nutbrown，2012），具有高水平资格证书的教师数量短暂增加后，现在正在减少（NDNA，2019）。与业内同人相比，学前教师的工资仍然很低，男性学前教师也很少（Bonetti，2019）。

教育学前儿童通常被认为比教育大孩子地位更低（King，1998），私立和公立机构之间仍然存在很深的鸿沟（Moss，2008）。此外，尽管自2010年以来，对学前教育的需求不断增加，但仍在提供学前教育的机构数量却有所减少（Rutter，2016）。莫斯（2008）发现，学前教育的低地位、低工资被某种长期存在的观点合法化，即儿童是不成熟和不完整的，因此他们只有相当简单的发展需求。这种对儿童的片面认识意味着学前教师的职业资格和培训都被严重低估。

莫斯（2006）研究了北爱尔兰学前教育私立和公立机构的划分。他发现，尽管它们受制于同一个法律框架，但在物质条件、任职资格、雇用条款和工作条件方面都存在差异。一些研究结果的某些方面（如学前教育有效准备研究项目）在过去20多年的政策制定和变化中发挥了重要作用。然而，正如这些证据所表明的，研究的一些重要方面在政策中仍被忽视。

学前教育阶段变化多端的政治和政策环境表明，学前教师、家长和研究人员需要积极参与政策制定。我们可以通过三种方式影响学前教育机构以外的决策。事实上，有这样几个致力于确保该行业内部的声音被听到的组织，如英国学前教育（Early Education）、幼儿保育职业协会（Professional Association for Childcare and Early Years，PACEY）和学前教育工作者专业发展协会[1]（Association for the Professional Development in Early Years）。

首先，我们应该思考培养学前教师"集体认同感"的重要性（Adams，2008，p. 208）。集体认同感在这样一个跨越不同发展阶段的多样化行业中尤为重要。我们有必要反思一下私立和公立学前教育机构之间在这方面的分歧，因为任何分歧都有可能使学前教育的"声音"显得支离破碎和缺乏说服力。为了培养集体认同感，我们应该在学前教育机构内外与其他学前教师一起发出统一的声音。由12个学前教育组织构成的英国学前教育联盟一直致力于发现和支持那些回应政府的统一声音（Early Education，2019）。

---

[1] 在中国，类似的机构包括中国学前教育研究会、中国教育学会等。——译者注

其次，教师在承担将政治上确定的目标转化为实践这一责任的同时，如果发现某些目标和政策在专业上不可行、在教育上不合理，或在道德上有问题，那么应该像过去一样直言不讳地指出。在这种情况下，教师的专业经验、知识和判断应该会直接影响政策制定者——无论决策者是否希望得到这些建议，或者是否根据这些建议采取行动。事实上，在现代民主社会中，教师不仅有权听取意见，而且有权对教育政策施加影响，这一点也非常重要。专业学会和学科协会，如英国幼儿教育协会[1]、学前教育工作者专业发展协会[2]、初等教育研究协会[3]（ASPE）和英国地理学会[4]（GA）为教师的集体发声提供了机会。然而，近年来，英国各种教师工会无疑是最有效地让人们听到他们声音的途径。

最后一种方式是教师扮演"活动家"的角色（White，1978；Sachs，2003）。这个角色让我们认识到，学前教师也是社会成员，在正常的政治进程中有权在个人道德和伦理考量的指导下追求自己的价值观与信仰。他们应该尽可能积极地为公共政策的制定做出贡献。有关这方面的更多信息，请参见第17章。因此，反思型教师应该充分了解政治进程，并对公共教育服务进行合法监督。作为公民和专业人员，他们也应该愿意为此做出贡献。

反思是一个循环过程

反思性实践是在一个循环或螺旋上升的过程中开展的，在这个过程中，教师不断地监控、评估和修正自己的教育实践。反思型教师应计划、准备并采取行动，也需要监控、观察和收集有关自己与儿童的意图、行为、感受的数据。然后，教师需要对这些证据进行批判性分析和评估，以便用于分享、做出判断和决定。最后，教师再次开始这个过程之前，可以根据这些证据修改制度、计划和课程。这是一个动态的过程，旨在通过连续的循环或螺旋上升的程序达到更高质量的实践标准。这一模式简单、全面，对实践具有极大的影响。它与杜威和舍恩所描述的反思性实践的概念相一致，并阐明了反思性实践的程序。图3.4展示了反思性教学过程中的关键阶段。

---

[1] 英文为"British Association for Early Childhood Education"。——译者注
[2] 英文为"Association for Professional Development of Early Years Educators"。——译者注
[3] 英文为"Association for the Study of Primary Education"。——译者注
[4] 英文为"Geographical Association"。——译者注

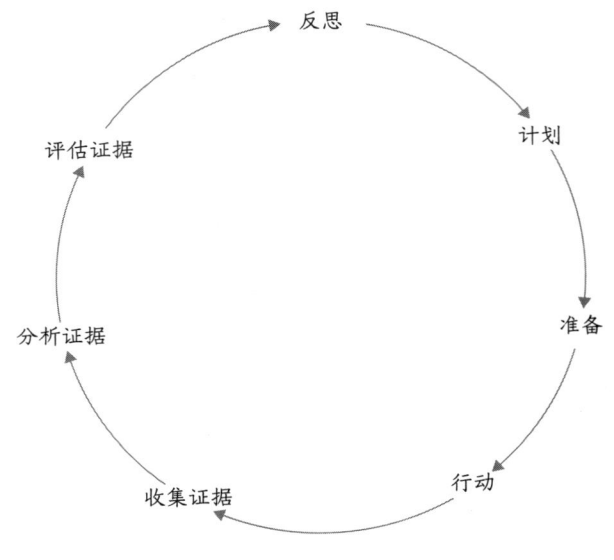

图 3.4　反思性教学过程

收集和评估证据

反思性实践需要具备实证探究的能力,以支持教师向更高标准的实践发展。在此,我们可以确定反思性实践的四个关键能力:综述现有的相关研究、收集新证据、分析、评估。这些能力都有助于反思这一循环过程的开展。

综述现有的相关研究。重点是尽可能多地向他人学习。可以回顾教师或专业研究人员就所关注的问题发表的研究,这些研究通常在专业出版物中汇编。采用互联网的搜索技术会使这项工作变得简单,其他资源也是如此。

收集新证据。这涉及一个基本问题,即了解教室或环境中发生了什么,以形成自己的观点,包括收集数据,谨慎而准确地描述情况、过程、原因和影响。其中,有两类资料尤为重要:一是客观资料,比如对人们实际行为的描述。当然,标准化的工作数据也属于这一类,但只是客观资料中的一部分。此外,还必须收集更多的主观资料来描述人们的感受和思考——他们的看法。对任何研究者来说,收集这两种资料都需要相当的技巧,尤其是在探究自己的实践时。

分析。该能力用于解释描述性资料。"事实"本身不会有意义,除非将其置于一个框架中,反思型教师将它们彼此联系,并进行理论化的分析。

评估。该能力涉及对实践探究中的保教效果做出判断。根据目标、价值观和其他人的经验进行评估,使调查结果能够应用于未来的政策和实践。

反思活动 3.3

目 的：探讨如何通过收集实践证据进行改进。

证据与反思：这个过程的关键是确定一个焦点问题，思考做出判断需要哪些证据，如某个特定儿童在某一学习领域的进步。无论你的问题是什么，你都需要考虑以下几个阶段。

- 应该对机构生活中的哪个方面进行调查，为什么？
- 要收集哪些证据，如何收集？
- 如何分析、解释和应用这些调查结果？

这可能看起来很正式，但在任何评估实践的情况下，我们都需要考虑这些问题。

一开始，找出一个小问题或困境，看看你是否能制订一个收集证据的计划，并以此为基础采取后续行动。

拓 展：一般来说，教师将其基于机构的研究和发展性活动聚焦于个别儿童或儿童群体。你是否希望改变学习环境的某一部分？这类工作的证据基础将如何变化？

越来越多的学前教育团队在教室或机构层面参与了对学习和实践的探究，以便为后续实践和机构的发展重点提供信息。这些探索体现了案例研究和行动研究的特点（Carr & Kemmis，1986；Hamilton & Corbett-Whittier，2013）。"案例"通常针对一个教室、一个年度或整个机构展开，行动研究在其中是螺旋式发展的。可以使用一系列的资料收集方法，重点放在儿童视角、直接观察法、发展数据的解释等方面。这样的研究既可以被用于发展机构、教室或班级制度，也可以使其合法化——从而在要求教师或机构证明其做法正确的时候提供合理答案。

虽然研究和评估个人实践可以为反思性实践的发展提供良好的基础，但仅有这种能力是不够的。某些态度也是必要的，需要与探究技能结合应用。正如第 1 章所述，我们必须能够挑战自己的观点和感受。

对实践的态度

反思性实践需要开放的心态、责任心和专注。本节直接借鉴了杜威的观点。

开放的心态。杜威认为，开放的心态是：

用积极的心态倾听多方面的意见，对于任何可能出现的答案与选择都予以关注，同时充分关注其他可能性，即使坚信不疑，也要能认识到错误的可能性。（1933，p.29）

开放的心态是严谨反思的一个基本属性，因为任何故意基于部分证据开展的探究都会削弱其作用。因此，我们使用这个概念的意义在于反思自己，质询自己以及他人的推测、偏见和意识形态，而这显然不是一件容易的事。然而，对证据及其解释持开放的态度，并不等同于拒绝在重要的社会和教育问题上坚守价值立场。这一点将把我们带到反思应具备的第二个属性，杜威认为它是反思的前提条件：责任心。

责任心。杜威认为，理智上的责任意味着：

仔细地思考行为所导致的后果，这意味着当后果合理地出现时，教师愿意接纳这些后果……而理智上的责任确保了完整性。（1933，p.30）

这里所隐含的立场显然与"儿童如何经历学前教育"一节所讨论的目标问题有关。然而，在杜威的著作中，这个问题相对来说是有明确界限的，他似乎只提到了机构的实践。塔巴克尼克和蔡克纳（Tabachnick & Zeichner，1991）为此做了进一步的研究。他们认为，应该提出道德、伦理和政治问题，必须对此加以思考，以便能够对值得做的事进行专业的个人判断。显然，简单的工具性实践方法与反思性的社会意识无法达成一致。

专注。它是杜威所指出的第三种必要态度，主要是指如何进行种种反思。杜威建议，反思型教师应该专心致志、一心一意、精力充沛、充满热情。正如他所说：

有效思考的最大敌人莫过于兴趣分散……而真正的热情是一种态度，它作为一种知识力量发挥作用。当一个人全神贯注时，这个主题就会推动他继续前进。（1933，p.30）

这三种态度共同构成了专业承诺的重要组成部分，需要所有致力于成为反思型教师的人表现出来。这与第1章所讨论的问题之间的呼应也是显而易见的。

在现代环境中，由于许多国家政治中心的不断变化，开放的心态、责任心和专注经常受到挑战。哈尔平（Halpin，2001）认为，对坚定的教育工作者来说，能够保持

"明智的希望"和想象未来的可能性是至关重要的。除了单纯的乐观主义，这还需要"一种有关现在和未来的批判性思考方式，特别是那种经得起外部对当下情况进行理所当然的审视的方式"（2001，p. 117）。因此，积极参与、愿意勾勒新的未来、保持自我批判的精神，都与反思性实践紧密相关。

教师的判断

反思性实践以教师的判断为基础，以循证调查和其他研究结果为依据。然而，正如第1章所述，与那些在学校里教较大儿童的教师相比，学前教师往往被认为能力较差，从事的工作也不那么具有挑战性。事实上，教师的学识经常因阻碍变化而受到批评。文森特、布朗和鲍尔（Vincent，Braun，& Ball，2008）发现，学前教师看不到发展教育实践的价值，认为自己的角色是与生俱来的，天生就有照顾儿童的能力，所以不需要开展任何学术研究。这些发现表明，一些教师坚持常规的或自然习得的做法。因此，反思型教师有必要了解发展的潜在好处，以及无法自我反思所带来的缺憾。

对于另一种观点，我们可以再次借鉴唐纳德·舍恩关于反思型教师特征的研究（1983b）。舍恩将实验室研究等"科学型"专业工作与教育等"关怀型"专业工作进行对比，他称前者为"坚实的高地"，认为它有定量和"客观"证据的支持；后者那种照顾他人的专业工作则是"沼泽低地"，它涉及更多的人际领域和质性问题。根据舍恩的说法，这些复杂的"低地"往往会导致直觉行动中"令人困惑的混乱局面"。因此，他认为，尽管这种"混乱"往往与实践高度相关，但却难以对它们进行严格的分析，因为正如我们所看到的，它们利用的是一种行动中的知识，这种知识是自发的、直觉的、隐性的和无形的，但在实践中是"有效的"。我们要认识到如何通过"行动中的知识"来指导实践，这将有助于我们认识到，研究自己的思想是非常重要的。

近年来，随着越来越多的研究者认可和理解教师的思维与"技能知识"的复杂性，舍恩的观点得到了强有力的实证支持（Calderhead，1987，1988；Leeson，2007；Lindon，2010）。有效的教师会随时进行判断，因为他们会调整自己的教学实践，以适应环境和儿童向他们提出的不断变化的学习挑战，这被称为教学机智（Sipman et al.，2019），它与一个人迅速采取适当行动的能力有关（van Manen，2015）。例如，博斯和史蒂文斯（Bors & Stevens，2013）认为这种教学机智的概念通常与个人直觉特质有关。当然，反思型教师需要认识到，他们的不同经历可能会导致判断中有潜在的偏见，这也再次强调了开放的心态的必要性。

教育研究者的学识经常受到批评，尽管他们大部分的知识都来自以前学前教师的研究工作，可能基于比较研究、历史研究或哲学研究，基于对环境、教师、家长和儿童大量样本的实证研究，基于创新的方法或发展中的理论分析。当然，许多研究人员把调查、分析和评估——特别是关于政策影响的调查、分析和评估——视为自己的职责，但这并不总是受当局的欢迎！无论其性质如何，这种教育研究都有可能补充、完善和加强人们对学前教育工作者的细致、切实的理解。

近年来，为提高教育研究的适宜性、重要性和影响力，以及与教师和政策制定者建立友好的关系，我们付出了相当大的努力。事实上，那些出色的研究，其质量非常高，是教学、学习、政策和实践等方面观点与证据的重要来源。

政治家有关教育方面的观点也经常受到批评。然而，政府有民主授权，并且会适时关注以确保教育服务满足国家需求。因此，尽管独立、经验、判断力和专业知识仍然是教师职业精神的典型特征，但如果教师忽视了政客的观点就会显得毫无道理和依据。事实上，当政策制定者的观点似乎受时兴潮流、媒体恐慌或政党问题的影响，而不是受既定教育需求的影响时，一定程度的"专业调和"可能是非常合理的。

总的来说，我们强烈主张尽可能地实现教师、研究人员和政策制定者之间合作的潜在可能。要使这种合作取得成功，就必须坦诚地了解彼此的优势和劣势。因此，在认识到不合理的泛化危险时，我们确定了他们的知识所具有的不同优势和劣势（见表3.2）。

表3.2 教师、研究人员和政策制定者的知识比较

	优势	劣势
教师的知识	• 往往与实际相关，作用直接 • 通常被有效地传达给教师 • 通常关注学前教育机构的过程和经验的整体性	• 可能凭印象而来，缺乏严谨性 • 通常基于特定的情境，信度有限 • 分析有时会受到现有假设的过度影响
研究人员的知识	• 可能基于大样本和可靠方法的审慎研究 • 通常在研究时会提供清晰而深刻的分析 • 可能对当前形式和重要问题提供新观点	• 可能过多使用专业术语 • 可能显得晦涩难懂，难以与实际问题联系起来 • 通常会割裂教育过程和实践经验

（续表）

	优势	劣势
政策制定者的知识	• 通常对公众关心的问题做出反应 • 可能有民主授权 • 可能得到机构、财政和法律的支持	• 通常会受到短期政治考量的过度影响 • 通常反映的是政党的政治立场，而不是教育需求 • 通常是强加给他人的，因此可能缺乏正当性

因此，我们的立场是，利用教师、研究人员和政客或政策制定者的知识优势。通过这种做法，我们可以克服每个不同立场中存在的劣势。这体现了我们所说的反思性实践应基于"见闻广博的学前教师的判断"这一观点。这种隐含的各方合作的努力是整本书的基础。

与同事一起学习

通过与同事合作和对话，反思性实践、专业学习和个人成就会得到提高。如果能够与同事（无论是实习生、教学助理或保育员、学前教师、监督者、管理者、辅导教师或导师）一起反思，那么参与反思性活动的积极作用几乎总会得到提升。在过去，这种与儿童接触时间所占比例非常高的机构环境限制了教师之间的教育讨论——尽管随着整个教育环境的专业性发展，这种情况也正在逐渐改变。在教师教育和儿童课程中，尽管有其他要求的压力，但在学院或学前教育机构中的研讨会、导师指导小组和工作坊的共同反思应该带来宝贵的机会，以互惠的方式分享、比较、支持和建议。事实上，学前教育机构和学校是温格（Wenger，1998）分析的"实践集体"发展的特别例子。通过教师网络的使用，这种工作场所实践集体的概念也在学前教育机构和学校之外得到了有力的发展。无论这种专业对话是发生在有经验的教师之间，还是发生在新手教师和经验丰富的教师之间，他们对职业道德和组织结构的思考都会让参与者从活动中大有收获。例如，必须清楚地商定其中的角色和关系。

当然，这里的核心是教师和其他人之间要相互信任，因为如果没有这一点，分享观点、问题和质疑就可能会有风险。正如案例研究3.1所示，以这种方式在一个团队中工作是非常令人兴奋的，并会以多种方式支持教学的发展。

案例研究 3.1　用日志开展反思性实践

为了在机构中发展集体反思性实践，一个教工团队开始通过日志进行反思性对话。这需要团队成员同意使用存放在教研室中的纸质日志，继而就机构中出现的问题进行讨论。下面的摘录说明了教师们是如何在会议和在职培训后继续进行对话的——由于时间不允许进行更深入的对话，人们认为这些问题往往没有得到彻底探讨。

教师们在与流动儿童信息服务机构（Traveller Information Service）的一名代表会面后，展开了以下讨论。

杰玛：在与流动儿童教育服务机构的萨拉会面后，我开始思考自己为什么要去访问我接待的那些家庭，去他们的所在地和住所。我需要确保这是出于正当的理由，而不仅仅是为了满足自己的好奇心。为什么我想这样做——但却没有为其他儿童做……参观现场并了解他们的生活方式，收集一些积极的图片（照片）与机构里的流动儿童（以及其他所有孩子）分享将是一件非常好的事情。

克雷格：……我们正在开展的包容性实践是平等和反偏见的工作，为了有效地做到这一点，我们需要（对自己和他人）诚实且消息灵通——因此，好奇心本身不就是一种很好的驱动力吗？……

萨莉：我同意平等这一点。我也是按照同样的思路思考家访流动儿童的理由。我想知道这些家庭对探访有什么样的感受……

贝丝：我的第一反应是出于个人兴趣（好奇心）——这样对吗？我曾在一些地方工作过，在那里家访是最初适应阶段的一部分……如果我们要把它作为教育机构政策的一部分——可能很好，但除此之外也会感到不舒服——好奇但不舒服？！

克雷格：在过去，家访往往是不切实际的……现在是时候重新审视这个问题吗？……走访流动儿童居住地对建立合作关系和获取知识好处多多……而这不应受我们的假设或成见的影响。

伊芙：我认为从建立合作关系的角度来看，走访流动儿童居住地是一个好主意，也是为了表明我们的支持和重视。

> 经过几周的收集后，教师们在一次教工会议上对这些想法进行讨论。鉴于教师在这个过程中有时间思考其他人的观点，他们觉得这样可以达成他们都理解并满意的一致决定。

无论何时何地，合作性的反思讨论都利用了学习的社会性质（Vygotsky，1978）。这对成人和儿童来说是非常重要的，它通过许多相同的基本步骤发挥作用。因此，目标得以明确，经验得以分享，完善了分析实践的语言和概念，减少了个人面对创新的不安全感，评估变得互惠并确认了应尽的责任。此外，公开、活动、讨论逐渐将个人价值观和自我融入学前教育机构或课程的文化与使命中，这既可以使个人充实，又可以使教育有效。

在政策制定和实践方面的一致性与进展受到极大重视的同时，合作也是必要的。当务之急是，管理层应与员工积极合作，找到解决困境和挑战的制度性解决方案。在机构之外，网络学习社群和其他形式的网络支持活动的发展也是非常令人兴奋的，尽管这并不总是持续的。专业和分阶段的协会通常会为教师的合作提供重要的机会。

无论在什么情况下，反思型教师都有可能从与他人的工作、实验、交谈和反思中受益，除了对学习和专业发展有好处之外，通常还既有吸引力又有趣。请参阅第6章，了解更多关于发展合作和反思关系的信息。

反思性教学是创造性调节

反思性实践使教师能够创造性地调节外部需求。"创造性调节"是指根据教师对儿童、价值观和原则的了解来解释外部要求。一项关于教育变革的研究（Osborn et al.，2000）指出，教师在解释这种情况时会利用四种不同的"创造性调节"。我们认为这四种调节方式适用于所有的学前教师。

保护性调节要求采取策略捍卫那些被高度重视的现有做法（例如，面对评估压力，希望在实践中仍保持一定的自发性）。

创新性调节关注的是教师在新要求所提供的空间和边界内制定工作策略——发现创造的机会。

合作性调节是指教师之间紧密合作，在满足和适应新要求方面相互支持。

共谋性调节涉及机构采取颠覆性策略，教师抵制实施那些他们认为特别不合适的外部要求。

这些调节形式体现了教师行使专业判断的主要策略。显然，它们需要被仔细地论证，但具有讽刺意味的是，创造性调节往往是未来发展的基本创新来源。事实上，慈善机构、智库、协会甚至政府机构都在不断寻求改善机构，从而提高学前教育质量。

所有的保教系统都需要保证权益的一致性，为所有人提供机会，但同时它们也需要一些创新和变革的能力。在实践中运用原则和证据，并在适当的时候公开这些原则和证据，反思型教师在发挥这种领导力方面具有重要作用。

研究总结 3.1　早期学习中教学有效性的研究项目

简介

早期学习中教学有效性的研究项目（The Study of Pedagogical Effectiveness in Early Learning, SPEEL）旨在确定学前教育实践中有效教学法的关键组成部分（Moyles et al., 2002）。

主要发现

该框架确定了学前教育中有效教学法的关键原则。这些原则与教学实践的主要组成部分和教师的专业维度同样重要。研究团队确定的原则包括以下内容。

有效教师相信并重视所有儿童的权利，包括：

- 高质量的教育和保育；
- 与感兴趣的成人共度美好时光；
- 有时间探索并发展与其他儿童和成人的友谊；
- 巩固、促进和拓展先前的学习；
- 感受到安全、被包容、被重视和被尊重。

有效教师重视并相信教与学实践，包括：

- 最大限度地利用室内外的学习和教学机会；
- 促进积极主动的学习和社会可接受的行为；
- 确保儿童有时间充分探索和拓展观念、想法与兴趣；
- 促进儿童独立、有毅力和专注；
- 使成人和儿童对进步、行为与自我管理有现实的高期望；
- 成人互动、学习环境和对儿童反应的评估，从而为日常工作和中长期规划提供参考。

有效教师重视并相信自己的角色和能力的重要性，尤其是：

- 在学习过程中适应、干预和配合儿童；
- 示范适宜的社会性、情感和智力行为；
- 积极热情、灵活周到地与儿童互动和交流；
- 积极促使每个儿童、父母、照护者和同事的机会平等，建立积极、支持和合作的关系；
- 定期反思当前有关儿童教育、学习与发展的最新观点。（改编自 Moyles et al., 2002, pp. 53—55）

进一步思考

- 如何使用确定的关键原则来指导你的教育实践与反思？
- 你的价值观如何与所确定的原则保持一致？

结　　语

本章探讨了专业发展的螺旋式上升，以及通过基于证据的判断来提高实践标准的潜在可能性，概述了反思性实践的七个关键特征。有些读者可能会想，这些要求是不是太高了？怎么会有时间呢？这不都是"常识"吗？这些都是我们在一开始就提出的问题，对此我们可以做出两个明确的回答。首先，可以肯定的是，持续不断地参与本书所描述的反思性活动是不大可能的。然而，关键是要把它们作为学习经验。根据这些经验得出的结论可以被应用在新的常规教育实践中。这就是积极发展教师专业能力的方式。其次，在反思性实践中，当然会有很多"常识"。然而，当反思性实践被用作教师专业发展的一种手段时，它就远远超出了"常识"这一范围。反思应该要严谨细致得多——精心收集的证据取代了主观印象，开放的心态取代了事先的期望，阅读中的见解或同事们建设性、结构化的评判，对以前那些可能被认为是理所当然的事物提出了挑战。"常识"很可能支持基本的、反思的思想的价值，但具有讽刺意味的是，反思的结果往往会产生批判与超越常识性思维局限的运动。从某种意义上说，这就是关键所在，也是反思成为教师专业活动中必不可少的一部分的原因。因此，反思性实践的目的是支持教师从植根于常识性思维的常规行动向基于专业理解和专业知识的反思行动转变。当某些特定问题出现时，反思可能是一个非常有用的工具。有时，我们也会发现某个特定的实践领域会从详细的分析中受益，并相应地使用反思工具。一旦证据表明我们已经达到了目标，我们就可以关注另一个不同的实践领域。

总而言之，我们的观点是，在教师的整个职业生涯中，基于实证依据的反思具有重要作用。新任教师，包括在大学等机构中接受实习或培训的人，可以利用它来改进实践中特定、直接的因素。相比之下，有经验的教师可能会将反思作为一种自觉增强理解和能力的手段，从而朝着完全专业化的方向发展（Lindon，2010）。专家级教师会在更高的水平上开展工作，理解有关儿童保育和教育的各种相关问题。他们通过反思来支持个人理解，引导他人，并对学前教师的复杂工作做出新的创造性回应。总之，反思在教师的整个职业生涯中都具有重要作用。

第4章

原则——有效教与学的基础是什么

引　言

本章重点介绍英国教与学研究项目提出的十项"循证教育原则",以支持教育工作者进行专业判断。该项目是英国有史以来最大的教育研究合作项目(Pollard, 2007),十多年来涉及100多个子项目和其他项目,包括上述提到的学前教育有效准备研究项目(2003—2008)(Sylva et al., 2004a)。项目研究人员通过回顾项目成果,咨询英国学前教育、中小学教育的从业人员,并将这些研究结果与世界各地的其他研究进行比较(James & Pollard, 2012),最终提出十项循证教育原则,概括了我们对有效教与学的认识。

循证教育原则

本章所描述的十项循证教育原则中的每一项——本书每章的开头都呈现了相关原则——都有广泛的研究基础——它们是"基于实证"的。需要强调的是,如果希望对儿童开展有效的教育,那么需要思考的不仅仅是课程内容。虽然这些原则并不试图告诉教师应该做什么,但是每项原则都概述了一个关键概念,教师需要结合对儿童需求的了解来思考这些概念。当出现问题时,这些原则不能给出一个适宜的行动策略,因为这是反思型教师的工作。其目的是为教师依据自己的定位和需求做出专业判断提供指导和支持,因此了解这些原则将有助于教师做出明智的决定。值得注意的是,虽然本书分开讨论这些原则，但它们在实践中并不一定是分开的，因为它们之间有着千丝万缕的联系。

下一节将列举并具体阐述这十项循证教育原则。原则1总体概述了历久弥新的教育目标和道德目的。一组关于课程、教学法和评价的原则把我们带到了教师专业知识的核心，另一组则强调支撑学习的个性和社会性过程。它们共同提供了有关教与学的宝贵信息，如果要支持儿童学习并发展学习技能，我们就必须了解这些信息。正如艾德（Eaude，2011）所说，这些原则为我们思考学前教育及其特别之处提供了有价值的根据。在这一章中，甚至在本书中，我们都展示了这些原则与学前教育关键理论以及儿童发展理论之间的联系。

> **专家问题**
>
> 原则：我们的教学方法是否符合有效教与学的既定原则？
>
> 这个问题有助于建立一个概念框架，以展现长期存在的问题和教师的专业知识（见第16章）。

现在，我们将结合学前教育实践来逐一探讨每一项原则，然后综合思考有效教与学的必要因素的整体性和关联性。接下来探讨，我们能从世界各地的学前教育工作者和研究人员那里学到什么。

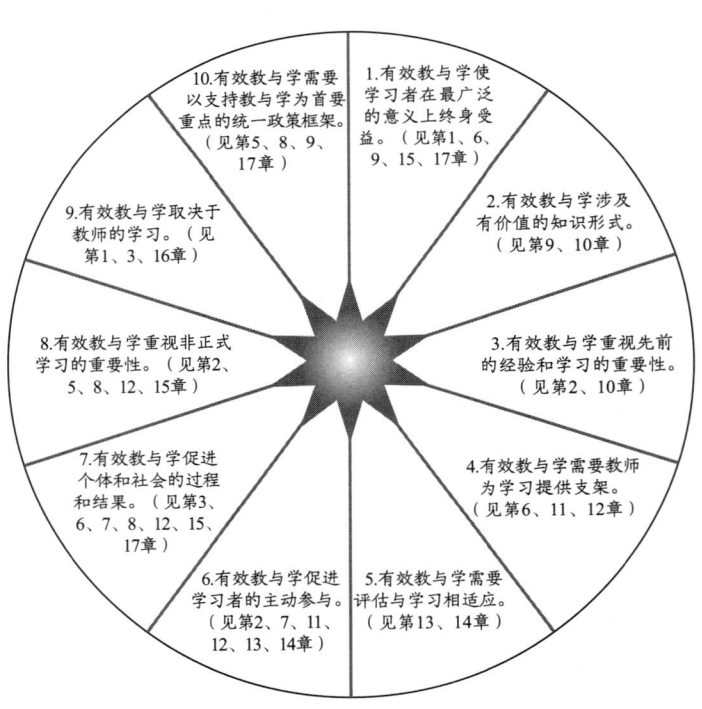

图4.1　有效教与学的十项原则

表 4.1　有效教与学的十项原则

原则 1	有效教与学使学习者在最广泛的意义上终身受益。学习的目的应该是帮助人们开发智力、个人和社会方面的资源，从而成长为积极的公民，为经济发展做出贡献，并在多样化和不断变化的社会中茁壮成长。这意味着要广义地看待学习成果，并认真对待平等和社会公正问题。
原则 2	有效教与学涉及有价值的知识形式。教与学应与学科的关键思想、事实、过程、语言和叙事相结合，使学习者理解什么构成了特定学科的质量和标准。
原则 3	有效教与学重视先前的经验和学习的重要性。教与学应该考虑到学习者的已有经验，以便计划他们的下一步。这建立在前期学习的基础上，也要考虑到不同学习群体的个人和文化经验。
原则 4	有效教与学需要教师为学习提供支架。教师不仅应该在认知方面，还应该在社会性和情感方面提供支持学习者发展的活动。这样，一旦这些支架被撤走，学习依然可以继续。
原则 5	有效教与学需要评估与学习相适应。评估应有助于推进学习，并确定学习是否发生。评估的设计和实施应使其能够以可靠的方式衡量学习成果，并为未来的学习提供反馈。
原则 6	有效教与学促进学习者的主动参与。教与学的首要目标应该是培养学习者的独立性和自主性。这包括获得一系列学习策略和实践能力，培养积极的学习态度，并相信自己是优秀的学习者。
原则 7	有效教与学促进个体和社会的过程和结果。学习是一种社会活动。应该鼓励和帮助学习者与他人合作，分享想法，共同建构知识。向学习者了解他们的学习情况并给予他们发言权，这既是一种期望，又是一种权利。
原则 8	有效教与学重视非正式学习的重要性。非正式学习（如校外学习）至少应该被认为与正式学习同等重要。因此，非正式学习应该在正式的教育过程中得到适当的重视和使用。
原则 9	有效教与学取决于教师的学习。教师需要不断学习，特别是通过课堂探究来发展知识和技能，并适应与发展教师这一身份。这一点应得到承认和支持。
原则 10	有效教与学需要以支持教与学为首要重点的统一政策框架。国家、地方和教育机构必须认识到教与学的根本重要性，其所制定的政策应该有助于创设让所有学习者都能茁壮成长的有效学习环境。

有效教与学的十项原则

终身学习

原则1：有效教与学使学习者在最广泛的意义上终身受益。学习的目的应该是帮助人们开发智力、个人和社会方面的资源，从而成长为积极的公民，为经济发展做出贡献，并在多样化和不断变化的社会中茁壮成长。这意味着要广义地看待学习成果，并认真对待平等和社会公正问题。

有效教与学的第一项原则来自为儿童提供广泛、丰富和包容的教育形式这一承诺。教育影响人的发展。支持年幼的学习者在家庭环境之外的第一次正式学习经历，是学前教师的权利和责任。研究表明，早期学习经历影响儿童未来的学习成果（Gu，2007），同时解释了为什么"终身教育"这一原则如此重要。教学具有道德上的目的。这里提到的学习既包括学业能力，又包括儿童在教育系统内外参与生活所需的社会性、情感和个人技能（参见 Swann, Peacock, Hart, & Drummond, 2012）。作为学前教师，我们必须考虑这种学习和这些经历可能对儿童产生的影响。通常，这会使人们考虑在儿童接受教育的头几年里为他们提供终身教育这一概念，重要的是要意识到这对我们的实践有何现实意义，而不是说存在一套儿童在特定阶段必须达到的标准。不过，这确实意味着，我们必须意识到儿童在成长中需要的品质和能力，它们也许会帮助儿童过渡到学前教育机构、学校或进入成人生活，并支持他们按照适合自己的方式和节奏发展这些品质与能力。布鲁斯（Bruce, 2011, p. 40）指出，"让儿童为成年生活做好准备的最好方法就是给他们该阶段需要的东西"。许多人认为，对儿童来说最重要的是游戏的自由。美国发展心理学家彼得·格雷（Peter Grey, 2013）指出，与同伴游戏对健康的心理发展至关重要，有助于儿童学会控制自己的情绪，做出决定和建立关系（参见 The Royal Society；Parker Rees）。为儿童提供他们所需要的东西，也包括仔细思考重要的主题。儿童的早期学习会为他们将来建构更复杂的知识奠定基础（1977；参见 Bruner）。

对学前教师来说，有必要了解儿童现在需要什么，这些需求既能让他们感兴趣，又能支持他们此时此刻的发展，同时与他们未来的学习相关联。

反思活动 4.1

目的：反思教育的道德目的与学习者发展的关系。

证据与反思：当这个话题涉及我们熟悉的人（父母、伴侣甚至我们自己）时，通常会引起共鸣。深度思考你对其早期教养和学校教育都略有了解的某个人。这些经历如何影响他成为今天的他？你能在其早期经历中看到任何成人特质的痕迹，甚至识别出发展的模式吗？是否有特别重要的关系？对教师来说，有哪些特别的记忆出现？如何总结这和有效教与学的第一项原则的关系？

拓展：下一步是清晰地想象某些儿童和青少年的生活轨迹，想一想他们的日常生活对其终身发展的潜在重要性。

有价值的知识

原则 2：**有效教与学涉及有价值的知识形式**。教与学应与学科的关键思想、事实、过程、语言和叙事相结合，使学习者理解什么构成了特定学科的质量和标准。

为儿童创设充满支持和挑战的学习环境（见第 8 章）要求我们审视什么是值得教的。近年来，对教学价值的审查使得学前教育和学校系统课程得以发展与再设计。特别是对学前教育而言，人们开始质疑拥有一套既定课程的益处。斯坦纳—华德福基金会[1]通过"睁眼运动"公开批评了英格兰学前教育课程的开发，指出：

为儿童开设"课程"的想法本身就是荒谬的。它代表着一种教育思想对儿童生活的不当侵犯。（House，cited by Hofkins，2008，p. 1）

与课程开发相关的一个术语是"入学准备"。《蒂克尔报告》（2011）和《艾伦评论》（Allen review，2011）等材料都使用了这一术语，意思是学前教育的一项功能是确保儿童在进入小学时发展出所需的能力，如静坐和倾听。我们不提倡提供某种标准清单，这种理念有可能导致儿童的学习与发展因聚焦于特定能力而受到抑制和限制（参见 Field Review，2010），也会让儿童以及家庭产生"失败"感或对于发展具有毫

---

[1] 英文为 "Steiner-Waldorf Foundation"。——译者注

无根据的焦虑。布鲁斯（2011，p.46）借鉴皮亚杰的著作，强调了承认下述观点的重要性，即儿童并非以"简洁明了的方式"学习，不能将学科割裂开来教授，因为"儿童以综合的方式学习"。因此，课程的内容固然重要，但课程的实施方式以及预期目标也具有重要意义。

> **专家问题**
>
> **联系**：课程是否涉及家庭和社区的文化资源与知识储备？
>
> 这个问题有助于建立一个概念框架，以展现长期存在的问题和教师的专业知识（见第16章）。

在波兰尼（Polanyi，1962）研究的基础上，埃劳特针对有效教与学的原则论证了"个人知识"的重要性（参见 Eraut，1994）。这类知识有助于教师理解：儿童知道什么？经历了什么？这与独特儿童的概念一致（Early Education，2012）。

另一个有价值的知识形式使儿童需要这样的教师——他们将发展自身知识视为教育者责任的一部分。学前教师必须要有参与专业对话和发展的机会，以拓展自己的学习与理解。他们必须了解科学等关键领域的关键思想和发展，这支持他们帮助儿童学习未来有助于领域知识学习的关键思想和概念。当教学涉及新的理解时，儿童更可能受益于相关的知识基础，从而成为安全、好奇的学习者。第9章将对此进行详细阐述。

先前经历

原则3：**有效教与学重视先前的经验和学习的重要性。** 教与学应该考虑到学习者的已有经验，以便计划他们的下一步。这建立在前期学习的基础上，也要考虑到不同学习群体的个人和文化经验。

现在很少有人认为儿童是需要填满的"空容器"。无论你的工作对象是哪个年龄段的儿童，他们都会从在家里与父母、兄弟姐妹、其他照护者，以及在其他学前教育机构的经历中获得知识。有效教与学的原则得到了广泛的认可，要从儿童当前的思维出发，然后帮助他们获得发展。这一原则的科学基础在于杜威的实践哲学和皮亚杰、维果茨基的建构主义心理学（见第2章）。美国奥苏贝尔（Ausubel）的一句名言清楚地指出，"影响学习的重要因素之一是学习者已知的东西。明确这一点，并据此开展教学"（1968，p.vi）。

我们通常需要思考儿童先前的经验，才能理解儿童已经知道哪些东西。他们的知识结构以及在特定活动和行为中的价值判断，被称为"知识储备"，是在历史和文化中发展起来的技能与知识，使个人或家庭在特定的文化里正常生活。这包括但不限于在家庭里使用的语言、价值观（例如，应该如何照顾儿童）、家人的职业，以及从中可以学到什么。许多资料可以帮助你识别和思考儿童所能得到的知识储备。莫尔等人（Moll et al., 1992）发现，将知识储备整合到课堂活动中的教育者为学生创造了更丰富、更高层次的学习体验。这个想法与文化资本的理念一致（Bourdieu, 1986）。布尔迪厄用"习性"一词界定通过生活中的特定经历所获得的特定思想、价值观、偏好、行为和品位。人们认识到，来自某些家庭的儿童，往往是那些贫穷或边缘化的儿童，可能无法获得某些特定的经验，因此他们可能在达到教育制度的要求方面面临更大的挑战。对反思型教师来说，需要思考自己的价值观和期望，思考自己如何判断他人的价值，并思考在所处的环境中提供什么以确保为所有儿童提供丰富的经验。

观察是衡量儿童当前的学习、理解和兴趣的关键方法之一（见第14章）。我们必须了解儿童当下的状况，以便有效地为他们将来的学习做好规划。开设课程有助于我们思考有效的规划应该包括哪些内容。观察还可以让我们识别儿童目前所展现的某种图式，进而帮助我们以儿童自发和教师计划的方式支持他们的学习。皮亚杰（见第2章）认为图式是儿童在探索世界时表现出来的一种重复行为模式。例如，当一个儿童观察玩具车的轮子旋转、看洗衣机滚动时，他可能是在展现旋转图式；或者当一个婴儿反复从高椅子或婴儿床上扔下玩具或食物时，他可能在展现轨迹图式。识别图式可以帮助我们理解儿童的兴趣以及目前的理解水平，以设计适宜且丰富的活动（参见 Nutbrown）。

关注先前学习的第二个理由是了解动机和为学习提供适当的机会。在此，必须考虑到儿童的知识、理解、技能和态度均源自其所在的世界：家庭、社区和同伴群体。第2章指出了教师如何通过与儿童及其家人对话来补充自己对儿童的知识、价值观的理解。无论识别每个儿童当下的理解水平多么困难，致力于反思的学前教师都会将每个儿童视为学习者，以便确定适宜的起点，努力支持儿童的信心和理解力的发展。这样的教师也将愿意敞开心扉，发现环境或计划活动中可能需要调整之处，从而为儿童提供最好的支持。

专家问题

对话：师幼对话是否能够支持儿童的理解，在儿童现有知识的基础上强化学习品质，让儿童成为积极的学习者？

这个问题有助于建立一个概念框架，以展现长期存在的问题和教师的专业知识（见第16章）。

案例研究 4.1　了解儿童在园外环境中的知识、学习和经验

埃米（42个月）每周上三次幼儿园。在家里，妈妈一直鼓励埃米参加体育活动，她的大肌肉运动技能因此得到了很好的发展。在幼儿园时，埃米喜欢户外游戏环境，经常会找东西攀爬。她能自信地跳跃，并以稳定、可控的姿势落地。其他儿童经常加入，也都取得了不同程度的成功。但幼儿园教师批评说，埃米在户外环境中可能是"危险的"，并要求她停止攀爬和跳跃。埃米有些难过，缺乏动力，自信心明显下降。

随着其他儿童的加入，埃米的大肌肉运动技能对她的个性和社会性发展产生了积极影响。然而，一旦幼儿园教师认定她玩得很危险，埃米对所有活动的普遍参与程度就会降低。幼儿园教师基于一个固定的假设，即埃米这个年龄的儿童不能安全地攀爬和跳跃——这种游戏的风险太大了，并将自己的观点强加给埃米，告诉她该怎么玩。

这强化了这样一种观念，即儿童从外部环境中获得的知识、学习和经验有时可能被忽视，以及我们总是对儿童的能力抱有固定的观念。这可能意味着有助于儿童进步的学习机会正在被错过，而且对一些儿童来说，学习可能会倒退或求知欲下降。

了解和理解儿童是具有包容性的反思性实践的核心，涉及积极倾听——有效地运用提问和观察，结合自己的观点，注意儿童行为背后隐藏的看不见的问题。可以从已有知识和理解的角度，评估儿童在特定领域的发展以及这些领域之间的相互关系。

为理解搭建支架

原则4：有效教与学需要教师为学习提供支架。 教师不仅应该在认知方面，还应该在社会性和情感方面提供支持学习者发展的活动。这样，一旦这些支架被撤走，学习依然可以继续。

第2章探讨了维果茨基关于儿童学习的观点——一个知识更丰富的伙伴或指导者在充分挖掘任务的学习潜力方面起着关键作用，他可能是教师或同伴（Rogoff,

1990）。我们注意到，这个同伴会支持学习并"支架"儿童的理解。要理解这一概念，可以借用布鲁纳对于造房子的类比——就像造房子一样，儿童需要脚手架来支持学习的过程——随着连接的加强和所有部分的固定——脚手架就可以被移走了，房子——学习者的理解——将独立存在。理解儿童学习的不同方式并明确他们正在探索的概念，是学前教师支架学习的关键方法。我们认为，有效学前教育的核心是对儿童多种多样的学习方式有充分的了解，并理解他们的学习是不可分割的。例如，布鲁斯指出，"数学和艺术等学科是分不开的：儿童以一种综合的方式学习"（2011，p. 46）。因此，在有效的学前教育实践中，教师能够意识到儿童何时需要支持，以扩展他们的学习。

为学前儿童提供适当的学习活动，需要了解儿童在游戏中所做出的选择，这既基于他们的兴趣和经验，又基于我们的专业知识和理解，包括每个儿童在社会发展中所处的位置，以及他们在游戏环境中进行互动的准备。为了有效，教师的支持必须与学习者当前的理解和能力相匹配。因此，观察（参见 Willan；Emilson & Pramling Samuelsson）同样是反思型学前教师的重要工具。除此之外，与儿童交往将增加教师的理解，包括儿童当前的认知，以及他们扩展知识所需的支持。持续性共享思维的过程——与儿童围绕某个话题进行广泛的互动，以支持和扩展儿童的思维——将再次支持和支架儿童的学习，同时为教师提供有关儿童当前知识和理解的信息。这些信息可以为儿童未来的学习提供帮助。

研究总结 4.1　学前教育有效准备研究项目

简介

学前教育有效准备研究项目是欧洲第一个关于学前教育如何影响儿童的小学、中学和义务教育经历的纵向研究。在最初阶段，我们对约 3000 名 3~7 岁儿童进行抽样调查，这些儿童来自不同的学前教育机构。研究小组采用一系列方法，了解机构的学前教育样态，并记录了所产生的影响。

主要发现

接受学前教育的影响

- 接受学前教育可促进儿童的全面发展。出勤时间（月）很重要，更早开始（3 岁以下）与更好的智力发展有关。

- 全日制入园与非全日制入园给儿童带来的益处差异性不显著。

- 处境不利的儿童在良好的学前教育经历中受益匪浅。

学前教育机构的类型重要吗

- 所有类型的学前教育机构都有良好的质量,但综合性的保教机构以及幼儿园,其质量总体较高。
- 高质量的学前教育与儿童更好的智力和社会性/行为发展有关。
- 拥有更高学历的工作人员的机构具有更高的质量分数,儿童会取得更大的进步。
- 在那些将教育和社会发展视为互补且同等重要的机构中,儿童会更好地全面进步。

家庭学习的重要性

- 对所有儿童的智力和社会性发展来说,家庭学习环境的质量比父母的职业、教育或收入更重要。父母做什么,比父母是谁更重要。

持久的影响

- 学前教育的有益影响在整个小学阶段仍然很明显,尽管有些成果没有刚入学时那么强烈。
- 儿童接受学前教育的月数持续影响他们在整个小学阶段的发展,这对学业能力的影响比对社会行为发展的影响更大。

进一步思考

- 考虑到学前教育对儿童的影响,你认为自己在帮助儿童发挥潜力方面的作用是什么?
- 你是否鼓励家长支持儿童的学习?

反思活动 4.2

目的:回顾你是如何为儿童的学习搭建支架的。

证据与反思:思考你在工作中经常从事的活动,例如,建构概念、理解形状或发展协调性。你如何确定儿童已经知道什么或能独自做什么?你是否愿意让儿童证明他们知道的东西比你想象的要多?你如何支持他们扩展知识?你是否会用你的发现来制订计划,以进一步扩展他们的理解?

拓展:如果可能,与同事或同学讨论你的想法。你面临什么挑战?识别、查阅资料、在行动中反思?你们能互相支持,分享知识和经验吗?

原则 4 强调了支架是如何在认知、社会性和情感方面发挥作用的。学习本质上是一个个体认知的过程，可以由许多因素促成或制约，包括社会期望和个人安全感。第6章将详细地探讨社会性和情感氛围如何支持学习。

对学习的评估

原则 5：有效教与学需要评估与学习相适应。评估应有助于推进学习，并确定学习是否发生。评估的设计和实施应使其能够以可靠的方式衡量学习成果，并为未来的学习提供反馈。

虽然对儿童能力和学习的正式评价存在很大争议，但毫无疑问，我们需要知道儿童学习和理解的水平，以规划和支持他们未来的学习；这一论点的基础已在我们关于之前几项原则的讨论中提及。

第 13 章和第 14 章探讨了多种评估类型，以及评估者的观点的影响。这些章节所遵循的原则与苏格兰教育部有关评估的"关键信息"一致（参见 Broadfoot），其中包括：评估学习、教学和计划的组成部分；提供一种全新的儿童形象；有助于激励学习；可以支持工作人员利用广泛的信息来源和资源规划儿童的学习。它不应该是一个勾选列表、一套要求，也不应该是一个为儿童及其潜力排序或贴标签的机会。

专家问题

有效性：评估方式是否有助于基于儿童个体的需要和兴趣确定后续的教育行为？

这个问题有助于建立一个概念框架，以展现长期存在的问题和教师的专业知识（见第16章）。

 案例研究 4.2　学前教育评估

这个案例说明了学前教育评估一定不能仅基于对儿童的一次短期观察。

本（30 个月）正在幼儿园的地毯上快乐地玩耍，利用并发展他的精细运动技能和手—眼协调能力来建造一个积木塔。他一边搭建，一边大声地数数。他很投入，当塔倒塌时继续尝试，把积木"砰"的一声撞在一起，再重新开始建造。第二天，一位教师被要求观察本和另一个在建塔的男孩。本兴味索然，他一直当着教师的面敲打积木，不愿意和另一个他不认识的陌生男孩分享玩具。仅仅基于这一简单的印象，教师认为本不会建塔，而且他需要"努力"学习共享资源。然而，教师明白，在做出确切的判断之前，必须通过更多的机会来观察儿童，并与他人交流。她做了笔记，以便在另一个场合观察本。

在接下来的一周里，教师观察本，看到本又在建造一座塔。在放置积木时，本会数积木的数量。当塔倒塌时，他会再次尝试。这次观察使教师了解了本的身体协调性、对数值的理解和坚持能力。儿童并不是时时刻刻都会表现出他们所能做的一切。

案例研究4.2提供的示例说明了评估过程所需的思考。我们必须明白，所有的评估都是片面的，对于儿童的了解不够全面（Bruce，2011）。因此，可能有用的做法是工作人员在小组内分享彼此的观察结果，采用流畅的方法记录儿童的行为、模式、兴趣和能力，而不是仅依赖固定时间的观察。学习日志和我的自传书等档案，如第2章所述，将提供实现这一目标的方法。在一段较长的时间内，整合一系列工具也可能是有用的，有助于教师有益且完整地了解儿童。在线工具可以帮助教师快速记录评论、观察或照片，随着时间的推移，这些都有助于教师完整地了解儿童。问题的核心是目标的适宜性。我们是想测评儿童，还是帮助他们成长？有效的评估包括倾听教学法以及详细了解儿童的能力、学习偏好和成就。通常情况下，这是通过观察、倾听和与他们以及其他熟悉他们的人进行互动来实现的，在一系列的活动和环境中，教学决策的核心是确定儿童能够做什么，以及儿童渴望什么。

反思活动4.3

目的：回顾与知识、先前学习、教学和评估有关的有效教与学的原则。

证据与反思：这四项原则代表了教学中的长期议题。花点时间想一想你觉得与自己的实践不相关的某些问题，以及为什么会这样，然后思考这些原则与有效学前教育实践的关系。它们对你的实践有什么意义？

拓展：如果可以，与同事或同学讨论你的想法。这些原则能让你更好地理解自己的实践吗？你和同伴是否能够一起通过某些技能或流程来具备专业知识？

主动参与

原则6：有效教与学促进学习者的主动参与。教与学的首要目标应该是培养学习者的独立性和自主性。这包括获得一系列学习策略和实践能力，培养积极的学习态度，并相信自己是优秀的学习者。

强调积极参与的实际原因很简单，就是它对学习至关重要。正如第3章所述，皮亚杰的建构主义心理学强调学习过程中的适应和同化过程，维果茨基理论设想的是一个学习者的能力和信心受到他人的极大影响。几乎所有教与学研究项目都肯定了主动参与、积极学习品质、自信和学习意识的重要性（见第2章）。

在学前教育中，我们协商如何为所有儿童争取公平和平等的生活机会，为保证儿童应享的权利提供足够的指导，以及努力保护童年的自由，让儿童不带目的性地探索与发展。同时，要努力为教师提供足够的机会和支持，使他们能够满足其所照护儿童的需要（见第9章）。英国的学前教育发展表明，儿童积极参与学习，对有效的学前教育实践至关重要。第2章讨论了有效学习特征的发展（参见Tickell，2011；the revised EYFS，2020）。这些特征在很大程度上借鉴了学前教育有效准备研究项目和帕斯卡尔等人（Pascal et al.，1998）的有效早期学习（Effective Early Learning，EEL）项目的研究结果。表4.2呈现了这些特征及其包含的内容。

表4.2 有效学习的特征

参与	动机	思考
游戏和探索	主动学习	创造和批判性思维
表现： • 好奇 • 感兴趣 • 用游戏展示经验 • 随时准备尝试 • 冒险	表现： • 保持专注 • 不容易分心 • 在挑战中也能坚持 • 以成就为荣	表现： • 有想法 • 尝试想法 • 探索新方法 • 建立联系和关注模式 • 制订计划 • 必要时制订新计划

原则6包括主动学习、游戏和探索。这些能力从出生伊始就存在，是伴随一生的个性特征，对于培养儿童未来学习的能力至关重要，需要在儿童早期就进行培养和发展（Tickell，2011，p.28）。我们正在努力帮助儿童自信地"尝试"，接受挑战并享受学习。在实践中，这意味着要耐心地让他们尝试新东西，即使他们在给自己倒饮料时将饮料洒得到处都是。

改善学习效果的关键是促进学习者的独立性和自主性。布鲁斯指出，"当儿童被赋予适当的责任，被允许进行实验、犯错、做出决定和选择，并被尊重为自主学习者时，他们会学得最好"（2011，p. 47）。在生命的最初几年，儿童往往需要发展试验、犯错和做决定所需的独立性与信心。在儿童感到安全的地方，他们往往更愿意探索。在学前教育中，儿童通常可以通过发展与特定成人或重要他人的关系来实现这一目标。这种关系为儿童的学习生活提供了一个稳固的基础和持续的动力，从而给儿童信心和鼓励，让他们尝试新的活动，探索和试验多种资源，在这样的过程中实现并挑战自己的能力。当他们开始在学习中"冒险"时，知道有成人在那里支持他们就会形成学习发生所必需的情绪安全感，这建立在依恋理论的基础上。

> **案例研究 4.3　培养学习者的独立性**
>
> 　　莉迪娅（31个月）坐在地板上，一边自顾自地唱着歌，一边高兴且小心翼翼地把纸撕成碎片，放进一个鞋盒里。教师萨拉就在附近观察她的游戏，同时支持一群年龄较大的孩子开展活动，他们正在用剪刀剪出自己的手印和脚印，准备将它们组成一个大树拼贴画。莉迪娅偶尔停下手中的工作，看着这些孩子使用剪刀。过了一会儿，她对萨拉说："我试试。"根据以前的观察，萨拉注意到莉迪娅表现出偏爱用右手的迹象，给她看了放有适用于右手的剪刀的抽屉。莉迪娅第一次尝试剪东西时感到非常沮丧，因为当她试图用剪刀时，剪刀无法打开和关闭。在尝试用左右手的大拇指分别握住剪刀的两个手柄取得一定成功后，她又用一只手试了一次。在萨拉的温柔鼓励和示范下，莉迪娅坚持下来，直到最后把纸剪成了两半。从她的面部表情和急切地与萨拉分享成功的意愿看，她的成就感是显而易见的。

在案例研究 4.3 中，莉迪娅与萨拉建立的关系使她有信心应对新事物，因为她知道，如果她需要帮助，萨拉就一定会在那里，所以她觉得这样做很安全。教师的这种一致性使儿童能够成为积极、独立的学习者。这种以目标明确的方式保持主动参与的能力体现在盖伊·克拉克斯顿所概括的"培养学习力"这一概念中，即通过抗逆力、反省力、策应力和互惠力来"培养学习力"（Claxton et al., 2011）。教师对儿童作为学习者的认知建立在经过仔细分析、知情观察的基础上，这有助于儿童在最初遇到学习困难时仍能继续努力和坚持。这种毅力有助于注意力、专注力和抗逆力的发展，并使儿童成为自主的、自我调节的学习者和思考者，能够就自己的学习及如何进步做出决定。

社会关系

原则7：有效教与学促进个体和社会的过程和结果。学习是一种社会活动。应该鼓励和帮助学习者与他人合作，分享想法，共同建构知识。向学习者了解他们的学习情况并给予他们发言权，这既是一种期望，又是一种权利。

专家问题

参与：我们的教学策略和环境创设是否允许教师与儿童在室内外开展有计划和无计划的学习活动？

这个问题有助于建立一个概念框架，以展现长期存在的问题和教师的专业知识（见第16章）。

学习既是一种社会活动，又是一种个体活动。在条件合适的情况下，它通过个人与他人进行思想互动来实现。教师和儿童、儿童和同伴、学前教育机构工作人员、儿童家庭之间的良好关系构成了这种情况的基础。在学前教育阶段，儿童会经历两个截然不同的社会世界：一个是儿童与教师互动的世界，另一个是他们与同伴互动的世界（Kutnick et al., 2007）。研究表明，与同伴的互动对社会性、情感和认知的发展至关重要（例如，Ladd, 2005）。此外，在社会关系允许的情况下，儿童可以一起参与持续性共享思维，在这个过程中一个儿童往往会帮助另一个儿童（Littleton et al., 2005），他们互相支持学习。

我们已经注意到，教师与儿童建立关系可以支持儿童的学习。通过观察以及与儿童家人交谈，可以了解儿童的情况。例如，通过观察以及与儿童家人交谈，教师可以与儿童建立深层次的关系，从而更容易参与持续性共享思维中。

教与学研究项目关于小组工作的研究调查了儿童一起学习的情况，例如，小组工作的社会教育学研究项目[1]（Blatchford, Galton, Kutnick, & Baines, 2005）表明，

专家问题

关系：关系是共同幸福的基础吗？

这个问题有助于建立一个概念框架，以展现长期存在的问题和教师的专业知识（见第16章）。

---

[1] 英文全称为"Social Pedagogic Research into Groupwork"，缩写为SPRinG。——译者注

当学习具有协作性时，教职工、儿童和青少年会作为个体共同茁壮成长。该项目发现，处于小学阶段的儿童如果在发展人际关系和团队合作能力方面得到了支持，那么他们在阅读和数学考试中的表现会明显好于那些没有发展合作能力的儿童。这些发现在第 6 章的研究总结 6.1 中有详细说明。

非正式学习

原则 8：有效教与学重视非正式学习的重要性。 非正式学习（如校外学习）至少应该被认为与正式学习同等重要。因此，非正式学习应该在正式的教育过程中得到适当的重视和使用。

这一原则的关键信息与学前教育实践相呼应。虽然我们不一定参与正式学习的过程，尤其是儿童，但要认识到那些发生在学前教育机构之外、儿童生活之中各方面的学习是学前教育实践的一个重要方面，特别是要关注家庭中的学习。

> **案例研究 4.4　观察学前儿童的家庭学习**
>
> 最近，保罗（41 个月）和玛蒂尔德（51 个月）的两个家庭和老师一起去露营。在户外，他们决定做一个玩耍的小窝。他们合作得很好，先是把两个低矮的攀爬凳推到一起，然后用毯子盖住它们。他们讨论了"如果晚上起风"如何防止帐篷被吹走，决定用花园里的石头压在毯子的尾部。他们各自从室内挑选了一些玩具和书籍，放在帐篷里，然后寻找烹饪工具来做午饭。在做饭时，他们分别做"爸爸"和"妈妈"。玛蒂尔德说："今天轮到爸爸做午饭了，最好把香肠用完，因为冰柜现在不够冷了。"这两个孩子以前没有单独在一起玩过，但露营为他们提供了共同的兴趣，也为他们主动学习和社会互动提供了机会。教师意识到了这种互动和合作的价值，从远处观察，没有打断。

在学前教育中，也许比其他教育阶段更重要的是，家庭学习和与家庭的持续沟通被视为支持学前教育机构学习的基础。为了支持这一点，我们花费了大量的时间和精力来建构关系与流程，这在本书中有所讨论（见第 6 章和第 13 章）。学前教育机构和家庭之间的关系是互利互惠的——双方都有可能从与对方的合作中受益，以支持儿童的学习。作为这种关系的一部分,我们需要反思自己看重什么、什么对儿童的生活有价值、什么对他们的家庭有价值,同时要认识到,儿童可能无法获得相同的经历。

事实证明,家庭和学前教育机构之间清晰明了的信息交流活动能为儿童带来积极的发展,因为这不仅使教师对儿童的生活有更深入的了解,还使家庭得到了支持,让家长了解并发展儿童的学习经历。例如,学前教育有效准备研究项目发现,家庭学习环境的质量对儿童认知发展的影响最大,其对读写能力的影响是参加学前教育机构的3倍(Sylva et al., 2008)。教师可以帮助一些家庭增加儿童在家学习的机会。

专家问题

一致性:对儿童的观察和与家长的沟通是否有助于了解儿童及其需要,以及他们下一步的学习?

这个问题有助于建立一个概念框架,以展现长期存在的问题和教师的专业知识(见第16章)。

反思活动 4.4

目的:回顾与主动参与、社会关系和非正式学习有关的有效教与学的原则。

证据与反思:这组原则涉及教学是如何与学习者建立联系的,强调意义的构建,承认个人和社会对学前教育及之后教育阶段中儿童和青少年的影响——通过正式和非正式的学习过程来实现。再强调一遍,这些都是持续存在的问题——它们永远伴随着我们。

拓展:可以通过与选定的家庭或社区中的其他利益相关者进行讨论来直接探讨这些问题,从而发展本活动。家长如何理解学前教育机构所提供的内容,以及这如何与家庭中的实践相配合?他们是否愿意更多地与你讨论或分享儿童的学习?

教师学习

原则9:有效教与学取决于教师的学习。教师需要不断学习,特别是通过课堂探究来发展知识和技能,并适应与发展教师这一身份。这一点应得到承认和支持。

这一原则为本书提供了整体的理论基础:我们需要反思,从而致力于自己的学习，因为这能提高我们支持儿童学习的有效性。

学习与我们的行为和思考方式有关。换句话说，有效的教学形式不仅取决于行为的改变和对教学法新知识的掌握，还取决于价值观和理解力的发展。在正确的领导和支持下，与同事合作参与活动的学习方式在工作中尤为有效。

教与学研究项目的早期就得出了现这些结论，以下是这些共同主题的总结，为适应学前教育实践而略做了一些调整。

- 学习既是个体的，又是集体的，包括获得知识和技能以及参与社会进程。因此，发展支持性的专业文化，让教师能够在其中学习是非常重要的。动态且扩展的学习环境需要为跨越专业界限提供机会，这鼓励教师向不同网络或实践共同体中的其他人学习。
- 如果变化与教师现有/以前的信念和经验产生共鸣，教师就会更愿意接受变化。然而，这并不一定意味着它们是"正确"的或适宜的。教师需要具备评估证据的知识和技能，并有信心挑战既定的假设，包括他们自己的假设。这是非常不容易的，但让局外人参与进来往往很有帮助，可以是大学的研究人员或来访的专业人员，帮助教师从不同的角度看待问题。教师需要确信，冒险是应该被接受的且往往富有成效。因此，信任感至关重要。
- 关于有效教学实践的研究证据不能总是足以让教师将其作为行动的基础，因此通常需要将研究结果转化为可供尝试且切实可行的具体策略，这可能需要教师制作简明、便于使用的材料，可以与其他成功使用过这些材料的教师进行交流，这样更容易帮助教师实现想法。（改编自 James，2005，pp. 107—108）。

学前教师的专业知识越来越受到重视。特别是当研究表明，高质量的学前教育经历会影响儿童的学习，尤其是弱势儿童的学习。而高质量的学前教育需要合格的工作人员和领导（Melhuish et al., 2015；Siraj et al., 2017）。札斯洛和马丁内斯-贝克（Zaslow & Martinez-Beck, 2006）确定了学前教师可以参与的五种专业发展类型，具体如下：

- 正规教育（如基础学位、其他学位）
- 官方认证（如职业资格、学徒制度）
- 培训或咨询性交流（学前教育培训，通常涉及对实践的观察和反馈）
- 专门的在职培训（例如，旨在支持某些特定方面实践的培训）

- 实践共同体或团队学习小组（例如，以分享和改进实践为明确目标的同事关系网或小组）

在目前的大环境下，（由于成本增加、薪酬差异和缺乏明确的职业发展路线）参与高层次正规教育的学前教师越来越少（见第1章和第17章），因而内部培训和同事之间的相互支持变得越来越有价值。为了确保教学是高质量的，我们还需要关注自己的学习与发展，因为学习永无止境。

政策框架

原则10：有效教与学需要以支持教与学为首要重点的统一政策框架。国家、地方和教育机构必须认识到教与学的根本重要性，其所制定的政策应该有助于创设让所有学习者都能茁壮成长的有效学习环境。

国际社会日益认识到国家政策体系的连贯一致性及其他方面的重要性。我们注意到，学前教育阶段被认为是儿童发展与学习的关键时期，也认识到这给学前教师带来的责任。正如第3章所述，国家和社会对学前教师的培训和支持已经有了一定的投入，发展了新的资格证书，并为那些寻求获得更高层次资格的教师提供了资金。此外，英国的课程发展已经越来越认识到儿童的需求，以及支持学前教育和小学教育之间过渡的需要。然而，挑战依然存在。全球经济衰退导致国家对教师培训资金和支持的削减，要求学前教师获得与其他教学专业教师相同报酬的呼声也没有取得太大进展。由于新冠病毒的流行，世界各地的经济都受到了深刻的影响，无法保证这种情况会在短期内得到改善。虽然有大量关于高质量学前教育的共识，但我们也可以看到对儿童进行测试和评估的压力越来越大，例如，拼读测试。

同样，学前教师的呼声是确保政策发展符合儿童需求的一个重要组成部分。让我们回到原则1，教师支持儿童的学习与发展，从最广泛的意义上让儿童为生活做好准备，而不是让他们单纯为特定的考试做或被认为是"准备好上小学"。

反思活动 4.5

目的：回顾政府政策。

证据与反思：与同事一起思考政府最近发布的一些教育政策。它们是否与其他当前的国家政策相一致？是否与你对学前教育和儿童发展的看法相一致？

拓展：思考这些政策如何与循证教育原则保持一致。这是否改变了你对这些政策的看法？

结　　语

本章回顾了教与学研究项目中的十项循证原则，这些原则是为了支持教师和其他致力于高质量教学的人做出判断而制定的。我们已经证明，这些原则引发了学前教师的共鸣，试图在两种需要之间进行平衡，一是允许儿童自由探索和游戏的需要，二是支持儿童发展和保持终身学习所需技能与品质的需要。

这十项原则中的每一项都将聚焦于教与学的某一特定方面，但这些原则是相互关联的。教与学研究项目用一个圆圈来呈现这些原则，表明它们之间的关联。这样一来，它们与我们日常实践的相关性就很明显。例如，我们必须支持学习、为学习提供支架并为学习提供有用的评估。

特定原则的重要性可能因工作环境和当时的关键问题而有所不同。然而，它们共同提供了一个关键问题的核心，需要作为教育工作者的我们予以关注和深思。它们还为反思性实践提供了框架，帮助我们确定应该关注的问题类型。第 16 章将对这些原则提出的问题进行评估，并总结贯穿本书的研究的关键信息，这些信息有助于确保我们的实践是有据可依的。我们知道自己在做什么，以及为什么要这样做。

 **专家问题**

依据：我们的教学策略是否有依据、有说服力和有道理？

这个问题有助于建立一个概念框架，以展现长期存在的问题和教师的专业知识（见第 16 章）。

第二部分
为学习创造条件

第 5 章　环境——实然与应然

第 6 章　关系——如何相处

第 7 章　参与——如何管理行为

第 8 章　空间——如何创设学习环境

第二部分探讨了创设支持高质量教与学的环境。我们从思索对家庭和学前教育机构具有影响的重要环境因素（见第 5 章）开始，指出人们是如何通过自己的行为来支持和质疑这些因素的，继而转向学前教育机构生活的核心，重点关注人际关系以及如何形成并维持积极的学习关系（见第 6 章）。第 7 章探讨了如何确保儿童参与并主动学习，以及如何支持行为管理。最后，我们讨论了一系列的学习空间（见第 8 章），以及它们为正式和非正式学习提供的支持。

第 5 章

环境——实然与应然

引　言

本章简要回顾了教育中的一些重要环境因素，以及教师、儿童和家庭如何回应。我们很快从关注学前教育转为思考广泛的教育环境。教育不是在真空中发挥作用的。社会环境的影响渗透在教育的方方面面，因此，对这些问题的认识是反思性教学的一个重要因素。这种影响体现在许多层面——从政府政策的"大局观"到社区、机构、家庭文化的细节，以及特定的个人情况。再者，这些因素不是一成不变的，它们随着时间的推移而变化，受到社会演变和某个单一事件的影响，例如，对儿童死亡的调查。再如维多利亚·克莱比[1]（Victoria Climbié），她的不幸死亡引发了英国各地对儿童保护政策和程序的变革。

本章的第二个目的是确立一些关于个人与社会的关系的原则。事实上，本章有意分为两部分。第一部分，即"社会环境"，强调以多种方式建构行动的思想、社会结构和资源分配。第二部分，即"个人和能动性"，涉及在多种意义上能够使教师和儿童采取行动的因素。

某个特定的理论立场支撑本章内容，事实上，也支撑着整本书。这一理论的核心是社会和个人之间的辩证关系。它表明，社会力量和个人行为之间存在持续的相互作用（参见 Giddens，1984）。一方面，人们做出的决定和采取的行动受到社会结构和产生这种结构的历史进程的制约；另一方面，每个人都有独特的、源于个人经验的自我意识。个人在采取行动和增进认知方面具有一定程度的自由意志。随着时间的推移，

---

[1] 一个 8 岁的英国女孩，她被监护人杀害。——译者注

这些认识构成了文化基础，也可能挑战既定的社会结构，从而导致未来的变化：如果想挑战现状，就必须理解为什么现状是这样的（参见 Mills）。

这些过程是如何进行的，在很大程度上受到各社会群体在权力、财富、地位和机会方面的影响（Reid，1998；Halsey，1986）。每个人都有背景和自我意识，会以各种方式对这些因素做出反应。有些人可能希望阶层不流动，为自己辩护，暗示自己的地位源于合法继承权或赫赫功绩的产物。有些人可能接受社会秩序，甚至渴望在现有的社会秩序中获得成功。另一些人可能试图抗争——当然，能够质疑现有的社会安排是民主社会的一项基本权利。

我们所处的特定历史时代也具有重大影响。第二次世界大战后，英国仍然是世界第三大经济体。从那以后，我们的生活水平提高了两倍，预期寿命稳步上升。然而，在未来，国与国之间的竞争可能会继续促使经济进行结构性变革。近几十年来，全球性的力量导致越来越多左翼和右翼政府干涉教育政策。虽然干预的形式各不相同，但确实都进行了干预。换言之，教育不能脱离其所处的环境。它是个体能动性和环境、唯意志论和决定论、人生进程和历史进程不断相互作用的产物（Mills，1959；参见 Gu）。反思型教师在这个过程中应承担起责任。

有效教与学的原则

以下原则与本章所阐述的教与学的广泛背景尤其相关。

原则 8：有效教与学重视非正式学习的重要性。非正式学习（如校外学习）至少应该被认为与正式学习同等重要。因此，非正式学习应该在正式的教育过程中得到适当的重视和使用。

原则 10：有效教与学需要以支持教与学为首要重点的统一政策框架。国家、地方和教育机构必须认识到教与学的根本重要性，其所制定的政策应该有助于创设让所有学习者都能茁壮成长的有效学习环境。

社 会 环 境

社会环境的四个方面——意识形态、文化、机会和责任，对教育实践特别重要。每个方面的影响都可以在国家、地区、地方和各级教育中发现，尽管这些问题有时看似很遥远，但它们真正塑造了学前教育的政策和活动。

意识形态

我们以不同的视角看待世界，受到一系列相关因素的影响，在微观层面上通过我们生活的社区，在宏观层面上通过国家、国际政策和事件。对那些从事儿童和家庭工作的人来说，理解这些因素对教育实践的影响和冲击是至关重要的。例如，在教育方面，政府对经济和政治理论的宽泛信念将决定政策方向，以及创建的学前教育机构和学校类型。它们可能会影响特定的课程重点，甚至开始影响教师对其工作的思考以及与儿童和青少年的关系。关于这一点，在学前教育中，我们分析的一个例子是对"入学准备"一词的使用，即学前教育的目的是让儿童为未来做好准备（参见 Whitebread & Bingham）。

简单地说，英国的四个地区有一系列的政党。每个政党都反映了一个特定的政治思想类别，如保守主义、社会主义和自由主义。这些政治团体中的每一个都有自己的信仰，例如，关于教育的不同观念。对政治意识形态的研究有助于我们深入理解支撑教育政策的各种思想和理论。我们还需要了解以下内容：

社会政策，包括学前教育政策（和教育政策），不是凭空产生的，而是在历史、文化和意识形态的框架下制定出来的。政策受制于社会发展趋势和主流观点的影响。它基于以前的政策，并可能继续受到以前政策的影响，也可能受到某个单一事件或长期趋势的影响。（Fitzgerald & Kay，2016，p.34）

换言之，有一些特定的社会思维方式在任何时候都占主导地位，并经常被有意无意地用来促成特定人群的利益并使之合法化。社会科学的这一领域通常被称为"意识形态"，这一术语源于法国大革命，字面意思是思想的科学。几个世纪以来，它引发了相当多、往往激烈的辩论，因为它包含了一系列跨越政治领域的对立观点（Heywood，2012）。还需要注意的是，"意识形态"和"多重意识形态"这两个术语可以在文献中找到。海伍德（Heywood，2012，p. 4）提供了关于这二者区别的有用见解。

意识形态：指政治思想的特定范畴。

多重意识形态：探讨包含在特定范畴中的政治思想内容。

反思活动 5.1

目的：通过确定与反思影响你的人生之旅和决定在学前教育领域工作的因素，进一步理解你的选择如何在微观和宏观层面上受到影响。

证据与反思：写下促使你选择学前教育的五个原因。从微观层面（如家庭、学校经历、朋友、你所属的社群）和宏观层面（如教育和社会方面的政策、国家和国际事件）思考影响它们的因素。

拓展：反思英格兰的学校学院化方案（schools' academisation programme），该方案始于2010年联合政府时期，2015年由保守党政府继续实施。识别支持这一政策方向的政治意识形态。你觉得如何？同意吗？有没有其他可供选择的意识形态观点？

反思活动5.1旨在让你反思影响自己选择和经历的因素。其中包括国家和地方政治管理部门的主导意识形态，这些意识形态支撑着你的学前教育生活和求学经历。例如，那些出生在世纪之交的英国人将在三种不同的政治管理下成长，即工党（1997—2010）、联合政府（保守党和自由党，2010—2015）和2015年上任的保守党政府。这些政府都有不同的意识形态，影响了学前教育政策，其差异也反映在西方世界的其他领域。

英国伦敦知识经济与社会中的学习和生活机会研究中心[1]（Green & Janmaat，2011）分析了支撑西方世界教育政策的价值观和假设，并确定了以下三个主要立场。

- 自由主义——核心信念是基于个人能力的机会和回报（英语国家，尤其是英国和美国）。
- 社会市场——以团结为核心信念，更多地依赖国家而非民间社会（欧洲大陆的

---

[1] 英文为"Centre for Learning and Life Chances in Knowledge Economies and Societies"。——译者注

西北部，包括比利时、法国、德国、荷兰）。
- 社会民主——具有平等和团结的价值观，以及更高水平的社会与政治信任（北欧国家，如丹麦、芬兰、挪威、瑞典）。

影响英国教育的特定意识形态层出不穷。例如，多年来，人们对应该开设什么样的学校，以及谁该去学校有着非常不同的看法。第二次世界大战后，人们认为组织中等教育的最适当方式是建立不同类型的学校：文法学校、技术学校和现代中学。根据学生在"中学入学"考试中的表现择优录取。然而，不久之后，这种"三分天下"的体制因为偏袒富裕家庭而不是扩大教育机会而受到批评。这引起人们提议建立普通中学制度，该制度是综合的，因为学校不需要对学生进行选择。到20世纪60年代，这种观点已经成为新的正统观点，在所有主要政党的支持下，由当地教育局支持的综合中学成为英格兰、苏格兰和威尔士大部分地区的标准模式。承诺"人人都有机会"的贤能理想的确很有特色，但在20世纪90年代，综合中学被批评为过于自满，或者用一位英国部长的话来说是"标准平庸"。英国联合政府（2010—2015）敦促学校通过摆脱地方当局的束缚，建立独立的"学院"来回应其学生。该理论认为，学校之间的竞争将提高教育系统的整体性能。

虽然对一些学前教师来说，这些讨论似乎与他们不相干，但我们认为并非如此。事实上，理解这些制度有助于构建对学前教师和儿童的期望，例如，它有助于我们确定"入学准备"这一概念的起源。对学校和教师的压力推动了这一体系的发展，而学前教育是这一体系的初始切入点。了解这些压力是认识并在适当的时候回击我们认为不公正或不适当的压力的开端。2014年，英国教育标准局前总督察米歇尔·威尔肖（Michel Wilshaw）在接受英国广播公司第四广播电台采访时表示：

孩子没做好入学准备的必然结果是他们接受知识的能力不行，如果接受能力不行，他们就不能在关键阶段1得以发展，到7岁时会阅读困难，失败持续到小学毕业，然后一直延续到中学。

他的观点在2016年的英国教育标准局报告《未知的儿童：注定处于劣势？》（Unknown Children:destined for Disadvantage?）中得到了强调，他在开幕词中说：

我们知道，近一半的处境不利儿童在学前班[1]结束时，还没有获得他们这个年龄应有的基本知识、技能和理解。大约1/4的儿童无法有效沟通，无法控制自己的情感和冲动，也无法理解周围的世界，从而不能为学习做好准备。然而，我们也知道，如果让贫穷的儿童有机会在达到法定入学年龄之前掌握这些基本技能，他们就会获益良多——而如果没有，他们将损失惨重。（Ofsted，2016，p.3）。

这些观点创造了一种"主导话语"（Moss，2018，p.6），在这样的话语体系中，主观想法可以成为现实，并有可能渗透到社会中。英国教育标准局报告反映了国际上的一种观点，即投资学前教育会给整个社会带来回报。虽然这份报告在试图了解0—8岁儿童所面临的大量挑战方面值得一读，但关于如何应对这些挑战，还有其他的说法，包括珍惜所有儿童的自身价值，把儿童看作社会资产，而不是"注定失败"（参见Moss，2018）。

英国教育标准局报告中提出的挑战并不新鲜，早在1975年，普林格尔和奈德（Pringle & Naidoo，1975，p.169）就呼吁采取行动。他们认为，虽然没有实证性证据，但有大量的实践知识表明，应该采取行动以防止儿童面临"……成为明天又一代贫困儿童的父母"的困境。40多年后，政客们开始宣称他们的政策是"基于实证的"——尽管学术界有时对这一说法相当怀疑。我们经常看到一部分证据被采用，而其他证据被遗弃或修改。然而，在原则上承诺使用证据为政策和实践提供信息是一个重大的发展。英国经济和社会研究理事会[2]、英国科学院[3]、教育政策研究所[4]、萨顿信托基金[5]和英国教育研究协会[6]（BERA）等组织在这方面已经做了大量的工作。

同样重要的是，要认识到政治意识形态既不是在真空中运作的，也不是万能的。

> **专家问题**
>
> 依据：我们的教学策略是否有依据、有说服力和有道理？
>
> 这个问题有助于建立一个概念框架，以展现长期存在的问题和教师的专业知识（见第16章）。

---

[1] 英国的4岁儿童可以上学前班，附设在小学内，是幼小衔接的重点阶段。——译者注
[2] 英文为"Economic and Social Research Council"。——译者注
[3] 英文为"British Academy"。——译者注
[4] 英文为"Education Policy Institute"。——译者注
[5] 英文为"Sutton Trust"。——译者注
[6] 英文为"British Educational Research Association"。——译者注

相反的观点会基于自身的权力基础和社会运动，随着时间的推移而出现。此外，即使在国家层面，意识形态也与文化和身份以及物质利益相互作用。例如，正如本章后面关于责任的讨论，英国过去40年加强了对教育系统的集中控制。在学前教育领域，监管（控制）和以父母为客户的教育市场化供应之间存在一种有趣的紧张关系，同时人们困惑于这种教育服务提供的究竟是"保育"还是"教育"（Moss，2018）。

在苏格兰，政府确保教育政策优先响应苏格兰人而非英格兰人。同样，权力更为有限的威尔士国民议会和北爱尔兰议会负责解释主要立法并制定自己的政策举措。然而，这些措施受到不同信仰和权力关系的影响。例如，在威尔士，威尔士课程（Curriculum Cymreig）和威尔士语的义务教学与学习尤为独特。这使得学前教育教学实践在语言方面发生了重大变化，并发展了更多学前双语教学机构。

英国四个主要地区之间的关系一直很复杂，当然，它们将继续演变。虽然自权力下放以来，这种复杂性有所增加，但有待解决的基本教育问题仍然大同小异。教育不可避免地涉及未来、机遇和生活机会、生产力、财富、社区、身份和成就，因此有争议也不足为奇。如果可能，反思型教师应该尝试在这个持久的层面上进行深入的理解。

总之，在某一特定时间点盛行的思想、观点或信仰很可能反映在公共辩论和教育政策中。虽然争论的基本问题可能大同小异，但达成的解决方案将在一段教学生涯中不断变化。在某种程度上，批评和经验会导致评估、反建议、发展和变化（Bowe，Ball，& Gold，1992）。社会和主导意识形态从来都不是静止的，但意识到意识形态和多重意识形态的概念，反思型教师就会更有可能评估新思想、政策、做法或其他建议背后存在的价值或利益。从这一立场出发，看待新政策举措的过程发生了变化。我们可以从批判性和反思性的角度来看待一项新的政策，真正探讨问题："从个人和专业角度，我对新政策和变化有什么看法？"以及"我们该如何行动，确保它适合我们的孩子？"

记住，任何人，包括我们自己，都不能免受意识形态的影响，这一点很重要。例如，职业意识形态在教师中始终重要：它们代表承诺、理想和利益。反思型教师应该以足够开放的心态建设性地评判自己和他人的信念。对我们中的许多人来说，这需要时间和实践，有时会让人不舒服。然而，它是非常有价值且值得我们去做的。

文化

文化可以被看作一组共同的观点。这些观点通常是从集体活动以及人类群体对情境的创造性反应中发展而来的。此外，文化随着时间的推移而延续，因此代表了个人可能被社会化的一系列观点、价值观和做法。儿童的操场文化就是一个例子（Burn et al.，2011）。从某种意义上说，在伙伴群体中，儿童发展出独属于自己的认知教育的方式。事实上，他们将这种认知方式作为理解和应对教育系统的一种手段（Clarricaotes，1987；Davies，1982；Pollard，1987）。然而与此同时，儿童文化代代相传的连续性为儿童提供了一个可供吸收的环境（Opie & Opie，1959；Sluckin，1981）。儿童文化受到电影、电视、游戏、书籍、社交媒体和其他技术的强烈影响，但这些都是通过集体的力量来实现的。

学前教育机构的环境提供了另一种文化情境。这种情境会与照护者、儿童和教师的观点互相影响。然而，很少有集体可以被描述为单一、统一的实体。可以按照种族、语言、宗教、社会阶层、性别、性取向，以及政治观或个人价值观将人群进行划分，这些分法是可能存在的众多划分方式中的一部分。在许多被视为"贫困地区"的市中心地区，这种文化多样性的存在显得尤为重要。虽然并不完全如此，但教师——尤其是那些在"贫困地区"工作的人——他们可能会非常仔细地探索儿童的家庭、社区和学校中不同文化之间的关系（Vincent，2000）。尽管这带来了潜在的好处，但反思型教师必须意识到他们是如何看待特定群体或个人的，并采取行动，以确保在教育中对面临挑战的儿童采取更加积极主动和富有同情心的方法（Lampert & Burnett，2015；Gilbert & Hazell，2018）。

许多例子表明，对个人、群体和社会的看法会导致不符合事实的叙述，进而对实际做法产生影响。例如，有研究表明，当教师认为工薪阶层文化存在缺陷时，就会出现问题（例如，Lareau，1989；Ball，1981；House of Commons Select Committee，2014；Gilbert & Hazell，2018）。辛普森等人（Simpson et al.，2015，2017，2018，2019）最近的研究强调了学前教育实践以及教师对儿童和家庭的看法是如何被个人的贫困观念影响的。同样，教师如果没有适当考虑族裔群体的观点，就可能导致制度化的种族主义（Gillborn，2007；Picower & Kohli，2017）。我们将在关于全纳教育的第 15 章中更详细地探讨这些问题以及此类行动的潜在后果。

教师的刻板印象也可能体现在性别或性取向方面，它会以多种方式影响女孩和男孩的受教育机会（参见 Kehily，2002；Mac & Ghaill，2004；Arnot, Mac, & Ghaill，

2006；Skelton et al.，2007）。这在学前教育内部是一个特别相关的问题。尽管人们普遍认为男教师为儿童（不仅仅是男孩）带来了许多好处，并抵消了教育机构中学习和教学"女性化"的负面过程，但男教师仅占学前教育劳动力的2%。研究表明，让男教师参与教学可以提高男孩的学习动机、参与度和成就水平，因为他们是"强有力的男性榜样"（Parkin，2009，p.6，cited in Brownhill，2010）。尽管有这样的益处，薪酬和偏见问题仍然存在，这意味着许多男性通常远离这个领域。案例研究5.1中的教师反思呈现了这类问题。

 案例研究 5.1　学前教育行业的性别和偏见

该文摘自休·勒纳（Sue Learner）在国庆日托儿所写的一份报告。

我是第一个在学院里修学前教育课程的男生，在最初的6周里，教师们认为报名时把我喊成"简"（Jane）十分好笑。作为唯一的男性和教师们的笑谈，我在这个以女性为主的环境中一开始很难受。头几个星期里我每晚都哭。我在那里有一个好朋友，她帮我渡过难关。这种情况确实发生在很多年前，自从我工作以来，情况有所改善。但男性仍然受到偏见，在儿童保育方面男性仍占少数，学前教育从业者中只有2%是男性。尽管国家和地方开展了针对男性的招聘活动，但这一统计数字在过去十年十分稳定。

在一所小学的幼儿园和学前班实习后，我决定从事学前教育工作，所以向大学申请了一门学前教育课程。当我告诉职业顾问我想从事儿童保育工作时，他说："你为什么要做这个？这是女孩做的！"但我真正想做的就是照顾儿童。我在一所小学实习过，他们非常接受我。我也希望在一个特殊的婴儿病房进行照料，但他们因为我是男性就没有接受我。当时，男性助产士也很少见。

我第一次在幼儿园实习非常困难。我所做的一切都是错的。如果我帮儿童穿衣服时把套头衫穿反了，她们会马上说"典型的男人，他不知道自己在做什么"。或者，如果我把一个女孩的头发扎成马尾，她们会说我扎得很滑稽。不过我很幸运，因为主班教师很关照我。

完成课程后，我申请了42份保姆工作，但没有得到一次面试机会。我搞不明白为什么会这样，于是去中介公司问他们出了什么问题，他们说妈妈们不想让一个男人照顾她们的孩子，所以我决定去托儿所找工作。第一次面试进行得很顺利,直到即将成为我经理的那位女士偏离了轨道,问了一个问题:"你能像那些女孩子一样融入我们吗?"我的反应是站起来说:"如果你想让我像那些女孩子一样融入这里,那么你需要雇一个女孩。"

除了基于宗教、种族和性别的文化之外,在任何学前教育机构中,成人之间也可能存在不同的文化。例如,教师办公室历来是班级教师的领地,是释放紧张情绪、分享感受、发展对学校生活的理解的后台,在面对日常的工作压力时,在办公室中形成的关系为教师提供了团结和同情的来源(Southworth et al., 1992)。然而,学校教职员工和志愿者的数量呈指数级增长,引发人们提出对在教师办公室里应该讨论什么和不该讨论什么的疑问。

在学前教育机构中,如幼儿园,教师们往往同时工作,而且必须保持一定的师幼比例,休息时间也是错开的,因此他们们很少有机会在指定的办公室见面。幼儿园教师通常不得不在预先计划的会议时间中进行正式讨论。然而,这种特殊的环境确实意味着文化更有可能在儿童的面前展现出来。正如第 6 章所述,鉴于这些文化有影响儿童的倾向,因此必须对其仔细评估。

反思活动 5.2

目的:反思你对教育机构文化的体验,包括在教师办公室,以及这些文化对实践的影响。

证据与反思:想一想你在学前教育机构或学校中的两次经历。
- 写下你对这个机构文化的感受。
- 文化的优势是什么?
- 你觉得有什么困难吗?
- 文化对教职工和儿童有什么影响?

拓展:想一想你将如何应对职业角色带来的日常压力。

文化对学习和行为有重大影响,正如文化心理学家的研究所证明的(参见 Bruner, 1986, 1990)。例如,沃斯(Wertsch, 1991)认为,任何学习者的思维都取决于他们使用的"文化工具"。这些工具为他们的理解提供框架和中介,从而塑造他们的发展。同样,新的学习可能影响甚至改变个人的身份认同感,而这种改变在他们的母体文化中可能有价值,也可能没价值。例如,一项经典的研究(Jackson & Marsden, 1962)表明,工人阶级的男孩对离开自己的社区进入文法学校感到不安,类似的问题可能会影响如今少数族裔儿童的表现。虽然我们可能看不到这些问题对儿童的直接影响,但了解他们可能面临的问题,可以让我们以不一样的方式帮助他们为学校生活做好准备——不只是认为入学准备就是能够握笔、写自己的名字或静静地坐在地毯上。有人认为,学校这类组织可以被看作"实践共同体"(Wenger, 1999),它发展并保持着坚定的行为规范和思想。新成员,如进入教育机构的儿童,必须学会如何行动,而且随着新认识的获得,可能会经历一个"认知学徒"(cognitive apprenticeship)的过程(Rogoff, 1990)。然而,根据儿童或教师的社会、文化和经济背景,这种引导可能令人感到舒服,也可能让人难受。因此,文化可以是排他性的,也可以是包容性的,正如我们在男教师进入学前教育机构的案例中所看到的那样。

反思活动 5.3

目的:反思当前的政治、社会和经济氛围如何影响学前教育。

证据与反思:思考当前的政治、社会和经济氛围,这对你所处的学前教育机构或学校有什么影响?对儿童家庭呢?在当前的氛围下,你能确定教师的实践是如何形成的吗?

拓展:可能的话,与同事或同学讨论这个问题。思考可以或应该做些什么来质疑当前的政策或压力。

思考当前的政治和社会氛围,及其对与你的教育实践相关的政策的影响。你能确定教师的实践是如何被这样的政策塑造的吗?你能发现这种政策的好处吗?你还能发现任何潜在的问题吗?尤其要思考作为学习者的儿童,以及我们支持他们成为独一无二的、好奇的独立学习者的愿望。

由此可见,文化既可以促进学习,又可以限制学习。事实上,它们可能为特定的个人和群体提供不同的机会。就教育文化而言,我们应该记住,它们是在特定的条件下发展起来的——我们不太可能控制其中的许多条件。这里的一个关键因素是机会和资源的可获得性与特质，接下来我们将探讨这些问题。

机会

有人说"教育不能补偿社会"（Bernstein，1971）——但学前教师等人希望所有儿童都能发挥潜力，无论他们的境况如何。然而，通过教育创造这种机会的困难非常大，特别是教育成果与经济地位和社会阶层密切相关（Reay，2017；Warwick-Booth，2018）。尽管从全球来看，英国非常富有（OECD，2017），但英国四个地区之间存在巨大差异，收入和财富分配严重不合理。例如，2017年"最贫穷的1/5家庭缴纳的间接税占可支配收入的比例（29.7%）最高，而最富有的1/5家庭缴纳的间接税占可支配收入的比例为14.6%"（Office of National Statistics，ONS，2017，p. 3）。此外，约瑟夫·朗特里基金会（Joseph Rowntree Foundation，2018）的数据显示，英国有超过400万儿童生活在贫困中，自2011年以来，这一数量逐年上升。生活贫困的职工家庭数量也在不断增加。虽然几个世纪以来，富人和穷人之间一直存在巨大的差异，但不能低估众多儿童及其家庭所面临的当代挑战及其对生活机会的影响。

关于教育不平等问题究竟是在校内还是在校外（将资源集中在广泛的社会因素上，如加剧不平等的贫困、健康和就业）能够得到最好的解决，鲍尔（Ball，2017）提出了一个令人信服的说法。正如他和其他人认为的那样，尽管研究仍在进行，但英国儿童的健康、幸福和教育程度仍然与其出生社区和社会阶层密切相关（参见Ball，2003）。换句话说，父母的情况往往在其孩子身上重现。正如第2章所述，出身贫困的儿童更有可能继续生活在贫困之中。此外，英国面临的问题也出现在其他富裕国家，国际比较表明，健康、社会和教育问题与不平等密切相关（见图5.1）（Wilkinson & Pickett，2010；OECD，2017）。

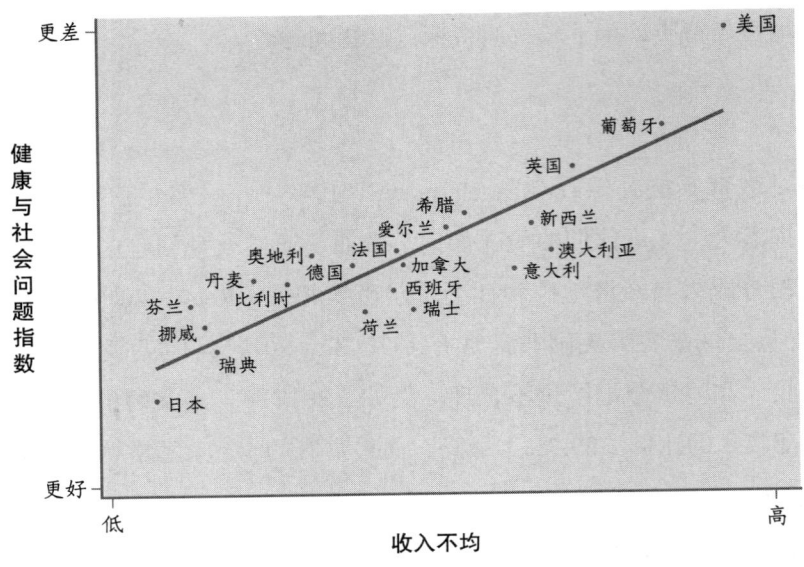

图 5.1 健康和社会问题与不平等相关（Wilkinson & Pickett，2009）

正如英格兰第一任儿童专员安斯利-格林（Aynsley-Green）提醒我们的那样：

许多孩子成功了，克服了他们生来遭遇的逆境。在我们的服务体系中，无数医院、托幼机构、学校、社会关怀机构和青年服务机构的工作人员都在尽最大努力地支持他们。（Aynsley Green，2018，p. 121）

然而糟糕的结果还在继续，社会中的差异往往会代代相传。这个代际传递的过程是如何发生的呢？教育在其中起什么作用？

布尔迪厄（1977）对此进行了富有启发性的分析（见第 3 章）。在承认特殊情况的同时，他认为整体社会地位受到三种"资本"形式的显著影响，每种形式都代代相传。"经济资本"指的是物质资产。"社会资本"侧重于家庭、社区或广泛社会中的关系，这些关系提供联系、网络和支持。"文化资本"是指个人在特定社会环境中的理解、知识和行为能力。差异的种子是在儿童成长过程中播下的。例如，拉鲁（Lareau，1989）将中产阶级家庭的"协同培养"与"自然成长"的假设进行了对比，后者导致教育意识不强的家长以完全不同的方式与他们的孩子互动——这对语言发展具有特别重要的影响。雷伊（Reay，2000）阐明了不同情况下的母亲如何运用"情感资本"来支持孩子，她认为代际储备是随着时间的推移而建立的。因此，家庭提供了经济、社会、文化、语言和情感资源。这些都会影响下一代的经验、机会和期望。

庞大的数据集和创新的统计技术,使我们得以测查邻里、学校、家庭和个人对儿童教育的相对影响(Leckie et al., 2010)。研究表明,家庭和个人因素是最重要的,这使学前教师和其他教育工作者的工作进入了人们的视野。

很明显,教育不可能"完全补偿社会"。尽管如此,我们仍然可以行动起来改变世界,满足儿童的特殊需求是一种道德责任,也是一种职业责任。教师必须了解他们所服务的机构,了解自身持续专业发展的重要性,并专注于为儿童提供尽可能好的早期学习和教育机会。在学前教育阶段,上述这些通常被认为是通过高质量服务来实现的。

探索高质量的教育应包括什么的研究,以及旨在"克服"不平等造成的问题的课程发展,使人们对学前教育"高质量"的含义有了更多了解。研究总结 5.1 概述了一些高质量的学前教育服务对儿童学习的影响。正如我们所指出的,意识到研究、研究结果及其如何影响政策和实践,对于反思型学前教师至关重要。

研究总结 5.1

有效学前、中小学教育项目(3—14 岁)发现,影响儿童在关键阶段 3 的成绩和进步的因素有 9 年级的英语、数学和科学的学业成绩。

简介

有效学前、中小学教育项目调查了约 3000 名 3 岁以上儿童的学业和社会行为发展。这篇总结报告了学前教育对后来的教育经历和学业结果的影响。

主要发现

学生个人、家长和家庭的影响

- 早期(3 岁)出现的与背景影响相关的成就差异在关键阶段 3(14 岁)结束前都保持了相当程度的稳定。母亲和父亲的受教育水平(在较小程度上)很好地预测了儿童 9 年级时的教师评估水平(Teacher Assessment levels)的成绩,以及整个关键阶段 3 的进步。
- 在关键阶段 3 时,女生的英语成绩明显好于男生,在英语、数学和科学方面也取得了更大的进步。
- 在同一年组中,年龄较大的学生(秋季出生与夏季出生相比)表现出更高的成就,并且似乎会在关键阶段 3 取得更大的进步来增加自身优势。

- 在所有核心科目中，其他中等强度的成就预测因素包括早期家庭学习环境、出生体重、家庭收入和免费学校膳食状况。仅就英国而言，较低的家庭收入和免费的学校膳食也预示着儿童在整个关键阶段3的学业成就较差。

学前教育机构的影响

即使控制了背景特征，学前教育质量和学前教育效果仍然可以预测儿童以后（如9年级）的学业成就。

学前教育效果对英语（因为学前教育能有效促进前阅读技能）、数学和科学（因为学前教育能有效促进早期数字概念的发展）有持续的影响。然而，这些影响比儿童更小时（进行这些方面的学习所带来）的效果要弱一些。

小学的影响

在学习效率更高的小学学习的学生，在关键阶段3结束时，其数学和科学的学习成绩会显著提高。

进一步思考

- 你的教育如何影响儿童的一生？
- 当儿童可能处于不利处境时，你在支持儿童方面可能扮演什么角色？

责任

教师提供的是有偿专业服务。然而，历史上不同时期的教师所承担的责任和受外部控制的程度有所不同。它受到"保育"和"教育"之间的分歧以及不同政府参与学前教育与否的影响（Baldock，2011；Fitzgerald & Kay，2016）。英国四个地区的发展情况也有所不同，但它们都面临着贯穿这一领域的许多挑战。这些挑战源于长期以来形成的教育和培训的混合经济，关于国家参与的不同政治意识形态，以及人们有关非法定学前教育机构与学校之间关系的持续争议。

学前教育的发展历史也反映了学前教育与"母职"和家庭的关系。在第二次世界大战之前，学龄前儿童通常是由家庭（往往是母亲）照顾的。大多数儿童在5岁（法定入学年龄）前一直留在家里。直到20世纪60年代，"母亲组织"（Mothers）才推动更多的学前教育服务供给和游戏小组运动。这是一个自助组织，由志愿者、母亲们轮流管理，几乎没有规章制度，也没有课程指导、期望或责任。这一时期的变化反映了广泛的家庭生活的变化，以及人们对"现代母亲，不抱怨自己的任务但想知道如何正确地完成任务的女人"的日益关注（Baldock，2011，p. 51）。

《普洛登报告》（Plowden Report，1967）表明了家庭对儿童的作用，该报告承认高质量的学前教育在解决社会不平等方面发挥作用，建议扩大非全日制学前教育。对儿童而言，在学前教育机构的短暂时间是与家庭和母亲相离的时间。这种观点一直为精神分析理论所认可（Moss，2014）。到了20世纪90年代，附属于学校的幼儿园班级数量开始增长（Moss & Penn，1996）。尽管附属于学校，但这些幼儿园不同于我们如今看到的那样，例如，它们的课程不受监管。

除了幼儿园的增长，20世纪80年代还出现了公立和自愿提供的儿童照护服务，其中包括儿童保育，以满足政策针对女性工作者的关注，而不是作为国家福利和让富裕家庭多个"选择"余地的政治言论。新兴的私营学前教育机构不被视为具有公共责任；相反，它反映了保守党政府（1979—1997）的货币主义经济政策，标志着公共部门（包括卫生和教育）向市场和私营企业的重大转变。

正在出现的各项教育服务的质量差别很大，而且儿童一直都有非常不同的体验。虽然规章制度有所发展，但没有充分解决质量和责任问题，此外也没有国家和地方的行动计划。这些问题在1989年《儿童法案》（Children Act）第10部分中得到了解决，但将这些问题包括在内是因为代表学前教育机构的新兴组织施加了更大的压力，而不是政治意愿（Baldock，2011）。然而，质量问题从来都很复杂，也会更加复杂，并且与关于学前教育和政策目的的辩论相一致。正如皮尤（Pugh，2014）所强调的那样，这场辩论包含的问题有：通过早期干预改善结果、入学准备、为工薪家庭提供托育服务、妇女平等、使雇主留住员工，以及减少父母申请国家福利数量等问题。

1996年，政府为3岁和4岁儿童的学前教育提供资金支持，随后工党政府当选（1997—2010），标志着学前教育的监管和发展发生重大转变。1998年，学前教育由卫生部转移到当时的教育和就业部（后改为儿童、学校和家庭部，2010年由新当选的保守党和自由党联合政府更名为教育部）负责。这一转变表明，学前教育随着教育政策的变化而变化，然而工党政府也非常重视对儿童和家庭采取多种专业的方法，这反映在他们为该部门选择的名称上。

此外，《儿童保育法》（Childcare Act，2006）承认，英国0—5岁儿童的"保育"和"教育"没有区别。事实上，正如皮尤（2014）所说，对学前教育与保育的关注，包括对质量的真正关注，本身就有很多值得称道的地方，但该行业受政治变革和经济波动的影响很大。虽然联合政府（2010—2015）和2015年上任的保守政府继续为学前教育投资，但工党政府建立的制度和规定已被废除。

学前教育和教育政策的调整也导致了责任的转变。2001年，日间托儿所和幼儿园的管理与登记从地方当局转移到了英国教育标准局。这些系统不断发展，其作用包括注册、检查和重新检查不合格的机构，以及对课程框架、福利、保障以及合规性做出判断（Spencer & Dubiel，2014；Fitzgerald & Kay，2016）。

值得注意的是，英国的权力下放带来了不同的教育方式、学前教育和检查方法。例如，2009年推出的《苏格兰早期教育框架》（Early Years Framework，2009）涵盖0—8岁的儿童。2011年，苏格兰教育部成立，旨在协调苏格兰几乎所有的课程、教学、评估、领导力、自我提升、专业发展和检查方面的服务（Education Scotland，2020）。在威尔士，学前教育（0—7岁）政策是国家框架《全民繁荣》（Prosperity for All，2017）的一部分。皇家督学处非常重视教师队伍建设、政策和改善教育效果，并对（0—5岁）教育和培训（包括非学校机构）进行检查。在北爱尔兰，学前教育（0—6岁）行动计划（2010）指明了促进学前教育各方面的发展。然而，与英国其他地区不同，北爱尔兰的教育督察和学前教育监管体系存在着巨大的差异，后者由北部健康和社会保健信托基金（Northern Health and Social Care Trust）负责。

因此，责任的问题具体化了有关教育和社会之间关系的许多问题。教育应该是一个相对自治的系统，还是应该受到严格的控制？教育工作者是应该简单地执行中央决定的指令，还是应该发展和进行专业判断？地方民主机构在这方面究竟发挥了什么作用？谁应该为问责制买单？英国教育系统的历史提供了许多试图应对这种困境的精彩实例（Silver，1980），并且当前有许多相关的问题可供积极的反思型教师思考。

特别是，按照本章开头所讨论的社会变革的辩证模式，责任、自治和控制问题对反思型教师提出了有关个人性质的问题。每个个体应该如何行动？你觉得应该对谁负责，儿童、照护者、同事、地方？或者国家政府、媒体、检查员？还是你自己？

 反思活动 5.4

目的：回顾和探讨意识形态、文化、机会和责任的意义。

证据与反思：和一些同事组织开展讨论分享会。在准备过程中，分享第5章有关意识形态、文化、机会和责任的内容。

在会议中，每个小组应解释本章各部分提出的问题，并将其与自己的工作环境联系起来。尤其是，你工作的机构是如何受到所处环境的影响的？

拓展：在分析你所处的机构时，还有什么其他的背景因素是特别重要的？这对学前教育有何影响？

个人和能动性

接下来探讨个人和个体因素，这是支撑本书论证模型的第二个要素。例如，机构生活可以被看作是由教师和儿童创造的，因为他们对自己所处的环境做出了反应。因此，除了了解一些影响社会背景的因素外，我们还需要思考教师和儿童如何对此做出反应。这些反应体现了主观看法、信仰、价值观、承诺、身份、生活叙事和想象的未来。这是一种个体能动性和发言权的行使，也是一种认识，即我们的环境并不仅仅决定我们的行动。下面将从教师这一群体开始。

教师

每个人都是独一无二的，特定的文化和物质经验构成了"个人传记"（Sikes, Measor, & Woods, 1985）。这为自我意识提供了种子发芽的土壤，并影响个性和观点以及最终的行为方式。教师的个人素养，如移情能力以及具有投射和坚持自我的信心，在学前教育阶段与在任何教育阶段一样重要。事实上，教师为儿童及其家庭提供的许多东西都会受到教师个人素质的影响。

可以说，比个人素质更重要的是认识自己的能力。我们都有优点和缺点，了解这些是什么以及如何扬长避短，是反思性教学的一个关键方面。

在考虑自己的目标和审视自己的教育价值观与哲学观时，教师往往会利用人类特有的能力来审视"应然"和"实然"的关系。虽然在为儿童提供服务的过程中一直存在大量的理想主义，但也一直存在着对现实主义的关切。事实上，影响教师认知的一个重要因素是，他们必须在个人层面和职业层面进行"应对"。出于这个原因，我们认为教育实践的一个基本要素是高度个人化，因为它需要教师对自我有特定的认知，在机构处于困难时有所作为。曾经有人对我们说，从事儿童教育工作"累死人，就像你的脑袋整天被鸟啄一样"。当感到筋疲力尽时，我们是否总像自己希望的那样耐心和努力？此外，伴随这一角色而来的责任是巨大的：从照顾和养育，以及支持身体、社会性、情感和认知发展，到支持家庭度过各种危机，例如，担心儿童的发展。在这种情况下，教师面临着个人和职业问题与实际可能性之间严峻的两难困境，不得不在应对压力时权衡轻重缓急。

罗斯和罗杰斯（Rose & Rogers, 2012）将这种必须根据儿童需求在不同时间处理不同事情的多重角色称为"多元教师"。然而，除了保育和教育的多重角色之外，我们还需要考虑教师作为员工的立场，因为他们有合法的法律、合同保护，也需要维护和发展经济利益（Lawn & Grace, 1987）。例如，正如第 1 章所述，这个职位的报酬相对较低，工作时间较长。许多教师也有重要的家庭责任，以及其他可能很重要的利益。这些问题不是无关紧要的，它们也的确会对职业产生影响。尽管有这些考虑，学前教育还是吸引了有道德使命感的人加入。因此，总的来说，整个行业都有一个原则性的承诺，即提供满足儿童需求的高质量教育。正是这种价值承诺促使教师"百尺竿头，更进一步"。

儿童

如同与教师相关的个人因素一样，关于儿童最重要的一点是，他们是会思考的、理性的个体（Corsaro, 2011; Norman, 2019）。每个儿童都有一个独特的"传记"，以及感知和展示自己的独特方式，二者都受到他们过去对家庭和其他地方的文化、社会与物质经验的理解（Bruner, 1986），以及他们情感发展水平的影响。从出生到接受教育，儿童对他们作为学习者的身份有了清晰的认识（Warin, 2010; Pollard & Filer, 1996）。事实上，学龄前的经历和整个上学期间的社会过程会让儿童认为自己是相对的学校失败者或成功者。德韦克等人在发展成长型思维方面的研究以及哈蒂等人在可视化学习方面的研究均与此相关（见第 1 章和第 3 章）。

儿童的"学习品质"和作为"终身学习者"的立场的基础很早就建立起来了，毫无疑问，这是教育投资的关键年龄阶段（Karoly & Bigelow, 2005; Allen, 2011）。随着儿童在小学和中学的进一步发展，他们会遇到包括机构、分类、选择和"路径"等在内的复杂系统，他们的自我认知得以进一步加强或修正（参见 Lawrence, 1987）。在离开学校、进入大学或工作的那一刻，儿童的人生轨迹很可能已经确定。学前教师不应该忽视这样一个事实，即在日常工作中，除了实现即时的教学目标之外，教师在塑造儿童长期的生活和个性方面发挥着重要作用（Feinstein et al., 2008；Whitebread, 2012）。

学前教育机构中的儿童受到各种环境和先前经验的影响，并将其体现出来，包括性别、社会阶层、种族、语言发展、学习品质、健康状况和父母支持的类型，以及经历的逆境。正如前文关于机遇的讨论，优势和劣势都非常重要，早期的创伤经历可能会产生终生的影响（Lumsden, 2018）。然而，教师要了解影响儿童生活的因素，因为这些因素最终会影响他们的教育，还要创造有利的环境，换句话说，教师在支持儿童发展能力，使他们能够以各种方式做出反应和应对情况方面发挥着至关重要的作用（Amussen et al., 2018）。

有些儿童在学前教育机构中遇到与家庭不同的信息时，可能会犹疑不定（Brooker & Siraj-Blatchford, 2002）。教师必须对不同儿童和家庭文化的期望保持敏感（Ethiyazaryan White, 2019）。在期望差异特别明显的地方，儿童作为积极的个体，会在机构或学校中汲取和发展独特的同伴文化，例如，特定的文化兴趣或富有想象力的游戏。如第6章和第8章所述，学前教育机构应该有很多机会接纳和欢迎一系列儿童的"声音"。儿童的同伴文化可能会造成一些困境，例如，儿童乐于选择那些挑战机构准则和全纳政策的游戏。需要有创造性的策略，这些策略可能经过从谈判、达成一致到拒绝的过程，例如，制定和协商关于战争、武器与超级英雄游戏的规则。

儿童的个体能动性在学前教育机构中发挥出来。教师有很好的机会来影响儿童的学习动机和学习方法等因素（Rudduck & McIntyre, 2007；Whitebread, 2012）。然而，最重要的是，我们决不能忘记，儿童在每天的某一段时间里是某个更大群体的一部分，家庭、朋友、人际关系和媒体对他们来说都很重要。因此，反思型教师必须理解儿童的文化。如果可以建立联系，儿童文化本身就可以为学习提供很好的动力。

父母和照护者在支持儿童学习方面起着特别重要的作用。例如，学前教育有效准备研究项目强调了家庭学习环境对儿童学前教育成就的强大影响，英国国家儿童局[1]的提高早期读写能力项目[2]（Rix, Lea, & Graham, 2016；Sylva et al., 2018）重点关注了家庭如何支持儿童的学习。

1　英文为"National Children's Bureau"。——译者注
2　英文为"Raising Early Achievement in Early Literacy"。——译者注

反思活动 5.5

目的：思考"个体能动性"的含义，及其对教师和学习者的意义。

证据与反思：回顾所处的环境，这项活动的重点是人们如何对环境做出反应和行动。特别是，无论环境怎样，它与人类精神和始终存在的各种可能性有关。

处理这个问题的一个有趣方法是，与一个你感到安全的同事分享自己的受教育经历。轮流讲述，你们如何度过自己的学习生涯、遇到不同的教师、成长、学习困难，以及在其他方面取得成功。发现并聚焦于让你进步的一些关键事件或转折点。如果可以，探索你采取的行动以及你从别人那里得到的鼓励或支持。

思考一下，你在这些故事和关键时刻是否受到了你对成功的决心或他人的评判的鼓励，让你看到个人能动性的重要性？你的家庭如何影响你所受的教育？

拓展：你可能会思考你所认识的一些儿童的学习。他们能在多大程度上发挥与他们所处的环境和目标有关的能动性，你能帮他们什么呢？

结　语

本章旨在讨论社会和主要参与教育的人之间的关系，因为实践和行动受到所处社会环境的影响。然而，也有人认为，个人在发挥能动性时会对未来的社会变革产生影响——尽管影响的程度取决于他们所扮演的角色和不同历史阶段。这种理论框架对反思型教师来说非常重要，它确立了一个原则，即我们都可以在社会中"有所作为"。因此，专业承诺是非常重要的，我们不应该接受固定的位置，即被动地接受外部决定的"处方"。当社会意识与高水平的教学技能相辅相成时，当个人对专业行为所负有的责任被认真对待时，高质量的教育服务就会得到加强。当然，我们也需要认识到，虽然可以尽力而为，但我们并非生来就具备改变世界的能力，例如，在自己质疑的机构中工作。反思能够帮助我们。

本书的基本理念涉及教师使命、教师素质和建设性的教师角色，体现了乐观分析的态度。高质量的教育和保育，有赖于教师的专业化。

第 6 章

关系——如何相处

引　言

学前教育领域中的关系十分重要,安全关系的构建是儿童社会性、情感和认知发展的基础(参见 Evangelou,Sylva,& Kyriacou,2009;Wild & Glenny)。相互尊重的积极关系能使成人和儿童所处的环境更加愉悦、充实。因此,构建良好关系也是营造适宜的学习环境的基石。本章将探讨教师与儿童、儿童与同伴、教师与其他成人(如同事、家长、其他机构教师)之间关系的重要性。

希望你在阅读本章的过程中深入地分析自己的互动行为,反思自己的偏好与偏见。我们的行为可能在不经意间传递出可能会产生意想不到后果的信息。

如第 1 章所述,学前教师总是有强烈的道德目的,非常重视与儿童及其家庭建立良好的关系。然而,正如我们将探讨的,维持良好关系有时很困难,在大型集体中工作和管理很有挑战性(参见 Rankin & Butler)。

第 2 章探讨了学习的相关理论。本章将补充讨论教师与儿童、儿童与同伴的关系如何对学习产生积极或消极的影响。最后,概述了如何发展和管理积极的关系,为所有人创造积极的学习环境。

> **有效教与学的原则**
>
> 以下三项原则与本章所阐述的"良好关系是学习的基石"尤其相关。
>
> *原则1：有效教与学使学习者在最广泛的意义上终身受益*。学习的目的应该是帮助人们开发智力、个人和社会方面的资源，从而成长为积极的公民，为经济发展做出贡献，并在多样化和不断变化的社会中茁壮成长。这意味着要广义地看待学习成果，并认真对待平等和社会公正问题。
>
> *原则4：有效教与学需要教师为学习提供支架*。教师不仅应该在认知方面，还应该在社会性和情感方面提供支持学习者发展的活动。这样，一旦这些支架被撤走，学习依然可以继续。
>
> *原则7：有效教与学促进个体和社会的过程和结果*。学习是一种社会活动。应该鼓励和帮助学习者与他人合作，分享想法，共同建构知识。向学习者了解他们的学习情况并给予他们发言权，这既是一种期望，又是一种权利。

机构中的关系

对许多儿童来说，步入学前教育机构通常是他们第一次离开熟悉的朋友和家人。在道德层面，我们有义务尽最大努力确保每个儿童感到安全，受到欢迎、关心和尊重，还必须认识到这是他们的第一次学校体验，可能会影响他们未来的教育和生活。成人面临的许多挑战，如心理健康问题、犯罪、读写和计算能力差，都可以追溯到童年早期的经历（World Health Organisation[1]，2009）。

机构中的人际关系是儿童与成人、儿童与同伴，以及成人与成人之间特定、复杂和微妙的个人互动的产物。这些关系十分重要，反思型教师会时刻用心体会。反思能够成为一个有用的工具，帮助教师深入理解这些互动，确保机构中的儿童在与成人、

---

[1] 世界卫生组织。——译者注

同伴的互动中得到支持，从而尽可能地获得快乐，发挥潜能。

　　罗杰斯（1961，1969，1980）的著作为良好关系的基础提供了经典解释。他认为，建立温暖的、"以人为本"的关系，需要三个基本特质：悦纳、真诚和同理心。如果我们把这一点应用到早期实践中，悦纳意味着承认和接受儿童"本来的面貌"；真诚意味着接受是真实的、发自内心的；同理心意味着学前教师从儿童的角度思其所思、感其所感。罗杰斯向来访者提供"无条件的积极关注"，也许这也可以作为学前教师向儿童及其家庭提供服务的范例。无论儿童说了什么、做了什么，"无条件的积极关注"都要求我们真诚地接纳和支持他们。在儿童和青少年探索世界时，我们要成为他们的支持者。这种方式的教学可能会让学前教师感到舒服。

　　罗杰斯提出的三个特质与反思型教师需要具备的三个关键态度有很多共同之处。表现出悦纳和真诚的共情需要以"开放的心态"和"专注"的精神致力于服务儿童及其家庭。在考虑行为的长期后果时，"责任心"也是必要的。我们需要提醒自己，在我们眼里具有挑战性的行为对儿童来说或许是值得探索的或是需求导向的。

　　虽然这些特质为学前教育实践提供了一个有用的起点，但是深入体察环境中不同人的需求仍是十分必要的。例如，对于承担较多儿童保教工作的学前教师来说就存在一些限制，管理上的挑战会制约行动。此外，学前教师本身也有感觉、担忧和兴趣，如果想要给予儿童最好的教育经验，我们就需要感受到一定程度的悦纳、真诚和同理心。

> **专家问题**
>
> 儿童的社会需求：教育是否基于社会关系、文化理解和儿童身份？
>
> 这个问题有助于建立一个概念框架，以展现长期存在的问题和教师的专业知识（见第16章）。

师幼关系

　　对学前教育者而言，与儿童建立积极关系不仅是必要的任务，也是良好教学的基础。儿童在亲密可靠的关系中茁壮成长，这种关系能为儿童提供爱与关照、保护与积极回应的互动体验。

　　也许与儿童建立良好关系的最重要的策略，是与他们建立某种联系。"让人类如此不同于其他类人猿的，不仅仅是婴儿能做什么，还有成人和婴儿在一起想做什么"（Parker-Rees，2007，p. 3）。我们每个人都渴望得到他人的认可，并且会对他人的微笑、表扬等正向表达做出积极的回应——儿童也是这样。许多学前教师应该掌握这些"软技能",并对儿童真正感兴趣。如果儿童感受到包容、积极的关照,并理解它必须由机构中的规则与目的所框定,那么良好关系的基础就能建立起来。

在学前教育阶段,特别需要建立牢固、安全的关系以支持儿童的发展。约翰·鲍比和玛丽·爱因斯沃斯(John Bowlby & Mary Ainsworth)的研究为这一主张提供了理论基础,同时为学前教育机构采用关键人方法以支持师幼关系的发展提供了理论依据。约翰·鲍比(1969)首先肯定了儿童与主要照护者(通常是他们的父母)之间形成密切联系的重要性。鲍比(1951)提出:"婴幼儿应当与其母亲(或母亲角色的替代者)形成温暖、亲密且持久的关系,并且双方都要能在这段关系中体会到满足和愉悦。"鲍比(1944)通过研究发现,成年期的许多问题都与幼儿阶段的母爱剥夺及与照护者的分离相关。爱因斯沃斯和贝尔(Ainsworth & Bell,1970)(与鲍比合作)通过"陌生情境"实验拓展了这项研究,通过观察12—18个月大的儿童以及他们对一系列情况的反应来测量依恋,包括离开父母、与父母团聚和接近陌生人的反应。最重要的是,研究表明,安全型依恋的儿童在没有父母等照护者在场的情况下,也能够安全、镇定地探索环境和学习;相反,非安全型依恋的儿童没有独立探索的自信,这可能导致学习受阻。

人们认识到儿童需要建立安全依恋关系,使得"关键人"这一角色概念在世界各地的学前教育领域得到应用。在大多数情况下,这包括在儿童进入学前教育机构时指派一位教师帮助儿童安定下来,坦然自在地探索周围环境。与其让学前教师与所有家庭建立牢固的关系,不如让他们花时间认真了解一部分儿童并成为他们的"关键人",这对所有参与者都是有益的,因为关键人可以与儿童及其家庭建立关系(Goldschmied & Jackson,2004),并为家庭提供一个关键接触点。当然,这种方法存在挑战,关键人的角色也存在争议。例如,当关键人不在场时,儿童可能会感到痛苦(例如,Elfer et al.,2003)。为此,第二个关键人方法应运而出,在关键人由于工作或假期而不在场时,继续支持儿童。

反思活动 6.1

目的：思考你所在学前教育机构的"关键人"这一角色。

证据与反思：如果你是某个儿童的关键人，或者，如果你不曾担任这个角色，可以询问同事或同伴的经历。思考这个角色的目的。这个角色对儿童、家长和你自己的潜在价值是什么？你如何理解这个角色背后的理论？作为反思型学前教师，我们"用事实说话"。怎样能帮助学前教师更好地承担"关键人"这一角色的使命？比如，机构中的活动安排、与家庭的沟通时间。担任这一角色可能会面临怎样的挑战？

拓展：与同事一起思考你们是如何与儿童及其家庭建立密切联系的。你是如何在保持专业立场的同时，提供支持并建立长期关系？是否需要对不同的儿童及其家庭采取不同的做法？当你有不同的意见时，你是如何处理与家长之间的冲突的？

为儿童提供"安全基地"，还需要有明确的界限和期望。儿童希望成人能够设置界限、提出明确的期望，这些可以通过少数正式的、开诚布公的规则来表达——当然，要适合儿童所处的年龄特点。查普莱（Chaplain，2003）将小学阶段也考虑在内，并提出了重要的观点，即总体规则为儿童在教育环境中提供了个人和心理上的安全感。这些规则也为人际关系提供了道德原则的基本形式，并应以具有前瞻性的积极方式表达出来（见第 7 章）。

思考与儿童发展安全关系的重要性之后，考虑成人与儿童关系中的权利问题也是有用的。儿童对是否接受学前教育没有发言权，往往是由照护者做出决定。就像生活中的许多事情一样，这些决定是由照顾儿童的成人做出的。在许多情况下，这是积极的，因为儿童得到了照顾，他们的需求得到了满足。但是，最近对儿童权利的认识有所增加，尤其是自从联合国倡导儿童权利以来。随着人们日益认识到儿童持有完整人权，对儿童的看法也有所发展。研究儿童的社会学家曾表示，儿童应被视为在社会中有能力、有知识的行动者（Mayall，2000），认为儿童"已经是"而非"正在成为"完整的人（Prout，

专家问题

关系：关系是共同幸福的基础吗？

这个问题有助于建立一个概念框架，以展现长期存在的问题和教师的专业知识（见第 16 章）。

2011），且在当下拥有完整的人的价值（Mayall，2000）。与20世纪相比，这样的儿童观使得人们对儿童与成人关系的看法产生很大的改变。我们如果想让儿童在社会上成为有知识的行动者，具备参与讨论社会过程和规则所需的能力，就必须培养他们的这些能力，并为他们提供锻炼能力的机会（Colwell）。

第8章重新讨论了儿童话语权的问题，探讨了儿童对民主话语空间的需要。关于这点我们需要强调的是，虽然学前教师有必要履行其道德和契约义务，并以适合的方式为儿童提供教育，但不能忽视儿童参与决策的机会。与儿童建立良好关系的要点在于允许他们说话或表达观点，并重视儿童的表达。这是因为，在任何情况下，重要的是人的感觉——而不是你认为他们应该如何感觉。事实上，如第7章所述，儿童会通过自己的行为来表达感受。走神、看向别处都可能是他们不感兴趣的表现。

反思活动 6.2

目的：收集信息，了解儿童对所参与活动的感受。

证据与反思：你需要花些时间思考并发现收集信息的适当方式。如果可能，请与同事或同伴一起讨论。事实上，这项活动最重要的一个方面是时间，因为你需要抛开自己的感受，重点关注儿童的感受和经验。

只是询问对于特定活动和任务的观点是一种适合较大儿童的方法。一开始，如果儿童不习惯讨论自己的好恶或被询问意见，他们就可能发现对话很困难，你将不得不花时间调整自己的语言表达，让他们自在地参与谈话。对于较小的儿童，你可以问他们一系列问题，让他们用符号表示，例如，高兴或悲伤的表情或者竖起大拇指。对于婴幼儿，你必须仔细观察他们的表情、姿势和兴趣。

拓展：这样的活动能够为未来的规划和保教工作提供重要的数据。对这些数据进行分析，可以确定儿童视角的许多图式。你还可以发现许多其他有助于引发儿童想法的工具。

学前教师具体的行为方式和行动的有效性是多年来专业学习发展的重点。行为方式向儿童及其家庭传达了我们的观点、期望、信心与经验。如果你在上述活动中询问儿童，但不听他们的回答或不认真对待他们的观点，儿童就会发现。而你对他们的观点是否重视,将影响他们未来如何表达自己的想法(见第 7 章)。这类信息可以通过多种方式传达给儿童。

非言语行为,包括面部表情、眼神交流、姿势、手势和动作,都可以透露你对儿童的很多感受。不用说话,我们就可以以自己的方式传达自信或焦虑、平静或紧张、满意或不快。因此,经验丰富的学前教师会将非言语行为视作一种交流方式,并时刻注意管理好它们。非言语行为在我们与儿童的互动中尤为重要(例如,Parker-Rees,2007;Manning-Morton)。

言语交流是另一组能力。在学前教育中恰当运用言语表达是一种技巧。言语表达的质量未必以音量衡量,但一定与说话的形式和内容的清晰度有关。适当地调整自己的声音,不会显得紧张,但可以被听到,这是极其重要的,可以提高活动效率。通过说话的方式,我们也能够传达热情、自信或关切,例如,说话的形式可以强化我们想要传达的实质性信息。

倾听是一项同等重要的能力,有助于成人理解儿童所说的话。最重要的一点是,要对别人说的话保持开放的态度,而不是只听"自己想听的"内容。这绝非易事,但为了实现儿童与教师之间有效的交流,这项能力就是必不可少的。没有这项能力,我们就会难以了解儿童及其家庭,也难以实现教学实践的适宜性。倾听是一种能力。你对儿童和其他人说的话持开放态度吗?你是否在向他们表明,你确实在倾听他们的意见,并愿意听取他们的意见?

反思活动 6.3

目的:和一两位同事一起思考与儿童相处需要的特质。

证据与反思:思考你作为学前教师的优势以及拥有的特质。和你一起工作的同事如何与你互补,以确保儿童在环境中得到充分的支持?

进行"需求分析":你和教工团队是否有需要发展的领域?你会怎么做?

拓展:和整个团队一起重复并拓展此活动。

教工团队与关系

教职工之间的关系值得重视,其中很重要的一个原因是,这些关系有助于形成学校的关系型组织文化和氛围（Douglass，2018）。本节将探讨发展与维护相互尊重、有凝聚力的教工团队所必需的一些关键因素。虽然同事可能具有激励性并提供支持，但他们也可能坚持现有做法，阻止创新（Pollard，1987；Sedgwick，1988），使反思性实践工作更具挑战性。

道格拉斯（Douglass，2018，p. 97）在试图了解学前教育机构中的员工关系时，运用了关系协调理论（relational coordination theory）。该理论聚焦于积极关系的构建，包括相互尊重的态度、共同的目标与共享的知识，以及高质量沟通。高质量沟通包括频繁、及时、精准的沟通，以解决问题为重点。她认为这些是"组织效率和成果"的关键驱动因素。

积极关系

积极关系是什么样的？始终保持意见一致？当反思型学前教师试图基于理论和研究成果来改进实践时，需要对任何细微改变可能带来的相对优势及实际影响进行探讨。因此，我们需要构建积极关系，以保证讨论过程中，我们和合作者的意见都能被倾听，得到尊重。

和儿童一样，每位教师都是独一无二的，有不同的经历，也有不同的看法。自然而然地，我们有时很轻易就能与某人建立积极关系，有时又需要花费更多时间、努力或理解来协商。然而，不管是为了儿童还是为了自己，努力与同事和平共处、共同进步都是很有必要的，毕竟没人喜欢在不舒服的环境中工作。反思自己的行为，包括如何与他人相处、如何回应他人，这并不容易，然而你终会发现一切努力都是值得的。构建积极关系的关键是尊重而不是友谊。你可能会和同事建立终生的友谊，但这对于积极的工作关系来说不是必要因素。

作为学前教师，我们的感受也是保持积极工作共识的一个重要因素，因此学会自我监测感受的方法可能很有必要。反思活动 6.4 建议教师养成写个人反思日志的习惯（Wotton，Collings & Moon）。多年来，教育领域的研究人员一直在使用日志（Dadds，1995），它是经过时间考验的有效工具，可以帮助我们对生活进行反思。常与同事、朋友交流也是非常有价值、有助益的。要点很简单：关心别人，也必须照顾好自己。

高质量沟通

高质量沟通的第一步是要意识到与同事进行各种交流，交流方式不仅有言语，还有非言语形式。我们通过倾听来表示尊重，表明我们在倾听（通过眼神交流、向对方确认所讲内容并重复关键内容），花时间倾听，并在适当的时候对讨论的内容采取行动。当然，我们并不总是能倾听同事的意见，因为会有其他工作安排，并非时刻有空沟通。当我们无法在某个时间点进行交谈时，向对方解释原因也是尊重对方的表现。可以安排一个合适的沟通时间。如果你是管理者，请让其他人知晓能够与你进行沟通的具体时间。

当事情出错时，我们往往会有意避开。事实上，许多成人都羞于向他人解释自己不开心的情绪或向他人坦言自己遇到了瓶颈，但"轻装上阵"才是最有效的进步方式。反思型学前教师会解释问题、表达感受并努力寻找前进的道路。氛围紧张、背后闲话、缺乏积极互动……这些都会阻碍合作良好、相互尊重的团队的形成。尽管我们有时觉得没时间沟通，但是从长期来看，建立良好的关系有助于我们长期顺利地工作，让时间更有效率。俗话说"己所不欲，勿施于人"，这无疑也是团队合作的不二法门。例如，如果有同事和你一起合作，别忘记工作成果也要分享。

道格拉斯（2018）指出，准确的沟通、共同的目标和共享的知识是积极关系的关键要素。例如，当有人提议改变或者提出新的课程或指导要求时，以准确且恰当的方式让员工了解情况可以避免误解和伤害感情。腾出时间讨论变化通常会更好。明确的指导可以通过书面形式提供，如用告示板或邮件，以避免耳语和猜测在最后一名员工得知时变成事实！

不可能也没必要就每一个变化咨询每位教师。然而，咨询那些会受到变化影响的教师的意见是一个好主意。在可能的情况下，让员工参与决策有助于共享的知识、共同的目标的实现。这可以确保团队中的所有人都清楚你在设定目标时想要实现什么，关键目标是什么。我们认为，是时候多沟通了，不是"最好这样"，而是"很有必要这样"。

管理

管理团队并非易事，需要持续地学习和实践。本节探讨的主要是学前教育管理者如何与员工建构良好关系，以及如何支持并确保机构内积极关系的发展。戴利、拜尔斯及泰勒（Daly, Byers, & Taylor, 2009, p. 25）基于罗德（Rodd, 1998）、莫伊尔斯（2006）和汉迪（Handy, 1992）的研究提出了优秀的管理者应具备的十一种品质——尽管鲜有人能同时具备这十一种品质！

- 对自己的能力充满自信
- 对自身及团队抱有高期待
- 了解当下思维与相关法律

- 拥有自驱力以及鼓舞他人的能力
- 拥有开放的心态和灵活变通的能力
- 拥有丰富的领域经验
- 值得信赖
- 拥有主动性
- 拥有远见卓识、创造力和想象力
- 拥有幽默感
- 是反思型思考者

这些品质对我们发展积极关系的启示是，成功的领导者和管理者能够通过自信与最新的知识，在工作中注入信心。他们凭借可靠、幽默和不吝表扬的高期待与员工建立良好的关系。正如我们在儿童身上所看到的，当人们期望你有所成就时，你确实更有可能去尝试，并对自己的能力充满信心。事实上，以上所列品质与本书倡导的特质有一些共性，比如反思、开放的心态和灵活变通。具备这些品质让管理者在保持威信的同时不致闭目塞听，而是能开放地听取不同意见，不固执于现有做法。这也再次强调了"尊重"在团队合作中的重要性。

与家庭的关系

我们已经了解到学前教师与儿童家庭关系的重要性。这一关系的重要性将在本书中反复提及。本节聚焦于学前教师与儿童家长的关系，并探讨这种关系是如何助益儿童学习的（Whalley）。这里所提及的"家长"指照护儿童的所有成人，如监护人与照护者等。我们需要认识到，现代家庭具有多种结构，是由不断变化的个人构成的（Church et al., 2018）。

我们如果希望优化儿童的学习，并为儿童及其家庭、教师创造愉快的工作关系，那么与父母建立相互尊重的关系就十分必要。麦格蒂根与格雷（McGettigan & Grey, 2012）发现父母在照料儿童中的高参与度有助于良好关系的建构。正如前文已经提及儿童的话语权，父母的话语权也应当被尊重。当然，这会很棘手，毕竟你负责的机构里可能有60个儿童。要是120位爸爸妈妈都对教学应如何实施与组织发表自己的见解，我们可能寸步难行！霍恩比（Hornby, 1995）认为教师与儿童父母的良好关系应当建立在尊重彼此"专业性"的基础上，即把父母视为了解儿童的专家，把教师视作教育儿童的专家——双方都重视对方的专业知识。

我们所追求的是建立一种相互合作和尊重的文化，人人都能平等讨论所关切的问题、共同面对并且高效应对各种挑战。同样，这并不是在建议我们要和每个人做朋友。实际上，在专业环境中，这可能不是个好主意。然而即使是那些不愿意共度私人时间的同事，也可以通过一些方式构建积极的、相互尊重的工作关系。如何做到这一点呢？罗伯茨（Roberts，2017）发现与家长建立关系的关键是移情、信任和时间。在与员工建立关系时，我们认为这些同样很重要。

对学前教师而言，在与家长相处的过程中，沟通是很重要的一个方面。到目前为止，我们已经提到过一些家长与教师进行沟通的方式，例如，通过日志或直接询问儿童的偏好与经验。但如何做才能不只是讨论儿童一天中发生的鸡毛蒜皮的小事，比如换尿布和吃了多少，而是进行更深层次的沟通呢？

 案例研究 6.1　与父母沟通

一所幼儿园试图提升与家长的沟通质量，希望与家长有更紧密的联系，因此举办家长晚会、邀请家长来到幼儿园分享故事、让家长和儿童一起做饭，并且与家长保持日常的邮件往来，通过在线方式让家长了解儿童的一天，还使用可以保存及跟踪记录的商业软件来观察儿童。该幼儿园开展了在线的家长调查，让家长们有机会提供日常反馈以及对幼儿园工作的改进意见。他们根据年龄阶段和团队对结果进行分析，和全体员工一起研讨，以求形成反思、改进工作。在每月的通讯邮件中，幼儿园向家长汇报调查结果并预留版块来更新家长提出的问题。起初，教师对难以预料的结果感到不安，但是家长的反应很积极，随着密切关系的建立，家长，尤其是那些繁忙的家长，对园方的总体满意度不断提高。

与家长沟通时的关键在于：分享观点；花时间了解彼此的想法；清楚双方都关心儿童，寻找对儿童成长最好的做法。本章探讨了通过言语形式或非言语形式表达教师观点的一些方式。

同样值得注意的是，虽然我们致力于为儿童创造学习机会，但我们与家长的合作有时也可以增加儿童在家庭中的学习机会（Sylva et al.，2004b）。前文提到的学前教育有效准备研究项目表明,家庭学习环境能够支持儿童的发展,父母和孩子一起做什么比父母是谁更重要。为了实现家庭学习目的,家长可以与儿童一起做的活动包括:讲故事、涂鸦和绘画、交谈和玩数字、字母和形状游戏。

在理解我们可以支持家长的同时,一定不要忘记,这种关系的最初前提是把家长视为合作者。我们应当与他们分享我们对儿童的理解,共同探寻如何最好地支持某个特定儿童的成长。

案例研究 6.2　家长会

定期开家长会确保教师和家长对儿童的需求有共同的理解,并对支持他们持续发展的策略有共同的承诺。

安娜(主班教师)、桑德拉(协调员)以及贝弗(母亲)的家长会

我们讨论了穆罕默德目前的语言发展现状,他的语言水平正在稳步提高,他正在努力尝试运用新的词汇。贝弗分享了穆罕默德的游戏计划,该计划来源于他的言语治疗评估结果,以此支持他在幼儿园和家庭之间的活动。

穆罕默德乱扔东西的行为也在这次会议中被提及,他尤其喜欢把玩具和物品扔来扔去。贝弗说这种情况在家里也会发生。我们讨论了如何通过家园共育来积极地解决这个问题。

在这次会议中,我们还聊到穆罕默德与同伴的友谊以及他在幼儿园中喜欢参与的活动。

穆罕默德目前表现很好,我们鼓励贝弗如果有任何问题都及时知会我们。

欢迎家长与照护者参与儿童的学习,教师与他们交换信息、沟通对儿童发展的理解是学前教育实践中不可或缺的部分。就计划的内容、原因和进展所达成的共识对于支持学习与保持积极的关系至关重要。家长可能会因为自己的孩子被认定需要额外的支持而烦恼。积极的沟通可以帮助缓解这种情况,并确保儿童在家里和机构中获得尽可能多的支持。

多主体合作

到目前为止，我们已经讨论了教师与儿童及其家庭之间的关系，现在将探讨教师与其他主体和组织的合作。虽然与其他主体建立良好关系的方法与我们此前讨论过的方法有许多相似之处，但我们在此想要强调的是多主体合作关系中具体细微的差别。毕竟一旦主体之间的合作关系受创，儿童就可能受到严重伤害。

阿特金森、琼斯及拉蒙特（Atkinson, Jones, & Lamont, 2007）提出了多组织合作需要注意的四个关键方面。

明确角色与责任：当寻求其他主体的支持或者合作时，界定所有相关人员的角色、责任以及个人的专业知识可以让事情有一个良好的开端。

确保各级承诺：当向其他主体寻求建议或支持，一起开展工作时，得到管理层的支持非常重要，这能使工作及会议所需的时间、资源得到保障，同时有利于想法、建议的落实。

彼此信任、相互尊重：构建良好关系、共享经验技巧和资源有助于集体合作的开展。

促进主体间的相互理解：了解彼此的运作模式会很有助益。不同主体有不同的流程、经验和专长，因此共同的理解对于发展牢固的工作关系至关重要。总的来说，我们需要思考如何建立这样的良好关系。当不同主体各司其职、合作良好时，教师和儿童都能从中获益。

学习中的关系

第 2 章探讨了行为主义、建构主义和社会认知理论等经典的学习理论。由此我们发现，尽管学习是非常复杂的，但仍有一些途径帮助我们学习，比如经验和来自他人的支持。通过讨论我们了解到，学习是一个社会过程，儿童在学前教育机构中会接触两个截然不同的社会世界，一个与教师互动相关，另一个与同伴互动相关（Kutnick et al., 2007）。本节将讨论如何支持儿童在学前教育机构中建立相互支持、相互尊重的关系。

同伴互动与学习

学前教育机构中有个有趣的现象：比起和教师相处，年纪较大的儿童更乐于和同伴待在一起（Layzer，Goodson，& Moss，1993；Wilcox-Herzog & Kontos，1998；Kutnick et al.，2007），尤其是当儿童通过学前教育取得进步，以及师幼比例上升时。因此，无须惊讶，许多研究结果已经证明了同伴关系对儿童彼此成长的重大意义（Ladd，2005），许多学前教育机构的工作人员也认可儿童同伴关系的重要性。因此，目前有几个方案能够支持儿童社会能力的发展。社会能力被社会能力人际过程（Social Competencies Interpersonal Process，SCIP）模型定义为"构建和维持积极正向关系"所需的能力，以及"支配这些技能所涉及的特质"（Mallinckrodt，2000，p. 239）。

皮亚杰和维果茨基的研究揭示了人际关系在儿童知识与能力发展中的意义（De Vries，2000）。维果茨基的社会文化理论强调儿童作为关系的参与者在社会情境当中学习（Vygotsky，1962），其中的关键是更有能力的个体的引导。对维果茨基来说，儿童的学习有赖于更能干的同伴。在这样同伴的支持下，儿童的认知发展水平能提升到在指导者帮助下可以达到的上限。他用"最近发展区"这一术语代指儿童认知发展中的"空隙"。更有能力的个体可以帮助儿童弥合其中的"空隙"，这一个体可以是教师，也可以是更有能力的同伴（Rogoff，1990）。这一理论的影响常见于有关持续性共享思维的探讨中。

皮亚杰的社会认知理论认为个体之间的社会互动及冲突可以带来更高认知水平的发展（Piaget，1928）。皮亚杰认识到，同伴间的互动可以通过不同观点引起的认知冲突来促进彼此的认知发展。此处的学习并不依赖于同伴更高的知识水平，互动本身就能充分提高情境学习的潜力（Damon & Phelps，1989）。皮亚杰不认可同伴群体是儿童成长的唯一环境（Howe，2010），但是肯定了同伴群体所发挥的重要作用。

无论是维果茨基还是皮亚杰，都认可同伴交往是儿童认知与社会能力发展的关键因素，其作用在教育领域被广泛承认（例如，Kutnick et al.，2008；Rogoff，1990；Pellegrini & Blatchford，2000），支持学习的同伴交往有特定的维度。然而一些人认为，仅为儿童提供互动机会并不足以支持学习环境的形成。当然，许多儿童将学习，但我们所关心的是创设支持所有儿童学习的环境，让学习机会最大化。事实上，儿童的同伴关系是复杂的，在互动过程中可能会出现一些阻碍学习的问题。戴蒙和费尔普斯（Damon & Phelps，1989）借鉴皮亚杰理论，指出尽管同伴互动可以帮助儿童培养在独立的情况下无法习得的技能、提高认知水平，但前提是两个个体水平不分伯仲。他们注意到，复杂的理解是通过"相互性"和"连通性"获得的，需要同伴双方共同参与并一起工作（Kutnick & Colwell，2009）。一旦双方能力差距过大，就容易出现许多问题，比如害怕被嘲笑的儿童可能不会冒险加入活动，变得被动（Galton & Williamson，1992），而对立或分组的儿童可能会成为两极分化的团队（如依据性别或能力）（Cowie & Rudduck，1990）。

这些问题表明，与他人一起学习本身就可能成为学习的抑制剂，因为研究证明，同伴关系不佳的儿童更可能面临学业失败（Janes et al.，1979；Kupersmidt & Coie，1990）。这些研究也表明，为了使儿童从同伴互动中获得最大的潜在利益，他们需要提高社会能力，才能让互动真正有益于他们的成长和学习。反思型学前教师必须注意到这一点，并积极主动地为儿童良好同伴关系的建立提供支持。虽然将相似的儿童分为一组不会无意识地导致一些明显偏见，但将社会能力较好的儿童分入不同小组也是个不错的办法。

研究总结 6.1　小组工作的社会教育学研究项目及欧洲早期教育研究

简介

小组工作的社会教育学研究项目始于 2000 年，横跨三个地点，试图增强处在关键阶段 1、2 和 3 的儿童（4—12 岁）的成就感与积极性。布赖顿（Brighton）团队研究了 38 个班级的 980 个 5—7 岁儿童。有 17 个班的实验组教师接受了培养儿童小组合作技能的课程培训。培训的重点在于，在组织儿童完成团队协作任务之前，帮助他们建立信任并搭建沟通的桥梁。另外 21 个班作为对照组，教师没有接受课程培训。评估和比较各个班级的标准包括学习成就（阅读和数学）、小组合作的动力、行为表现以及交流表现。

主要发现

经过一学年后，实验组班级的儿童在学业成就、与他人合作的动力、小组和任务重点方面，比对照组班级的儿童进步更大，并且表现出更高水平的交流互动。该研究得出结论，儿童能参与有效的小组合作以促进学业成就。

进一步研究

基于此，研究者又对幼儿园进行了进一步研究。这项研究调查了欧洲六个国家（英国、芬兰、希腊、意大利、西班牙和瑞典）的学前教育机构，研究重点集中于儿童在学习活动中的关系和互动。

主要发现

研究发现，欧洲学前教师没有接受过充分的有关儿童小组合作与关系建构的正式（职前或在职）培训。除了芬兰有一些集体活动和特殊的团队游戏之外，很少有教师为儿童构建与发展学习关系提供支持。教师会对不受欢迎的儿童表示担忧，但认为这个"问题"是个别儿童的问题，不是整个群体或班级的"问题"（即群体内所有成员都应对此负责）；教师几乎不会采取策略来处理这些问题，也不会支持儿童人际关系的发展。

进一步思考

这些问题必须引起反思型学前教师的关注，从而使儿童在学前教育阶段得到最好的发展。小组工作的社会教育学研究结果表明，能够与他人良好合作可以支持儿童取得成就，我们应为儿童学习此类技能提供支持。

师幼互动与学习

教师与儿童之间的互动可以支持学习。我们已经探讨过成人在支架式教学中的角色。但是这在实践中意味着什么？"福禄贝尔积木游戏研究"团队开展的一项研究可以帮助我们理解学前教师在为儿童提供支架式教学时所发挥的作用（Gura et al., 1992），此研究主要聚焦于儿童的游戏行为，以及教师在儿童通过玩积木进行学习的过程中所发挥的作用。该研究表明，通过游戏来支持儿童的学习需要一定的条件，其中需要学前教师：

- 参与其中——倾听、讨论、拓展思考；
- 创造适宜的活动空间；
- 允许儿童自主决定学习内容；
- 通过观察调整未来规划。

这些也在本书中反复出现。

也有研究表明，学前教师的示范对于儿童的社交能力发展大有裨益（例如，Bandura, 1977; Schunk, 1981）。科尔特曼、佩耶娃和安吉莱里（Coltman, Petyaeva, & Anghileri, 2002）的研究发现，让儿童独自探索并不足以确保他们能够获得学习，而通过引导示范进行支架式教学可以显著影响儿童的学习。学前教育有效准备研究项目发现，成人示范能力和恰当的行为常与持续性共享思维、开放式问题联系在一起，由此帮助儿童实现更高水平的认知发展（Sylva et al.，2004a）。

话虽如此，但对于究竟什么是"示范"及其如何实施，人们还没能达成共识。奥姆等人（Orme et al.，1966）用术语"知觉示范"（perceptual modelling）定义一个"专家"演示一个动作，然后给"新手"尝试或模仿这个动作的时间。韦斯和克林特（Weiss & Klint，1987）表示，知觉示范特别适宜小学习者，因为他们缺乏将口头指令转化为新动作的能力。因此我们建议教师对社交和认知技能进行示范，然后提供探讨行为及技能的机会，让儿童"练习"技能，这可能有助于儿童的学习，请见案例研究6.3。

 案例研究6.3　示范行为

本是一个34个月大的小男孩，正在幼儿园玩拼图游戏。教师贝丝通过示范来支持他的学习。

起初，她看到本试图把一块拼图填进一个空位里，但他对此一筹莫展。他试着把每一块拼图都放进特定的空位里，但并没有旋转这些拼图。

贝丝拿起一块拼图并故意把它放错。她说："不，这样不对，不如把它转过来？哦，差不多了，再多转一点就可以了。你觉得呢？你想试试吗？"

然后，本试着把拼图转过来，并在贝丝的鼓励下把它放在了合适的位置。他对自己的表现十分满意，继续埋头玩拼图。

在这个活动中，贝丝展现出为本示范行为的好处，并允许他自己尝试。

通过示范来促进学习的另一种方法是使用故事书，尤其是在需要讨论挑战性行为时，使用故事书可以避免用真人进行示范。在学前教育实践中，常用故事书来讨论关系以及我们的行为对关系的影响。提倡使用故事语言进行思考交流的新维果茨基学派（Mercer，2000）和班杜拉的社会学习理论（Bandura's Social Learning Theory，1977）都支持这一实践。

改善园所氛围

氛围与情绪安全

本章已经探讨了特定的关系以及它们对学习环境的贡献，现在用"氛围"的概念将学前教育机构作为学习环境进行探讨。我们会回顾如何通过良好的氛围提升儿童的自尊并包容所有人，以及如何实现这一目标。

人们试图通过研究教师和儿童的认知来评价课堂气氛（参见 Frieberg，1999）。让儿童简单地"画一画环境里有哪些重要的东西"，比如他们最喜欢在哪里玩，可能会非常有启发意义。然而，作为反思型学前教师，我们如果在环境中充分考虑社会和情感氛围，就需要一种能够提供深层次信息的分析形式，也需要儿童在可能的情况下做出贡献。

 反思活动 6.4

目的：评估和理解你所在机构的社会与情感氛围。

证据与反思：可能需要综合使用各种工具。我们建议将观察和活动结合起来，直接从儿童那里收集信息。

观察：在观察过程中，要记录成人与儿童的活动是如何开展的，是否所有的儿童都参与其中，活动是否为儿童提供了适宜的挑战，使他们既有参与感又能胜任这一任务。尽量不要忽视，也不要轻易放任每个儿童的所有行为；要尊重他们，但是你如果注意到明显的问题，比如儿童游离、走神，也不要刻意回避批评。审时度势，理解当下氛围并准确判断儿童在环境中应得到的支持是很重要的。

活动：为了收集儿童的想法，你可能觉得对儿童来说，你的观察是足够的。然而，还需要花时间思考儿童的能力，并根据不同的发展水平做出相应规划。可以让儿童画一幅画，画出他们认为机构中对自己很重要的东西，以及喜欢和不喜欢的东西。

如果儿童不喜欢被询问，那么他们可能需要时间来适应讨论自己的想法和观点。或者在一整天里示范你的想法，这样他们就有机会慢慢地习惯这种思维和说话方式。

　　你一旦收集了一定的信息，就需要花时间去通读它。你能从中得出什么结论？环境是否支持儿童发展社会性、情感与意识？是否还会有进一步的机会为他们提供支持？将这些想法付诸行动需要什么？

支持儿童作为学习者的自信

学习者的自信指的是儿童对自己学习能力的信心，包括学业自我效能感以及学习的成功与努力相关的信念（即我们所说的控制点）。在儿童教育过程中，高水平的学业自我效能感与学习成就相关（Lamb et al.，2014）。相反，如果儿童不相信自己能成功，那么低水平的自信可能会抑制儿童在学习上的进步。（Cloney，Jackson，& Mitchell，2019，p.9）

我们探讨的许多问题——儿童在一起相处融洽、支持彼此的学习、与成人分享观点——都要求儿童有自信和自尊。有研究称，学前教师认为社会性和情感发展是保教计划与实践中最具挑战性的方面之一（例如，Mathieson，2005）。也许，我们首先要关注儿童的感受。

儿童在学前教育机构和教室里有时会感到脆弱，尤其是因为成人在这种环境中所拥有的权力，这影响了儿童接受教育的方式和他们接受新知识的开放性。事实上，经常有人说，儿童只有在拥有正向自尊表现的情况下才能有效学习（Roberts，2002）。因此，教师有相当大的责任来反思如何使用权力，以及如何影响儿童，特别是要考虑到儿童的脆弱性。

关于学习环境，学前教师需要考虑权力的两个基本方面。积极的一面是，教师应如何建设性地使用小组工作的社会教育学研究项目来鼓励儿童、巩固儿童适宜的行为以及增强他们的自尊（Lawrence）。事实上，对儿童保持"高期望"的重要性值得再三强调（Gipps & MacGilchrist，1999）。然而消极的一面是，这种力量有可能被破坏性地使用，尤其是"规则"被打破时教师使用权力的方式。这可能是消极且有害的，但有经验且头脑清醒的教师会提出纪律要点，确保儿童通晓个中利害，知道为什么这样做可能是有问题的，并在保持冷静和维护每个儿童尊严的同时采取不同的做法。第7章将详细讨论行为管理问题。

"表现积极"意味着不断地尝试成功。让儿童变得积极的重点是提供难度适宜的挑战,然后最大限度地利用儿童现有的成就来鼓励他们创造更多成就。这一策略假定每个儿童都有过人之处。有时,儿童的成功可能是难以识别的,这通常表明,成人很难理解和判断儿童正在经历的事情。正如奥地利心理学家阿德勒(Adler,1927)多年前所指出的那样,无论儿童能力的基线位置如何,总有一个相应的挑战水平——学习成就的目标——是真正适宜儿童发展能力的、真正值得被表扬的(Butt,2011),例如,善待比自己更小的儿童、建一座塔,或正确读出字母表中的一个字母。这些成就的适宜性需要教师来进行评判,但目标应该是鼓励所有儿童接受挑战并取得成功(Merrett & Wheldall,1990)。他们认识到,当这种努力被注意到后,儿童会更加投入学习并积极完成新的任务。

创设包容性环境

许多复杂的中介因素决定了社会性和情感氛围。日常生活、交流、共同语言的使用,都可能对创设包容所有儿童的环境造成挑战,特别是在混龄群体中(见第15章)。应当有意识地设计包容性的教室,使每个儿童都能充分参与活动,感受自我,并成为集体中有价值的一员(Kreshner,2009)。

教育实践通常存在一个问题,教师给予不同儿童的关注在质和量上都有差异。遗憾的是,这是预期变量的一个明显范例(Gipps & MacGilchrist,1999)。在许多类别中经常发现这种差别,如能力、性别、种族和社会阶层(见第15章)。不难理解,教师总是倾向于首先处理那些需求最迫切或者行为需要立即回应的儿童。然而,随之而来的问题是,其他儿童可能一直被忽视(Collins,1996)。虽然我们可能不得不承认,在一间教室中,所有儿童的需求不可能同时得到满足,但当几位教师一起工作时,计划可以确保所有儿童,至少在某些时候,能与教师进行一对一的接触。正如本章前文所述,这些互动可能对支持儿童的发展至关重要。

儿童与成人之间不可避免地存在差异(Pollard,1987),但是我们可以对两种环境进行对比,一种是承认每个儿童的优点和缺点,另一种是将每个儿童的特定成就水平作为起点。在看重成就而不是努力或收获的环境中,风气会变得更为注重竞争而不是合作,尤其是当儿童成熟后。正如我们所证实的,儿童很机敏,他们知道什么被视为有价值,什么被视为没价值。不断表扬儿童的成就却不为所有儿童提供成功和被激励的机会,最终后果将导致一些儿童被边缘化。这可能会对儿童作为学习者的自我认知产生非常负面的影响（Dweck，1986）。

表扬在建立积极关系中很重要，然而，也不乏一些负面问题，比如我们给予儿童的表扬可能缺少应有的关注和重视（Henderlong & Lepper，2002）。例如，有人认为对能力的表扬会削弱动力（例如，Mueller & Dweck，1998）。在表扬时，我们应该关心它真诚与否，是否针对我们想鼓励和支持的行动要素——记住，我们关心的是支持儿童成为独立、上进的终身学习者。因此，不要过分关心儿童的成就；相反，赞美应该更好地聚焦于努力、享受和成长上。表扬时应该考虑到儿童的年龄和能力，而且要具体，例如，表扬儿童与他人分享自己对阅读的热爱，或增强力量、更加独立，长远来看这些行为比表扬本身更具有支持力。陈述事实时也一样，例如，"你试着去接球，奥斯卡，你做到了，你一定很高兴"比说"接得好，奥斯卡"更具体。

我们认为，包容性的环境将支持儿童理解和尊重学前教育机构里的所有人。同样，和成人一样，儿童不是一定要成为彼此终生的朋友，他们只要学会尊重和珍惜对方。因此，儿童应以何种方式被重视，这一核心问题需要反思型学前教师不断思考。与包容相关的更广泛、更有深度的讨论，请参阅第15章。

结　语

本章强调学前教育机构中的关系会影响儿童的学习与自信、教师的幸福感以及团队良好合作的能力。这就是关系的重要性，反思型学前教师应当在整个教育实践的各方面时时牢记在心。人贵有自知之明，一方面，我们要意识到自己和周围的人面临的挑战；另一方面，我们待人接物的方式会影响人际关系、环境氛围和儿童的学习。我们还必须注意自己的行为方式，为儿童树立榜样，从而影响儿童的行为表现以及他们所建立的关系。有了这些知识，我们可以在整个机构中发展关系，营造积极的氛围。

除了注意自己的言行举止外，我们还要为儿童提供发展其社会性和情感能力的机会。我们必须支持他们彼此尊重，让他们掌握如何与他人一起游戏、学习的技能，因为这些互动有可能促进他们的学习。

也许，相互尊重的期望也会在儿童中传播，并有助于整个社会的长远发展。

第 7 章

参与——如何管理行为

引　言

正如我们所说,进入学前教育机构很可能是儿童第一次离开家庭。这种新经历可能会对他们提出若干社会性期望,例如,与其他儿童分享物品以及成人的关注。这为儿童以及照料他们的成人都带来了挑战。"管理行为"是实习的重要内容之一,对实习教师来说往往格外重要。我们经常听到这样的说法:"我们还没学过有关行为管理的课。"这表明,一些学生误以为行为管理是一系列可以传授的技能,它们可以在不同的情境下产生和应用,如果仔细遵循这些指导,就能确保教师和儿童其乐融融、一片和谐。克卢尼斯-罗斯等人(Clunies-Ross et al., 2008)指出,难以建立和维持有效的行为管理以及随之导致的压力是教师离职的主要原因之一。

实际上,行为管理是一系列错综复杂的技能。尽管如此,行为管理又是进行有效教与学的基础条件。我们认为行为管理的重点是创设有吸引力的学习环境(见第 8 章),发展积极的关系(见第 6 章),支持儿童成为好奇而自信的学习者,而不是关注如何纠正或"处理"儿童的问题行为。

儿童可能会做出一些我们想阻止的行为,但这不意味着他们是坏孩子。高普尼克、梅尔佐夫、库尔(Gopnik, Meltzoff, & Kuhl, 1999)解释说,儿童的行为可能源于探索和理解的欲望。实际上,他们的行为就像科学家一样,下面的例子解释了儿童为什么一边看着你一边拉着一根灯绳。

一个 2 岁儿童连看都不看灯绳,但他伸手触摸它,并认真地看着你。这种行为实际上是相当理性的。2 岁儿童刚开始意识到人有不同的想法。认真的眼神是投向你的,因为你和你的反应才是真正有趣的事情。"可怕的 2 岁"反映了儿童需要理解他人和他们需要与他人愉快相处之间的真正冲突。就像科学家一样，对这些 2 岁儿童来说，追寻真相不是一种职业，而是一种按捺不住的热情。当然，这种热情会让儿童感到悲伤或愤怒。自我理解以及维持与他人关系中最复杂的一方面就是学会恰当地表达情绪。不同文化甚至不同家庭对于情绪的适宜表达和管理标准都不同，这一事实使儿童的这项任务格外具有挑战性（Gopnik，Meltzoff，& Kuhl，1999，p. 112）。因此，支持儿童发展自我调节和行为管理的技能——选择特定的行为方式——需要时间和耐心指导。

> **有效教与学的原则**
>
> 以下原则与本章所阐述的内容尤其相关。
>
> **原则 6：有效教与学促进学习者的主动参与。** 教与学的首要目标应该是培养学习者的独立性和自主性。这包括获得一系列学习策略和实践能力，培养积极的学习态度，并相信自己是优秀的学习者。
>
> **原则 7：有效教与学促进个体和社会的过程和结果。** 学习是一种社会活动。应该鼓励和帮助学习者与他人合作，分享想法，共同建构知识。向学习者了解他们的学习情况并给予他们发言权，这既是一种期望，又是一种权利。

理 解 行 为

健康与儿童行为

关于儿童行为有许多解释性理论，它们通常包含三个因素（见图 7.1）。

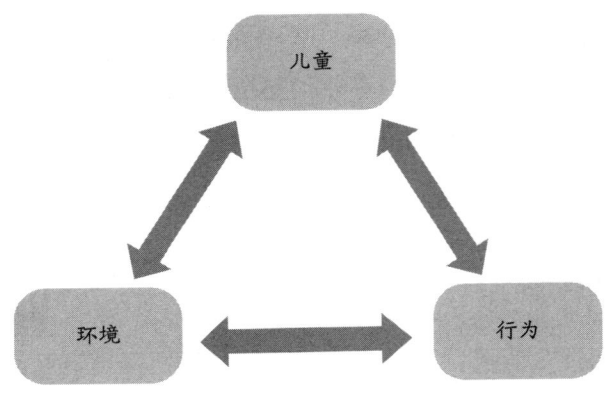

图 7.1　影响行为的因素

图 7.1 中的术语是查普莱（2003）提出的，他借鉴了班杜拉（Bandura，1995，1997）的社会学习理论。美国的布朗芬布伦纳（Bronfenbrenner，1979）也有类似的观点（见第 8 章）。关键是，任何人所采取的行动既与他们自身相关，又与他们所处的环境有关。作为反思型教师，我们必须首先欣赏自己所照料的儿童，其次认真思考为他们提供的条件，因为至少在一定程度上，他们的行为是由环境决定的。

培养这种欣赏力，一方面要求我们对本书第一部分提出的问题进行评估，并认识到儿童的家庭环境大有不同。当今社会中的财富和文化资本形式存在极大的差异。当试图理解儿童生活的复杂性时，人们很容易屈从于成见，但我们确实应该抵制这种情况的出现。"贫穷"不意味着对儿童缺乏承诺，就像"富裕"不一定产生有价值的支持一样。每一种形式的社会差异都只是需要被理解的一种现象。作为教师，我们需要尽可能地理解儿童及其先前经验。

最终，我们可能会觉得自己对儿童在家庭中的生活很难把控。然而，通过提供支持性的环境，发展与儿童、家庭之间的积极关系，我们也可以影响儿童的生活。我们必须相信这一点，才能增强自己的职业角色信心。事实上，儿童可能会带着一种既有的自我概念进入学前教育机构，这种自我概念基于他们从别人那里得到的有关自己的反馈。许多儿童正处于自我概念的发展进程中，而我们在其中起着至关重要的作用。思考我们是否满足了儿童的需求，可以作为判断我们是否实现这一目标的方法之一。

每个儿童的健康应该始终是互动的核心，我们必须努力确保所有儿童都感到自己是受欢迎的，是群体中有价值的一员。格雷格（Greig，2001）从儿童的视角对此进行了分析：

- 我通常被接受和理解，而不是被大人忽视或责骂吗？

- 我是否通常很高兴来到这里,而不是急于离开?

莱弗斯(Laevers,2005)将儿童情绪健康的指标描述为:
- 感觉自在;
- 能做自己;
- 感到快乐;
- 能够自发行动;
- 显示出活力;
- 表现出自信。

将自己置于儿童的位置,并通过观察来思考这些指标,可能是分析儿童经验的一个有效起点。这些指标可以帮助我们了解,儿童的基本需要在多大程度上得到了满足。

根据莱弗斯(2005)的研究,儿童的健康水平很好地反映了儿童的情绪发展情况。良好的情绪健康是充分发挥儿童潜能的前提。然而,健康不仅依赖于学前教育机构中的经验,还依赖于家庭和社会中的健康水平。因此,反思型教师必须采取一种方式,促使自己与儿童及其家庭进行平等、互惠的对话。

 反思活动 7.1

目的:反思某个儿童的行为和需求。

证据与反思:在小组中找出一个儿童来观察。也许某个儿童的行为已经引起了你的注意,你可以将注意力集中在该儿童身上,确定:
- 儿童的姓氏
- 儿童的年龄
- 观察地点
- (观察)开始和结束时间
- 在以下情况中对儿童进行不超过15分钟的简短观察
  » 独自一人时

> » 与另一个儿童互动时
> » 与成人互动时
> » 小组活动时
>
> 准确地写下你的所见所闻；想象你在给电话另一端的某个人描述这种情况。这通常需要练习，所以如果你一开始觉得困难，不要担心。你能从观察中识别出哪些是莱弗斯所提出的情绪健康表现？有哪些需要特别关注的内容？
>
> *拓展*：与同事讨论你的发现。这些观察是否呈现了需要进一步思考的问题？儿童的需要，特别是在幸福感方面，是否得到了满足？是否有待进一步观察？

通过在多种情境中进行上述活动，就有可能获得有关儿童健康的即时反馈。如果儿童的健康水平很低，那么作为负责任的教师，我们希望制定一个明确的干预目标以改善状况。具体做法，我们可能不会立马找到。思考某个儿童及其在机构内外的经历，与同事多交流这些信息能够帮助你明确一些前进的方向。这可能很简单，比如提供一对一的支持，帮助儿童建立信心，改变日常作息以更好地满足儿童的需要，或者辨别出他们需要的更多的支持和建议。随着变化初现端倪，当儿童的需求得到更好的满足时，儿童的问题行为很可能就会降低或减少。

参与与儿童行为

儿童对自己的感知会影响他们参与活动的方式、注意力，以及解决问题、集中注意和参与当天活动的能力（Greig，2001）。经济合作与发展组织（2004）将"参与"定义为"存在的状态"，任何年龄段的任何个人都可以体验到，其主要特征是专注、强烈的内在动机、吸引力和作用强度。高度参与有助于达到莱弗斯（2005）所称的理想状态，即"深度学习"，他说这种带有强烈感情的心理活动必须有参与才可能发生，主要特征可能包括：

- 专注
- 活力
- 复杂性和创造性
- 毅力

- 准确性
- 语言的使用
- 满足感

 反思活动 7.2

目的：结合儿童的行为，分析他们的健康水平。

证据与反思：回顾你在反思活动 7.1 中所做的观察。在这些观察中可以发现哪些健康的特征？

现在再对同一个儿童进行两次深入的观察，第一次是在其自主选择的活动中，第二次是在由成人主导的活动中。

分析上述和参与相关的观察结果。

对比观察结果。

你能得出什么结论？

每个儿童的参与程度会有所不同：不同儿童对特定任务有所偏好，同一儿童在不同的时间也会产生不同的兴趣，但一般来说，儿童更可能参与那些他们能够自主选择且有机会和年长儿童互动，具有较多讨论机会的学习活动。大型或集体活动，甚至旨在支持社会性和情感发展的活动，对儿童来说都是不合适或缺乏兴趣的。我们观察到的许多活动，如圆圈时间，儿童在现场围圈而坐，但"身在曹营心在汉"。因此，当思考行为管理时，一旦涉及儿童的健康，就研究课程规划、活动和儿童参与机会是非常有益的（参见 Laevers）。

 案例研究 7.1　反思行动

在一所招收 3—5 岁儿童的幼儿园里，工作人员指出，园里的午餐活动开始时往往很好，但结束时，儿童总是在餐后做出一些不受欢迎的行为，比如，进入卫生间并将水洒在地板上或同伴身上。教师的第一反应是限制儿童进入卫生间。在一次反思会议上，教工小组讨论了他们所采取的行动。一般来说，幼

> 儿园应该侧重于鼓励和支持儿童培养独立性，如自己倒饮料、自己如厕。但显然，为了防止问题行为出现，教师的行为已经违背了这一原则。注意到师幼之间的紧张关系后，他们思考这种问题行为出现的原因。他们发现，许多儿童吃完饭后变得很无聊。一位教师疑惑：为什么午餐时间这么长。一位在该园工作多年的教师说，午餐时间是为了配合教职工休息而设计的，不是为了满足儿童的需要。随后，教工小组经讨论决定将午餐时间缩短15分钟，一位教师留下来收拾桌子，以便每个需要更长进餐时间的儿童能得到适当的照顾。一位教师指出，奇怪的是，直到有人问"为什么事情会这样"，我们才意识到这个问题。
>
> 这个案例提醒我们，提问和反思行动的价值，而不仅仅是接受和按照既定的常规开展工作。

期望与鼓励

把儿童所做的事情"归功于"他们自己，而不是关注他们的不足和失败，这很有帮助。用表扬激励儿童做出你期望的行为是十分重要的，但是我们需要非常确定自己表扬的到底是什么。表扬往往是"空洞的"，例如，过度使用"干得好"或者"你真棒"。表扬需要具体到哪些方面做得好，因为这可能会鼓励儿童的内在动机（参见Rogers，2011；Dweck，2006）。其中，关键点是表扬儿童互相协商、合作游戏或并肩作战。表扬良好的倾听行为也可能是有用的。因为许多儿童和成人都发现真正倾听别人说话很难。在任何学前教育机构中，向儿童指出某种行为背后的意义并在看到时予以表扬，对培养良好的人际关系都有很大的帮助。

> **专家问题**
>
> 平衡：经验课程是否提供了每个儿童有权期待的一切？
>
> 这个问题有助于建立一个概念框架，以展现长期存在的问题和教师的专业知识（见第16章）。

凯茜·奥塔（Cathy Ota）和同事的研究表明，当教师支持儿童发展技能，并期望他们互动时，儿童比教师预期的更能积极参与同伴互动。因此，教师需要控制自己的期望，并仔细评判期望——特别是与社会情境中儿童的能力有关的个人观点。最实用、有效的策略是始终如一地传达有关儿童的最好假设，同时观察儿童需要你支持的迹象。

行为管理：教师的经验

上一节从儿童的角度思考了行为管理，现在从管理的角度思考教师的行为管理。当然，两者有着千丝万缕的联系。

自我表现

与儿童建立关系充满了挑战。下一节将涉及一些展示自己的方式，以便我们反思如何充分利用这些关系。

在场

在场包括发展沟通技能，鼓励儿童投入和参与（Laevers，2005），要想取得成功，还需要教师的投入和参与。就像舞台上的演员会在一定程度上夸大动作和语言一样，成人在课堂管理情境中也是如此。对有些人来说，这可能很自然。然而，对许多人来说，这是一个需要提升的技能，特别是面对年幼的儿童时，这显得更为重要。能做些什么帮助我们提升这一能力呢？想象一下你坐在剧院的观众席上准备看一场戏剧。当幕布升起时，人们满怀期待，开场时演员向观众致辞，交代故事背景。他看起来很紧张，声音缺乏活力，他的交流方式让你觉得无趣。几分钟后，观众席里有人开始变得烦躁，很快就起身离开。儿童对照护他们的成人有着同样的期望，但是当他们的期望没有得到满足时，他们却没有机会选择起身离开。但他们会找到其他方法，让成人知道他们的心不在焉，通常是通过你最不喜欢的一些问题行为，有时甚至离开座位，左顾右盼。我们需要意识到，作为教师，我们对儿童的任何预期都会投射到我们自己身上。

一致性

对新教师的建议是，先遵循普遍的规则，跟着学前教育机构先前的形式走。至少在最开始你得这么做。许多学前教育专业的学生说，他们已经尝试过这个方法，但是不管用。重要的是，要找到自己的工作方式，一种真正属于自己的工作方式。然而，同样重要的是，在机构里，我们应该为儿童理解的互动和行为制定一致的规则。了解哪些是期望的行为，有助于我们在环境中感到舒适，并为儿童提供可理解的清晰界限。教师之间不一致的期望会让人非常困惑，尤其是对儿童来说。

> **案例研究 7.2　行为管理**
>
> 我曾担任过两次代课教师,一次是在市中心的学校,另一次是在农村幼儿园。两次,我都在一长串临时教师名单的最后,其中一些教师待了不到半天。行为问题被认为是教师拒绝返回的原因。在市中心学校的第一天,班主任告诉我:忘记课程吧,能试着让儿童坐下来或说"请"和"谢谢"就不错了。
>
> 在课堂上,我必须先做一些我觉得有信心的事情,比如音乐和故事。当我看到儿童变得不安时,我不停地把他们拉回来坐在我面前。现在回想起来,我是在试图控制儿童的行为吗?
>
> 让我改变教学方法的原因是,一天下午,我花了整个午餐时间用报纸将桌子盖住,拿出纸和颜料让所有儿童自由探索。这个办法很好。当儿童在操作材料时,教室里几乎完全安静下来,他们能够以不同的方式表达自己的感受和情绪。成人不是在控制任务,而是在推进任务,这对我来说是至关重要的一课。儿童投入并参与活动中,他们都快 5 岁了,差不多达到进入小学学前班的年龄上限。
>
> 在农村幼儿园中的另一个班级里,行为状况是一样的,但更糟糕的是,这个班级在一个开放的大空间里,教室的另一端有一个小学 1/2 班级的综合班。班上有些儿童的行为比较极端,对这样的儿童,幼儿园鼓励我每天将一本记录儿童问题行为的笔记本交给家长,请他们签字。然而,换位思考一下,如果我是家长,用这种方式交流儿童的情况我会有什么样的感受?我决定扭转这种局面。相反,我寻找良好行为的案例或者儿童愿意参与活动的案例,并每天把记录交给家长。随着时间的推移,儿童的课堂行为发生了改变,也改变了家庭和幼儿园之间的关系。

自我表现

在人生的任何阶段,开始一份新工作都会带来新挑战,一开始就感到有些失落的情况也并不少见。在一个新的工作环境中找到自己的出路,与新同事建立关系,这些确实需要时间。职位提升、寻求新的关系,或者在与你共事过一段时间的人中间担任领导,也可能是个挑战。儿童,无论他们几岁,都会关注你的一举一动,通过你对群体中每一个人的反应,分析你的言行,并将这些与他们认为教师期望的行为联系起来。他们对你的看法会从你给他们留下的第一印象开始。他们将不断试探，以确定能从你那里得到什么样的回应。还记得那个拉着灯绳的儿童吗？你的反应和行动可能会吸引年幼的儿童，他们有的还会"测试"你的反应。也有些儿童会按兵不动，静观其变。我们如果联系上一节的内容，就会认真思考儿童怎样才能获得他们需要的安全感。因此，我们一开始必须向儿童传达我们对他们及其感受和情绪的关心。只有这样，相互尊重才会慢慢发生。无论是新角色、新工作还是有经验的教师，我们向他人展示自己的方式，都会对他们如何看待我们并对他们的行为产生巨大的影响（参见Sheridan，2007；Broadhead et al.）。

自信

缺乏经验的新教师，特别有可能对首次遇到的家庭或一群儿童感到焦虑。即使你不是特别自信，但在初次接触时能够传达出平静自信的感觉是极其重要的。要做到这一点，请记得注意你可以控制的几个行为。

首先，记住呼吸！深呼吸几次可以平稳声音，让你看起来更放松。其次，说话时记得微笑。这两个都很重要，因为它们能迅速传达出你所期待的自信。想一想你在儿童面前的角色定位。还要考虑你的姿势。你看起来自信吗？你能与成人和儿童进行眼神交流吗？这些行为类似于给演员或歌手的建议——事实上，表演艺术和教学在沟通技巧方面有相似之处。每次遇到新的家庭和儿童，你都需要再次排练和使用这套技巧，尽可能地展现开放、放松的肢体语言。

自信也指承认犯错或不知道答案。我们都不完美，如果能为儿童树立榜样，让他们明白错误是学习的一部分，向别人提问也是学习旅程的一部分，儿童就会更愿意坚持或"试一试"。

沟通

声音的使用会对关系产生影响。你的热情能对儿童产生积极的影响。控制声音的能力是一种后天习得的技能，你可能需要反复练习，直到让人感觉舒服为止。儿童对那些愉快且引人入胜的声音反应积极，但你也需要在交流中传递活力和热情。如果你不熟悉鼓励儿童积极回应的沟通方式，可以尝试以下方法。

- 确保以富有活力和热情的声音进行沟通。
- 观看一些儿童电视节目，分析演员的沟通技巧。
- 思考眼神交流、面部表情、肢体语言、沟通信心。
- 思考语调。那是演员正常的说话声吗？如果不是，为了吸引大家参与，他们都做了哪些改变?例如,稍微高一点的音调和精确的发音。

儿童越小,交流的这些方面就越重要。你可以对着镜子做这些练习。你愿意与自己交流吗?试着微笑,注意语调的变化。想一想和别人通电话时,即使你看不见他们,但当他们微笑时你也能感觉到。

如果你有一只宠物猫或狗,那么听一听你和宠物自然交流时的声音。在你的交流中,你很可能会自然而然地使用理想中的特征,而这正是你在与一大群儿童交流时需要达到的目标。

 反思活动 7.3

目的:反思成人如何与儿童沟通。

证据与反思:观察一系列成人与儿童的交流。从他们如何使用自己的声音这一角度来分析这种交流,并记录在你的笔记本上。

如果你能找出一个你觉得能很好地与儿童沟通的人,一个对儿童来说很有吸引力的人,这会很有帮助。尤其要注意成人是如何与儿童沟通的。

- 描述他们如何进行言语交流。
- 描述他们如何进行非言语交流。
- 思考他们使用的语言。
- 思考他们行为举止的关键点,和你所做的相同吗?

你的某些观察结果可以用来改善教育实践吗?

记住,虽然你可能有新的想法要试验和尝试,但千万别做过头。

正如我们前面所说,儿童对于一个人的动机和倾向是非常敏感的!

成人在和儿童说话时通常会使用稍高一点的音调,并且比和成人说话时表达得更清楚(Burnham & Kitamura,2003)。这种刻意性传达了友好和积极的沟通基调。基于这一点,再加上夸张的面部表情和微笑,形成了特雷瓦森(Trevarthen,2004)和马洛赫(Malloch,1997)分别称之为的"妈妈语"和"儿向言语"(child-directed speech,CDS)或"婴儿导向的言语"(infant-directed speech,IDS)(参见 Peccei,2006)。敏感性是沟通情感基调的关键（参见 Argyle）。

如果你与一大群儿童共处，或者在一个很嘈杂的教室或户外，为了维护健康的课堂基调，你必须努力保持一种合适的音量与儿童沟通，而不是让你的嗓子很快疲劳。如果你的声音太大，那么儿童很可能会模仿你变得更大声。最好是穿过教室走到儿童面前蹲下来单独和儿童对话，而不是在教室里大喊大叫。但是，想要促进儿童对某些情况的认识时，你可以偶尔通过提高音量来达到更好的效果。儿童会注意音量的变化，例如，当你需要他们意识到危险时，提高音量会非常有帮助。使用合适的音量的目的是通过你的身体和声音来传达一种平静的感觉，这是相互尊重的交流典范，将引起儿童的注意，鼓励他们积极参与学习环境中。

虽然声音是一种有用的工具，但交流的内容也非常重要。每次我们和儿童对话，无论是出于什么目的都存在教育契机。行为管理既要促使教育目标的达成，使儿童尽可能有效地集中精力，又要支持儿童发展社会能力。然而，我们必须努力使用儿童能理解的语言和词汇。

幽默感

儿童对幽默的反应很好，将幽默作为一种激励工具时成人可以放松地进入自己的角色，能够一起哈哈大笑是很重要的。对于缓和紧张的局面，幽默常常可以发挥很好的作用。我们如果想让儿童感到放松和安全，就必须努力让自己感到放松和安全，这样才能和儿童一起参与有趣、愉快的活动。在儿童感到安全、放松和享受活动的地方，问题行为可能会被控制在最低限度。

教师的个性特征与信仰

第 6 章讨论了人际关系及其对儿童发展的影响。在此重温成人的行为方式对儿童行为的影响，本身就很有意义。

 反思活动 7.4

目的：反思教师对儿童行为的影响。

证据与反思：反思你小时候遇到的教师。尽管那时候你可能只比现在你所教的儿童大一点，但这仍是一个有益的练习。

想一想你在学校喜欢的一位教师。你为什么喜欢他？他表现出哪些特征？

> 记下你的想法。
>
> 现在想出一位你不喜欢的教师。你为什么不喜欢他？他表现出哪些特征？记下你的想法。
>
> 如果可能，与其他同学或同事分享你的想法，并注意其中的相同点和不同点。
>
> 那些你喜欢的特征说明了什么？这与你在机构中的自我表达方式有什么关系？你能回忆起这些不同的教师是如何影响你的行为的吗？你享受学校教育的过程吗？

反思活动 7.4 提到的一些原因很可能与教师个人对你的反应、给你的感觉以及他们如何管理行为有关。

教师的个性特征对儿童的行为影响很大。谢里登（2007）发现，和其他机构相比，在教师主导并要求儿童服从的学校中，儿童之间的冲突会更多。

相反，谢里登也发现，具有民主风格的教师促使儿童相互信任、尊重和帮助，促进了儿童与同伴之间广泛的合作，从而减少争端。可见，教师的行为可以决定儿童的行为。

反思活动 7.5

> **目的**：思考你认为儿童应该如何表现，分析背后的原因。
>
> **证据与反思**：在这个活动中，你必须对自己诚实以待。这些关乎你的感受，而不是你认为应该写什么！
>
> 你对儿童应该如何表现有什么看法？
>
> 是什么影响了这种观点？
>
> 记下你的想法，做些笔记。
>
> 如果可能，与其他同学或同事分享你的观点，并注意相同点和不同点。
>
> **拓展**：想一想你对儿童行为的看法是如何影响你的行为与工作风格的。寻找这种行为与工作风格的积极结果和潜在的消极结果。

布洛克和布朗希尔（Bullock & Brownhill，2011）强调，行为管理绝不应该是静态的，而是需要通过与同事讨论、研究和参与持续的专业学习来不断反思、审查、分析和发展。

管理技能

虽然我们已经分析了开始新的工作、承担新的角色或第一次与某个家庭和儿童见面时可能产生的焦虑情绪，但思考管理的责任也很重要。许多学前教育职位都要求具备管理技能，如副园长、业务主任、主班教师。

计划

无论是从儿童的角度，还是从减少教师不必要的压力角度来看，制订计划对于成功地管理都是极其重要的。第 10 章将对计划进行深入讨论。为了支持积极行为的良好循环，我们需要确保儿童有机会参与、独自探索、与同伴合作以及与成人接触。明智的做法是制订一个备选计划，以避免出现儿童无聊或不感兴趣的情况。当你觉察到需要调整的时候，或者发生了混乱、儿童变得不安时，亦或计划的活动进展不顺利、儿童的兴趣减弱时，就可以采用这些备选活动和游戏，这是非常有用的。良好的实践不是把一个计划坚决执行到底，而是根据儿童的需要和你从他们那里得到的反馈（无论是言语的还是非言语的）适时调整计划。

与其照搬以往的一系列活动，不如问问自己为什么做这些正在做的事情。目的和预期结果是什么？让儿童长时间集体坐在地上目的到底是什么？地上很硬，不舒服，而且通常很冷。以前，儿童会聚集在某种资源周围，如一本带图的故事书，这样每个人都能看到插图。这对你所期望的行为没有帮助，实际上可能会产生相反的效果。现在，大多数教室都可以使用交互式白板来展示资源，这样儿童就完全可以在座位上观看资源，然而把所有儿童聚集在一起上课的习惯仍然盛行。我们必须经常问自己这样一个问题：谁的需求得到了满足？到底是儿童的还是成人的？英国的小学和一些幼儿园通常会让儿童坐在地毯上进行集体教学，但必须适当考虑儿童静坐的时长，特别是坐在地上时。当儿童预备并接受小学教育时，有一种趋势是让儿童长时间坐着，特别是在教师想表达并且喜欢说话的班级中。请记住，班级里有同样重要但不同学习风格的儿童，我们需要把他们都考虑进来。为促进积极的行为，可能需要对这种集体教学法提出一些问题：

- 你坐在那个位置舒服吗？
- 要坐多久？

- 儿童能坚持做这类任务多久？
- 这项活动是否可以用其他方式进行？

再次提醒你，按照固定程序让儿童坐着学习可能不是最好的方法。质疑和重新考虑计划通常是非常有价值的。如果儿童没有参与活动，甚至可能有一两个儿童在教室的其他地方闲逛，他们就是在告诉你，他们对这种活动不感兴趣，这种活动不适合他们（学习环境在这里也很重要，我们将在第 8 章详细讨论这一点）。

一日常规

行为管理的另一个方面是建立常规作息。这既能帮助儿童感到安全，又能培养他们的独立性，因为他们知道接下来该做什么。

记住使用适当的语言。一个很好的主意是，从一开始就和儿童一起制定规则和作息安排。例如，罗杰斯和麦克弗森（Rogers & McPherson，2008）建议使用一个师幼商定的信号来吸引整个班级的注意，而不是提高你的音量。例如，用适合大班儿童的声音信号为例，拍一个短节奏并让儿童把它拍回给你。这对于提高儿童的倾听能力也非常有用。站在儿童的角度想一想：你正玩得起劲时，突然被告知得马上停止。因此应让儿童了解为什么？接下来会发生什么，让它们成为一天中预期计划的一部分，有助于最大限度地减少那些可能导致儿童不良行为的挫折感。对儿童来说，展示与接下来活动有关的教具会很有用，例如，给儿童看一个杯子和一块水果，告诉他们接下来是吃点心时间，或者给他们看一件外套，告诉他们之后是户外活动时间。

另一个需要考虑的常规是如何管理较大儿童的过渡环节，从集体活动到区域活动，或从自由游戏到故事时间。如果很多儿童坐在你面前，那么一次性对所有人说"往后退"绝对不是一个好主意，想一些有创意的方法来管理这种过渡环节，比如"所有穿红袜子的人"或者"所有穿蓝外套的人"。这里重要的一点是不停地改变标准——让标准有趣，防止儿童突然一窝蜂地冲进同一扇小门！

还有一个重要的常规是儿童如何在一天结束时离开。瑞典学校经常采用的惯例是，教师站在门口，在每个儿童离开时分别与他们握手，彼此进行眼神交流并说出每个儿童的名字来道别。在周末，人们用祝对方周末愉快的方式互相问候。这强化了社会规范，促进了集体归属感的形成。格雷格（2001，p. 31）将这种体验描述为"感觉受欢迎而不是被俘虏"。虽然儿童可能在不同的时间离开机构，但这样的惯例仍然会让儿童感到自己受欢迎且是这个机构的一分子。

> **案例研究 7.3　反思常规的一致性**
>
> 　　我在一所学校的附属幼儿园做代课教师。我第一天到那里时，就被告知那天早上全班在大礼堂有"体育活动"，我要在一个不熟悉的地方寻找和安装设备。那天我决定不带班级去礼堂，因为我没有为这次活动做好准备。我以为儿童不会注意到——但他们注意到了！一切都进展得很顺利，直到吃点心的时候，一大群儿童提醒我：点心是在体育活动之后吃的而不是之前。其他儿童则问我，他们应该什么时候去换体育活动用的衣服。在一日常规的重要性方面，我严重低估了这些儿童，而且我显然剥夺了他们参加已经做好充分准备且期待的活动的权利。结果，在管理儿童方面我遇到了很多麻烦，但经过反思，我不得不承认自作自受。我原以为儿童不会注意到是否要开展体育活动，因此压根儿没考虑他们的意见。

研究总结 7.1　学前教育中的积极行为：研究报告

简介

这项研究项目探讨了苏格兰两个地区的教职工、托幼服务提供者和家长在管理和促进学前教育机构中儿童积极行为方面的看法。

主要发现

- 家长和教职工认为，大多数儿童表现出积极行为。
- 父母和教职工对儿童情感领域的发展和同伴关系持有积极的态度。然而，在儿童对他人的反应上，家长明显比教职工的看法更积极。
- 教职工认为，大约 60% 的儿童在学校中表现出良好的个性特征，如自信、自尊、接受能力强和灵活性。
- 约有 20% 的儿童能表现出关心他人的行为。
- 只有在那些会造成严重困难的行为水平上，男孩才比女孩表现出更多的困难：对父母来说，12% 的男孩和 7% 的女孩表现出严重的困难水平。

- 家长们在全面管理子女的个性、社会性和情感行为时采用了多种策略，包括以积极的方式回应、参与、消除干扰、鼓励友谊、表扬和建立常规。
- 家长们提出了一些他们希望得到更多帮助的方面，包括应对儿童发脾气、护理疾病、管理睡眠和进餐困难。
- 教职工利用各种各样的策略来进行行为管理。最常用的十种方法：表扬和鼓励、正强化（如奖励）、积极的行为规划和策略、工作人员之间保持一致性、积极回应、示范良好的行为、解释、观察、与家长沟通以及召开家长研讨会。
- 参与这项研究的一半以上学前教育工作者报告说，他们有信心处理好自己与那些行为受到关注的儿童之间的关系。

进一步思考

- 你和你的团队是否对支持儿童积极行为的发展充满信心？
- 你是否在机构中使用了一系列策略？家长知道这些策略吗？
- 你如何与家长合作，帮助儿童形成积极的行为？

行为管理：实践指南

我们已经明确，儿童的行为管理是儿童需求的一部分，涉及儿童的经验、接触的成人以及所处的学习环境。当然，我们也明白，有时必须应对不受欢迎的行为或问题行为。最后一节将探讨制定明确规则的好处，发现并帮助引起我们关注的儿童，寻找处理儿童不良行为的方法（参见 Graves & Arbor）。

规则

在制定规则时，要明白，我们考虑的不仅仅是什么能让生活变得容易，而是什么能让儿童在安全的环境中探索、发展和建立信心。迪克斯（Dix，2017）建议，我们应将规则的数量限制在四个以内，并且一以贯之。用积极的语言制定规则，而不是列出一系列不该做的事情。让儿童参与制定规则，有助于他们为自己代言和参与其中。

规则的功能不是控制儿童，而是帮助我们控制局势，并让儿童承担由此产生的责任。每个环境都应该有行为管理制度。我们如果假设自己的意图确实是帮助儿童内化亲社会的价值观，那么在制定规则时，就必须将其作为努力促进积极行为的过程的一部分。当然，我们必须认识到，制定规则并加以执行，可能会诱发那些我们正试图避免的沮丧和愤怒行为。除了明确我们的期望之外，还必须与儿童讨论规则，并在适当的情况下制定规则。确保儿童有发言权可能是积极行为管理的一个关键方面。你可以在第8章找到更多的相关信息。

在思考行为管理和规则时，罗菲和奥雷丹（Roffey & O'Reirdan，1997）提出了以下问题：

- 儿童知道哪些行为是符合成人期望的吗？
- 儿童能按别人的要求做吗？
- 儿童是否理解为什么需要以特定的方式行事？
- 合作对儿童有好处吗？

罗杰斯（2011）讨论了可协商和不可协商的规则之间的区别。例如，不可协商的规则通常涉及健康和安全问题。可协商的规则要经过你的同意并确立行为规则与规范。最有效的方法是和儿童讨论。例如，可接受的噪声问题就属于这一类，或者如何送还道具服装。虽然这代表了教师的个人容忍水平，但确实需要师幼共同理解什么是"良好的学习环境"，以及在不同的情况和背景下如何做出改变，例如，对"室内音量"和"室外音量"的需要。设置规则的目的，是在有条件的情况下规定行为，而不是建立一个死板的命令列表。在以下方面，我们很可能必须与儿童建立规则：

- 室内外活动；
- 如何在需要时寻求帮助；
- 获取饮料/零食；
- 如厕。

结果

一旦这些规则建立起来，我们执行规则的方式决定着管理行为的成功程度。罗杰斯和麦克弗森（2008）强调使用积极的纠正性语言，尽可能避免与单个儿童发生冲突的重要性。在落实行为的后果时，要注重强调公平，逐步培养儿童对解决方案的认可感。最重要的是，在困难的情况下，我们必须始终如一，并贯彻落实预期结果。要让儿童认为学前教育机构是"公平的"。

对于儿童，我们应该将冲突视为学习的机会：理解如何分享、了解其他儿童的感受和需求、参与问题解决以找到解决方案。儿童最初需要成人的支持，但之后也许会朝着互助的方向发展。成人始终冷静地支持，并使用冲突解决六步法等方法都将有益于儿童的发展（参见 HighScope）。

立规矩是一回事，始终遵从期望和规则是另一回事。对年龄较小的儿童，甚至对许多成人来说，看到规则我们就应该遵守，不遵守就会引起困惑和不安。研究表明，如果期望是明确、一致，且所有成人都遵守的，那么规则对儿童行为产生影响的可能性就会更大。

引起关注的儿童

虽然我们努力创设一种尽量减少问题行为或不受欢迎行为的环境，但有时儿童会需要我们的关注。我们需要仔细思考，以确定关注点是什么，为什么会出现这种情况，以及如何应对。本书的第四部分有一章专门论述了这一点。值得注意的是，有社会性、情感和行为困难的儿童可能需要受到关注，并表现出更复杂的行为。然而，大多数儿童会对本文所述的一般行为管理策略做出反应，这些策略对有特定社会性、情感和行为困难的儿童也很有用。

确定问题原因的初步方法是观察儿童。这样的观察有助于确定儿童与其他儿童和成人的关系，以及他们所表现出的那些引起关注的行为。这种行为可能包括：

- 孤僻，不想与人交往；
- 沟通能力发展似乎困难；
- 言语或身体的攻击行为；
- 不适当的性别行为。

大多数儿童会在不同的时间表现出不同的行为。只有当这些行为持续存在、造成困扰、对该年龄段儿童来说不寻常，或对该儿童来说不寻常时，才需要引起关注。

如果你关心儿童的行为，以下方法可以帮助你决定下一步该怎么做。

1.进行几次观察，识别出引起你关注的行为。与园长或机构中负责儿童行为或学习困难这一方面问题的人讨论观察结果，以了解他们的看法和建议。

2. 你如果仍然担心，那么按照机构的指导原则与儿童的家长讨论这些问题。要慎重行事，目的不是让家长感到不安或担心，而是确定他们是否注意到这种行为，是否知道它的来源。

3. 你如果仍然担心，就制订一个计划，从而更详细地观察儿童。你可以使用ABC[1]方法（表7.1），与所有教职工一起制订计划，支持儿童摆脱这种行为。与家长合作，并将你所使用的方法告知家长，以便必要时他们可以在家里采用类似的方法。

4. 你如果担心发育问题，那么你或你所在机构的相关教职工可以联系合适的顾问，如言语治疗专家。与家长交谈儿童各方面的情况，让他们了解并遵循你所在机构的指导原则。

5. 你如果遇到与安全相关的问题，那么请按照所在机构给出的程序进行操作。必须立即执行，不要拖到第二天或下次见到相关教职工的时候。

6. 定期与家长一起回顾儿童的进步。如果儿童确实在进步，那么你要继续执行计划，并适时根据需要进行调整。

7. 你如果觉得儿童没有进步，就与家长讨论你的担忧，并遵循所在机构的指导原则，从当地的顾问那里获得支持。

管理不良行为的实用方法

归根结底，你需要理解儿童的行为，才能够管理他们。行为管理的"ABC"是一种有用的方法，表7.1对其进行了概述。

表7.1　行为管理的 ABC 法

层级	不良行为	良好行为
A—经历	是什么引发了这种行为？	怎样能减少这种行为发生的可能？
B—行为	儿童在做什么？	什么样的行为更适宜？
C—结果	这种行为的结果是什么？我们能做些什么？	你能做些什么来鼓励更多的良好行为？

正如前文所述，我们需要监督自己的行为，因为这些行为会影响儿童的行为。我们需要保持冷静，因为我们生气时会说出很多令我们后悔的话，做出很多令我们后悔

---

[1] ABC 分别表示经历（antecedents）、行为（behaviour）和结果（consequences）。——译者注

的事。不受控制地使用权力与建立合理的权威、尊重、积极关系之间还有很长一段距离。如果儿童观察到权力和愤怒能够达到预期效果，例如，得到自己想要的东西，那么我们很可能也会看到他们在机构中对他人施压。

退一步讲，最基本的一点是，要建立权威，我们必须仔细思考自己说什么和怎么说。原则上，教师应该用语言建立良好纪律：

- 与儿童建立个别联系；
- 识别需要改变的行为；
- 鼓励再次参与任务；
- 尽量减少对他人的干扰；
- 坚持到底，确保一致。

当然，这对不同年龄的儿童会有不同的效果。

婴儿

要将婴儿的行为与他们的想法联系起来，他们在给你传递信息，关于他们喜欢什么和不喜欢什么；他们想要什么和不想要什么。当婴儿把食物吐出来时，他们并不是不守规矩，只是表示不喜欢你给的食物。我们必须记住，这是他们为数不多的传达信息的方式之一。当婴儿开始发展粗大运动能力，探索周围的环境时，他们可能会抓、拉。如果一个婴儿对某样物体表现出兴趣，教师就要支持他进行探索，例如，向他展示物体是如何移动的。然而，有时这种行为可能是不合适的，例如，从脸上扯掉你的眼镜。最好的方法之一是分散注意力，鼓励婴儿专注于其他事情就可以阻止这种行为。

学步儿

正如本章前文所说，儿童正在探索环境并试图理解人类的互动。分散儿童的注意力是很有用的，但是你也可以帮助他们发展理解力。如果他们伸手去拉你的眼镜，那么你可以很清楚地向他们解释"我不喜欢你那样做，弄疼我的耳朵了""如果我的眼镜摔坏了，我就看不见了"。这些信息可以帮助儿童发展对自己和他人情绪的理解。

年幼的儿童也希望控制自己的生活。说"不"会让他们感到沮丧，从而增加不良行为发生的可能性。有益的做法是为他们提供一个选择，并解释为什么会出现这种情况，也可以通过表扬其他行为来转移他们的注意力。

幼儿

提供选择和分散注意力的方法仍然是有用的，但是你可能需要更清楚地认识到有些行为是不可接受的。倾听儿童并向他们解释你听到了他们说的话，并且理解他们的感受，这会对你有所帮助。和他们保持同一高度，你就可以和他们进行直接的眼神交流："我看到你气坏了，你搭的桥被撞倒了；你一定很生气，因为你花了这么长时间才修建好。"接下来，你可以要求他们思考下一步如何做。

学前班儿童

学龄或接近学龄的儿童仍然处在了解自己的情感以及如何表达情感的过程中，我们很容易忽略这一点。同样，如果你发现了儿童的一种特殊行为，那就和他们保持同一身高水平，清楚简洁地说明问题所在。不要让自己陷入辩论中，继续推进，这样才不会拖延问题。使用诸如"谢谢你把书放回原处""谢谢你帮助安娜"这样的话语会让人觉得谈话已经结束，你对他们有很高的期望，并有助于以积极的语气结束对话。

尽管录音从来没有给过人惊喜，但记录自己与儿童的互动是一种可以用来思考你的表达方式的较好方法，无论是当儿童看起来不耐烦，还是一天的活动变得乱七八糟时。倾听你训斥的频率也是有用的。再来一次，你能做些不同的事吗？你也可以问问自己，有些事情是否有必要。选某个特别时刻想一想。如果一个特定的行为无关紧要，重复思考它就没有什么意义。

结　　语

本章探讨了环境是如何对儿童行为产生影响的。具体来说，我们从两个角度看待行为管理：儿童和教师的角度。现在应该清楚的是，管理行为需要的远不止应用一系列教育技巧，也不是说掌握了这些技巧就会成为有效的教师和"行为良好"的儿童。它需要结合个人技能，包括"软技能"，以及有效的管理技巧。这必须与教师对儿童需求的回应意识来加以调和，并通过我们对儿童个体及其在家庭和集体中地位的了解加以调整。行为管理是复杂的。

作为教师，我们必须示范希望儿童进行回应的行为类型，当我们感到疲惫时，坚持这样做可能有些难，但必须努力推广罗菲（2011）所描述的"亲社会课堂"，其中包括对亲社会和关系技能的理解。如果我们准备以这种方式与儿童打交道，好处会是多方面的，例如，促进儿童参与，增强儿童的参与动机和抗逆力，改善学业学习，而且当我们较少处理纠纷时，就会有更多的时间和精力。

必须记住，没有完美的教师，也没有完美的儿童。成人和儿童都可能由于疲劳或不适受到各种情况的影响而遭遇"倒霉日"，这些情况在情感上影响着每一个人。然而，正如迪克斯（2017，p. 34）所说，"儿童在遵守规则前，会先效仿成人"。

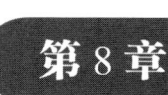

第 8 章

空间——如何创设学习环境

引　言

在学前教育阶段，儿童通常会体验一系列由教师详细规划的室内外学习环境，此外，他们在家庭和社区中也会体验到其他学习环境。本章将讨论为儿童的健康成长而创造和维护的空间所涉及的一系列因素，这些空间将支持儿童的学习与发展。创设学习环境，需要思考为儿童提供什么，以及如何提供（Moyles，Adams，& Musgrove，2002）。

学前教师的教育价值观是影响环境的建立、利用和布置方式的一个关键因素。因此，首先，我们探讨文化价值观如何影响为儿童构建的学习空间，并借鉴克拉克斯顿和卡尔（2004）提出的学习环境类型思考环境如何产生各种可能的教育成果。

然后，我们将探讨学前教育公共政策和实践中倡导儿童参与和发言这一日益增长的趋势所带来的影响。随着以学前教育机构中 3 岁以下儿童的有效环境为重点的研究的展开，我们讨论了一种更"民主"的参与式方法对创设儿童学习环境的影响。

近 10 年来，人们对户外环境在学前教育中的重要性给予了更多的关注。我们详细讨论了这些问题，强调了户外环境的四个特殊方面：户外空间的独特机会；"野趣"自然环境（有时称"森林学校"）的特殊益处；对"积极冒险"机会的需求；户外经历对儿童健康的影响。

最后，我们讨论了数字技术对学前教育阶段学习环境的影响，以及数字空间的潜力。

> **有效教与学的原则**
>
> 以下原则与本章所阐述的学习环境尤其相关。
>
> *原则 7：有效教与学促进个体和社会的过程和结果。*学习是一种社会活动。应该鼓励和帮助学习者与他人合作，分享想法，共同建构知识。向学习者了解他们的学习情况并给予他们发言权，这既是一种期望，又是一种权利。
>
> *原则 8：有效教与学重视非正式学习的重要性。*非正式学习（如校外学习）至少应该被认为与正式学习同等重要。因此，非正式学习应该在正式的教育过程中得到适当的重视和使用。
>
> *原则 10：有效教与学需要以支持教与学为首要重点的统一政策框架。*国家、地方和教育机构必须认识到教与学的根本重要性，其所制定的政策应该有助于创设让所有学习者都能茁壮成长的有效学习环境。

学习环境

本章的重点是探讨学习环境到底是为谁创设的。阅读以下两段内容，并在继续阅读时记住它们：

……成人可以欣赏环境，能够记住并思考它，但儿童会吸收它（Montessori，1967，p. 57）。

学前教育机构的物理环境应该反映出成人对儿童的安全、身体健康、智力刺激和社会支持等各方面情况的了解……儿童所处的环境应始终反映出成人对儿童发展各个方面的关注：身体、智力、社会性和情感。空间和材料……应增强社会性，支持情感上的安全感，并尊重儿童的家庭和文化传统（Jalongo et al.，2004，p. 144）。

这两段内容从整体上看待儿童，因此在创设以学习者为中心的学习环境时探讨布朗芬布伦纳（1979，1993）的生态系统理论是有用的。这一理论为我们思考影响儿童学习环境的各个层次提供了一个有用的方法。布朗芬布伦纳将学习者置于中心位置，并通过一系列扩展的同心圆来表示儿童周围的环境层次，如图8.1所示。

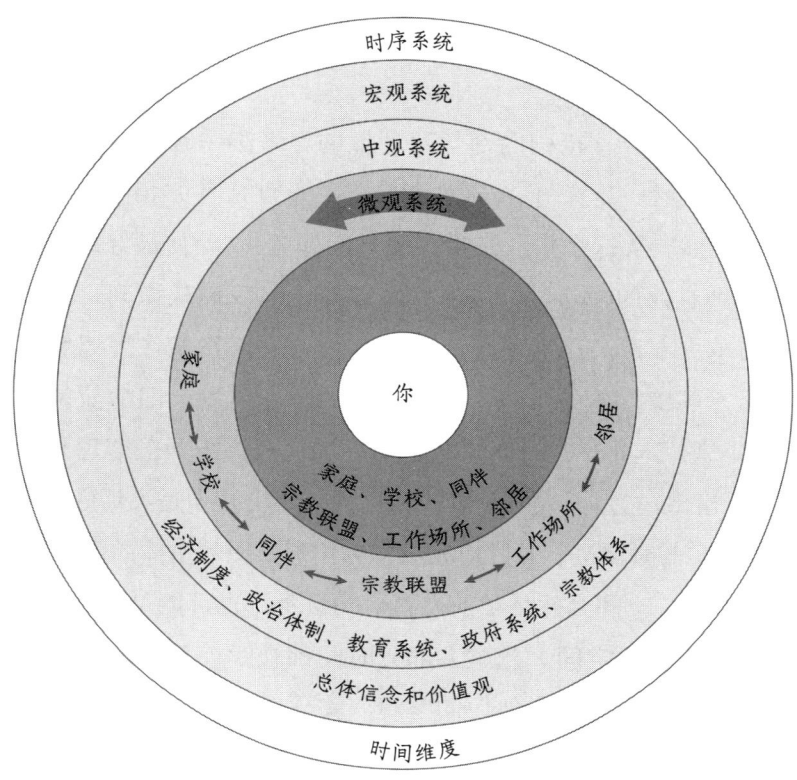

图8.1　布朗芬布伦纳的生态系统理论

布朗芬布伦纳称，紧紧围绕学习者的圈层包括学习者自己的"生态"以及他们与周围环境的关系。例如，儿童的同伴可能会影响他们的信念和行为（反之亦然），与教师交谈可能会支持他们的学习——持续性共享思维（见第12章）。

外面一层被定义为里面一层各组成部分之间的连接，儿童的家庭和教师之间的关系将包括在内。除此之外，还有一个更大的社会系统，儿童不会直接在其中发挥作用，但这个系统可能对他们产生影响。父母的工作就是一个例子：儿童在其中不起任何作用，但由于父母或照护者中的一方或双方经常缺席，儿童可能会受到家庭压力增加的影响。最后，最外层描述了儿童所处的更广泛环境中的文化价值观、习俗和法律。

以这种方式思考儿童的环境，可以清楚地看到，任何学习空间都不应该被孤立地思考。儿童生活中的各种机构、环境和社区之间存在联系。这些联系会随着时间的推移而改变，在学前、小学、中学和之后的教育中，人、资源和空间的典型互动方式有一些相似之处，但也有不同之处。

儿童的空间

以往，人们对学前教育机构内部学习环境的思考集中在物质资源和关系上（例如，成人—儿童；儿童—儿童）。在这种背景下，重点是各方相关者之间适当的社会互动的价值和重要性。从这个角度来看，关键问题是："如何最好地提供资源以及利用物理环境来促进有效的学习？"虽然这很重要，但我们认识到，学习环境远不止安排空间这么简单。本章不仅关注成人的角色，也关注儿童在规划和创造他们自己独特、有效的学习环境方面的角色，还从这样的角度出发，即学前教育阶段的儿童通常会体验许多"学习空间"，然而这些空间是如何成为有效的学习环境的？甘迪尼（Gandini，1998）指出："为了成为儿童的教育者，环境必须是灵活的，必须经过儿童和教师的反复调整，与时俱进，并回应儿童作为构建知识的主体的需求。"

对教师来说，核心空间当然是学前教育机构自身，也可能是他们的特定教室。但教室不是儿童学习的唯一空间。儿童大部分时间都在学前教育机构以外的环境中度过，其中许多环境都可能有助于他们的学习。除了家庭、街道或公园等日常学习空间，博物馆、自然保护区或植物园等机构现在也提供了更正式的学习体验。如今，电视、新媒体、移动技术和特定的"虚拟学习环境"往往在支持学习方面发挥重要作用。然而，最重要的是，家庭仍然是对儿童影响最大的地方（参见 Siraj-Blatchford，2010）。

所有这些学习空间都为学习提供了"可供性"（affordance）。这个术语起源于格式塔心理学，最早由吉布森（Gibson，1977）提出，以发展促进感知的生态学方法。它在教育中被广泛运用，特别是在教育技术方面，用以表达环境或工具所具备的内在学习潜力。为了实现这种潜力，它必须由使用者来识别。因此，一组砖块既可以被用来建造一座塔，又可以表现一种连接图式，例如，当儿童小心翼翼地建造一座塔时，另一个儿童可能在拼搭一把枪时连接砖块。"可供性"的另一面是局限——环境、空间或工具中的一些因素可能以特定的方式塑造儿童的学习潜力，如室外空间每天只有很短的一段时间可用，或其他儿童也在使用该空间，或者可用资源有限。反思型教师需要意识到所处学习环境的可供性和局限，以及导致它们的因素。

有利的环境

儿童在有利的环境中会顺利地学习与发展,在这种环境中,他们的个人需求得到满足,他们的学习受到重视,教师和家长之间有着牢固的伙伴关系(Whalley,2012)。有利的环境提供了"与所有儿童的文化和社区相关的激励性资源""游戏和游戏化教学中丰富的学习机会",并"支持儿童冒险和探索"(Early Education,2012,p.2)。

在考虑学习环境时,人们很容易将注意力集中在资源的摆放位置和儿童的选择上。这些当然很重要,但有利的环境不仅涉及资源的组织和提供。莫伊尔斯、亚当斯和马思格罗夫在早期学习中教学有效性的研究中(Moyles,Adams,& Musgrove,2002,p.iv)对学习环境进行了广泛、细致的定义,他们认为学习环境包括"机构中的物理环境和学习氛围——由教师的价值观、信仰和理解所决定"。这在作为项目的一部分而开发的"创设学习环境"(Creating the Learning Environment,CLE)中很明显,它确定了教师促进儿童学习的主要方式:

- 提供积极的学习环境;
- 提供促进学习发生的环境;
- 为儿童提供个性化服务;
- 提供适当挑战儿童的学习机会;
- 提供积极探索的机会;
- 提供平衡和多样的活动;
- 平衡保育和教育;
- 将儿童分组;
- 定位成人。

促进儿童发展的机会:
- 个性、社会性和情感发展;
- 交流和语言;
- 身体发育;
- 读写能力发展;
- 数学发展;
- 了解世界;
- 表现艺术和设计。

莫伊尔斯、亚当斯和马思格罗夫提出的方法与本书提出的许多理念产生了共鸣，尤其是在前一章。布拉德福德（2012）同样认为，一些关键因素会影响我们对学习环境的安排，包括我们希望儿童学习什么和如何学习（课程和教学决策）；对儿童如何学习的了解；基于儿童个体需求的个性化学习的思考；环境中存在的关系：儿童—儿童，儿童—成人；以及支撑教师（和机构）实践的价值观。请思考案例研究 8.1。

案例研究 8.1　教师反思：让儿童参与安排空间

一家幼儿园主持了一个全园行动研究项目来开发他们的环境。他们反思自己有哪些设备和资源，以及这些设备和资源存在的理由，发现有些设备不适合使用，可能是旧了、坏了或不合适，如一个新买的天然柳皮帐篷看起来很可爱，但对儿童来说很危险，因为他们可能被天然树枝割伤和划伤。他们将设备和资源分成三堆，扔掉、交换或出售（他们在两个机构中组织了一个交换设备的商店，并利用网站筹集资金），以及保留，腾出空间。他们拍下环境改造前后的照片，非常仔细地观察儿童对空间和设备的使用情况，反思计划和活动，思考他们对儿童和自己的要求。他们询问儿童关于设备和空间的问题，然后一起制订计划。例如，按照儿童的兴趣将角色扮演区设置为医院，投放真正的听诊器，儿童将更好地维护设备。让所有教师和儿童参与该项目，不仅创设了更好的环境，而且改变了实践，教师和儿童对自己的环境感到自豪，并具有自主权。这不仅仅是空间如何安排和为什么这样安排的问题，而是指在特定的时间和特定的地方，空间意味着什么。

反思活动 8.1

目的：回顾案例研究 8.1 以及它对你价值观的启示。

证据与反思：案例研究 8.1 中展示了哪些关于学习环境布置的价值？和同事讨论你对这个问题的回答。

了解影响学习环境的众多因素可以为布置学习环境提供一个良好的基础，但是，反思型学前教师是如何完成这项任务的？对麦克诺顿（MacNaughton，2003，p. 197）来说，正如案例研究8.1中的教师所指出的那样，有意义的内容是在与儿童的互动中产生的："教育者试图将课程建立在儿童的生活经历、兴趣和关注点上，并对其结果进行批判性反思，对他们自己和儿童都是如此。"甘迪尼（1994）补充说，这表明"空间成为一种能反映生活在其中的人们的思想、价值观、态度和文化的水族馆"，而儿童被发现在所有这些影响因素的中心。在这里，我们想起了瑞吉欧·艾米利亚的教育方案，即环境经常被称为儿童的"第三位教师"，其作用被认为是至关重要的。

麦克诺顿（2003）建议反思型教师思考以下关于如何在机构中安排空间和材料的问题：

- 我们日常使用的物品是否反映了集体中儿童的语言和文化？
- 我们有来自不同文化的日常用品吗？
- 材料是否尊重和接纳文化多样性？
- 材料是否挑战了传统的性别角色刻板印象和理解？
- 材料在多大程度上支持和尊重不同的能力与存在方式？

她还建议，反思型教师需要努力通过使用空间和材料为所有儿童创造平等的机会。她提议思考以下补充性问题：

- 不同体能的儿童能轻松地在空间内活动吗？
- 不同体能的儿童能参加一系列活动吗？
- 不同能力和年龄的儿童能否轻松触摸展示区？
- 无论文化背景如何，班级中的所有儿童都能从他们接触到的材料和教师中认出自己的文化吗？

通过思考这些问题，人们可以开始创设全纳的环境，为满足各种需求提供一系列机会。为了发展全纳教育，每个儿童都需要：

- 感到被重视、倾听和认真对待；
- 有机会形成自信和自尊；
- 在学习环境中感到快乐、自信和被关心；
- 学习具有文化多样性和相关性的课程；

- 感到被接纳；
- 体验时间、空间和各种资源；
- 体验与他们的已有经验相匹配的活动，有机会动手和动脑；
- 拥有练习、掌握、巩固和迁移的机会；
- 与有能力的、知识渊博的教师一起学习。

这些方面将在第 15 章中详细讨论。

反思活动 8.2

目的：反思你的价值观对儿童接受的保教服务的影响。

证据与反思：思考你与同事的价值观和信念如何影响机构创设或提供学习环境的方式。思考以下四个问题，进行反思和讨论。

1. 在你所处的机构中，你认为好的教育看起来应该是怎样的？你是怎么知道的？

2. 你认为儿童在你所处的机构中安全和快乐吗？你是怎么知道的？

3. 在你所处的机构中，沟通和语言技能如何支持儿童掌握/获得学习机会的能力？你是怎么知道的？

4. 在你所处的机构中，身体和创造性技能如何支持儿童掌握/获得学习机会的能力？你是怎么知道的？

拓展：与同学或同事讨论麦克诺顿的问题中所包含的关于教育环境的价值观和理念。

最近，人们越来越关注学习的社会文化视角，这涉及儿童学习环境的影响，儿童的学习会随着社会和文化经验的不同而变化，成人、其他儿童、工具和资源也支持和塑造着儿童的学习方式（Stephen，2010）。此外，儿童在地理方面的认知扩展了他们的讨论范围，包括对空间和地方概念的思考，如儿童生活的物质、文化和社会条件之间的关系，以及个人身份意识如何与地方意识、对社区的归属感联系起来（Kernan，2010）。

从这个角度来看，学习环境被视为一个通过物质、文化和社会活动、外观和人工制品来定义的空间。该空间位于室内和室外，既在机构之内又在它之外，不仅涉及建筑环境，尽管这很重要，还确认了意义和归属（Kernan，2010），它是儿童和成人参与互动活动的关系空间（Bone，2008；Moss & Petrie，2002）。

对谢里登（2007，p. 211）来说，"这是一个给儿童传递信息的环境（Rinaldi，1993），一个为学习与发展设定框架的环境（Bruner，1996）"。因此，我们布置环境的方式传达了关于物品如何使用、应该学习什么以及什么是有价值的信息。莫斯和皮特里（Moss & Petrie，2002）的"儿童空间"和克拉克（2010）的"生活空间"进一步发展了这一概念。对克拉克来说，环境既是物质的，又是情感的："儿童空间充满了符号和惯例，科尔（Cole，1996）将其描述为人工制品。在这个环境中，物质和情感是结合在一起的"（Clark，2010，pp. 12—13）。

反思型教师需要意识到提供和布置学习空间的复杂性。

儿童的声音和民主空间

过去20多年，在学前教育的公共政策和实践中，倡导儿童的参与和发言的趋势日益增强。1989年联合国发布的《儿童权利公约》改变了儿童的主流形象，并在世界许多地区带来了一种与儿童权利和利益有关的新文化。这就使人们从辩论儿童有无能力转向讨论影响他们生活的问题。思考强化了人们对儿童的看法，儿童被认为是有能力的社会行为者，是自己生活的专家（James & Prout，1997；Mayall，2002；Rinaldi，2006）。

莫斯和皮特里（2002）一直强调发展儿童学习环境的含义，他们最初阐述了"儿童空间"而不是"儿童服务"的概念。"集合地点"的概念传达了儿童空间作为交流场所的意义，在这里儿童可以表达和辩论。他们认为，应该为儿童提供空间，而不仅仅是在儿童没有任何参与或决策的情况下向他们提供服务。对反思型教师来说，这涉及让儿童参与关于环境布置的讨论，并重视他们的意见。为此，学前教育机构应成为自治和相对独立的"民主实践"场所，具备强有力的地方控制因素，也必须听取家长和当地社区的声音（Moss，2005，2006；Willoughby）。

民主实践不仅是指与儿童及其家长进行随意的短暂讨论。如第6章所述，为民主实践创造条件需要时间，如果成功，将对环境和学习空间产生影响。沃勒和比图（Waller & Bitou，2011）讨论了儿童空间如何提高儿童和成人"较少受权力支配，成为批判性的思考者，并在与他人互动中做到这一点"（Moss & Petrie，2002，p. 111）的可能性。这表明，我们不仅要考虑吸纳儿童的观点，还需要从"儿童空间"的角度重新思考儿童的参与。在这个空间里，儿童可以发挥自己的能动性，参与决定、行动和意义的形成，这可能涉及也可能不涉及他们与成人的接触（Waller，2006）。例如，蒂特曼（Titman，1994）确定了儿童在户外环境中寻找的四个地方：活动的地方、思考的地方、感受的地方、做自己的地方。第 6 章讨论的一些概念将有助于确定如何实现这一点，第 6 章和第 7 章可能提供了推进此类过程的一些潜在好处。

反思活动 8.3

目的：反思你所在机构的室内环境。

证据与反思：回想蒂特曼（1994）关于儿童在户外环境中寻找的四个地方：活动的地方、思考的地方、感受的地方、做自己的地方。思考你提供或工作的室内环境是否包括这些空间。

拓展：想一想，如何在必要时调整环境来提供这些空间，以及如何在设计中采用儿童视角？

克拉克（Clark，2010）注意到空间的物理和情感方面，并认识到学习环境中广泛的空间范围。她提醒我们注意戈登等人（Gordon et al.，2000）的研究，他们认为学习空间包括正式空间、非正式空间和物质空间。克拉克认为，儿童空间可以采取多种形式，包括虚拟形式、想象形式或社会功能形式，但不局限于成人的观点。她说，我们必须思考，待在这个地方对儿童来说意味着什么（见表 8.1）。

表 8.1 学习空间 [1]

空间	形式
正式空间	• 规则、课程空间、受控制的空间 • 正式的学习重点

---

[1] 改编自克拉克（2010）框架中的层级。——译者注

（续表）

空间	形式
非正式空间	• 个人空间：自我认同 • 个人空间：家庭成员 • 个人空间：朋友 • 个人空间：教师 • 私人空间 • 社交场所 • 想象空间 • 照护空间
物质空间	• 室外空间 • 灯光、天花板和地板 • 美丽的事物和色彩 • 可识别性——空间的各个部分可以很容易地被识别，并具有协调一致的模式（Lynch，1960，pp. 2—3）

布置学习空间

资源、空间和时间的利用

资源

鉴于直接经验和实践活动对儿童学习的重要性，充分提供适当的资源当然是必不可少的。这些资源需要精心挑选，以满足儿童的发展需求。在各种空间中，资源可以：

- 激发、鼓舞和吸引注意力；
- 提供讨论的基础；
- 为激励儿童的个别化学习而设计；
- 解释、指导或演示过程和想法；
- 鼓励儿童获得信息；
- 使儿童遵照易于管理的步骤进行学习；
- 帮助儿童回忆、巩固、拓展学习；

- 支持成人评估儿童的理解能力；
- 支持特定的发展需求，例如，支持精细或粗大运动技能的发展。

我们在思考如何提供学习空间时引入了这些概念，在此基础上，也需要认真思考资源的选择，注意细节问题。通过精心安排空间和材料，邀请儿童一起思考：

- 目前资源是否存放在合理、好拿的地方？
- 如何利用它们来支持包容性？
- 哪些是儿童可以独立拿到的？
- 儿童能否独立使用这些资源？
- 一些资源是否最好被放在其他地方，例如，为了保护儿童的安全？

 反思活动 8.4

目的：规划资源以支持特定的学习活动。

证据与反思：确定一个计划的学习活动目标，然后考虑以下标题所需的资源和组织工作。

活动：

目标：

所需资源：

适当性：

可用性：

存储：

维护：

拓展：与同事一起思考你最常用的资源。是否需要投放更多的资源来增加多样性？是否需要思考如何程式化地选择资源？是否始终有一些玩具/活动比其他玩具/活动更容易获得？为什么？是否有定期更换的空间，如角色扮演区？谁决定空间"变成"什么样？

空间

空间的布置方式对教学策略的选择有相当大的影响。空间总是有限的，但必须以这样的方式加以利用：使儿童获得尽可能多的学习机会，教师能够观察和支持儿童的游戏与调查。在思考如何最有效地利用空间时，可以在卡片上或通过使用教室设计软件来做一个环境或房间规划，从而探索每种可能的布置方式的可供性和局限。

时间

正如前文在讨论常规活动（见第 7 章）时所指出的那样，我们需要仔细思考如何组织一天的活动以满足儿童的需要。事实上，无论空间布置得多好，资源分配得多好，当儿童开始使用这个空间时，总有一些儿童会变得沮丧或过度疲劳，也可能导致"时间蒸发"。因此，有必要分析一天的常规活动计划。例如，在小学，坎贝尔和尼尔（Campbell & Neill，1992）发现，一天中几乎有 10% 的时间是以"蒸发"的形式流失的，既没有用于学习，也没有必要的程序性任务发生。尽量减少蒸发时间对于增加学习机会是很重要的。此外，正如第 7 章所述，无聊或无所事事的儿童更有可能表现出问题行为。

反思活动 8.5

目的：思考一天的常规活动计划。

证据与反思：回想案例研究 7.1，其中的工作人员考虑到了幼儿园的午休时长。思考一下你所在的机构中，典型的一天是如何安排各个日常环节的。想一想如何安排从一个活动到另一个活动的过渡，比如，如何从自由游戏过渡到成人主导的活动。是否有段时间儿童只在等待过渡，而不是在玩耍／参与活动？该计划是否满足了机构中所有儿童的需求——是否允许他们在需要时小睡一觉或吃点东西？是否可以提出或试行一些改变，以改善机构中的时间利用？

鼓励儿童在安排自己和资源方面承担更多的责任，这一点很重要，可以支持他们的发展，增强独立性，并增加学习时间。分析一下儿童在过渡环节的主动学习，看看他们与谁互动和学习，这可能会对你有所帮助。

反思活动 8.6

目的：观察某个儿童，估算他主动学习的时间，并了解他通常如何度过一天。

证据与反思：在不同时间多次观察某个儿童，判断他在什么时候：

- 积极参与活动；
- 不参与或在等待；
- 与同伴互动；
- 与成人互动。

拓展：在一天的常规计划中，你是否可以做些改变以最大限度地增加儿童主动学习的时间？你是否注意到儿童与同伴、成人互动或独自玩耍时发生的有趣事情？

通过思考创设学习环境的程序，我们开始确定一些方法，思考如何行动，以及如何改变它们来增加学习机会。现在，我们将把注意力转向学前教育机构中的特定空间，特别是户外空间及其对学习的影响。

户外空间

学前教育中的户外活动有着悠久的历史（Garrick，2009）。近年来，来自斯堪的纳维亚的户外教育传统和意大利瑞吉欧·艾米利亚的学习方法影响和丰富了户外活动（Tovey & Waller，2014；Nutkins，McDonald，& Stephen）。这些发展反映了过去十多年里，人们对儿童使用户外空间进行游戏的兴趣越来越大。正如前几章所述，对许多家长和学前教师来说，户外游戏是儿童健康发展的一个自然且重要的部分（Clements，2004）。利特尔、埃利奥特和怀维（Little，Elliott，& Wyver，2017）指出，教师在促进早期自然环境中的户外游戏方面起着关键作用，因为这种游戏对社会性、情感和身体发展都有积极的影响。最近，英国各地的政策也明显体现出人们对户外学习潜力的兴趣。例如，英格兰政府推出了《室外学习宣言》（Learning Outside the Classroom Manifesto，DfES，2006）。在英格兰的早期基础阶段教育体系（Department for Education，2020）、威尔士的基础阶段（Foundation Phase，Welsh Government，2011）和苏格兰的卓越课程（Curriculum for Excellence，Education Scotland，2019）中，户外游戏都受到了重视。

托维和沃勒（Tovey & Waller，2014）用"保护伞"一词定义户外游戏和学习，涵盖儿童在不同户外场所的一系列体验。正如韦特、戴维斯和布朗（Waite，Davis，& Brown，2006）所指出的那样，户外学习不是一个单一的实体，而是由许多不同目的、不同类型的活动组成的。对学前教育机构中的儿童来说，这些机会可能包括：
- 在学前教育机构的户外环境中游戏；
- 参观野生自然环境、社区公园和游戏空间；
- 体验森林学校。

托维和沃勒（2014）认为，无论机构内的户外空间能提供什么，儿童都需要从定期参观机构外的野生自然区域（如当地的树林）中受益（Hart，1979）。

野生自然环境被定义为非人工设计或培育的环境，通常为树林、森林、海滩或河岸（Fjørtoft，2004）。森林学校是提倡在自然环境中进行户外学习的一种教育理念。它提供一些通常由训练有素的森林学校教师组织和指导的活动，包括传统游戏和木工。森林学校起源于20世纪50年代的斯堪的纳维亚半岛，是一种认识自然世界的方式。到20世纪80年代，它成为丹麦早期教育课程的一个组成部分（参见Williams Siegfredsen，2017），这极大地影响了1993年英国森林学校运动的发展（Murray，2003；Maynard，2007）。目前，英国许多地方政府为3岁以上的儿童安排森林学校课程（参见Knight，2010）。

许多国家的儿童地位都在不断地发生变化，这一点在童年社会学中得到了广泛认可（James & Prout，1997）。最近，许多国家发生这种变化的一个重要方面（Fjørtoft，2004；Holloway & Valentine，2000）是户外游戏设施和自由游戏机会正在减少。为了使儿童远离危险，成人限制其在公共区域的活动，这就导致儿童户外独立玩耍的机会减少（Harden，2000）。造成这一现象的原因是交通量的增加，童年生活（早餐和课后兴趣班）的制度化程度加深，以及父母对子女安全的担忧（Burke，2005）。与此同时，儿童接触户外的机会也变得有限，更多是接触成人控制和结构化的空间。这种对危险的焦虑和"恐惧文化"（Furedi，2002）导致了一种倾向，即保护儿童"不受先前被认为无害和无风险的情形影响"（Sharp，2004，p. 91）。我们经常看到，"恐惧文化"已经渗透到学前教育中。梅纳德和沃特斯（Maynard & Waters，2007）表示，参与一项研究的幼儿园教师探讨了他们与儿童一起使用户外空间的情况，认为对安全的担忧是开设户外活动的一个限制因素（Loreman）。

 反思活动 8.7

目的：思考你班上的儿童可以探索户外的机会。

证据与反思：回顾你的户外空间和定期提供的其他户外活动。反思这些机会为儿童提供了什么，以及为什么学前阶段的户外游戏对8岁以下儿童的生活意义重大。

在布置支持儿童学习的空间时，需要注意的是，有些学习只能在户外进行，户外环境为儿童提供了大量的学习机会。托维（2007，p.37）总结了户外学习空间提供的机会或环境的特定可供性：

- 尝试事物的空间和自由；
- 一个可以行动、改变和改造的环境；
- 一个充满活力、不断变化的环境，激发儿童探索、好奇和探险精神；
- 全身、多感官的体验；
- 以具有挑战性和问题性的方式组合材料；
- 在学习中建立联系的机会；
- 为好奇、惊奇、掌握和"假设"提供丰富的背景；
- 在人群和友谊的社会世界中前行与协商的空间，体验分歧并解决与同伴的冲突；
- 令人眼花缭乱、兴高采烈、头晕目眩的游戏机会；
- 学习的潜力、承担风险的意愿和保证安全的能力；
- 丰富多样的运动机会，它们也是学习的核心；
- 对自然界及他们在其中地位的体验；
- 在课程所有领域的学习机会。

关于这些好处是否能在开放的、风吹日晒、沥青浇盖的操场上实现还存在争议（参见Tovey，2007，p.38）。托维认为，游戏与潜力有关，也就是我们之前提到的可供性：户外空间支持、增强和激发儿童的想象力、好奇心与创造力，促进他们健康成长。这是所有儿童都有权获得的体验——每天都有机会在户外玩耍，在各种天气条件下接触环境，逐渐理解和欣赏自然世界。

"积极冒险"和"保持安全"的局限

如前文所述，对儿童安全的日益关注导致儿童体验的减少。关于安全的态度、论述和实践因文化与时间而异。例如，瑞典的学前教师可能乐于鼓励4岁儿童爬几米高的树，或在成人视线外的森林里玩耍。然而，在英国，许多教师出于安全考虑，认为这两种活动的风险是不可接受的。此外，目前英格兰的教师需要进行正式的"风险评估"（由地方当局制定的详细程序），以便将儿童带离机构。在瑞典这是不必要的，即便在英格兰也只是最近才被认为是必要的。

"恐惧文化"（Furedi，2002）的影响限制了许多儿童户外玩耍的机会，正如史密斯（Smith，1998）所指出的，似乎有一个共同的假设，即风险是一个必须避免和减少的负面概念。在英国，当前围绕儿童在户外空间中安全问题的讨论大多是从这个角度出发的。然而，我们的担心有道理吗？证据告诉我们什么？大多数操场事故只不过是擦伤或割伤，可悲的是，儿童在道路交通事故或家庭事故中受重伤或死亡的可能性比在户外玩耍时高出许多倍（Ball，2002）。

一种与尽量减少风险相反的观点正获得支持。这种观点认可冒险行为的好处（例如，Tovey，2007；Waters & Begley，2007；Little，Wyver & Gibson，2011）。托维认为，安全的环境"并非远离所有可能的伤害，而是可以安全地探索、实验、尝试和冒险的地方"（Tovey，2007，p. 102）。这种观点并不试图把发生事故的概率看作理所应当，而是认为创造无风险环境的危险在于，成人的期望值仍然很低，而且儿童没有机会发展和展现能力与自信（Tovey，2007）。如果儿童从未经历过任何潜在的"危险"情况，那么如何期望他们发展出应对意外和挑战的技能？我们必须思考，如果儿童不面对和克服有风险的体育活动，会产生怎样的消极后果。正如史密斯（1998）所说，对儿童来说，身体领域的冒险是其他领域（情感、社会性、智力）冒险的起点。因此，儿童需要有机会承担可接受的风险，问题是我们如何兼顾安全要求和儿童面临身体挑战的需要。正如利特尔（2006，p.151）所建

> **专家问题**
>
> 参与：我们的教学策略和环境创设是否允许教师与儿童在室内外开展有计划和无计划的学习活动？
>
> 这个问题有助于建立一个概念框架，以展现长期存在的问题和教师的专业知识（见第16章）。

议的那样，善于反思的学前教师可能需要思考如何提供：

……安全的学习环境，使儿童有足够的安全感去应对学习所需的风险和错误。同时，环境需要消除儿童进行消极冒险的机会，例如，因缺乏挑战性或无聊而滥用设备。

3 岁以下儿童的学习空间

在过去的 20 年里，我们对 3 岁以下儿童的适宜性教育的理解发生了重大变化，以至于从出生到 5 岁学习框架（Department for Education，2011）的概念得以确立。对这一知识的主要贡献之一来自特雷瓦森（2013，p. 176）的大量研究。他对儿童和母亲之间对话的研究颇有影响力，促进了人们对儿童能力的丰富性和内在优势的认识，这些能力包括调节亲密接触、共享交流的节奏感、展示审美偏好、在对话中学习表达方式的强烈意愿、婴儿日益增强的自我意识以及在不到 16 个月大时能够参与一个工作小组——所有这些都对教育空间的布置方式产生了影响。英国（Goouch & Powell）、意大利（Musatti & Mayer）和芬兰（Rutayn）的研究为人们理解学习环境与集体情境下的早期社会性之间的关系提供了新的视角，这可能会导致教育实践创新。

古驰和鲍威尔（Goouch & Powell，2013）报告了"婴儿房"（The Baby Room）研究项目，该项目为婴儿和教师的对话创造了一个中心空间。虽然他们发现许多教师没有"常规地、偶然地或直觉地"与他们所照顾的婴儿交谈，但这项研究确实表明，这些空间的设计对于婴儿房中的积极对话发挥了多种作用。

姆萨第和迈耶（Musatti & Mayer，2011）阐述了教师的活动和机构的空间安排如何与学步儿新获得的独立运动结合，并相互作用以维持婴幼儿在早教机构里的日常认知参与和社会交往。他们指出，在意大利，3 岁以下儿童的"最佳教育"包括对环境、家具和游戏材料的质量与安排的特别关注（Malaguzzi，1993a，1993b）。在意大利的早期教育方法中，"提供给儿童的空间和材料被视为'第三位教师'"（Musatti & Mayer，2011，p. 207）。这一点在瑞吉欧·艾米利亚学前教育中心开发的项目课程中尤为明显（Edwards，Gandini，& Forman，1993；Rinaldi，2006；Nutkins，McDonald，& Stephen），该中心 40 多年来一直以其早期教育课程而闻名国际。姆萨第和迈耶（2011）对 2 岁儿童的研究表明，当活动具有"空间""材料"和"行动"时，"就会创造一个框架，有助于每个儿童更强烈、长久地参与，也更少被打断"（Rayna & Laevers，2011，p. 167）。他们详细地分析了一种特定类型的互动，其中儿童的"相互关注"和

"共同参与"被视为成功的标志。姆萨第和迈耶的研究表明，学前教育机构中许多不同区域的空间安排可以促进儿童的特定参与，并分析"学步儿房间"中的三个片段，包括"探索声音""探索物体属性"和"阅读"。此外，成人的举止和位置被认为是吸引儿童注意潜在有趣活动的重要因素。许多报告提到，成人对材料和活动的刺激性反应与主动行为有助于延长儿童参与活动的时间。

拉塔南（Rutanen，2011）分析了教师在构建物理空间和象征空间中的作用，以及年龄如何作为一个类别来构建时空实践中的差异（随着时间的推移，意义如何在空间和实践中形成）。拉塔南指出，在意识形态、实践和个人生活经验构成的制度空间的产物中，我们有可能获得对权力网络的理解（Lefebvre，2004）。首先，成人为儿童指明禁止和允许活动区域的权力变得清晰：禁区由规则和边界隔开，如关闭的门和围栏。有一些特定区域是可以进入的，但是对于特定的行为和互动是有限制的（"禁止在内奔跑"）。

此外，互动可能被限制在一天中的特定时间（"午睡期间不能到处走"）。最后，拉塔南的研究表明，学前教育机构对所有人来说都不是一个统一、平等的社会空间实体，每个参与者借助自己的个人经验和立场在机构内部、周围和外部享有个人（生活）空间。这些复杂的过程交织在多孔和多层的社会空间产物中（Lefebvre，2004）。

此类研究提醒我们了解空间的复杂性，以及作为反思型教师，思考与所有年龄段儿童接触的可能性至关重要。

反思活动 8.8

目的：思考3岁以下儿童对空间的体验。

证据与反思：关注3岁以下儿童，解决以下问题：

1. 你怎么知道班上儿童入园时是否开心？

2. 你在儿童晨间入园时提供了什么，让儿童和家长确信他们来这里是个正确的选择？

3. 你用什么方法与家长开始交流，又是如何结束交流的？

4. 你在机构中还能采取什么措施改善上述空间中的当前实践？

拓展：想一想，现在是否可以对3岁以下儿童的室内外学习环境进行彻底的评估。参照布拉德福德的《适合3岁以下儿童的环境》（*Appropriate Environments for Children under Three*，2012）一书的第5章内容。

学前教育中的技术运用

人们越来越认识到数字技术对儿童、儿童生活、儿童游戏和交流的影响（Marsh，2007；Yelland，2009）。例如，《数字开端报告》（The Digital Beginnings Report，2005）提出，大多数家长认为数字技术将在儿童的教育和未来职业生涯中发挥重要作用，因此鼓励和支持儿童在早期接触数字技术。《拜伦评论——儿童与新技术》（The Byron Review–Children and New Technology，Byron，2008）中也发表了类似的观点，认为数字技术为儿童和青少年带来了颇受欢迎的、广泛的乐趣、学习和发展的机会。然而，与这些观点相反，卫生当局对此类技术可能对儿童的社会性、情感和发展产生的负面影响表示担忧（Straker et al.，2018）。

如今，儿童成长为"电子社会"的一部分，在这个社会中，数字连接对日常生活至关重要。因此，从出生开始，世界各地的许多儿童就沉浸在一种生活方式中：数字技术被用于一系列复杂的文化、社会和科技实践（Marsh，2007）。儿童的数字素养和多模式实践（multimodal practices）被纳入新近的研究中，以应对学前教育阶段快速的技术变革。这包括可穿戴技术、三维打印机、机器人、增强现实应用程序、玩具和游戏，所有这些都会影响儿童的生活。培养儿童的数字素养和多模式实践的前提是，在接触这些技术时，儿童的科技能力需要得到认可、培养和扩展。

沃勒（2010）指出，鉴于数字技术的广泛普及和运用，儿童必须被视为高度胜任的"数字原生代"（Prensky，2001），能够自在地使用数字技术（Lankshire & Knobel，2004）。事实上，许多儿童已经成为使用技术的专家，能够以不同的方式获取和使用信息（参见 Facer，2011）。许多儿童在与家人和同龄人的社会互动中，通过数字技术发展了自己的性格和能力。例如，马什（Marsh，2007）描述了一些案例，这些案例表明，使用手机是一些家长与其年幼子女沟通的重要方法，包括儿童用手机发短信。对于一些教师，特别是本身就精通数字技术的人来说，这在他们的舒适圈内。然而，对其他人来说，这可能是一个挑战，而且学前教育机构中经常存在关于资源技术的获取和资金问题（参见 Formby，2014）。正如比斯特尔（Beastall，2008）所说，尽管许多儿童已经为数字时代和电子学习做好了准备，但教师可能需要更多的战略和教学支持，以确保在机构中恰当地使用技术。帕拉罗格（Palaiologo，2016）指出，学前教师必须检查儿童的学习方式和他们布置学习环境的方式。鉴于教师对儿童在家中体验数字技术的了解往往有限，这对教师来说可能是一个挑战，他们无法在儿童这些能力的基础上进行教学（参见 McPake et al., 2005; Zevenbergen, 2007）。许多学前教师的信念渗透到课程和教学法中，这些信念也是基于这样一种观点，即"最好的学习条件是提供积极学习、探究和解决问题的地方，儿童投入探索中并充满好奇"（Yelland, 2007, p. 51）。游戏被视为学习和培养积极的性格、幸福与自信的一个关键方面，与"游戏和探索最好在真实世界与三维物体中进行"这一观点有关。

沃勒（2010）认为，近几年的文献体现了这种情况有三个明显的影响。为了使儿童参与"真实"的社会实践和意义构建（Lankshear & Knobel, 2004），学前教育机构和学校需要将儿童在家的数字游戏体验纳入课程。由于来自富裕社会经济背景的儿童通常有更多的机会接触新技术，因此在学前教育机构中让各层次儿童都在使用数字技术方面拥有适宜的经验和能力变得至关重要（Waller, 2006）。数字技术在教育的应用中还将发挥批判性作用。"批判性"意味着教师以及相应的儿童，需要接触和批判性地评价软件及其他技术资源（Lankshear & Snyder, 2000; McPake et al., 2005）。

鉴于数字技术对儿童生活的影响，我们还应该认识到，并非所有儿童都能接触到现代技术，而且数字鸿沟也影响了被排除在现代数字通信之外的儿童。

虽然国际社会已经认识到数字技术的潜力，但有人认为这种潜力是"一种尚未被开发的资源"（Beastall, 2008, p. 109）。在数字技术已经嵌入实践的地方，一个强有力的论点是教师的角色因此而改变，其新的作用包括提供机会和环境，在广泛的社会中发掘儿童运用数字技术的潜力。教师需要了解儿童的能力和兴趣，了解如何规划机构，如何组织教学，从而使数字资源成为学习的一个组成部分（Waller, 2006）。卢克（Luke, 1999）和耶兰（Yelland, 1999, 2007）认为，利用数字游戏可以加强学前教育机构中的日常教学。学前教育机构中长期存在的游戏和读写活动现在可以通过新数字技术带来的不同经验进行补充（Waller, 2006）。

这些技术以及儿童可能参与其中的活动，有可能以令人兴奋的新方式拓展学习，并加强学前教育机构中的日常读写教学（Waller, 2010）。

普洛曼和斯蒂芬（Plowman & Stephen, 2005）以及普洛曼（Plowman, 2007）研究了苏格兰的学前教育机构，几乎没有证据表明计算机游戏可以支持学习。普洛曼和斯蒂芬发现，儿童通常在"自由游戏"期间使用计算机，这个阶段儿童可以从一系列活动中进行选择。在这里，成人和儿童经常将儿童与计算机的互动称为"玩计算机"，就像他们谈论玩建筑玩具或小世界玩具一样。尽管教师会进行干预以确保儿童遵守轮流规则，但很少有成人参与儿童计算机游戏的例子。值得注意的是，普洛曼和斯蒂芬发现，尽管其他课程领域都有明确的学习框架，但在儿童计算机游戏方面没有。如果人们希望学前教师和儿童一起玩来支持儿童的想法并扩展思维（DCSF，2007），那么这肯定也包含玩数字技术游戏吗？当然，也有一些教师利用数字技术教授基本的编程。在新加坡，这类技术在幼儿园中得到了广泛的推广。

因此，泽维伯根（Zevenbergen，2007）建议重构学前教育，纳入数字游戏的概念以维持和支持现在进入学前教育体系的儿童的习惯。正如泽维伯根所说，"如果高度数字化的家庭体验促使人们对儿童进入学前教育机构的看法发生变化，那么这对实践的意义是深远的"（2007，p.20）。

研究总结 8.1　数字技术

简介

数字技术教育方式使用计算机或其他数字技术来支持儿童的发展与学习，包括：

- 在规划课程或在教学活动（如教育游戏）中，让儿童独立使用技术产品；
- 教师使用交互式电子白板或数码相机等技术产品与儿童的互动；
- 使用多媒体技术支持学前教师的专业发展。

效果

总的来说，与数字技术应用相关的研究发现，它与平均的学习收获有关。一般而言，能够在一年内增加4个月的学习成果。证据表明，数字技术更应作为教学活动和互动的补充品而非替代品。单独引入新技术不大可能产生效果，为促进儿童学习，数字技术必须与教学法的改变相结合。

有限的证据显示：中等投入带来中等影响

一些面向四五岁儿童、旨在对早期读写和数学学习起到补充教育作用的数字程序与教育游戏的评估结果显示了这些技术对学习的积极影响。来自美国的证据显示，数字技术的应用也可以支持学前教师在数学方面的专业发展。一项研究表明，向学前教师提供有效教育实践的视频案例会直接有助于儿童的学习。

证据的可靠性

总体而言，与数字技术相关的证据不多。数字技术对儿童有益的证据主要基于个别研究而不是综合分析，与关注年长儿童的研究相比，来自有关年幼儿童的证据也更为薄弱。这些证据所传达的关键信息，与针对学校的技术应用的研究大体一致。同样需要注意的是，技术的迅速更新意味着研究证据往往是滞后的。

成本

新技术的初始投入成本很高。一次购入技术设备通常能使用多年，同时许多学前教育机构已经配备了计算机、数码相机和交互式电子白板。研究表明，学前教育机构很少考虑或者没有预算去支付额外的训练及支持费用，而这些费用可能会影响技术的使用效果。通过估算，在设备和技术支持上的平均开销约为每个儿童 300 英镑[1]，用于专业发展的平均开销约为每个班级 500 英镑（平均每个儿童 35 英镑）。因此估计，成本处于中等水平。

进一步思考

在教学环境中实施这些技术前，应当思考以下问题：

1. 引入新技术不会自动改善教育成果。你将如何利用数字技术支持儿童的学习？

2. 学前教师需要支持和时间去学习有效地使用新技术，不仅学习如何使用技术，还要了解技术能以何种方式改善儿童的学习。

3. 对新技术使用效果的评估很重要。你考虑过如何评估某些新技术的应用效果吗？

反思活动 8.9

目的：回顾你在数字技术方面的实践。

证据与反思：你觉得数字技术在儿童生活中的作用是什么？你是否能够在机构中有效地利用儿童的数字化家庭经验？你是否能够为家中没有数字经验的儿童提供数字化学习机会？

拓展：思考在机构中使用摄影和记录设备的伦理问题。如何存储和共享这些信息？儿童对被拍照或拍照有何反应？这会改变他们的行为吗？

1　英国国家货币单位，可按实时外汇汇率换算成人民币。——译者注

结　　语

　　本章主要讨论了关于学习空间的三个问题。首先，所有的环境和机构（无论是直接经验还是虚拟的）都提供了影响儿童早期学习的条件。有些会促进学习的发展，而另一些会抑制这种发展。应当鼓励教师反思，哪些特征可能表明这两种情况的存在。其中，"可供性"的差异与生态环境中的模式相似。因此，在布置学习环境时，我们应该考虑对支持学习的主要目标可能产生的总体影响，儿童在布置空间方面应该有发言权。其次，学习空间是影响儿童生活的许多因素之一，还包括经济、技术、政治、文化和社会条件，如"恐惧风险"。最后，学前教师需要思考自己在采用数字技术支持儿童学习方面的作用，以使儿童的数字经验在学前教育机构中得到支持和巩固。

　　有效的空间布置需要考虑到物理环境——室内外、资源、技术、结构、常规、过程和人。了解影响儿童学习与发展的因素，并适当地布置学习环境，是专家型教师的特有之处。

第三部分
为学而教

第 9 章　课程——学前教育教什么

第 10 章　规划——如何实施课程

第 11 章　教学法——如何制定有效策略

第 12 章　交流——语言如何支持学习

第 13 章　评估——评估如何促进学习

第三部分通过三个经典的教学维度——课程、教学法和评估，以支持实践的发展。第 9 章先探讨了学前教育课程的优点和挑战，继而回顾了学前教育课程的目标和设计原则。第 10 章将这些观点付诸行动，并支持在各年龄阶段发展短期、中期和长期计划。第 11 章提供了理解教学的艺术、技巧和科学，以及教学知识的方法。第 12 章进一步拓展，介绍了说、听、读、写在整个课程中的重要作用。第 13 章阐述了评估如何成为学前教育中不可或缺的一部分。

第 9 章

课程——学前教育教什么

引 言

学前教育课程的发展是一个比较新的现象。但是,它的存在十分重要,尤其是在促进国家发展以及为儿童及其家庭提供公平的教育机会方面。然而,开发能够满足所有儿童需求的课程,并支持他们成为好奇、能干、自信的人,这是个复杂的大工程。本章将探讨学前教育课程的概念如何产生,以及影响这一概念发展的一些关键因素。然后,阐述如何在不同的机构和时间里实践不同的课程;反思如何支持学前教育课程的发展和实施,并回顾课程在实践中的经验。本章的目标是支持反思型教师思考课程的现在和未来,及其实施情况。

因此,学前教育是为了确保所有儿童都能获得适合他们的背景和个人发展需要的课程,而不仅仅是让他们为小学教育做准备。第4章中三项有效教与学的原则与本章对课程的讨论有着密切的关系。

有效教与学的原则

以下原则与本章所阐述的课程尤其相关。

原则1:有效教与学使学习者在最广泛的意义上终身受益。 学习的目的应该是帮助人们开发智力、个人和社会方面的资源,从而成长为积极的公民,为经济发展做出贡献,并在多样化和不断变化的社会中茁壮成长。这意味着要广义地看待学习成果,并认真对待平等和社会公正问题。

> **原则2：有效教与学涉及有价值的知识形式。**教与学应与学科的关键思想、事实、过程、语言和叙事相结合，使学习者理解什么构成了特定学科的质量和标准。
>
> **原则10：有效教与学需要以支持教与学为首要重点的统一政策框架。**国家、地方和教育机构必须认识到教与学的根本重要性，其所制定的政策应该有助于创设让所有学习者都能茁壮成长的有效学习环境。

思考课程

定义"课程"一词并不简单，通过检索文献可以发现，对它的定义超过120个（Portelli，1987）。例如，普拉特（Pratt，1980）将课程定义为一份书面文件，系统地描述了课程目标、课程内容、课程实施过程和课程评估程序的计划，这一观点得到了斯科特（Scott，2008）的赞同。然而，国家课程与评估委员会（National Council for Curriculum and Assessment）有不同的观点，他们认为课程是指"一切有助于儿童发展的学习经验，无论是正式的还是非正式的，有计划的还是无计划的"（2004，p.2）。正如本章后文所述，课程有许多方面，不仅包括计划的结果，还包括生活经验。以这样的方式思考课程意味着学前教育者必须在满足儿童的学习需求时，拥有回应性、适应力和弹性。

在讨论学前教育中"课程"的定义时，这一问题似乎变得更有难度，因为它错综复杂，受到许多因素影响，这些因素反映了社会的信仰、价值观、目标、政治观点和政策，包括儿童的学习、发展以及他们所处家庭与社区的儿童文化信仰和习惯（Wood，2014）。事实上，一些评论者（如第4章所述，斯坦纳-华德福基金会在"睁眼运动"中的立场）质疑"课程"一词是否适用于学前教育，并公开批评英格兰的早期基础阶段课程的开发。

有证据表明，冲突的观点其实代表了相反的教学立场，比如教育由儿童发起还是由成人引导，或者应该更关注教学结果还是教学过程（Papatheodorou，2009）。一项关于英国早期基础教育体系研究的系统文献综述得出结论，有效的学前教育课程应该具有整体性，以儿童的学习、发展和健康为核心（Pascal，Bertram，& Rouse，2019）。报告还建议，课程的核心在于儿童发起的游戏与成人引导的结构化活动之间的平衡。无论采用儿童发起还是成人引导的立场，随后的研究结果，包括学前教育有效准备研究项目（Sylva et al.，2004a，2004b，2010），让许多人坚信，最重要的是所有儿童都能从高质量的学前教育中获益。

课程的概念受到了进一步的挑战，因为人们希望儿童保育处于学前教育的最前沿，如英国早期基础教育体系框架的大部分内容都集中在健康和安全方面，而不是教育。这使人们开始思考，家庭以外的学前教育机构其主要作用是提供教育，还是保育。

因此，教师面临的挑战是回应有关学前教育课程的问题：
- 对儿童的教育价值是什么？
- 游戏、发展与学习在课程中的作用是什么？
- 关键的目标和目的是什么？
- 课程的背景和内容应该是什么？
- 应使用哪些方法（包括评估）和材料？

英国国家课程与评估委员会将"课程"定义为"一切有助于儿童发展的学习经验，无论是正式的还是非正式的，有计划的还是无计划的"（2004，p.2）。我们建议思考所有计划内和计划外的学习经验，涉及课程的四个方面：
- 官方课程
- 隐性课程
- 经验课程
- 全球课程

英国官方课程及其发展

在任何特定社会发展的课程都是其时代和文化的典范，受到理论、实践和政治立场的影响，涉及当前的需求和社会的未来需求。经济合作与发展组织强调，一个社会的课程不能简单地从其他地方复制，而是"必须在每个国家的历史和文化背景下发展"（OECD，2004，p. 28）。考虑到这一点，我们可以先回顾一些影响英国学前教育课程发展的先驱、理论和政策。

历史上，对儿童的关注以保育为中心，主要关注儿童的身体健康和幸福，而不是他们的认知发展。然而，人们逐渐认识到，这种保育是复杂的，为了帮助儿童发挥潜力并拥有安全的未来，教育必须是这种保育的一部分。"我们需要了解学前教育的历史，因为它为我们的工作提供了一个'根基'。这意味着我们正在坚实的基础上建构，行走在前人走过的路上"（Nutbrown & Clough，2008，p. 181）。

学前教育在任何历史时刻都与发展理论、政府政策和实践研究相关联，并由教育先驱们付诸实践。表 9.1 概述了影响英国及世界其他地区学前教育实践的一些关键进展。有些内容在本书的其他部分提及。

表 9.1 教育：知识、发展和课程的相互作用

年份	学前教育实践
1816	英国的罗伯特·欧文（Robert Owen）开办第一所知名的幼儿园。
1826	德国的弗里德里希·福禄贝尔（Friedrich Froebel）发表了重要著作。
1836	英国家庭与殖民学校协会[1]提倡瑞士裴斯泰洛齐（Pestalozzi）的儿童中心教育法。
1870	英国的第一部《教育法》（Education Act）颁布。
1889	英国的第一部《儿童法案》颁布。
1890	基于福禄贝尔理论和实践的幼儿园运动。
1897	美国约翰·杜威（John Dewey）发表了一系列重要著作。
1907	意大利的玛利亚·蒙台梭利（Maria Montessori）在罗马创办了第一个"儿童之家"。
1910	奥地利的西格蒙德·弗洛伊德（Sigmund Freud）促成了国际精神分析运动（International Psychoanalytic Movement）。
1914	英国的麦克米伦（Margaret & Rachel McMillan）姐妹创办了第一所保育学校。
1919	奥地利的鲁道夫·斯坦纳（Rudolf Steiner）创办了第一所斯坦纳–华德福学校（Steiner Waldorf School）。
1921	瑞士的让·皮亚杰（Jean Piaget）成为卢梭研究所的研究主任。

---

[1] 英文为"Home and Colonial Society"。——译者注

（续表）

年份	学前教育实践
1924	英国的苏珊·艾萨克斯（Susan Isaacs）成为"麦芽屋学校"（Malting House School）的校长。
1926	苏联的列夫·维果茨基（Lev Vygotsky）开始了他的研究。
1935	美国的伯尔赫斯·斯金纳（Burrhus Skinner）开始了他的研究。
1945	瑞吉欧·艾米利亚教育——意大利的洛里斯·马拉古奇（Loris Malaguzzi）创办了第一所社区幼儿园。
1960	美国的杰罗姆·布鲁纳（Jerome Bruner）发表了重要著作。
1961	英国的贝尔·图塔耶夫（Belle Tutaev）创办了英格兰第一个游戏小组。
1962	美国创办了第一所高瞻课程幼儿园（High Scope Nursery）。
1967	英国的《普洛登报告》发布。
1969	英国的约翰·鲍比（John Bowlby）发表了重要著作。
1988	英国的《国家课程》（National Curriculum）发布。
1990	英国的《朗博尔德报告》发布。
1992	英国教育标准局成立。
1996	新西兰学前教育课程大纲（Te Whāriki）正式颁布。
1996	英格兰发布《进入基础教育时儿童学习的期望成就》（Desirable Outcomes for Childrens Learning on Entering Compulsory Education，SCAA）。
1997	比利时的费雷·莱弗斯（Ferre Laevers）发表了重要著作。
2000	英国发布《基础阶段课程指南》（Curriculum Guidance for the Foundation Stage）。
2001	英国发布《8岁以下日托和儿童保育国家标准》（National Standards for Under Eights Day Care and Childminding）。
2002	英国出台《重要的0—3岁》（Birth to Three Matters）。
2004	英格兰和威尔士出台《每个儿童都重要》（Every Child Matters）。
2008	《英格兰早期基础教育体系：有效学前教育研究结果》（Early Years Foundation Stage introduced in England: Effective Preschool Provision Findings）公布。
2009	爱尔兰0—6岁学前课程标准（Aisear）发布。
2010	苏格兰发布《卓越课程》。
2011	英国早期基础教育体系的《蒂克尔报告》发布。

（续表）

年份	学前教育实践
2012	英格兰发布修订的早期基础教育体系。
2014	威尔士启动课程发展咨询；英格兰学前教育者课程开发；对早期基础教育体系进一步修订。
2015	英国启动基准线评估。
2019—2020	英国成立早期基础教育体系咨询，发布《早期学习目标》(Early Learning Goals)。

1816年，罗伯特·欧文在苏格兰的新拉纳克建立了英国第一个将保育和教育相结合的幼儿园，为儿童提供了一个养育和刺激的环境，也为女员工提供了工作机会。之后，最引人注目的是1914年英国的麦克米伦姐妹受德国教育家福禄贝尔的启发在伦敦创办了保育学校和培训中心。该保育学校致力于改善贫困儿童的身体和智力。

这一时期，心理学家苏珊·艾萨克斯也支持以儿童为中心的幼儿园教育。1924年，她成为一所保育学校——"麦芽屋学校"的校长。史密斯写道："在教育和育儿实践中，在整合儿童心理学日益增多的理论知识与实践方法方面，艾萨克斯做得比任何人都多"（1985，p.17）。艾萨克斯认为，儿童是有能力的学习者，应该在富有刺激的环境中自由活动，从而更好地发展。儿童的自我表达受到鼓励，被视为儿童个性、社会性和情感发展的重要组成部分。艾萨克斯的实践与认识是有远见的，她的号召在近100年后的学前教育实践中得到了共鸣，例如，对儿童游戏进行观察使我们得知练习的重要性。

在20世纪的两次世界大战期间，英国政府支持把儿童保育作为解放劳动力的一种方式。第二次世界大战后，随着男性回归工作岗位，妇女被鼓励回到家庭——此举得到了鲍比关于母婴依恋研究的支持。同样，这项研究的影响至今都可以看到，尤其是在许多学前教育机构的关键人角色方面。

此后，最引人注意的发展可能是1967年的《普洛登报告》，该报告提出发展学前教育（尽管认为发展学前教育的重点是强调单身母亲的工作需要，而不是儿童的发展需求）。在这份报告之后，英国的大部分儿童保育服务都是通过志愿机构和扩大全日托服务提供的——最初由儿童保育者提供，后来是私营的日间托儿所。英国不同地区的学前教育机构数量增长速度有所不同。

随着学前教育机构数量的增加，因保育标准而产生的参差不齐的焦虑也在增加。

以质量为诉求的《朗博尔德报告》发表（DES，1990），强调高质量学前教育的重要性。它提出了一个基于八个主要学习领域的新课程，并提倡在有准备的环境中体验、积极学习。尽管当时的政府并未重视报告的提议，但报告的内容为后来的学前教育发展奠定了良好基础。

在 20 世纪 80 年代和 90 年代初，围绕学前教育改革的讨论如下。

关于学前教育所需的信息不明确且相互矛盾——早期教育政策应该最关心为儿童上学做准备，还是为工作的父母提供日托？应该为发育中的大脑提供刺激，还是为女性提供平等的机会？是为了节省雇主的成本，在员工成为父母后留住他们，还是为了减少单亲父母的支出，使他们重返工作岗位？或是把预防看作主要的驱动因素，无论是预防儿童发育迟缓还是青少年犯罪？（Pugh & Duffy，2009，pp. 8—9）。

这种讨论标志着向具有全面课程的、普遍性的学前教育迈进。

1996 年，英国学校课程与评估委员会推出了一套准则，以规范学前教育。这些都与第一阶段的学前教育券计划[1]有关，父母可以选择学前教育机构。《进入基础教育时儿童学习的期望成就》（1996）遭到许多批评，它规定了儿童入学前应达到的理想发展水平，并在 1997 年为英国教育标准局提供了一个督导框架。随着新政府的选举，学前教育券被废除。政府为符合定期检查要求且接收 3—4 岁儿童的非全日制学前教育机构提供直接资助。

1999 年，经资格认证与课程管理局的磋商之后，英国发布了 3—5 岁儿童《基础阶段课程指南》（2000）（在英格兰，以及英国的其他地区也发布了其他指南）。这些发展意义重大，给了儿童更独特的身份和更详细、有针对性的课程，强调通过有计划的游戏活动来学习。这种指导方针并不纯粹是政府的产物，而是借鉴了许多教育家的专业理论知识发展起来的。这一指南修订了《进入基础教育时儿童学习的期望成就》，并将其命名为《早期学习目标》，分为六个学习领域，建议儿童通过阶段目标（或"垫脚石"）来达到早期学习目标，并为教师提供实用的方法，帮助儿童规划游戏机会，从而实现目标。

随后，人们的注意力转向 3 岁以下儿童的发展与照护。《重要的 0—3 岁》（DfES，2002）是作为一个有效实践的支持性框架提出的。尽管它不是课程，但它第一次将出

---

[1] 英文为"Nursery Voucher Scheme"，是一种免费教育政策项目。——译者注

生到 3 岁的儿童作为教育报告的重点，旨在通过关注儿童的个性、了解儿童的需求及其学习方式与年龄较大的儿童之间的差异来提高儿童的素质。在这之后，婴幼儿发展被纳入许多课程审查和报告指南中，包括 2009 年爱尔兰 0—6 岁学前课程标准。

2001 年，英国教育标准局根据 1989 年《儿童法案》的要求接手了监管儿童保育的责任。《日托和儿童保育（国家标准）（英格兰）条例》［Day Care and Child Minding（National Standards）（England）Regulations］于 2001 年出台，提出了一套针对儿童保育服务提供者的最低标准。

为了回应《儿童法案》（2004）和拉明爵士的《维多利亚调查报告》[1]（The Victoria Climbié Inquiry，Laming，2003），政府宣布调整儿童服务，以便每个儿童都能够在五大领域获得发展。《每个儿童都重要》（Department for Education，2003）指出，为未来奠定安全的基础，我们就必须保证儿童：

- 安全
- 健康
- 快乐和有所收获
- 做出积极的贡献
- 获得经济福祉

随着学前教育的发展，学前教育领域的研究和教师的作用逐渐增加，促进了早期基础阶段教育体系（DCSF，2008）的发展。它首次涵盖所有从出生到 5 岁的儿童，也将以前的框架合并为一个连贯的文件，承认和倡导基于游戏开展课程的理念，并把教育和保育融合（Roberts-Holmes，2012）。这些理念得到了学前教育有效准备研究项目的认同（Sylva et al.，2004a）。

2011 年，政府担心早期基础阶段教育体系太官方，过于强调支持儿童的学习与目标的达成和评价，这不利于儿童，因此委托蒂克尔进行审查。蒂克尔的审查报告共提出了 46 项调整建议，尤其强调关注儿童以何种独特的方式学习，而不是关注他们学到了什么。蒂克尔（2011）强调了有效学习的三个特征：游戏和探索；主动学习；创造

---

[1] 报告中一名叫维多利亚的儿童死于儿童保护政策不力，引发了欧洲民众对儿童安全问题的关注。在调查报告中，调查负责人拉明爵士表示，"儿童保护措施失败的程度令人遗憾……它只需要将基本的良好实践付诸实施，但这从未发生过"。他并没有把批评的矛头指向"那一小撮没有经验的倒霉的一线员工"，而是指出最大的失败在于管理者和高层官员，他们的任务就是确保儿童安全。——译者注

和批判性思维。她建议改变以前的学习领域，学习的基础还应该包含以下三个主要方面：个性、社会性和情感的发展；沟通和语言；身体的发展。这些基础技能可以体现在另外四个更具体的方面，即读写、数学、理解世界、表达性艺术与设计，从而深化学习经验。学前教师普遍接受了审查后的课程（DCSF，2012），理由是"减少不必要的文字工作，并且鼓励教师花更多时间与儿童在一起"（Kingdon & Gourd，2013，p. 88）。认识到优质教师是学前教育机构所能做出的最有价值的贡献，这是十分重要的一步。

通过对英国学前教育课程发展历史的简短回顾，大家可能开始理解影响课程发展的因素、压力和理论。虽然不同国家的课程内容不同，但其影响（各有不同程度）是相似的。此外，调查还显示，虽然随着时间的推移，课程内容发生了很多变化，但大家普遍认为，学前教育课程的存在是必要的。对反思型教师来说，这意味着不仅要对当前的学前教育课程和立法有充分的了解，还要对影响这些政策发展的力量有深刻的认识，无论这些力量是政治的、经济的，还是基于研究和实践的。

隐性课程

隐性课程是指人们学到的，但说不清道不明的东西，包括学前教育机构和学校中不成文的社会规则和期望（Martin，1983）。正如第 2 章和第 6 章所述，儿童从对成人和同伴的观察与互动中学到很多东西。以这种方式传递给儿童的信息，与官方课程中的信息一样强大（而且通常更强大）。例如，我们可能有很多资源描述男性和女性在学前教育机构中一起平等地从事照护工作，但绝大多数儿童面对的日常现实是，他们所在的机构中很少有男性，即使有也很少与他们在一起。

反思活动 9.1

目的：深入理解学前教育机构中的隐性课程。

证据与反思：想一想你所在学前教育机构中的景象，儿童、家长和参观者看到了什么？谁在场？谁缺席？例如，想一想文化、种族、身份、性别角色。其中的隐藏信息是什么？

每个儿童的独特性是否明确显现？他们的作品是如何陈列的？陈列在何处？

你认为，机构的情况向儿童及其家人提供了什么信息？

> **拓展**：思考你对机构的回顾。与同事讨论，是否有需要更新的地方，是否有其他展示儿童工作的方式。讨论机构里的"隐藏消息"会有哪些改变。

布朗认识到隐性课程对儿童发展的重要性。她指出，这种意识可以支持我们做出日常决定和选择。

例如，选择书籍、玩具和其他学习资源时，我们的标准是什么？对儿童及其父母的态度、假设和期望如何影响我们与儿童的交流方式？根据什么标准将儿童分组去做各种活动或任务？如何让儿童遵守纪律？使用什么奖励制度？（Brown，1998，p. 50）

这些问题对反思型学前教师来说很重要。

在学前教育机构中经常可以观察到隐性课程的一个地方，是关于游戏是否适宜的不成文规定，例如，游戏是否太大声、太喧闹或太暴力。在许多学前教育机构中，儿童玩战争玩具和武器往往被视为不合适或负面的。过去，这经常导致我们采取"零容忍"的方法，禁止儿童玩所有用到武器的游戏。根据我们的经验，虽然这被广泛运用，也通常被称为"规定"，但很少是书面规定。这导致许多儿童，尤其是男孩收到的信息是，学前教育机构不赞成他们的游戏，也不支持他们玩他们喜欢的东西，有时候，他们会觉得学前教育机构很"无聊"。彭妮·霍兰（Penny Holland）的研究发现了这些问题，并让许多教师反思儿童所收到的关于特定游戏类型的信息。案例研究9.1举例说明了这一点。

 案例研究9.1　超级英雄和武器游戏

在我们机构有一种"零容忍"的说法，但很少被讨论。霍兰的一项研究引发了我们的思考，让我们通过反思和质疑来考虑这个问题。机构管理者精心策划并安排我们进行了多次讨论与反思，以确保团队的所有成员对结果重视和感到满意。

一次员工会议上，我们进行了非常真诚的讨论，所有人都可以谈论个人和情感话题——有人强调说，他们强烈反对一切包括暴力行为的游戏。在这些讨论之后，我们一起去观察那些喜欢这类游戏的儿童。虽然没有武器，但我们发现儿童用娃娃家的棍子或工具当成武器在游戏。通过观察，我们发现禁止武器

> 游戏的禁令无意中鼓励了儿童伪装他们的游戏，并对他们的所作所为不诚实，创造了一种隐藏的或破坏性的活动，使他们远离其他丰富的幼儿园文化。
>
> 这些观察结果和下面的讨论导致了学前教育机构中的一些变化，包括制定一份书面的游戏规定以提供明确的教职工指导。除了与工作人员之间的讨论，我们还开展了与家长的讨论，从而向儿童传达明确、一致的信息。
>
> 新规定明确表示，我们不会直接提供玩具武器，但也不会阻止儿童在游戏中创造武器，比如搭积木、玩橡皮泥、做标记或任何其他形式的游戏。我们确实购买了超级英雄和基于角色的玩具。事实证明，这种方式非常受儿童欢迎，他们还扩展到电视角色，包括动物和"社区"人物，如消防员和医生。最初，这种类型的游戏主导了整个过程，需要增加成人的监督、参与和支持。然而，随着新奇感逐渐消失，儿童又开始选择各种各样的玩具和活动。
>
> 这种对隐性课程及其意外结果的反思，使一群以前被疏远或兴趣和需要得到负面评价的儿童，现在选择游戏时得到支持，于是减少了之前的躲藏行为或破坏性活动。

> **专家问题**
>
> 持续改善学习成果：教育能否促进知识、概念、技能和态度的发展？
>
> 这个问题有助于建立一个概念框架，以展现长期存在的问题和教师的专业知识（见第16章）。

案例研究9.1强调了非书面的规定如何影响儿童的行为和发展。本书已经讨论过其中的很多例子，例如，有缺陷的儿童在学前教育机构中的感受，或儿童对成人看重的知识和行为模式的了解，以及谁符合和不符合这些期望。在第一次进入学前教育机构时，大多数家长都只知道官方发布的课程，而隐性课程很可能向家长传达一些关于学前教育机构和员工价值观的信息。

经验课程

这种课程概念化的方式吸引了人们对课程各个部分的关注，包括正式课程和隐性课程，它们与学习者的联系最有意义。这是儿童在学前教育机构中所拥有的实体教育和经验的全部。成人可以计划他们喜欢的一切，怀着美好的憧憬，但儿童可以从这些课程中得到什么呢？可以说，经验课程对儿童及其未来的影响最大。

教育与个体学习者——独特的儿童的发展有关。这种发展有许多方面，包括个性、社会性和情感，以及身体、神经系统和认知方面。对儿童来说，这些因素具有重要意义，它们是学习的基础。近年来，大家越来越重视个人的长远发展，纵向研究已经证明高质量的早期学习经验所具有的持久效果（例如，Sylva et al.，2004a）。

简而言之，教育可以被看作社会宝贵知识与个人发展之间相互作用的产物，发生在学习者对这两个关键因素的体验中。教育通过课程调解和构建这些经验。教师的核心专业知识是触及并促进知识与发展的有效互动。正如詹姆斯和波拉德（James & Pollard，2012）所说，有效的教学"涉及有价值的知识形式"，也"拓展学生在最广泛意义上的生活"（见第4章）。详见图9.1。

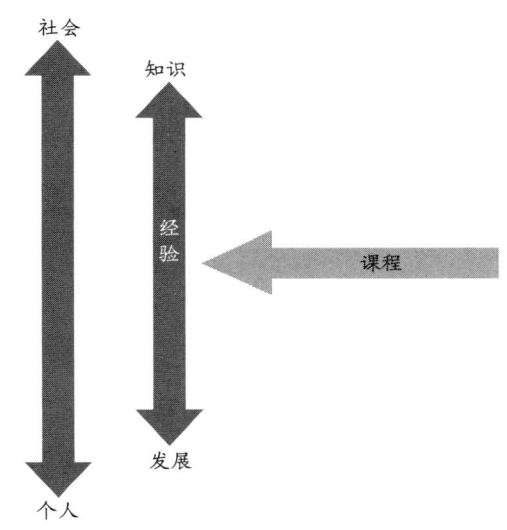

图9.1　教育：知识、发展与课程的相互作用

有些人强调知识和技能，比如识记，看重儿童在进入小学之前学会写自己的名字，而忽视教育其他方面的重要性，如好奇心、抗挫力、愿意尝试新事物等。还有许多人预见了技能、能力和性格发展的重要性，提出当代知识变化如此之快，"学会学习"是必不可少的。然而，这些都是无益的两极分化，因为除非与某种具体目的有关，否则不可能将"学会学习"概念化。因此，我们的立场是，知识和发展是课程与学前教育中不可或缺的两个要素，必须考虑课程内容、隐性课程，以及最重要的是，儿童的经验。

全球课程

各国的学前教育课程及其背后的动机各不相同,取决于不同的社会、经济、文化、宗教、政治、历史和家庭背景,因为"我们对儿童所应学习内容的理解根植于社会文化背景"(Parker-Rees,2011,p.3)。经济合作与发展组织审查了其成员国的教育成果,找出了影响课程的多方面因素,并得出结论,我们不能只在教育的边界内理解课程,因为课程需要被视为"教育系统内外各机构和利益相关方之间就为什么、做什么、如何、何时以及在哪里教育和学习达成的政治、政策和技术方面的共识"(OECD,2018,p.5)。

反思型教师对于这一点可以进行反思或反驳,把它们看作比较工具来改进实践。理解其他课程及其背后的历史和理论,这很有价值,有助于我们思考自己的课程,以及如何在实践中开展课程。这可以增强我们的反思,唤醒我们潜在的新的思维方式。

如前所述,学前教育课程是一个比较新的发展理念,世界上很多地方还没有对学前教育课程进行充分的研究,或是刚刚起步。在已经进行了研究和调查的国家中,其课程实践和教学法的某些方面是一致的。例如,伯特伦和帕斯卡尔(Bertram & Pascal,2002)在对国际课程实践的回顾中发现,大多数国家已经认识到基于积极游戏的教学法的重要性,鼓励儿童独立和自我激励,但他们指出,这种理论并不总是能够成为现实,教育的"目标"往往会阻碍现实中儿童的游戏。

我们的时间轴确定了几个对国际现代思想产生不同影响的全球学前教育运动、教学法和课程实践。表9.2概述了其中六种教育方法。

表9.2 六种国际学前教育思想概述

	历史	理念	课程	环境	不足之处
福禄贝尔	福禄贝尔在德国工作。1837年,他发展了一套基于儿童发展理论的学前教育课程。他相信,儿童是通过游戏来学习的。	儿童是有能力的,成人应该像园丁那样释放孩子的潜力。 父母是儿童的第一任教师。	儿童是作为一个"完整"的人来接受教育的。课程计划是围绕支持儿童的社会、学业、情感、身体和精神发展而建构的。必须允许儿童按照自己的速度发展。	儿童可以通过自由游戏来参与学习环境中精心设计的活动。 成人随时在场可以支持儿童的学习。	过去,这种教学法被批评为过于僵化,缺乏它所提倡的自由游戏。有人也担心对精细动作发展的过度关注,代价是牺牲了学习技能的培养,如阅读和写作。

（续表）

	历史	理念	课程	环境	不足之处
蒙台梭利	蒙台梭利在意大利工作。1897年，她提出了儿童教学法，认为儿童所面临的许多问题都与教育有关，而不是医学问题。	每个儿童都是一个个体，应该被鼓励按照自己的节奏工作。 不进行任何评估、测试或分级。 儿童从与不同年龄段儿童的互动中受益，例如，0—3岁和3—6岁的混龄儿童。	该课程理念是，儿童是自然学习者，他们有机会为自己的自然发展选择活动。 对儿童的观察是该方法的基础。	为儿童的探究提供专门设计的活动。 选择适宜儿童的活动，以便他们在没有成人支持的情况下完成活动。其目的是培养积极的学习品质。	这些活动经过精心设计，价格昂贵。 可能比较僵化，缺乏灵活性，不足以支持有不同需求的儿童。 人们担心这种教学法不会促进合作和人际关系的发展。
高瞻课程	美国的韦卡特（Weikart）于20世纪70年代初提出该课程，旨在支持贫困儿童为正规教育做准备。	高瞻课程借鉴了童年理论，特别是皮亚杰的研究，基本理念是儿童可以独立工作并从直接经验中获得学习。	课程的实施方式允许儿童发展个人天赋。 做中学对于儿童建构自己的知识也至关重要。	环境包含各种活动，其关键特征是一日常规，采取了"计划、实施、回顾"的方法。	有人担心，这种方法可能在复制时过分僵化，每日活动的重点是教师主导而不是儿童主导的活动。
瑞吉欧方法	瑞吉欧·艾米利亚是意大利北部的一座城市。瑞吉欧课程是由第二次世界大战后的教育工作者和家长创造的，他们希望开发一种基于社区的反法西斯主义教与学方法。	儿童被视为个体，也是集体中的一员。 瑞吉欧课程理念是合作可以支持儿童的学习，帮助儿童成为集体中的一员。	支持儿童在环境中发展个别化项目。 学习在成人、儿童和同伴的合作中被讨论和质疑。 采用"档案法"记录或捕捉儿童的学习、成就和联系。	环境有吸引力，令人感到放松，像家一样，从而确保儿童是自在、舒适的。	由于没有正式的资格规定，因此有人担心该方法缺乏一致性，在不同的学前教育机构差别太大。

（续表）

	历史	理念	课程	环境	不足之处
斯坦纳-华德福	鲁道夫·斯坦纳于1919年在德国开发的华德福教学法建立在儿童发展理论基础上，特别是皮亚杰理论。	该方法的理念是，儿童通过游戏进行学习，想象力是学习的关键部分。	鼓励儿童参与"现实生活"的活动，接触现实的技能，如缝纫和雕刻。该教学法认为，创造力和艺术对儿童发展终身学习技能至关重要。	环境美观温馨，从而发展儿童的团队合作能力。	人们担心该教学法对阅读和写作等学业技能缺乏关注。一些华德福学校的德育教导效果有待考究。
新西兰课程	新西兰政府于20世纪90年代发布学前教育课程。这种方法是建立在与家庭合作学习的愿望之上的。认为学习发生在社会文化背景之下。	该课程建立在儿童通过与环境的互动和积极探索来学习的假设之上。	课程基于四个关键原则：环境、整体发展、家庭和社区以及人际关系。课程中有五大领域：健康、归属感、成就、沟通、探索。重点是知识、技能和态度的发展，而非结果。	环境创设是为了鼓励儿童积极探索。	有人担心这种课程相对较新，少有研究来确定它是否真的对儿童有益。不同机构可能以不同的方式实施课程。

 反思活动 9.2

目的：深入理解课程实践的影响。

证据与反思：参考表9.2，你能发现自己的课程理念与实践有何联系吗？同事的课程实践呢？你的指导老师呢？你是否希望发展某些课程，或课程的某些方面？如果有，为什么？你是否不赞成课程实践的某些方面？如果有，为什么？

拓展：与同事讨论你的想法，并思考你的课程实践有哪些潜在的改善之处。

反思型教师必须能够识别课程中有待阐释的开放性问题。从表9.2可以看出，这些课程虽然各不相同，但都有共同的主线，即支持儿童的发展。课程总是在变化，特别是学前教育课程本身就很灵活，因此教师等工作人员的解读和精神特质是关键。不同机构的解读有所不同，你会发现当你在不同的学前教育机构工作时，事情会有不同的处理方式。有时，你可能觉得自己的课程实践是最好的，但是在不同的情景中，你会根据经验做出改变。造成这些差异的原因之一是，所有的儿童、家庭、教师和环境都是独特的，因此需要不同的方法。课程实践的僵化可能会导致一些儿童和家庭被排斥在外，或者觉得课程、环境甚至教育对他们的意义甚微。然而，我们相信，课程设置的某些普遍原则可以指导教学。

课程设置的原则

课程设置的教育作用涉及三个持久存在的基本要素。它们是所有课程审议的基础：

- 知识的性质；
- 学习者的需求；
- 两者间的相互作用。

思考这些要素，有助于确定随着时间的推移，为不同环境下的不同儿童提供课程的关键原则。第1章关于英格兰国家课程的专家报告里也强调了这些要素，该报告指出：

知识可以被看作代表了过去和未来积累的经验。每个学科的概念、事实、过程、语言、叙述和惯例构成了社会精练的知识形式，其中知识被认为是"强有力的"。（Department for Education，2011，p. 11）

在学前教育中，我们支持儿童具有现在获得或将来获得这些知识的技能。近年来，个人发展的重要性越来越得到重视。纵向研究证明了高质量早期学习经验的持久作用（Sylva et al.，2001），同时《前瞻报告》（Foresight Report，Feinstein et al.，2008）确认了儿童"终身学习"的轨迹。

因此，简单地说，教育可以被看作有社会价值的知识和个人发展之间相互作用的产物，发生在学习者对这两个关键因素的体验中。然而，这两个因素在每个年龄阶段的重要性并不相同。特别是，发展的多个方面和基本技能对儿童来说更为重要，这一点我们经常在针对7岁以下儿童的课程和工作方法中看到。注意，这些持久的因素有助于制定课程框架。在创造、调整或者实施一门课程或其中的任何因素时，清楚教育目的是至关重要的。

从较高的层面来看，立法可以确定总体教育目标。例如，苏格兰《卓越课程3—18岁》中规定：

学习者有权学习包含不同学习阶段的一系列特点的课程，这确保为儿童和青少年提供不断发展学习技能、生活技能和工作技能的机会。

这一表述深受社会、经济和政治问题影响：

我们知道，儿童是苏格兰的未来，学前教育为振兴苏格兰的知识经济打开学习和技能的大门。同样重要的是，它努力解决儿童的需求，他们的生活、机会和理想正受到苏格兰历史遗留的贫穷、健康状况差、低学业成绩和失业的限制。（Early Years Framework，2009，p. 1）

因此，该课程建立在一个明确的、令人鼓舞的目标之上，即支持儿童取得成功并减轻贫困问题。类似的声明为许多课程框架设定了期望，它们本质上是伦理、道德和政治声明，公开国家所渴望的价值和追求。反思型教师要思考如何使这些期望与自己的愿望以及与儿童家长的愿望相协调。课程目标通常会辅以大量的新举措。虽然这些举措可能会提供很多东西，但反思型教师必须再次思考这些举措在自己所处的机构中是否适宜，是否有类似的成功举措？它们能满足需求吗？是否与机构实践相协调，有着共同的精神特质？在对支持学习的课程目标和举措进行反思后，就可以制订课程实施计划。这些原则可以帮助我们思考课程目的，并为思考规划提供基础。我们必须再次将儿童视为独特的学习者，进一步发展课程以便最好地支持有不同需求的儿童。

> **专家问题**
>
> 广度：课程是否代表了社会对其公民的教育期望？是否支持儿童发展安全的好奇品质？
>
> 这个问题有助于建立一个概念框架，以展现长期存在的问题和教师的专业知识（见第16章）。

儿童的学习：发展与课程

发展

前文探讨了儿童是如何学习的。本节将进一步探讨与课程相关的学习，为此，我们将探讨"建构以学习为目的的课程模块"（The Learning Partnership[1]，Wales，n.d.）。该报告确定了鼓励和完善关于课程问题的专业讨论的四个基石：知识、概念、技能和态度。

知识：值得了解和令人感兴趣的内容，如数字、位值或为了实现读写的字母发音与拼读。内容虽然是由课程引导的，但在学前教育机构中往往足够灵活，由教师确定。当然，这也可能是由儿童离开机构时被期望达到的"目标"或"指标"决定的。

概念：构成一个主题的"关键概念"，或使儿童能够分类、组织和预测的概述——理解模式、关系和意义，如温度、体积和生命。例如，教师和儿童可以种植种子，把一颗种子放在盒子里，另一颗种子放在阳光照射到的窗台上。观察植物的生长过程可以帮助儿童理解一些关于生物和能量的大概念。

技能：执行任务的能力，如个性/社交方面（倾听、合作）、身体/实践方面（跳跃、标记、切）和智力方面（观察、想象）。这些技能的发展是学前教育实践的良好基石，也是人们逐渐认识到学前教育对儿童未来发展至关重要的原因之一。

态度：价值观和个性品质的公开表现，如自律、宽容、抗逆力、策应力和性格（包括学习品质）。

早期基础阶段教育体系还提到，知识、概念、技能和态度的发展是为儿童未来的学习打下坚实基础的关键（Department for Education，2012）。

知识

对知识本质的理解是所有课程的基础。有关知识的三种基本立场已经确立，其根源可以追溯到教育哲学、心理学和社会学。

---

[1] 学习伙伴，一个旨在满足动态变化的教育需求而存在的教育组织。——译者注

首先，有人认为特定的"知识形式"是存在的。他们认为，在哲学上可以通过不同的思维方式和不同的研究证据来区分这种特定的"知识形式"（Hirst，1965；Peters，1966）。

其次，有人强调知识是由个体和群体在相互作用和与环境的互动中以社会的方式构建的，并通过这些经验不断地重建理解（Berger & Luckmann，1967；Light & Littleton，1999）。这一观点与皮亚杰、维果茨基和布鲁纳的心理学观点产生了共鸣。

最后，从社会学的角度来看，知识是由强大的群体定义的，这些群体明确指出某些类型的知识重要或处于高位。他们可能试图控制某些形式的知识，特别是与权力有关的知识（Young，1971；Bernstein，1971b），也可能坚持让儿童和青少年接触具有合适的特定形式的知识。

当然，这些关于知识的观点并不是孤立的，任何人的看法都可能借鉴其中的几个观点，甚至是全部。这种观点可以从课程设置中看到，例如，必须使儿童接受教育并发挥潜力，避免贫困循环，提供相应课程（例如，在提倡特定宗教的教学方面）。

概念

对概念的理解可以帮助儿童学习、组织和探索新的知识。皮亚杰提议，儿童通过体验和探索环境，不断地重塑知识。随着对知识的积累，他们对关键概念的理解也是如此。例如，图式可以促进儿童的理解：轨迹图式帮助儿童理解当你踢或扔一些东西时会发生什么样的轨迹。

发展中的概念是进一步发展知识的重要基础；新的经验很少是全新的，我们能够利用已有知识来解释和理解新的经验。概念阐明了学科知识的深层结构，并使之易于理解。从学前教育到高等教育的学者们已经提出了这一点（例如，Aubrey，1994；Pollard et al.，2019）。

概念使学习者能够分类、组织和预测，并理解主题中的模式、关系和意义。它们是支持高质量的真正学习的认识论工具。图9.2通过数学中数字发展的例子，概述了概念是如何构建和扩展的。注意，这些概念不完全是线性发展的，有重叠的部分。然而，每个阶段都要建立学习新思想和明确概念的基础。

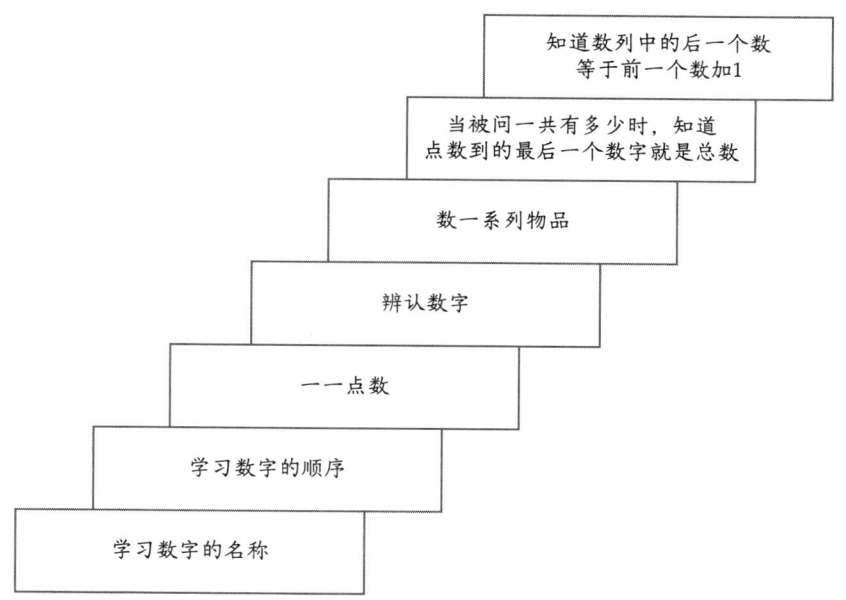

图 9.2　使用早期数学概念来展现概念是如何随时间形成的

技能

技能是"执行任务的能力"（Her Majesty's Inspectors[1]，1985，p. 38），但在课程规划的语境下，这个术语的使用变得更加复杂，如下所述。

身体技能通常指身体协调性，如跑步或捕捉，以及精细的运动技能，如写作、缝纫或绘画。

基本技能通常指沟通能力、读写能力和计算能力，有时还包括对技术的使用能力。

个人技能是最基本的，通常包括自我意识、思维和与他人合作等能力。

对技能发展的系统性和结构性教育是课程中的一个学习要素。

苏格兰《卓越课程3—18岁》提及的几种能力（2009）为21世纪的课程更新了这一方法。它提供了一个精心开发的技能框架，包括"学习技能、生活技能和工作技能"（Scottish Government，2009）。该课程以这几种能力为基础，旨在帮助儿童和青少年成为：

---

[1] 英国督查。——译者注

- 成功的学习者；
- 自信的个人；
- 有责任的公民；
- 有效的贡献者。

强调所有教育者在以下四种情况中支持这种学习所负有的责任：
- 课程领域和科目；
- 跨学科的学习；
- 学校的精神风貌和生活；
- 取得个人成就的机会。

这也与本书反复出现的主题产生了共鸣。

态度

态度被英国督察视为"在各种情况下，价值观和个性品质的公开表现"（Her Majesty's Inspectors，1985，p. 41），如诚实、可靠、主动、自律和宽容。在个性、社会性和情感发展领域，早期基础阶段教育体系（Scottish Government，2020，p. 8）提出"帮助儿童对自己和他人产生积极的意识；建立积极的关系，发展对他人的尊重；发展社交技能，学习管理自己的感受；理解群体中行为的适宜性，对自己的能力有信心"。这与众所周知的有效教与学的三个特点是一致的：
- 游戏和探索——渴望探索和尝试；
- 主动学习——能够在遇到挑战时集中精力并继续努力；
- 创造和批判性思维——儿童拥有并发展自己的想法。

反思活动 9.3

目的：思考在机构中如何实践，以支持儿童的知识、概念、技能和态度的发展。

证据与反思：独自或最好与同事一起，在一套特定的计划材料中确定并列出旨在促进发展的知识、概念、技能和态度。

> **拓展**：识别知识、概念、技能和态度这四类中的元素，哪些是明确的，哪些是隐含的？该活动是否促使你改进或扩展对未来实践的计划或想法？

现在，我们得出结论，任何学前教育课程都受时间和地点的限制，它是复杂的，有许多方面，远不止明确书写的内容。在本质上，课程的重点是建构知识、概念、技能和态度，这为儿童的未来做好准备。剩下的问题是，"反思型教师如何在意识到这些问题的情况下提供学前教育课程，以满足儿童的需求？"这将我们带到具体的实践层面，在日常保教工作中探求教育目标。

研究总结 9.1　自然拼读法

它是什么

自然拼读法是一种通过培养学习者的音位意识来教授阅读和写作的方法，涉及听力、识别和使用英语音素或发音模式的技能，目的是系统地教授学习者这些发音和代表它们的书面拼写模式或字母之间的关系。自然拼读法强调通过发音和组合或"混合"发音拼写模式来解码学习新单词的技巧。

证据表明什么

自然拼读法一直被认为是帮助年轻读者掌握阅读基础知识的有效方法，平均来说，可以提前4个月的学习进度。研究表明，自然拼读法对4—7岁的小学习者在开始阅读时尤其有益。平均来说，自然拼读法比其他的早期阅读方法（如全语言或字母法）更有效，尽管应该强调的是，有效的自然拼读法通常嵌入小读者丰富的读写环境中，而且只是成功的读写策略的一部分。

合格的教师在进行自然拼读干预时往往能取得更好的效果（其效果是志愿者或未经培训的工作人员的2倍），这表明专业知识是早期阅读教学成功的关键组成部分。证据有多充分？

总的来说，与自然拼读相关的证据是非常可靠的。许多研究、评论和元分析一致认为，系统的自然拼读教学是有益的。近年来，已有几篇关于自然拼读的研究发表，其结果表明，自然拼读法是有效的，也强调了高质量实施的重要性。

进一步思考

确保你所处机构教授自然拼读的水平适合机构中的儿童。

注意员工的经验和培训——如果自然拼读由合格的员工教授是最有效的，那么，你就要支持这点。

学前教育中的课程实践

教学团队的每个成员都将自己的经验和知识带到学前教育机构中。正如本书重申的,反思者不断寻求新的知识和观点是很重要的。一旦将历史先驱和新研究的发现传递给我们的知识嵌入进来,形成自己的精神特质和价值观,我们就有信心解释当前的相应课程——这在职业生涯开始时尤其具有挑战性。课程逐渐被视为实践的一部分,而不是整个实践。我们开始以一种与自己的信念相一致的方式设计课程,即课程应该适合儿童,而不是儿童应该适合课程。

案例研究 9.2　支持独特的儿童参与课程实践

吉卜赛人、罗姆人和游居者群体的工作人员海伦找到一家托儿所,要求为一个 2.5 岁的男孩艾德提供入园机会。海伦希望这能为他的母亲提供一些喘息机会,因为她要照顾艾德和他被诊断出残疾的弟弟。艾德一家是爱尔兰游居者群体中的一员。艾德的第一次入园有很大挑战。艾德的分离焦虑严重,他一直没能冷静下来。经过机构人员和海伦的思考与交谈后,大家认为让艾德及其群体中的其他孩子一起上幼儿园对他更有帮助。因此,艾德的三个表兄弟也被邀请一起来上幼儿园。

他的表兄弟们在这里缓解了艾德的分离焦虑。然而,一组新人的加入,尤其这些人来自《2000 年种族关系修正法》(Race Relations Amendment Act 2000)中授权的少数民族,给教师团队和他们的工作带来了一些挑战,因为他们不清楚如何最好地与这类家庭及其文化合作。为了解决这一问题,事态有了新的发展。最初,海伦计划开展一项关于吉卜赛人、罗姆人和游居者的历史、文化和习俗的研讨会。海伦也为工作人员提供了一些特定文化的资源。

此外,园长和副园长还进行了一次家访(这在该团体中并不常见),在此期间,他们和孩子们对家庭的目前所在地拍照。母亲们畅谈她们的生活方式,加深了教师对她们需求的理解。拖车、马、狗和家庭成员的照片汇集成为一本书,这本书将在下一阶段儿童的园内生活起到重要的支持作用。

这些家庭照片被用来制作图画书，既代表儿童的生活，也作为分享小组故事的一种方式。这本改编自《棕色的熊，棕色的熊，你在看什么？》[1]（*Brown Bear, Brown Bear, What Do You See*，Eric Carle）的书在儿童和更大的家庭（儿童分享给他们大家庭中的一个来园的家人——许多家人都来了）中非常受欢迎。如果儿童在离园时感到悲伤，那么这将是一种很有价值的资源或强有力的、可见的方式，表明儿童及其生活方式和家庭都受到了机构的重视。

在这一过程之外，工作人员会定期在会议上留出时间，反思与儿童合作和支持儿童学习的各种策略的成功、挑战和失败。这也为工作人员提供了一个安全的空间来讨论问题，并应对他们在社区和生活方式中遇到的先入为主的想法或问题。

随着对每个儿童及其所在广泛群体的理解的加深，工作人员能够对儿童进行观察，并利用这些观察来规划未来的学习活动和课程设置。观察儿童的游戏，教师应该发展团队合作的能力。儿童越感到舒适和自信，分享的兴趣就会越多，随着教师对儿童的兴趣变得熟悉，他们能够进一步丰富儿童的发展（如烘焙、多人的合作涂画和信息通信技术）。

案例研究 9.3　支持儿童参与课程

暑假结束后，汤姆回到了幼儿园，他在参加活动和参与课程时遇到了问题。一开始，我们以为是因为他们小组的其他儿童整个夏天都在参加暑托班，他不在的时候，游戏和社交活动都在继续进行。汤姆在假期里长得很快，比他的朋友们高得多，但他的空间意识和运动技能似乎并没有跟上。与他的小个子朋友相比，他显得有些笨拙，他们在他的假期里形成了进行户外游戏的技巧和信心。这对他的心理和行为产生了不利的影响。

一开始，他从别人那里拿走东西，然后升级到打架，有时还会咬人。他似乎对暑假前喜欢的活动失去了兴趣，因为他从一个小组到另一个小组地干扰别人。我与他的母亲进行一次面谈，他的母亲也担心他在家里的行为。我们决定

---

[1] 该书的中文简体版由明天出版社于 2009 年出版。——译者注

多给汤姆一些机会来发展空间意识和运动技能。这很容易做到，因为许多儿童对体育运动和计划好的各种各样的活动感兴趣。然而，我觉得这只是问题的一部分。

有一天，我观察他从一个活动"游走"到另一个活动，突然想到或许我们没有给他提供他感兴趣的事情。回想起来，我注意到汤姆一直很喜欢烘焙。我决定请他帮我做生面团，他很热情地加入了。当我们称重配料时，他很关注天平。我们仔细观察这些磅秤，并讨论它们是如何工作的。他全神贯注。我决定把他对烘焙的热爱和他对事物运作方式的兴趣结合起来，从家里带来了不同的厨房电器。当然，这是经过基本的风险评估之后！我带来的第一个物品是榨汁机，这是一次巨大的成功。汤姆是把水果切成小块放入榨汁机的小组成员之一。他对在这个小组工作和遵守有关刀具的安全规则反应良好。我们检查了榨汁机，思考它是如何工作的。它在使用时发出很多噪声，这使整个活动更加愉快。汤姆是其中一个把果汁分给他人做"口味测试"的儿童。在接下来的几周里，我们延长了这一计划。我带来了各种各样的设备，我们一起看食谱，"写"购物清单，讨论重量。汤姆总是被赋予一定程度的责任，他对此感到很好。我们以前经常烘焙，但设备的投放给这些活动带来了新的兴趣。

所有儿童都喜欢这些活动，但对汤姆来说，它们产生了非常积极的作用。显然，烘焙、使用和研究设备并不能解决所有问题，但这激发了他对其他活动的兴趣。汤姆发现这些活动很有趣，也很有挑战性。随着他重新融入朋友圈，他变得更加投入，行为也有所改善。

我们总是努力关注每个儿童的需求，但当我们有超过100个儿童登记在册时，这并不容易，所以通常以小组的形式。一个关键人可能会在角色扮演中带来一些额外的东西，比如与儿童分享一本特定的书。在这种情况下，整个班级都会参与其中，也会激发其他儿童的兴趣，帮助他们了解课程的许多领域。

汤姆现在上学了，他的母亲给我寄来了一封感谢信，并说他对机械以及事物工作原理的兴趣仍在继续。

结　　语

　　课程是实现国家教育目标、提供学习的一致性和进步性的一种重要手段，同时阐明了教师在学前教育中的目标和角色。

　　然而，通过制定"要求""框架"或一套"指导方针"，国家课程的设计者为教学、学习和评估选择了特定的内容。这可能会给学前教师带来挑战——如何支持儿童按照自己的节奏学习，同时确保他们在接受法定教育时达到预期目标或水平？

　　事实上，国家课程的具体规定提出了一个直接的问题："这是谁的课程？"任何课程都反映了价值观、知识观和学习观。反思型教师会认识到，主流观点和影响会随着时间的推移而改变，它们并不总是清晰或连贯的。在管理教育的不同机构之间及其内部，模棱两可和不协调也是司空见惯的。因此，它们会随着时间的推移而改变，反思型教师必须能够在特定的框架内工作，同时提供他们认为对儿童及其家庭最好的东西。

　　学前教育方面的研究一直在探讨一些关键问题，即什么是适合儿童的课程。应该学习什么，什么时候学习，以及如何学习一直是人们争论的话题（Katz，2010）。其中，伍德和赫奇斯（Wood & Hedges，2016）认为，学前教育的课程理论仍然不够完善，并受到哲学、意识形态和教育政策变化的影响。对学前教育课程的探索存在困难，因为"学前教育课程内容的性质和地位仍然存在争议，特别是儿童能够并应该接触主题、概念和技能的程度"（2016，p. 387）。虽然我们必须在立法范围内发挥作用，但通过本章的讨论，我们有机会以符合个人价值观和儿童需求的方式来实施课程。

　　接下来的章节将通过机构的制度、规划和观察来聚焦于课程的实际实施。

第 10 章

计划——如何实施课程

引　言

前一章探讨了课程,以及如何根据儿童的需求设置课程。本章将进一步谈论活动的具体计划。这是一项复杂的任务。每个儿童都是一个独特的人,他们的成长、发展和学习速度都比以后的生活中更快(Gerhardt,2004)。儿童非常活跃,注意力持续时间很短,需要大量的个人关注。这些特点导致他们不适合每天静坐着听教师讲几小时的课程。在过去的英国和现在的有些地方,人们管理和有效地训练儿童在相当长时间里的"表现",让他们"一动不动"地坐着,不打断成人,基本上保持被动,他们可能看起来是在学习。事实上,许多儿童在这样的机构中学习,但我们必须思考他们学到了什么,以及他们学到的东西是否适合未来的生活。

在规划时,我们必须谨记短期、中期和长期的规划,为儿童的未来学习奠定基础,同时培养儿童未来学习所需的信心和技能(见第 9 章)。如果没有仔细思考和预先计划,这种情况就不会发生。本章将探讨如何为儿童的需求进行整体计划,以及如何在有效计划与灵活性之间找到平衡。学习的机会出现时,我们要思考如何充分利用这些机会计划当下的活动。

对反思型教师来说,回顾工作是职业生活的重要组成部分。事实上,评估、监测和评价是规划进程的基石。因此,本章最后将探讨如何使用观察等工具收集信息来改进计划。

> **有效教与学的原则**
>
> 以下两项原则与本章所阐述的学习尤其相关。
>
> **原则2：有效教与学涉及有价值的知识形式。** 教与学应与学科的关键思想、事实、过程、语言和叙事相结合，使学习者理解什么构成了特定学科的质量和标准。
>
> **原则3：有效教与学重视先前的经验和学习的重要性。** 教与学应该考虑到学习者的已有经验，以便计划他们的下一步。这建立在前期学习的基础上，也要考虑到不同学习群体的个人和文化经验。

我们必须首先思考儿童课程的构成。它包含所有课程指导方针中规定的内容。你必须阅读适用于你机构的最新政策文件，这是你的指南。儿童会从一日生活所有的常规中学习，如挂外套或吃零食前洗手，以及所有的偶发事件，如参观当地消防局。还有可能你认为是"停机时间"的环节，如排队等待进入户外花园或另一个房间时，和朋友聊天时。这并不意味着我们必须为他们一天中的每分钟做计划，但要认识到学习——重要的学习——每时每刻都在进行。

当我们承认并思考儿童一直在学习，他们是"如何"学习的，他们与"谁"互动，在他们的环境中有"什么"可用的时，我们就可以开始理解哪些需要计划。它帮助我们认识到制订计划和创造学习环境的重要性，要发展我们与儿童互动的技能，保持对他们的需求和兴趣的回应，而不是用传统意义上的"规划课程"教育他们。这也强调了观察作为学前教师关键技能的重要性，这样我们就可以发现儿童的需求、兴趣和一直在进行的学习。

课程远远不止是国家框架和学科内容。任何课程文件都只能提供一个框架。这是教师可以在机构中使用的指南。它不能也不应该被用作手册或清单，为教育或学习设定"天花板"。任何这样的政策文件都依赖解释者（教师）的理解程度（参见Katz）。学前教育专家，如凯兹（1998），认为课程的发展适宜性至少与课程的严格计划一样重要。斯米特（Smidt，2011）写道：

……你可能要非常仔细地想一想，告诉孩子们他们所参与活动的学习结果会产生什么效果。实际上，你决定了他们的结果，没什么比这更缺乏创造性了。（p. 101）

以儿童为中心的经验学习更关注过程而不是结果，重要的是发展适宜性课程，提供一系列经验和环境，这才是我们的黄金标准（OECD，2004；Oberhuemer，2005）。埃夫格雷夫（Ephgrave，2018）描述了"最佳教师"如何做到：

- 与儿童一起，适应他们的水平，用一种轻松有趣的方式；
- 倾听、观察、等待；
- 一边等待，一边计划；
- 儿童主导互动；
- 适当回应；
- 尝试思考；
- 专注于儿童的主要领域。

> **专家问题**
>
> 儿童的情感需求：教育是否充分考虑了儿童的观点、感受和特点？
>
> 这个问题有助于建立一个概念框架，以展现长期存在的问题和教师的专业知识（见第16章）。

这描述了一种明显以儿童为中心的方法，教师要密切观察，并立即对儿童的兴趣和需求做出回应。该方法的重点完全在于过程，就是和儿童在一起。很明显，教师谈论的是"儿童想在哪里玩就在哪里玩，他们想玩什么就玩什么，他们想怎么玩就怎么玩"（Ephgrave，2018，p. 15）。

为游戏教学法制订计划

为什么计划

鉴于"课程囊括一切、学习无时不在"这一主张，有人可能会感到奇怪，为什么要计划。为儿童提供一种令人兴奋的、有价值的体验，让他们从中获得学习，教师很少或没有预先计划以确定以前的学习、学习意图或做出评估，这是很有可能发生的。例如，为一群儿童组织野餐活动，在一个新环境中的池塘里玩水。儿童在这样的郊游中会学到很多东西。然而，持续的教学过程会使不同的儿童获得多样化的学习进展，需要通过评估、监测和评价来分析儿童学习的方式以及教学的有效性。这些是计划过程或周期的基石。计划的目的是确保儿童的个人需求得到满足，并确保所有儿童在学习与发展的所有方面取得持续进步。这需要根据符合课程指导方针和政策的规范与标准来衡量，但最终目标是让每个儿童充分发挥潜力。为那些学习与发展非常迅速但高度分化并处于游戏环境中年龄较小的儿童群体进行计划，是一项不小的任务。这是一项一直在进行中的工作。工作（计划）持续推进的同时，儿童正在学习，教师做出回应，并立即"计划"是否要互动、改变环境或添加资源来支持学习。至关重要的是，计划不应该成为一件"紧身衣"或一个终结者，削弱我们回应儿童、充分利用这些"神奇时刻"的能力。围绕这个过程的文字工作不应该变得繁重，致使教师与儿童互动的时间越来越少。"文字工作是优质学前教育实践中最不重要的部分。"（Ephgrave，2018，p. 103）

我们需要有效、持续、结构化的计划来捕捉与分享观察、评估、评价和进展，从而为创设合适的学习环境、提供具有挑战性的适宜经验和持续的互动收集信息。所有计划都应该被视为草案或"计划A"，并公开解释遇到的事件、变化因素和放弃的原因。只要改变是为了改善儿童的学习经验，教师就应该总是以积极的态度看待计划的改变，让儿童不会因为下雨就放弃外出！

计划什么

教师需要计划"学习经验"而不是"活动"，是为了培养学习品质，而非教授"东西"。计划应该是培养积极的学习品质。本质上，儿童正在学习如何学习，而你正在帮助他们"形成学习能力"（Claxton，2011）。

……我们谈论的是强有力的儿童——充满希望并被重视的有权利的儿童，而不是被预先定义为脆弱、可怜兮兮和无能的儿童。我们以不同的思考方式接近儿童，把儿童视为积极的主体，与我们一起探索，日复一日地理解一些东西，寻找生活的一部分——意义。（Rinaldi，cited in Clark，Kjorholt & Moss，2005）

关于儿童如何学习与发展的知识和理解，是教师计划刺激、适宜的相关学习经验的能力的关键。在思考学前教育的计划时，使用"学习经验"这个词非常有用，可以使我们不会陷入"教训"的思维陷阱。这对那些已经开始与年龄较大的儿童一起学习或实践的教师来说尤其重要。在不放弃整个计划的前提下，摆脱结构化的、由教师引导的课程计划模式是很困难的。同样，对那些决心建立颇受好评的"常规"的学前教师来说，这可能很困难，因为常规往往可以提供平静、有序的一天，让他们感到舒适和熟悉，但把注意力集中在学习经验上可能会破坏这一点。

任何关于计划的讨论都有一个风险,那就是它很快就会具有规定性,而且很容易忽视教师的创造力和想象力所发挥的丰富、独特的作用(Woods & Jeffery,1996;Moyles,2005)。正是通过儿童和具有回应性的教师之间的动态互动,高质量、丰富的学习经验才真正使课程"生动",并使儿童参与进来(Bruce,2004)。最重要的是,教师在遵从政策指导方针和具体目标时,要能够继续让儿童参与丰富的学习活动,获得适宜性发展。要做到这一点,教师必须了解政策、目标,以及它们是如何确定和标准化的。详细的知识理解将使教师能够使用任何框架或指南,而不是简单地遵照它。例如,专业教师不应该仅仅因为别人让他们评估儿童就去评估儿童。教师可能被要求使用的标准化测试,如苏格兰国家标准化评估(Scottish National Standardised Assessments,SNSA,2019),只有在专业人员对儿童有详细的了解并有权决定是否使用以及如何使用这些工具时,才能用于预期的诊断。表10.1提供了一个有关学习经验计划的示例。

表 10.1　学习经验计划

之前的学习经验 从观察/调查中确定——计划的起点或基础是什么?	学习目标 你希望儿童学习什么? 相应的学习目标是什么?
成功标准 你将寻找什么样的学习证据? 你什么时候能收集到这些证据?你将如何确定儿童学到了什么?	课程链接 确定学习与发展的各个方面。 从你希望符合的课程指南中确定标准,如苏格兰的《卓越课程中的早期教育经验与成果》(Early Level Experiences and Outcomes from Curriculum for Excellence)。
学习活动 描述学习经验,这可能是一段松散时间内的集体活动,或在一段延长或开放的时间内某个情境(如角色扮演区)的发展。	资源 提供所需特定资源的详细信息。
学习的评估 对儿童的学习与发展进行详细评估(一般通过仔细观察并记录儿童的言行来分析),可以是个别的、小组的或全班的,然后识别——	教学评估 对你自己的行为、沟通、互动、保教工作进行详细的评估(一般通过反思、分析观察、与同事讨论),然后识别——
儿童的下一步	你的下一步

反思活动 10.1

目的：思考儿童的知识和需求。

证据与反思：4岁的儿童此刻需要什么技能、知识、理解或态度？例如，他们现在需要知道如何阅读吗？教他们阅读，是因为他们现在需要这个技能，还是因为他们将来会需要它？如果儿童还没有对阅读感兴趣，这是否意味着他们落后了？什么将支持他们的读写能力发展，使他们不仅可以阅读，而且将继续阅读，并进一步发展读写能力？

斯米特（2011）提出，"我们不再把儿童视为被动的学习者，而是把他们视为学习的构建者"。在陈述这一点时，她借鉴和解释了布鲁纳的理论，将学习视为与他人和环境的互动来构建知识与理解的过程；一个基于已有技能的使用和建构来发展技能的过程；一个在共同体内基于互动而发生的过程；一个持续的过程。温格（1998）定义了"实践共同体"，即一起参与学习活动的群体。我们都可以参与这个灵活且不断变化的"实践共同体"中。儿童可能是这样一个共同体的一部分，比如班级或教室成员，或者临时参与，比如，与其他一群儿童共同建造一个"小窝"时。

 反思活动 10.2

目的：反思儿童参与分享活动所需要的技能。

证据与反思：观察参与娃娃家或故事角等集体活动的儿童，确定哪个儿童是其中的核心人物。他们是否深度沉浸并充分参与了该活动？确定该组的次要成员。他们是否处于群体的外围，但可能是"合法的外围参与者"（Wood，1998）？他们是否部分参与，但缺乏一些充分参与的技能或信心？

你需要密切观察，以确定是否所有儿童都充分参与，如果没有，原因何在？思考一下阻碍儿童充分参与的因素：

- 是通过选择吗？
- 缺乏某些技能？
- 缺乏信心？
- 文化差异？

> 最后，思考你组织的活动是否阻碍了儿童充分参与其中并从学习机会中获益？例如，这些资源对所有儿童来说都是熟悉和相关的吗？你会做些什么来支持儿童未来的参与？需要具备哪些技能？

综上所述，教师为儿童做课程计划时，我们可以说，他们在：
- 创造物理环境，通过游戏促进、构建和情境化儿童的学习环境；
- 为儿童提供资源、模式、指导和反馈，以支持学习；
- 提供成人和儿童之间以及儿童（特别是不同年龄儿童）之间有效互动的机会；
- 观察、监测、评估和记录儿童的进展，以便做出有用的评价，确定后续步骤。

在学前教育机构中，所有成人的角色都是为了激励、拓展儿童的学习，使学习成为可能。当然，对5岁以下的儿童来说，大部分的学习都发生在游戏时间。

游戏

在学前及之后的教育中采用游戏教学法提供课程，这一方法的重要性和好处已经反映在2000年以来英国的课程指导方针中。然而，有迹象表明，就像钟摆来回摇摆一样，课程正在脱离早期的过程性课程学习和基于游戏的学习，更多地关注内容、最终结果和标准化评价。例如，"儿童在游戏中以最高水平学习"（DCSF，2008）和"强调儿童通过有目的、有计划的游戏进行学习的重要性"（Peacock & Robson，2004）等说法已经让位于对可衡量结果的渴望，比如，引入标准化测试和基准测试。无论在哪里工作，你都要记录学习的计划和评估，为自己提供所需要的信息，以及在承受问责压力时应对检查人员的信息。请参阅埃夫格雷夫（2018）和卡尔（2001）的记录示例，它们旨在支持儿童的学习与发展，并为问责提供证据。

游戏的计划是一项超级复杂的任务。学前教育机构中的活动需要由儿童主导，满足所有儿童的需要和兴趣。儿童要能够：
- 做出选择；
- 协商；
- 运用自己的想法和想象力；
- 在身体和智力上保持活跃；
- 实验、探索和调查。

为所有儿童计划促进广泛学习的游戏活动，教师需要了解以下知识：
- 标准的发展
- 儿童如何学习
- 儿童"鲜活的生活"
- 如何评估游戏中的学习

塔索尼和赫克（Tassoni & Hucker，2000）在计划游戏时指出了良好实践的关键点，包括考虑儿童的个人需求，因此需要了解儿童的一般发展知识，以及每个儿童适合的位置，还包括作为一个团队进行计划，让儿童和家长都参与进来，因为所有"利益相关者"都需要对计划、游戏和学习拥有一定的知情权。父母是理解儿童"真实生活"的关键，并可以扩展和整合学习经验。倾听儿童的心声，让儿童参与决策和自己的学习具有重要的作用，能够促进学习（Kinney，2005）。

学前教师需要在设计游戏情境之前确定以下三个关键问题：
- 儿童的兴趣及其相关的信息
- 儿童需要了解哪些与他们当前和未来需求相关的东西
- 儿童的发展正处于什么阶段——"最近发展区"是什么（Vygotsky，1978，1987）

用上面的方法，有时你可以设置一个情境或活动来引入，有时你可能引入一个资源，看看儿童把它带到哪里，你也可以设置一个可引发儿童反应的实验。一个常见的例子是，提供一个大纸板箱，然后简单地把它们放在地毯上，这可以导致一系列富有想象力和创造性的游戏。在这样的例子中，学前教师作为计划者、评估者，实际上是最具挑战性的。在这种情况下，有效地互动以促进学习是很有技巧的。在制订计划时，了解何时以及如何引入这样的元素是至关重要的。如果地毯上总是放着大纸板箱，那就没效果了！必须有一种让儿童兴奋的元素才能使这种简单资源具有刺激性。制订计划，提供可能需要的资源，但要确保安全，允许尽可能多或尽可能少的儿童参与，至少有一个成人在儿童游戏时监控、观察和互动。当然，如果没有儿童选择参与，或者出现了"故障"，导致游戏无法继续进行，就可以采取"计划B"。

> **案例研究 10.1　反思儿童的游戏**
>
> 　　在一个行动研究项目中，杰玛把盒子带进幼儿园，这样每个儿童都有自己的盒子，可以做他们想做的事情。后来，她想："当时我没有充分考虑（后来我可以继续反思是因为这些盒子被带走了——让儿童带回家，因为大家认为没有足够的空间来放盒子）存储空间，这实际上大大影响了他们的游戏。"儿童用黏土做物品，这是一直有的资源，但他们没有把自己的作品放在桌子上，而是放进自己的盒子里，然后一次又一次地回去玩黏土。自从这些盒子消失后，他们对黏土的兴趣就减少了。帆船模型也是如此——物品被带回家了，儿童重复建构的兴趣就被削减了，原本可以是一个长期的主题现在却被迫缩短了时间。同样，当儿童在自己的盒子里"存储"想要的东西时，开放式的资源会被更多地重新使用与解读。一个儿童在盒子里涂满了颜料，然后颜料干了，从而引发关于固体、液体、裂缝、泥土和颜色的有趣讨论。这个空间提供了调查机会，即使不玩"打包游戏"，房间也需要打扫干净，以便吃饭、与父母面谈，并在一天结束时打扫。有了这些盒子，儿童就有了自己的空间，而且没有强加的规则。

　　制订计划的过程应该被视为有机的，从这个意义上说，所有的计划，无论在什么层次上，都应该根据它们在促进学习与发展方面的成功而进行适当的修改和调整。正是在这种变化、流动和灵活性中，儿童的声音才会被听到，创造力和学习也将在这里蓬勃发展（Smidt，2011）。

　　事实上，当儿童游戏时，成人可以做三件事来促进学习：中断、干预或互动。学前教师可能需要在某一时刻完成所有这三件事，而这一切都是为了寻求恰当的平衡。干扰越少越好，虽然有时干扰是不可避免的，特别是在比较正式的情况下，例如，时间表规定的例行公事，有时是为了安全。麦金太尔（McIntyre，2012）认为，干预可能发生在以下情况：

- 个别儿童需要帮助"参与"活动；
- 学习可以被扩展，例如，增加资源；
- 儿童请求帮忙；
- 儿童有攻击性，但这通常可以提供一个机会；

- 安全问题。

精心计划的游戏活动不需要太多的干预，所以这是一个很好的指南来评估计划。

与儿童有效互动是成人所扮演角色的一个重要方面。教师的计划要确保他们有时间观察，并在适当的情况下参与游戏、与儿童互动。在游戏中支持和增强学习，是成人在机构中的职责。澳大利亚北领地政府（2012）建议通过以下方式支持儿童的游戏：

- 允许儿童长时间游戏，以保持游戏的"连贯性"；
- 提供安全的家居用品和材料等资源；
- 腾出足够的空间来聚焦于游戏活动；
- 提供活动、材料和设备；
- 树立榜样，鼓励和拓展想法；
- 用复杂的思维、新颖的想法或经验来挑战他们。

这为我们提供了一个实用的简要总结，包含成人在提供游戏教学法以促进主动学习中所扮演角色的关键元素。前四点需要提前计划，后两点需要即时计划，或在行动中进行反思（参见 Schön）。

形成在游戏中与儿童有效互动的技能的最好方法，是亲自做一遍试试。但一遍又一遍地重复做某事并不能保证提高技能，你也必须反思并从经验中学习。对互动的反思应作为计划周期中评价的一部分。同样，你也可以通过观察他人与儿童的互动，了解哪些做法有效，哪些做法无效，但最重要的是反思（参见 Dewey）。

研究总结 10.1　基于游戏的学习

简介

广义而言，游戏可以被定义为一种用于追求快乐或游戏本身的令人愉悦的活动。基于游戏的活动可能是单独进行的或具有社会性的，涉及认知和身体的结合。它可以由儿童发起或成人引导，例如，采用假装游戏场景。

效果

基于游戏的学习，其证据基础是薄弱、不一致的，但确实有研究发现游戏和早期学习结果之间存在着正相关。平均来说，包含量化成分的游戏研究表明，基于游戏的学习方法可以使学习成果提高约 5 个月的水平。然而，效果有很大的差异，这表明在这个领域需要更多高质量的研究。

在涉及词汇、推理和早期算术的一系列早期学习成果方面也已经发现了积极的结果。此外，基于游戏的治疗对那些被认定为有社会性、情绪或教育问题的儿童有很大的好处。

证据的可靠性

目前，与学前教育阶段基于游戏的学习有关的证据非常有限。尽管有过一次系统性的文献综述，但基础研究的质量相对较低，而且经常不包括量化影响的测量。大多数研究都是在美国进行的，而且数据也相对过时。

在已经进行的研究中，游戏往往只是更大项目中的一个组成部分，这使得单独分析游戏的影响颇有挑战性。做更多的工作来理解各种基于游戏的方法的影响，是未来研究的一个领域。

成本

大多数学前教育机构都配备了室内外游戏设施，所以额外的成本可能非常低，也许只需要具体的额外资源和材料，例如，在角色表演游戏或戏剧游戏中支持早期读写所需的资源，以及培训教师，促进他们理解儿童从游戏活动中获得学习是有益的。同时，培训教师也包括帮助他们决定在儿童发起的游戏中何时不干预。

进一步思考

1. 你在学习环境中安排设备的方式如何支持积极的学习、游戏和探索？例如，儿童是否可以独立使用资源？

2. 你的环境是如何有效地鼓励和支持儿童通过游戏来发展语言、读写能力和数学理解的？

3. 如何在儿童发起的游戏和更结构化的活动之间取得平衡，以满足儿童的学习需求？

4. 你的员工对通过儿童发起的游戏来有效支持儿童学习有多大信心？

5. 你将如何评估你引入的游戏教学法的影响？

 反思活动 10.3

目的：思考游戏在学前教育阶段的价值。

证据与反思：有趣的是，人们普遍认为游戏是学前教育实践的基础，但

> 依据并不充分。有证据表明，游戏可以为儿童带来实质性的好处，但对教师来说接受培训是很重要的，这样他们就可以通过组织好游戏活动来支持儿童的学习，并认识到什么时候不必干预儿童主导的游戏。你在机构中是如何开展游戏的？在儿童成长过程中，你认为游戏有什么价值？

制订计划的过程

计划过程是循环的，从教师制订计划和准备任务、活动或游戏开始，然后以某种方式呈现出来，例如，小组讨论、实验、唱歌、演奏乐器，或者游戏环境（如沙或水盘）。接下来，儿童在教师建立的管理系统中参与活动，例如，四个儿童玩沙子，四个儿童玩水，其他人则从事成人主导的结构化艺术/手工活动。

当儿童参与活动，或者完成活动时，教师必须评价或评估学习，向儿童提供反馈，并利用这些信息制订下一轮计划（Bennett，1992）。反馈应该通过口头表扬和手势自发地给予儿童。与父母分享，也很重要（参见 Brodie）。

长期计划

长期计划的一个目的是确保课程的各个方面随着时间推移得到持续的关注。这是一种确保广度、平衡、连贯性和一致性的方法，让儿童从日常生活中取得联系、发展学习经验，并过渡到新的课程或学校中。最长的计划可能达到一年以上，以使整个团队能够在这段时间里分享一个简单的大纲。这些计划必须是：

- 简明的——提供"一目了然"的概述；
- 合作的——某种意义上，它们是由学前教育机构的整个团队共同制订的；
- 一致的——教师对教育有共同的理解和方法，包括评价、记录、报告、资源的使用和获取。

计划应该考虑到学前教育政策文件，并考虑之前和以后的情况。它们可以被看作一个"路线规划者"，提供了一个大纲或起点、终点和途中的主要站点，帮助确定需要的资源以及必须提前落实的措施。在旅途中，这可能相当于检查轮胎和加油；在我们这种情况下，它可能是购买颜料，或确保获得外出许可。学前教育机构可能想进行结构上的改变，购买大型设备或一些昂贵的资源，这些都必须提前做好计划。

学前教育中的预先计划应该总是聚焦于如何创设与维持环境、惯例和规则、过渡，如何提高儿童独立操作的能力，以及如何减少干扰。为开放式的游戏和学习活动设计环境；让儿童独立操作；为儿童提供安全、平静的空间，让他们可以专注于与他人互动；给予儿童灵活的选择，并对他们的个人需求和兴趣保持敏感，这些都不是容易的事情，但它们是你计划的基础。

一日常规将成为计划的一部分，因为它对环境有巨大的影响。规则是必要的，但应该保持最小限度，而且要从积极的方面设置规定，例如，"在室内轻声说话"，而不是"不要叫喊"。常规也应该在和儿童讨论的过程中计划、制订并最终执行（见第7章）。过渡，无论是学期或学年的开始，还是儿童从一个机构/班级转移到另一个机构/班级，对儿童来说都是一个新的开始。儿童从家到学校的一天的开始与结束，都是很重要的。过渡可以定下基调，如果不深思熟虑，就可能导致问题。因此，它们应该被仔细地计划好。在一天开始和结束时保持一致有助于为儿童提供安全、平静的环境。同样，在更大的机构里，通过查看时间表来减少干扰也许是很有价值的。思考集体活动时间、列队、午餐时间等活动，以及你如何管理这些活动。考虑一下点心时间和日常生活，如换尿布和洗手，这样它们就不会不必要地打断儿童的游戏和学习过程。

中期计划

中期计划应该源自长期计划，可能类似于周计划。任何机构都有许多固定的时间节点，比如开始和结束时间。儿童会从结构化的、稳定的环境中受益，可以独立操作，因为他们知道界限和教师的期望是什么。然而，从儿童的角度出发，问问自己他们的需求和兴趣是什么，以及你如何才能适应他们的不同需求和兴趣，而不是时间表的限制或"建立常规"，这可能会更有帮助。这个计划的真正目的是为儿童寻找机会做出选择、独立行事、以自己的节奏学习与发展，而不是让他们融入时间表、框架或环境的"紧身衣"中。

大多数教师会计划一个持续几周的主题，这有助于学习的情境化。设定一个主题应该有助于：

- 建构儿童"鲜活的生活"，或他们以前的学习和经验；

- 使学习与之相关；
- 提供个人的第一手经验；
- 让儿童解决问题、质疑和真正地探究；
- 充分利用当地环境和社区；
- 提供机会培养积极的态度和人际关系，促进一系列技能的发展；
- 儿童参与持续性共享思维；
- 在各个课程领域之间保持平衡；
- 为不同的儿童提供适当的挑战；
- 让成人和儿童享受学习的乐趣。

成人可以确定一个主题，同时保持灵活性以满足儿童的不同需求和兴趣。与布鲁纳的叙述观点（参见 Jones）相一致的一种方法，是许多年前在苏格兰发展起来的"故事线"（Storyline）方法。这种方法适用于任何年龄组。在童年早期，为儿童读故事、讲故事或和他们一起编故事是一种有效的教学手段（参见 Jones）。

短期计划

日常计划是指创设物理环境、成人与儿童进行互动、为监测和评估进行观察，以及为儿童的游戏和学习寻找（有时很快）支持性资源。学前教师的计划过程或"周期"与任何年龄段教育的教师计划过程以及计划的每个阶段都是一样的。一共有八个基本要素，包括：

1. 确定之前的学习和经验——起点是什么？可以借鉴其他专业人员的信息、记录等，但这主要应该来自你的观察结果。

2. 确定学习目标或结果——你希望儿童学到什么？当你为全班儿童做计划时，目标应该更广泛，这样你就不会为他们的学习设定上限。目标应该聚焦于可迁移的技能，如学习倾听和回应，或学会轮流。

3. 确定成功标准——你如何知道他们学到了什么？你将如何监控和评价学习情况？这些通常涉及持续的观察，你会随着时间的推移进行评估。即使有"学会数到 6"之类的学习目标，你也不能用"A 孩子数了六个方块"来进行评估。他在一节"课"结束时这样做，并不能说明他已经"学会数到 6"，最多说明他做到了一次而已。

4. 确定与课程指南的联系——如何让这种学习适应更大的背景？

5. 确定并考虑时间和空间的使用。

6. 确定所需的资源，包括人力资源和材料。第 5 个和第 6 个要素都与你创设的环境以及"如何"学习或学习"过程"有关。

7. 学习评价——评价个人的学习和全班的学习，确定下一步学习。

8. 教学评价——反思你的准备、讲授、互动、资源、组织和管理，并确定教学的下一个步骤。

无论学习者的年龄或所处的阶段如何，以上八个要素应该出现在所有书面计划中。第 7 个和第 8 个要素是书面计划的重要方面，也是你反思的一部分。

有时，教师可能希望添加其他内容，比如关于分组、区分或父母参与。很多时候，详细的计划不会被全部写下来，这就是不时地根据八个元素写出计划并"嵌入"过程是很有帮助的原因。要非常仔细地思考你的计划，因为这个过程会影响你的教学方式和儿童学到的东西。领导者必须非常仔细地思考他们强加给员工的计划表格。没有或很少有自主权的教师不太可能创设鼓励儿童独立的学习环境。

激发物的计划

你很可能会问，"在学前教育机构里，激发物（provocation）到底是什么？"这是瑞吉欧方法中使用的一个术语，是指引入富有刺激的自然材料以激发儿童的好奇心，并为创造力和问题的解决创造机会。

本质上，激发物的理念是指在学前教育机构中设计由儿童主导的开放式活动。前文提到的大纸板箱就是一个例子。一开始，与团队中的其他人讨论你想激发什么，这是很有用的。你的目标应该是激发儿童的兴趣、好奇心、想法、观念、讨论、问题，当然，还有创造力。你如果想通过图片、书籍、物体、事件或游戏情境来激发儿童的兴趣，创造"火花"，为学习提供起点和载体，就需要深思熟虑地计划。儿童以及他们带来的东西也许会为你提供一个富有挑战的想法，但并不总是意味着他们将某些具体的东西带到班级里，可能是他们告诉你的事情，也可能是他们问你的问题。

另一方面，计划激发物就是提供开放性材料游戏，"开放性材料的整合可以提供一种方法和火花，为激活开放、发散和富有创造性的思维铺平道路"（Smith-Gilman，2018，p. 90）。开放性材料的概念是由英国建筑师西蒙·尼科尔森（Simon Nicholson，1971）在 20 世纪 70 年代引入的。近年来，这种鼓励儿童进行富有想象力、创造性，解决问题的游戏方法得到了广泛关注。通过参与开放性材料游戏，儿童可以运用所有的感官去看、触摸、敲打、填充、倾倒、投掷、建造……探索，从而获得学习（Beloglovsky & Daly，2016）。

即时计划

"即时计划"一词是由英国埃夫格雷夫（2018）提出的，大体上描述了长期以来被认为是学前教育实践的最佳做法。即时计划涉及教师与儿童以及儿童之间具有回应性、赋能性的互动，也与教师的计划有关，以便他们能够观察和立即回应儿童的需要和兴趣，在观察和与儿童互动的同时进行评估——而不是在晚上填写表格，这会使他们过于疲惫导致第二天无法积极回应儿童。莱弗斯提出的评估参与情况的方法使教师能够评价儿童在游戏中的学习质量（参见 Laevers）。这需要思考我们在学前教育阶段应该计划什么。如果我们想让儿童发展积极的学习品质，好奇、充满惊奇，成为有创造力的问题解决者，坚持、有抗挫力、敢于冒险和自我调节的人，那么创设环境和空间是至关重要的。

保教评价

反思型教师是能清晰理解计划、教学和评估过程之间紧密关系的人（参见 Brodie）。确定一组关键问题可以实现反思和有效评价（Scott-Baumann，Bloomfield，& Roughton，1997）。在学前教育机构中，你可以发现以下问题，例如：

学习环境

- 这个空间得到了有效使用吗？
- 所有儿童都想参加这个活动吗？
- 有哪些遗漏？

设备和材料

- 儿童是否按照预期或不同的方式使用设备/材料？
- 儿童是否建议或使用不同的设备/材料？

- 设备/材料是否充足且摆放适宜？

成人的角色
- 成人所说的话是否对儿童的理解或结果有影响？
- 成人帮助不理解的儿童了吗？
- 成人的互动有效吗？他们参与其中吗？

个别儿童的反应
- 儿童表现出的参与程度如何？
- 该小组的人数是否合适？
- 每个儿童的回应或反应都是相同的吗？他们的参与程度是否相同？是什么因素影响了这一点？
- 每个儿童说什么或做什么？
- 每个儿童表达了什么兴趣？
- 儿童是否按照预期在学习或巩固学习？
- 个别儿童还学到了什么？

教师如果可以回答所有这些问题，就会进行非常有效的评价！你可以选择在不同的时间重点关注其中的某些特定问题。例如，在开始观察环境之前的几周里，你可能会先重点反思成人的角色。

案例研究 10.2　从儿童的视角评价保教

一家学前教育机构发起了由儿童主导的园所参观活动，给2—5岁的儿童每人一个照相机，让他们带教师四处走动，这真是一次大开眼界的体验。一个儿童为门铰链拍照，因为它们看起来像脸，他喜欢每天走进大门时看到它们。一个儿童喜欢蓝色的篷帆布（用于为花园遮阳），因为即使在阴天，它看起来也像天空。一个儿童说，他们想给鸟拍照，但它们飞得太快了，没能拍下来，他最喜欢的鸟是一只游隼（它给人留下了深刻的印象，以前从来没有出现过！）。一个儿童认为厨房有魔力（他们不能进去，因为那里不安全，所以不

> 知道里面发生了什么，但他们知道食物好像就是从那里冒出来的！）。拍摄照片，然后选择打印哪些照片，这一切引发了很多讨论（我们有一个迷你照片打印机——质量不是很好，但挺有用！）。他们把自己的照片放在机构中，反复地看了很久。我们还意识到，他们对不常去的地方有自己的朴素理论，比如办公室、员工休息室和储物柜，以及人们在这些地方做什么。这个活动还促使所有教师从儿童的视角来评估保教工作，从字面上来说，就是通过查看在儿童的身高和视线上拍摄的照片来进行评估。

识别学习

很明显，在我们思考评价过程时，识别学习是关键，无论是作为计划阶段的预期学习，还是作为评价的一部分。但这可能具有挑战性。思考一下，通过学习经验，儿童发展了：

- 好奇心；
- 惊奇感；
- 专注于相关事物（注意力）的能力；
- 在错误或困难中坚持的能力（抗逆力、坚持、自我调节）？

识别上述内容可能比注意到"某个儿童数了六个红色方块和六个蓝色方块，并用这两种方块拼成一个图形"更有用。

本章强调了游戏的重要性，以及环境在支持儿童学习与发展方面的重要性和影响。最后一个难题是人际关系，包括儿童形成和参与的所有关系，尤其是儿童生活中出现的关键人。这种对于社会性学习和游戏教学法的强调与社会建构主义的学习理论是一致的（见第2章和第6章）。

关注儿童如何通过与环境和他人的互动进行学习，理解非常年幼的儿童不是"空容器"，而是有能力的个人，能够在先前学习的基础上快速吸收新知识、技能和形成态度，可以帮助我们确定儿童需要学习和正在学习的内容。

维果茨基的最近发展区理论确定了儿童已经知道或掌握的知识与他们能力之外的知识之间的空间（Krogh & Slentz，2011）。在这个空间里，学习具有挑战性，但不会令人沮丧。在教师、父母或更有能力的同伴的帮助下，儿童可以理解和学习，这在规划方面很重要。教师需要发现这一空间，以便计划具有挑战性但不会令人沮丧的学习活动，并判断所需的支持水平。

反思活动 10.4

目的：思考与学习和实践相关的理论。

证据与反思：思考维果茨基关于儿童与科技互动的学习理论。观察两个或多个儿童玩计算机游戏或其他合适的活动。他们是如何相互支持的？其中一个儿童更有能力吗？他们是否支持彼此的学习？

拓展：我们知道，当儿童长大成人时，科技将完全不同；事实上，它几乎每天都在快速变化。思考一下，儿童需要了解哪些科技知识（也许重点是你已经观察过的计算机的使用）？

- 对儿童来说，技能发展有多重要，比如，使用"鼠标"？现在呢？未来呢？
- 对儿童来说，了解科技能为我们做什么更重要。

正如前几章所述，布鲁纳提出了"支架"一词，意思是其他人支持儿童从现有的知识水平发展到能够达到的水平。同样，理解儿童通过不同的"支架"学习可以影响我们的规划。作为教师，我们需要培训这样的能力：知道什么时候主导、什么时候跟随、什么时候引导儿童走向已经确定的学习目标，或者何时抽身后退一步静观其变。

布鲁纳（1960）也定义了"螺旋式课程"。他建议，儿童应该在自己的水平上学习所有学科的基本要素，但要适合他们的理解水平。他相信，任何东西都可以"以某种可靠的形式"被"教"给任何年龄的任何人（Bruner，1977，p. 108）。小学教授科目的一个有用标准应该是"它得以充分发展时，是否值得成人了解，以及它是否会让儿童成长为更好的成人"（Bruner，1960，p. 52）。

到目前为止，我们的讨论反映了学习理论的要素，表明需要明确关注儿童在整个规划周期中如何学习，而不是简单地学习什么。这让我们又回到了如何发现和评价儿童学习的挑战中。以"认识颜色"为学习目标，根据儿童告诉成人香蕉是黄色的，T恤是蓝色的进行评估，不会为指导未来的规划提供太多有用信息。如果这一目标的达成是通过在同样的作业单中涂色来实现的，那么它将不会提供关于每个儿童学习的太多信息，也不会提供关于儿童在这个过程中可能学到的其他知识的任何信息。

反思活动 10.5

目的：反思儿童需要学习什么、什么时候学。

证据与反思：与同事或同学一起思考与你角色相关的特定年龄的儿童需要学习什么。例如，以一个3岁儿童为例。

3岁儿童能够识别物体的颜色是否重要？

通过评估3岁儿童区分颜色的能力，教师可以在活动中获得哪些有用的信息？

哪些和"颜色"相关的经验会让一个3岁儿童觉得好玩并有收获？他们会学到什么？这种学习会对他们以后的教育有用吗？这种学习对他们成年后有用吗？

德韦克（Dweck，2006）定义了积极的"思维"或学习品质，是指个体有学习的动力，充满好奇，下定决心，愿意并能够集中注意力。"品质"仅仅意味着"你更倾向于做什么"，就学前教育机构而言，真正的重点是保持积极的学习品质。使用"保持"一词是因为所有儿童都对学习有积极的倾向（Gopnik，1999）。所有儿童出生时就有一系列的学习机制，而未成熟的人类大脑的可塑性通过与人类同胞的互动发展出新的路径（Zeedyk，2006；Meltzoff & Moore，1983）。神经科学家现在认为，从出生到3岁突触会大量发展，这个阶段是"突触形成的最重要阶段"（Riley，2007，p.3）。新生儿寻找人类面孔（Johnson & Morton，1991）可能是一种早期生存手段，当建立了亲密关系，得到照顾和保护的机会就会更高。我们可以从这个研究证据中发现，事实上，我们通过对婴儿的密切观察，发现人类婴儿是一个天生的"学习者"，不会等到幼儿园或学校时才开始学习。遗憾的是，一些人在接受正规教育时已经失去或开始失去这种能力。也许，在幼儿的生活中，所有成人，特别是学前教育机构的教师，最重要的是保持和培养积极的学习品质。品质和态度是不同的（Katz，1995），后者与一组信念有关，而品质显示了行为中的态度。道林（Dowling，2010）认为，这可以通过以下方式实现：

- 安全依恋——学前教育机构中的关键人；
- 积极品质的示范——尤其是来自关键人；
- 有机会重复和练习强化这些品质的行为模式；
- 成人鼓励和扩展儿童的兴趣——发展自主性；
- 成人明确地评价儿童的努力，例如，通过描述性的表扬。

儿童如果很兴奋、有动力和感兴趣，就更有可能参与讨论，有创造性、解决问题、承担风险，发展灵活的思维。这三种学习品质与卡尔（2001）提出的三个领域相关。她在新西兰开发"学习故事"作为评估学习和形成计划的一种方法，认为儿童需要：

- 准备——把自己视为学习者；
- 意愿——因为他们认识到环境提供了学习空间；
- 能力——因为他们有足够的知识、技能和理解来做好准备，形成意愿。（参见 Te Whāriki）。

戈斯瓦米（Goswami，2008）提出了三种学习类型：

- 模仿学习；
- 联系因果关系的能力——解释；
- 联想学习——类比。

从出生到 3 天的婴儿已经被证明能够在看到成人做出伸舌头和张嘴巴等行为后，模仿出同样的姿势（Meltzoff & Moore，1983）。模仿学习的能力支持社会认知的发展。所有的人际交往都提供了模仿的机会。如果没有紧密的联系，这种类型的学习就不会发生，就像在与人类隔离的儿童身上所显示的那样（Chugani et al.，2001，cited in Gerhardt，2004）。

婴儿很快就能展示出联系因果关系的能力。婴儿会联想到"我如果哭了，就会有人把我抱起来，安慰我，喂我"。这种早期的联想学习是另一种基本的生存技巧。随着儿童的发展和提问能力的提高，这个过程变得更加复杂，他们开始解释因果，并在新的情况下"测试"自己的假设。这种质疑支持了早期记忆的发展，并使儿童了解到某些事件是同时发生的，这被称为联想学习。

了解儿童如何学习将有助于我们制订计划。教师应考虑计划的活动如何支持：

- 积极的学习品质的发展；
- 当前或未来需要的知识、技能或情感态度的发展；
- 儿童进行模仿学习；
- 与以前的学习和经验建立联系的机会。

为此，教师需要研究儿童，与他们及其父母或主要照护者互动，并根据他们所创造的环境不断调整保教内容。至关重要的是教师的观察能力，以及与所有利益相关者沟通、分享信息的能力。

观察

在学前教育机构中，为确定后续步骤而收集的大部分证据都是通过观察得到的（参见 Willan）。确定儿童实际上在学习什么以及他们是如何发展的极其重要，而这不能通过检查和评价他们的作业来实现。观察非常年幼的儿童会令人着迷，并且信息量很丰富。在试图确定他们所学习的内容时，教师必须进行正式和非正式的观察，在可能的情况下记录和分享信息，以更清楚地了解当儿童进行活动和游戏时发生的复杂的学习之网。思考一下案例研究 10.3，关于学习，这一观察结果告诉了我们什么，以及提醒我们如何计划学习机会。

案例研究 10.3　观察婴幼儿

罗斯科正在伦敦广场的一个小公园里野餐，和一群朋友及其妈妈们一起享受他的第一个生日派对。他的妈妈带了许多玩具，包括奶奶几周前买的一个三通道的微型"隧道"。头 1 小时，其他几个婴儿在探索这个隧道，爬进爬出，有时还在中间停留一段时间，为周围伙伴的爬行路线感到困惑。罗斯科经常走到一个入口往里看，但从不进去。我问他的妈妈，他之前是否进去过，她说没有，他从来没有进去过，他看起来很小心。

野餐开始时，罗斯科手里拿着一支圆珠笔，正在四处挥舞，他的妈妈觉得可能有危险，于是试图从他手里抢过来。他"咆哮着"，非常坚决地抓住它，但他的妈妈非常坚决地把笔拿走了，然后分散他的注意力。

> 大约 1 小时后，我注意到罗斯科在隧道的入口处，头探了进去。他前后摇晃了几次，出来了，犹豫了一下，然后突然爬到中心。里面没有别的孩子。他很快钻了出来，走到 1 米开外的草地上。我立刻注意到他手里拿着一支圆珠笔，他看上去很得意。当他看到妈妈走近时，他把圆珠笔放在自己的屁股下。我仔细地观察着，整个下午他都没有再进入隧道。

观察儿童，记录、分析和分享观察结果，需要不断地实践。发展这一核心技能是良好反思实践的核心。就像烹饪一样，它既是一门艺术，也是一门科学。当然，有些人从一开始就具有更强的直觉且熟练，但同样可以肯定的是，这是一种可以在整个职业生涯中学习和完善的技能。在正式观察中可以使用许多方法，这些方法可以通过调整和结合许多技术，从本质上形成新的观测和记录。反思型教师将探索各种方法，并调整它们，以适应自己的需要。

教师在评价年龄较大儿童的各科课程时，能更容易地将其与设定的目标联系起来。这些很可能是明确的学习目标和成功标准。对于年幼儿童的标准则远不那么明确，特别是在采用游戏教学法时，教师必须对有目的的学习有一定的想法，并寻找某些行为和反应进行评估。但一群进行复杂合作游戏的儿童的学习，很可能具有非常多样化的意义。记录各种形式的观察是捕捉丰富的学习经验、分析它们、评估学习与发展并确定下一步的最有效的方法（参见 Dewey）。

结　　语

儿童在很小时就一直从所做的一切中快速地获得学习。成人需要通过规划环境来支持他们的学习与发展，为他们提供适合发展的学习机会。环境和基于游戏的学习体验应该具有刺激性，也应该通过身体和情感的安全、一致性和相关性来提供安全感。重要的是，要明智地使用政策指导方针和框架，不要让它们成为限制可能性的桎梏。计划永远都不应该成为规定，应始终保持灵活性，对儿童的需要和情况做出回应。计划应该始终被视为一个持续的循环过程，在这个过程中，反思型教师在做好准备与灵活回应之间找到平衡。这一过程首先评估儿童的需要和兴趣，然后评估进展和成就，以确定这一过程的下一步。对反思型教师来说，要记住，应该关注儿童如何学习，而不是他们学了什么，应该努力保持和维持所有儿童出生时就有的自然、积极的学习品质与动机。

第 11 章

教学法——如何制定有效策略

引　言

理解教学对于反思型教师有着重要的价值。理解教学，我们才能够思考教学技能和支持学习的策略。

尽管对一些学前教师来说"教学"一词依然存在歧义，但本书一直在有意地贯穿使用"反思性教学"这一术语。经过激烈的讨论，我们一致认为，教学是一个极其重要的术语，值得承认和进一步探索，尽管理解这一点可能会引起些许不安。对许多学前教师来说，尤其是在西方社会，个性化的、以游戏为基础的教育的重要性，和成人作为儿童知识共同建构者的角色已经得到了足够认可。特别是，成人的角色通常被看作非指导性的，是学习的促进者，而不是与教学紧密相关的带有说教色彩的角色。不过，我们认为这是一个相当有限的教学观点，此外，教学是教学法的重要组成部分。我们认同弗莱雷（Freire，1995）和西拉杰-布拉奇福德（Siraj-Blatchford，2009）等人的观点，只将学前教育实践局限于提供便利，无异于忽视了我们在一个不公正、不平等的社会中进行教学的公民义务。

"教学法"是什么

"教学""教学法"和"课程"这三个术语经常被误解，需要进一步明确。"教学"是指"做"计划和支持学习。对"教学法"最好的描述是"怎么做"：教学的方法和实践。教学法的基础是对学习理论、儿童发展、课程内容知识的理解，和对每个儿童的需要的领会。教学法促成了教育者的沟通、行动、教学策略和判断。"课程"是教的内容，如果你愿意，也可以称之为"是什么"。

西拉杰－布拉奇福德（2009）证实了课程与教学法既有很大的差异，又彼此互补。她解释说，课程被理解为代表儿童应该学习的所有知识、技能和价值观。而教学法是教学的实践（或艺术、科学、工艺）（参见 The General Teaching Council for England[1]）。"因此，从本质上来说，教学者就是教师"（Siraj-Blatchford，2009，p. 148）。通过提供游戏和探索的教育环境来促进学习，这只是学前教师可能采用的一种教育策略。除此之外，还有很多策略，包括示范、演示、提问和直接指导（参见 Siraj-Blatchford et al.）。

尽管英国教育标准局在 2019 年的《早期教育检查手册》（Early Years Inspection Handbook，p. 33）中将"教学"定义为"成人帮助儿童学习的许多不同方式"，但对教学的完整定义尚未成文。这本手册提供了成人与儿童互动的例子：

- 交流与示范语言；
- 展示；
- 解释；
- 演示；
- 探索思想；
- 鼓励；
- 质疑；
- 回忆；
- 描述他们正在做的事情；
- 促进和设置挑战。

此外，对教学的完整定义必须考虑到设备、资源、物理环境以及一日结构和流程（Ofsted，2019）。

艾德（2011，p. 10）借鉴了英国教与学研究项目（2006）以探索教学法的不同含义，强调关注儿童如何学习而不是成人做什么的重要性。他认为，面向儿童的教学法必须考虑到：

---

[1] 英格兰教学总会。——译者注

儿童不同的背景和前期经验、多样而复杂的学习方式；教育目标有时甚至相互冲突的多重特性；对儿童和学习的假设。

因此，教学法可以被视为在教学中使用的全部技能，受到对教学科学和艺术的有力理解的支撑。

> **专家问题**
>
> 原则：我们的教学方法是否符合有效教与学的既定原则？
>
> 这个问题有助于建立一个概念框架，以展现长期存在的问题和教师的专业知识（见第16章）。

教师在不同的经验来源、战略判断和理解之间游移，因为他们是"在行动中"做出决定的。本章用案例研究来呈现行动中的决策，展示教学实践。

如图11.1所示，教学的艺术、技巧和科学各自构成了教学法的整体概念（GTCE，2010）。技巧被看作教师积累的全部技能、策略、方式、方法和实践，他们从中选择并通过经验不断添加新内容。艺术被看作教师对机构中正在发生的事情顺势产生的即时回应，这种回应是安全的、有理有据的、创造性或创新的。科学被看作教师在评估、反思和研究中的知识、理解与参与，为专业选择和决策提供信息。这种教学法可以与"民间教学法"形成对比，不幸的是，后者仍然存在于当代文化中（Bruner，1996）。事实上，要设立教学这一职业，我们就必须超越民间教学法，确定教师专业知识的本质。

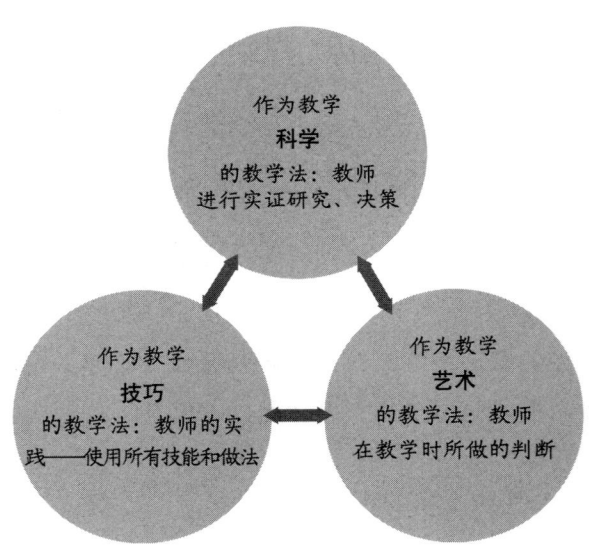

图11.1 教学的艺术、技巧和科学

教学判断使教师能为儿童提供关怀和教育。尤其是教师发展一套教学技能来支持和扩展学习者的理解，鼓励参与式学习，同时支持他们的个性、社会性和情感发展。

有效教与学的原则

以下原则和本章所阐述的教师策略和教学技巧尤其相关。

*原则4：有效教与学需要教师为学习提供支架。*教师不仅应该在认知方面，还应该在社会性和情感方面提供支持学习者发展的活动。这样，一旦这些支架被撤走，学习依然可以继续。

*原则6：有效教与学促进学习者的主动参与。*教与学的首要目标应该是培养学习者的独立性和自主性。这包括获得一系列学习策略和实践能力，培养积极的学习态度，并相信自己是优秀的学习者。

在这一章中，我们首先从一个案例研究开始，看到有效的教师在"实践中的教学"，并对其使用的教学法进行简短分析。"教学法、知识与学习"这一部分的重点是支持学习者发展的教学判断，然后阐述教学技能。这是通过讨论支架的使用以及理解各种集体、小组、个人和游戏活动来阐释的。最后，让我们看看随着时间的推移，教学法是如何发展的。

专家问题

学习要素：需要学习哪些知识、概念、技能、价值观和态度？

这个问题有助于建立一个概念框架，以展现长期存在的问题和教师的专业知识（见第16章）。

教学艺术、技巧与科学

活动中的艺术、技巧与科学

为了了解学前教育机构中的教学法是什么样的，我们先来看这个案例。

案例研究 11.1　探索水和冰

　　六名三四岁的儿童被鼓励加入克莱尔老师所在的小房间，这个小房间被设置在教室自由活动大区域的一侧。克莱尔邀请他们坐在她围成圆圈的小椅子上。在轻松的氛围中，她先和儿童谈论今天早晨和周末做的事情。克莱尔开始询问儿童在哪里看到过水，以及水的用途。她允许儿童表达想法，并且在儿童陷入困境或词不达意时支持对话。虽然没有明确说明，但她在为小组儿童展示倾听和提问技巧。当他们谈论饮料和饮料中的冰时，她将话题聚焦于此。"为什么在饮料里放冰？""冰会怎么样？"她在一个小容器里装上水，和儿童把容器放到冰箱里，然后告诉儿童，明天可以看看水发生什么变化。一些儿童询问有关冰箱的问题以及是什么使它这么冷，而另一些儿童回到自由活动区。

　　第二天，克莱尔向儿童展示了这个容器，现在里面的水已经变成了固体冰。一些儿童留下来聊天，而另一些儿童很快去选择其他活动。克莱尔没有跟着他们，谈话依然很放松。

　　那周晚些时候，克莱尔和小男孩乔治进行了一次后续谈话。互动发生在幼儿园的花园里。克莱尔在一个盒子里放了一大块冰。乔治睁大眼睛看着那个盒子，并抬头看着克莱尔。

　　克莱尔：乔治，你知道这是什么吗？

　　她微笑着看着他，把那个装有冰块的盒子递给他，这样他就能更清楚地看到里面。

　　乔治：冰……和水。

　　克莱尔：没错，这周我们一直在谈论冰和水，是吗？你觉得花园里的这块冰怎么样？

　　乔治：嗯……冰很冷。

　　克莱尔：是的，它很冷，乔治，你想摸一下吗？

　　乔治试探性地戳一下冰，他们都笑了。

　　克莱尔：感觉怎么样？

　　乔治：很冷……湿……

　　他给克莱尔看他手指上的水。

　　克莱尔：确实是这样，你还记得我们谈过这个吗，当水变得很冷的时候会

> 怎么样?
>
> 乔治：冰，它会结冰。
>
> 克莱尔：没错。（她鼓励地笑了笑）我得想想该怎么把冰从冰箱里拿出来搬到花园去。这天气对我来说太冷了，要把冰搬出去太滑了。（她笑了）你认为当冰变暖时，会发生什么？
>
> 乔治：嗯，它会变回水（拍手），就像那个……
>
> 克莱尔：太好了，乔治，我想太阳把整个花园都照得很温暖，所以冰在融化……
>
> 乔治：是的，就是那里的水（指向盒子里的水）。
>
> 他们继续聊着。

分析教学法

根据本章前文提供的有关教学法定义来看案例研究11.1很有趣。克莱尔的教学法是显而易见的，即解决儿童问题的方式、允许儿童在做准备和感兴趣时回到主题的方式以及合作所需的技能示范（倾听和提问）。这不是偶然发生的。它们都是通过克莱尔在教与学中积累的经验以及她培训时获得的科学、计划、教学和学习理论形成的。她与个别儿童的联系、和小组讨论的方式都借鉴了对话式教学的理论，例如，利用亚历山大所谓的"互惠"和"累积"教学的作用（Alexander, 2008, p. 113），她对活动的规划是有差异的。她承认，不是所有儿童都有相同的理解水平，她会结合维果茨基提出的最近发展区对相应的儿童施教（见第2章）。对一些人来说，水变成冰的概念是新认知；对另一些人来说，围绕冰箱的讨论加深了他们对冷冻概念的理解。从他们离开的情况来看，似乎有些儿童在这个时候对冰不太感兴趣。

尽管案例研究和分析只呈现了克莱尔教学法中很小的一部分，但它们展示了一个看似简单的活动是如何多方面、有计划地支持不同儿童的。乔治有机会和克莱尔继续

专家问题

本领：我们的教育专业知识是否有足够的创造性、熟练性和广泛性来支持学习的所有要素？

这个问题有助于建立一个概念框架，以展现长期存在的问题和教师的专业知识（见第16章）。

有关冰的谈话，但这并非偶然。

 反思活动 11.1

目的：确定教学的技巧、艺术和科学。

证据与反思：回顾你最近组织的一项计划活动，并记录反思，以下问题可以帮助你进行思考。

教学科学：哪些知识和理解让你决定了儿童的学习内容？

教学技巧：你用了什么策略？想一想你是如何展示、挑战、支持、解释、鼓励、探索和提醒的。

教学艺术：对于你向儿童提出的问题、使用的语言和直接教学水平，你做出了什么决定？

拓展：反思你曾错过但未来将持续跟进的教育契机。（Ephgrave，2018）

 案例研究 11.2　幼儿园女童数学学习的创造性教学法

学校

伊曼纽尔小学位于英国伦敦的西汉普斯特德社区的中心，招收 3~11 岁儿童。

我们希望儿童学习的东西

我们注意到一些女孩，哪怕才 5 岁，就已经认为数学"不适合她们"。考虑到这可能对他们的未来学业成绩产生影响，我们的目标是找到让这些儿童重新参与并激发他们数学学习积极性的方法。重点是让儿童演示、理解和展示一个简单的减法。参与目的是让不愿主动进行数学活动的女孩选择参与数学活动，而不必在教师的要求下这样做。

相关研究

如本书第 1 章所述，现在有很多关于倾听儿童的声音和认真采用儿童视角的研究。心理学家强调学习动机的重要性（见第 2 章）。我们的灵感来自儿童的口语能力，包括说话、儿歌、唱歌和角色扮演游戏。我们考虑是否可以为数学开发类似的东西，为正在学习的数学创造叙事意义，让儿童具有参与和"加入"的动力。

我们的发现

RL1：第一节课我们试着唱数字歌，用一些道具，比如布袋木偶和面团来表演减法数字歌。我们希望，通过将数学与唱歌和表演相结合，女孩们会更有动力加入进来。在课堂上，我们观察到，虽然所有儿童都在集体教学环节参与了唱歌和算减法，但一些女孩，包括我们关注的两个孩子，在独立工作时间没有参与数学活动。

RL2：考虑到第一节课中观察到的情况，第二节课我们决定在集体教学时间和独立工作时间使用更多的手工活动，如"画葡萄干面包"和"用珠子做项链"。在课堂上，我们观察到，无论是在集体教学中还是作为一项独立活动，绘画活动的持续使用都有助于大多数女孩巩固对减法意味着"拿走"的理解，以及用物体和算式算减法的能力。然而，第二节课并没有成功地让女孩们自主选择一项数学活动。案例中的三个女孩都需要教师的支持才能独立活动。

RL3：在第三节课中，我们决定重新使用叙事来加强女孩们对"拿走"的理解，以及她们算减法的能力。但是，这一次，我们通过让儿童讲一个涉及减法的数字故事，引出他们真实生活中有关"拿走"的经验。然后，我们尝试将减法与儿童喜爱的6年级读物《彼得·潘》[1]（*Peter Pan*）联系起来，介绍了彼得·潘捕捉海盗和小叮当这两个活动，儿童需要编一个拿走数字的故事，并通过角色扮演来算减法。第三节课更成功地让女孩们在整个课程中开始思考和表达数学。事实上，三个案例中的儿童都独立选择了一项数学活动。通过这些方式，研究课程帮助女孩们达到了课程和参与的目标。

儿童的收获

就直接的成绩而言，所有女孩都达到或超过了我们的预期，包括我们最初预测需要重新审视学习目标的三个女孩。

我们的收获

值得一提的是，我们用于计划那些能激发儿童内在动机的活动的时间越多，从他们的参与和进步中获得的回报就越大。例如，当数学变成一种创造性

---

[1] 该书的中文简体版由辽宁少年儿童出版社于2017年出版。——译者注

> 活动，如绘画、手工制作、讲故事和表演时，女孩的参与度就会提高。将数学个性化似乎也有助于女孩参与其中。当女孩被要求讲一个减法故事时，她们每个人都把自己的经验和知识带入对数学概念的理解中。当减法与学校的暑期戏剧制作挂钩时，这真的激发了儿童的想象力。
>
> 此外，我们还了解到，使用直观和具体的资源进行显性教学对于帮助案例中的儿童理解减法即"拿走"的概念至关重要。
>
> 我们将有关案例中儿童的关键问题以及支持他们在未来学习数学的方法结合起来。例如，艾丽斯需要很多安慰，无论是工作还是娱乐，她都需要来自同龄人和成人的安慰。她可以从1∶1的支持中获得数学内容。安娜比我们最初想象得更善于处理数学问题，但和艾丽斯一样，她也常常向成人寻求安慰，害怕犯错。
>
> 由此，我们决定尝试在数学活动中培养儿童的创造力，并开发可以进行试验和运用多种方法的活动，同时给儿童更多的时间"思考"。我们认为，这种结合应该会使女孩在进行数学活动时更有信心。
>
> 我们把学到的东西写成一份简短的报告，并在一次员工会议上与大家分享。作为学校，我们决定吸取经验，认真思考如何让这样的女孩在学校里参与数学学习。这将成为下一年数学发展计划的重点。

教学法、知识与学习

教学原理的发展

正如前几章所讨论的，多年来，在英国学前教育机构工作的人被视为相对业务的人员，只提供在儿童进入正规学校之前的照护内容。尽管这段历史至今仍然有迹可循，但对儿童发展的研究已经加深了我们对童年早期经历如何塑造和影响我们成为成年人的理解。

从约翰·鲍比在第二次世界大战后的依恋理论和玛丽·爱因斯沃斯在20世纪70年代对依恋的研究开始，到埃莉诺·戈德施密德（Elinor Goldschmied）倡导的关键人方法，现在有大量的证据表明，照护（与儿童之间形成温暖、信任的关系）是早期学习的基础。我们也知道，把对这种亲密关系需求的理解与儿童发展知识结合起来是教学的关键。学前教育有效准备研究项目报告称，当照护和学习同时发生时，儿童才能获得高质量的保教和成功的学习结果（Sylva et al.，2004a）。

伴随着关于教师资格和专业发展的不断讨论，学前教师的角色正在演变。研究拓展了我们对于童年早期的认识，以及高质量学前教育的需求，因此关于"质量"的讨论和英国的教学原则也在不断发展。

如本章前文所述，教学法是指怎样教，课程是指教什么。2000 年，英国下议院教育和就业特别委员会（the House of Commons Select Committee on Education and Employment）提到了教学法和课程之间的差异。他们认为，学前教育的教学应该以游戏为基础，还指出"高质量"的教育需要额外的内容。

2015 年，英国教育标准局发布的《早期教学和游戏——保持平衡？》（Teaching and Play in the Early Years-A Balancing Act?）提出，高质量的教育是在将教学与游戏无缝结合的教学过程中发现的。教育标准局指出，"将教学和游戏对立起来是错误的二分法"（p. 5）。结合两种或两种以上的教学方法，即"混合教学法"，研究者在《早期基础阶段的正确做法：证据综述》（Getting It Right in the Early Years Foundation Stage: A Review of the Evidence，Pascal et al.，2019）中对其进行讨论，证明了高质量的学习经验产生于"成人教学与基于游戏、儿童主导的方法的结合"（p. 39）。

丰富儿童的游戏、引入新维度、打开学习机会的"额外内容"就是知识渊博、富有洞察力的学前教师深思熟虑后的干预。这种与儿童合作指导和学习的能力，根植于对有效教学的理解。

虽然这项研究是在数年前进行的，但是其内容在今天仍然有相关性。早期学习中教学有效性的研究项目力图发现学前教育实践中有效教学的关键要素（Moyles et al.，2002）。项目团队设计了一个框架来强调这些关键要素，如图 11.2 所示。

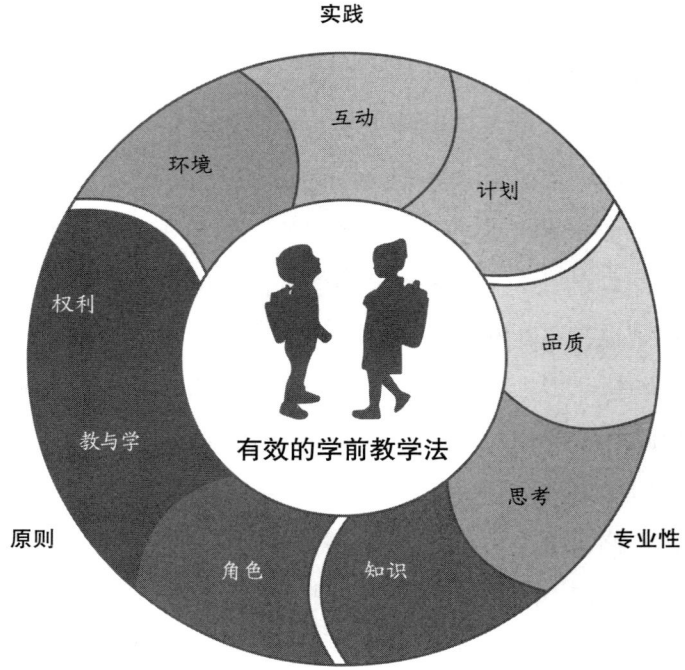

图 11.2　有效的学前教育框架

该框架清楚地标明了学前教育实践中有效教学的关键原则。它们和实践的关键要素、角色的专业维度并列。该团队确定的原则如下。

有效教师相信并且重视所有儿童所拥有的权利，包括：

- 高质量的教育和保育
- 与感兴趣的成人共度高质量的时光
- 有时间探索和发展与其他儿童和成人的友谊
- 拥有这样的教师
  - 全面考虑儿童的学习和整体发展
  - 培养每一个儿童的潜能
  - 区分学习经验
  - 建立在儿童已有的学习基础上，不断鼓励和拓展
  - 确保儿童感到安全、包容，受到重视和尊重
- 体验是所有发展领域中的一个重要过程
- 有机会与鼓励儿童好奇、探索，运用表扬等策略的教师一起工作和游戏
- 为所有人提供认可、尊重和平等的机会

在教学实践中，有效教师相信并且重视：

- 室内外最大化的学习和教学机会
- 精心策划、管理有序，富有刺激和视觉吸引力
- 促进积极学习和亲社会行为
- 确保有足够的时间让儿童充分探索并扩展概念、想法和兴趣
- 促进独立性、坚韧性和专注力
- 使儿童做出选择，测查风险，为自己发声和思考，并有责任清晰表达和评价自己的学习
- 充分利用一系列开放、主动、动手做、多感官的学习经验
- 充分利用协作和合作的学习方式
- 让成人和儿童对进步、行为和自我管理有现实的高期望
- 结合成人互动、学习环境和儿童反应进行评估，为日常实践和中长期规划提供信息

在自身角色和能力的重要性方面，有效教师相信并且重视：

- 在学习过程中鼓励、介入和陪伴儿童
- 与儿童建立敏感的教学关系
- 示范恰当的社会性、情感和智力行为
- 教育儿童并关心他们的幸福
- 积极热情、灵活周到地与儿童互动和交流
- 积极寻求和促进每个儿童、父母、照护者和同事的平等机会，建立积极、支持和协作的关系
- 建立和发展机构内外有效的团队合作
- 定期反思当前关于儿童教育、学习和发展的理论
- 确保他们了解最新的地方和国家政策及其对工作的影响
- 参与培训和持续的专业学习
- 采取主动，相信自己的判断

第9章指出了影响全球学前教育机构核心教学法的一些原则。英国学前教育工作者和政策制定者利用了我们提到的这些教学原则——也是早期学习中教学有效性的研

究确定的原则，来制定当前的政策。在爱尔兰规划和实施学前教育的六项原则中可以找到一条共同的主线（DENI，2013，pp. 19—20）：

- 所有儿童的学前教育与学习需要是重点
- 教育和学习从出生开始
- 儿童及其家庭有权获得高质量、适合儿童年龄特点的学前教育服务和机会
- 儿童及其家庭的权利受到尊重
- 机会平等与融合是优质学前教育和学习的重要特征
- 公立、私立和其他相关部门与专业机构之间的合作，将在确保改善儿童早期发展成果方面发挥重要作用（节选自 Moyles et al.，2002，pp. 53—55）

新西兰学前教育课程大纲将学习与发展的四项原则编织在一起，以塑造每个儿童的经验（pp. 18—21）。

赋权：学前教育课程赋予儿童学习和成长的能力；

整体发展：学前教育课程体现儿童完整的学习和成长；

家庭和社区：家庭和社区是学前教育课程不可分割的一部分；

关系：儿童通过与他人、地方和事物建立起的回应性和相互作用的关系来学习。

以上内容分享了一些教学原则，并例证了人们对于学前教育质量和教学及其整体本质日益深入的理解。

 反思活动 11.2

目的：反思你的教学实践。

证据与反思：使用本章前文提供的教学定义，列出不同的定义，并注意过去两周内你何时使用了哪种教学方法。你如果比别人更频繁地使用某些教学法，就要特别注意。还要考虑是否有你从未使用过的教学法。反思你为什么偏爱特定的方法而不喜欢其他方法——考虑你的选择是否受到外部影响（比如资源的可用性、时间、对于有特殊需要儿童的支持）。

拓展：如果可能，与同事或同学讨论你的发现，并考虑如何使教学多样化，让儿童以多种富有刺激性的方式进行学习。

理论视角

批判教学法

在全球的部分地区，教育者利用教学法的概念取得了振聋发聩的效果。其中，最著名的是巴西教育家保罗·弗莱雷（Paulo Freire），他在《被压迫者教育学》[1]（*Pedagogy of the Oppressed*，2000）一书阐述的中心论点是，教学法是教导最受压迫的人批判性地反思自己受到的压迫，并积极参与从压迫中解放出来的方法。在弗莱雷的教育理念中，受压迫的学习者通过学习获得自我指导的力量，而不是仅仅接受压迫者提供的教育形式，像一个空容器一样被填满。相反，他认为文化学习过程是一个动态的过程，其中"阅读世界总是先于阅读单词，阅读单词意味着不断地阅读世界"（2000，p. 37）。这种教育就是把语言和生活联系起来，使之交相辉映。弗莱雷的教学法通常被称为批判教学法，它表明，人们应该从现存的陈规陋习中摆脱出来、有所作为。

虽然弗莱雷的工作主要是针对成人学习者，但是其教育理论的某些方面与学前教育产生了共鸣。教师与学生共同发现，学生的声音是学习经验的核心。弗莱雷还提倡学生所带来的经验的价值，它建立在已有经验之上。与此相呼应的理论是有效教与学原则3：有效教与学重视先前的经验和学习的重要性。教与学应该考虑到学习者的已有经验，以便计划他们的下一步。

心理理论

其他著名的教育家，如美国的杰罗姆·布鲁纳，从教育心理学的角度看待教学法。布鲁纳深受维果茨基理论的影响，对人类心理理论如何影响教育者的实践很感兴趣。他证明了教师理解学习者思维的方式会影响他们的教学。这是教学科学的有力证据。在教学科学中，教育者理解人类思维的运作，并将其应用于教学方法中。通过在"思维模式和教学模式"（Bruner，1996，p. 53）之间建立联系，布鲁纳展示了认为学习者通过模仿获得知识的心理理论与强调通过对话和合作进行学习的心理理论是如何产生非常不同的教学法的。布鲁纳并不是主张一种模式凌驾于另一种模式之上；相反，他认为需要将不同的学习观点锻造成"某种统一的整体，被认为是共同大陆的一部分"（1996，p. 65）。统一多个方法的概念反映在我们前面讨论的"混合教学法"中。

教学对话

美国批判人种志学者和精神分析学家黛博拉·布利兹曼（Deborah Britzman）将

---

[1] 该书的中文简体版由华东师范大学出版社于2020年出版。——译者注

精神分析、教学法与教师教育联系起来。在《实践创造实践：学会教学的批评研究》（*Practice Makes Practice: A Critical Study of Learning to Teach*，2003，p. 12）一书中，她问："学会教学，对师范生意味着什么？"布利兹曼让我们思考理论视角如何影响教学法，以及不同的话语如何影响教学法被解释的方式。她要求师范生研究"经验"的含义，以及这对他们的教学方法带来了什么影响。她还指出，未来的教师在教学时就已经有了从自己的学生时代开始的一生教育经验："教学是为数不多能让新入行者感受到自己学习史的力量的职业之一，仿佛它与工作息息相关。"

这些教育理论告诉我们，教师需要意识到不同的视角如何塑造他们的思维，以及这些视角如何影响父母和照护者的观点。父母对学前教育的期望取决于他们的个人经历、当下的主流话语、他们的愿望和投资。

作为学前教育者，我们必须注意如何向家庭传授知识，以及对儿童学习的不同方式的理解。儿童在成人的陪伴下会表现得最好，这些成人会一起理解儿童需要什么来获得快乐、有所成就和实现潜能。

案例研究 11.3　"你今天调皮了吗"

杰克是一个很难在其他儿童的陪伴下自我约束和管理行为的孩子。幼儿园老师一直在使用各种策略来帮助杰克，例如，使用"现在"/"接下来"卡片和可视化时间表。他们也和杰克的同伴解释，当杰克"抨击"他们时，他"还在学习"。因此，当杰克抢夺或推开他们抢先拿到的物品时，他们组的儿童会更加宽容和理解。杰克逐渐变得更能控制自己的情绪，因此与同伴们建立了积极的关系。所有这些策略都被分享给了杰克的父母。杰克的妈妈说，当她把杰克放在其他孩子当中时，她会使用（幼儿园提供的）同样的视觉卡，并发现这些方法非常有效。然而，杰克的父亲并没有意识到杰克需要支持。当他到幼儿园接杰克时，他的第一个问题总是"你今天调皮了吗"，这种消极态度使得杰克离园时看上去很焦虑，不开心。我们认识到，这个问题可能会让他觉得自己陷入麻烦或做得不好。

与家人进一步讨论支持学习和积极行为的方法可能会有所帮助。

教育智慧

本章讨论的教学的三个方面之一是教学艺术。有效教与学的原则将其定义为"具有回应性、创造性的直觉能力"（Pollard，2010，p.5），不必奇怪，它有时会被描述为教师有或没有的东西，而不是可以教的教学法的一部分。然而，我们相信，关注和回应的艺术无疑是一种可以学习的品质。要想正确地平衡参与，知道何时介入或退后，我们需要观察其他教育者、观察儿童，并持续地促进专业成长。持续性共享思维与情绪健康量表（The Sustained Shared Thinking and Emotional Well-being Scale，SSTEW，Siraj et al.，2015）旨在提供一种工具来审核和支持实践中参与度、注意力和回应性的质量，为探索和发展教学艺术提供了基础。自我意识以及对于你做什么和为什么这样做的理解不会突然出现，它们是通过反思性实践、对恰当工具的使用、指导和新鲜的学习经验来发展的。

学习与经验

教学法与学习有着千丝万缕的联系。约翰·杜威对任何形式的教授都持有高度批判态度，它们仅将事实灌输到学习者的脑子里，却不鼓励真正的思考。学前教师在整体理解儿童的学习方面有着天然的优势，他们每天都与同一群儿童一起度过，了解他们的家庭，这使他们对儿童及其需求，以及他们在日常经验和机构学习之间的相互联系有了深刻的认识。

促进学习者发展

基于先前的学习

案例研究11.4探讨了学前教育机构中的学习丰富日常经验的程度，例证了有效教与学的原则3，该原则将教学与先前的经验和学习联系起来，"建立在前期学习的基础上，也考虑到不同学习群体的个人和文化经验"（James & Pollard，2006，p.8）。在下述案例中，我们将看到学前教师利奥妮正在对一个儿童进行集中观察和分析，以及这两者如何构成她教学实践的一部分。

案例研究 11.4　研究儿童独立性的发展

西奥入托 6 个月以来，利奥妮是他的主要照护者。再过 1 个月，西奥就 3 岁了，他已经开始在幼儿园里接受过渡课程，为他进入学前班做好准备。利奥妮注意到，在过渡课程的点心时间，西奥不敢用桌子上的水壶倒饮料。利奥妮提醒大一点的儿童把水壶递给西奥，但当他们把水壶递给他时，他显得十分紧张。

利奥妮认为，帮助西奥在大孩子当中建立信心的最好方法是在他现在的小组中练习倒水——不是过渡课上。利奥妮把她的计划告诉了同事们，让他们知道她的计划，进而合作支持西奥的独立性发展。

利奥妮分享给西奥父母的观察如下：

今天我做了一些很棒的装水和倒水游戏。我用杯子将水装满茶壶，然后把它全倒出来，之后我又重复做了一遍。

其他教师分享给家长的观察如下：

当我们进行泰迪熊野餐的时候，西奥把干沙子从一个罐子倒进了玩具杯里——他喜欢数杯子，以确保每个儿童的小熊都有足够的杯子。

幼儿园分享给父母的信息表明，西奥正在练习倒水，并且他的技能正在发展。如果家长愿意，他们可以把这种学习拓展到家庭生活中。

分析教学法

利奥妮利用她在过渡活动中对西奥的观察，通过运用教学知识，了解西奥喜欢怎样游戏，帮助西奥形成独立性，这有助于他更快地融入学前班。通过鼓励西奥倒沙子，教师们帮助他适应水壶的重量，西奥也不必担心"洒出来"。通过在游戏中融入吃点心时需要的技能，西奥的自信心增强了。利奥妮敏锐地预测到西奥可能会遇到的困难，知道用一只手倒对他来说具有挑战性，于是决定在下一次过渡活动时不将水壶装得太满。西奥自信地伸手拿起了桌子上的水壶，倒好自己的饮料后，他把水壶递给另一个儿童，一个友好的举动帮助他融入这个集体。

在这里,利奥妮使用了先前的知识、观察、关于儿童发展的知识、对将要发生的事情的预测和对关系的理解,以此确定学习机会并采取行动。

反思活动 11.3

目的:从学习者视角反思教学的三个方面。

请阅读以下摘录:

伊丝拉正在画一张母亲节贺卡。教师凯蒂拿着伊丝拉的作品站起来,开始向门口走去。

凯蒂:我能把这个给萨拉看看吗?

伊丝拉:好的。

凯蒂:我想让她瞧瞧,看她是不是也想做一个。

(凯蒂走近萨拉……)

凯蒂:萨拉,看伊丝拉给她妈妈画了一幅很棒的画。你想做一个吗?周日是母亲节,你想给妈妈卡片吧。

萨拉:但是我在给马儿画牧场。

凯蒂:好吧,你现在过来和我一起做贺卡,可以等会儿再画牧场。

证据与反思:这则简短的摘录描述了一个常见的问题。儿童正在自由游戏,我们正在努力支持他们作为独立思考者的发展,尊重他们的愿望。然后,在繁忙的一天里,我们要求儿童做一些事情,使每个儿童都有为特定情境准备的一张卡片或一幅图画。请注意这种行为如何与你的教学实践相契合或冲突。什么样的行为更合适?未来如何避免类似的行为?如果所有儿童都不带照片或卡片回家会有什么后果?我们是否与家庭保持良好关系,让他们理解我们将为儿童提供学习机会,但我们也会提供给儿童选择参加或不参加这类活动的自由?

拓展:思考你在实践中如何应对挑战,以及挑战何时会发生。想一想你应该如何把支持放在适当的位置,这样你就会觉得自己有能力做你想做的事情。

研究总结 11.1　早期教育与发展研究：早期教育研究的优质实践报告

2017 年 1 月

简介

作为早期教育与发展研究（Study of Early Education and Development，SEED）的一部分，该研究旨在识别早期教育研究中的优质实践，探讨优质的学前教育机构如何连接、建立和维持那些有潜力改善儿童成就的良好实践，重点关注 2—4 岁儿童的教育机构，考察了关于课程计划、评估与监测、职工聘用、过渡管理以及家长沟通、家庭学习的优质实践。

主要发现

在厘清早期教育中优质实践的特点时，确定了以下三个广泛的交叉主题。

- 根据儿童的需要量身定制教育：优质实践的基础是一种把儿童置于机构实践中心的精神。时刻记住系统和过程要跟随儿童的幸福与发展，这有助于机构保持专注，避免分心。事实上，这意味着设置一个明确的愿景，想要帮助儿童实现什么，这些清晰的目标构成了所有领域的实践。
- 有技能、有经验的教师：第二个交叉主题是教师资质、知识和经验的重要性，因为正是这些有能力的教师巩固了那些支持儿童充分发挥潜力的实践做法。考虑到优秀教师的重要性，有优质实践的机构努力招募和挽留高质量的教师，并优先持续支持十五位教师的发展。强有力的领导也被认为是必不可少的，优质实践需要由领导者巩固和支持，这些领导者会树立榜样、鼓励团队工作并对他们要达到的目标有清晰的认识。
- 开放的反思性文化：贯穿这次对优质实践考察的最后一个主题是开放的反思性文化的重要性，它可以促进持续不断的改善，创造积极的工作环境，并鼓励优质实践经验的分享，从而提高早期教育各部门作为一个整体的质量。事实上，这意味着有优质实践的机构寻求与其他机构和专业人员合作；认可教师的知识和专业技能，重视公开讨论和教师咨询；以及嵌入一种自我评价的文化，作为推动持续改进的手段。

进一步思考

- 你要如何定制针对儿童需求的教育？
- 你自己或你所处的机构中是否有专业发展的要求以改善教育实践？
- 你所处的机构是否拥有开放的反思性文化？

教学本领

教学法的理念是多方面的，需要学前教师站在自己或他人的角度，对所在机构的经验进行反思，以不断完善自己的教学理念。我们需要质疑自己的教学专业知识是否具有足够的创造性、技术性和广泛性，以及教学策略是否基于证据、令人信服和合理。教学法的某些方面也许比其他方面更具有外显性，也可能更紧迫，但最终它们都需要发挥作用。

关键一步是将学习动机与适当的策略联系起来。你希望儿童学习什么？为什么？这种新的学习是如何建立在儿童已知、理解和能做的事情之上的？为了达到预期的结果，需要多少教师引导的活动？儿童自发或独自玩的游戏应占多少？你怎样一直支持有效学习的特点？

回顾早期学习中教学有效性的研究框架，我们可以结合实践和技能考虑有效教学的关键要素。例如，有效学前教师在教学互动过程中，注重如下几点：

- 基于儿童的已有能力、兴趣、经验以及学习方式
- 陪伴儿童游戏，支架并拓展儿童的学习
- 基于儿童的发展水平进行沟通，倾听并与儿童交谈，重视儿童所说的话
- 在有目的的教学活动中吸引儿童的注意力，激发儿童的兴趣和动机
  - 讲述
  - 描述
  - 演示
  - 指导
  - 解释
  - 提出有意义且有挑战性的问题，真诚准确地回答儿童的问题
  - 通过活动引导并支持儿童，教儿童将学习经验串联起来
- 教授和示范
  - 语言及交流技能
  - 有趣的行为
  - 思维能力
  - 合作能力

- 积极的态度
- 行为的/社会的预期
- 让儿童主动参与活动，做出选择，对自己的学习负责
- 知道何时介入（旁观）儿童的学习
- 根据儿童的能力、兴趣和学习风格，选择开放或聚焦的活动
- 积极寻找给予儿童积极反馈的机会，赞美儿童阶段性的成果或庆祝儿童真正的成功
- 明确地向儿童说明学习期望、意图、结果和目标
- 结合儿童的经验和理论，与儿童分享经验和学习（节选自 Moyles et al.，2002）

本书高频出现的主题，如支架、示范、交流，都与学前教师的教学技巧有关，我们会逐一进行探讨。

支架

"支架"经常被宽泛地用来描述教师可能提供的各种支持（Pea，2004）。然而，从伍德、布鲁纳和罗斯（Wood，Bruner，& Ross，1976）在具有开创性的论文中所使用的这个术语的意义而言，这个概念提供的远不止这些。他们将"支架"定义为经验丰富的成人为较低水平的学习者提供的帮助——撒普和加利莫尔（Tharp & Gallimore）将其称为"协助行为"。在支架教学中，教师需要积极、临时且偶发地为学习者提供恰到好处的认知帮助，引导他们独立自主地学习。随着时间的推移，成人（或其他更有经验的人）就可以减少自由度，使复杂的任务对儿童来说更容易完成，从而使他们获得独立自主的能力。支架教学的理念因此可以被看作是对维果茨基有关最近发展区概念的发展。

已有的支架教学概念将其视为一个发生在教师和儿童之间的互动过程。在这个过程中，教师和儿童都积极参与其中，学习者"由他人引导"（Stone，1998，p.351），以促进他们发展到没法独立达到的水平。范·德·波、沃兰和贝苏森（Van de Pol，Volan，& Beishuizen，2012）分析了有关支架教学的文献，认为它有三方面的特征。第一个特征是"偶然性"，意味着教师的支架教学需要根据

> **专家问题**
>
> 儿童的认知需求：教育是否适应儿童的认知需求并提供适宜的挑战？
>
> 这个问题有助于建立一个概念框架，以展现长期存在的问题和教师的专业知识（见第16章）。

学习者的特定需求和当前表现来量身定制。第二个特征是"消退",即随着学习者理解和能力的发展,支架会逐渐退出。第三个特征是责任转移的发生。下文的摘录提供了一个在游戏中支架儿童学习的例子。

 案例研究 11.5　用开放性材料进行艺术创作

　　3 岁的亚力克丝一直喜欢艺术活动,她经常用美术区的材料"制作和创造"。秋季学期开始时,亚力克丝对于用开放性材料拼摆表现出特别浓厚的兴趣。亚力克丝精心挑选材料,创作了展现出她对颜色和材质的好奇的作品。

　　亚力克丝总是喜欢让教师为她的作品拍照,这样她的家人就能看到她的作品了,这表明她知道开放性材料游戏是不固定的,材料可以被她和朋友移动或重新利用。通过索要一张照片,亚力克丝表明想要"捕捉"自己的艺术创作,以便在开放性材料移动或改变后记住她做了什么。随着时间的推移,教师注意到亚力克丝开始用开放性材料制作更正式的"照片",在与她讨论的过程中,教师了解到亚力克丝在为自己和朋友制作肖像图。为了进一步激发亚力克丝的兴趣,教师提供了更丰富的材料来激发亚力克丝的热情和创造力。

　　在注意到亚力克丝如何选择和使用资源后,教师能够帮助亚力克丝发展自我意识。最近,亚力克丝开始戴眼镜,并花了很多时间照镜子——这种对她的眼睛和面部的迷恋可以在其用开放性材料进行艺术创作中清楚地看到。

　　教师向亚力克丝展示如何使用照相机为自己拍照。他们告诉她,她对自己的脸越来越感兴趣,并且能够用开放性材料表征自己的五官。一旦亚力克丝觉得以这种方式使用开放性材料是可靠的,教师就会和她一起工作,谈论她选择用来代表自己的材料的颜色、形状和纹理。教师为亚力克丝示范调色技巧,向她展示如何调配粉末颜料来创造不同的颜色。亚力克丝很感兴趣,很快就学会了。看到她持续的兴趣,教师进一步发展她的技能,在她尝试用不同的颜色表现面部的不同色调时,为她的学习提供支持。学期中,当儿童正在探索将南瓜作为万圣节活动的一部分时,亚力克丝向朋友们展示了她的新颜料调配技巧,教他们如何调配颜色,可以涂在南瓜表面"装饰"它。

示范

我们认为示范应该与支架分开考虑，因为它在学前教育实践中发挥了重要作用（参见 Colwell）。许多研究表明，教师的示范对儿童而言很重要。示范已经被证明是一种比试错法（Bandura，1977）或教条式教学方法（Schunk，1981）更有效的学习方法。科尔特曼、佩耶娃和安吉莱里（2002）的研究发现，探索本身不足以促进学习，而作为一种支架形式的示范，对儿童学习和保持一项新技能有显著的影响。

学前教育有效准备研究项目发现，成人对技能和适当行为的"示范"经常与持续性共享思维和开放式提问相结合，这与更好的认知成就有关（Sylva et al.，2004a）。尽管有这样的主张，但关于示范的定义或对其实施的解释还是没有达成共识。撒普和加利莫尔（1988）注意到两种不同的示范方法：行为示范和认知示范。前者是指专家向新手演示动作；后者是指一个更复杂的过程，在这个过程中，专家在执行的同时叙述行动、想法和决策。除了动作本身，他们还为新手示范认知过程。

柯林斯、布朗和纽曼（Collins, Brown, & Newman, 1987）以及登嫩（Dennen, 2004）将展现默会知识，为新手提供空间在他人的帮助下练习动作这一教学方式定义为认知学徒法。

你可能在学前教育机构中看到的示范类型，包括成人：

- 清晰而平静地说话，与听众进行适当的眼神接触
- 与他人彬彬有礼地互动
- 自言自语："我不知道如果……会发生什么"或"我想我要试试这个"
- 认真地倾听他人，给儿童足够的时间表达自己的想法和感受

科尔韦尔（2012）认为，对这些过程的认识可以帮助学前教师支持儿童的学习。

交流

教学中的一个悖论是，尽管教师将谈话作为教育行业的主要工具，但许多人并没有意识到在与儿童互动时，他们可以使用多种多样的谈话方式。谈话被教师广泛用于提供信息、检查理解和指导儿童。然而，我们在教与学时使用的词汇还有很多作用，比如将现在的活动与过去的经验联系起来，设计未来的活动，将现有的想法与新的教育意义框架联系起来，以及示范使用语言的方式（Mercer & Littleton, 2007）。不要忘记，教育者不只是通过声音与儿童交流，还通过面部表情、手势、姿势以及关爱，甚

至沉默来联系和探索。反思型教师每次与一个儿童或一群儿童分享经验时,都会将各种品质、技能和方法编织在一起。

西拉杰-布拉奇福德等人(2002)指出:

事实上,证据表明没有一种"有效的"教学法。相反,有效的(教师)通过干预(支架、讨论、监控、分配任务)来协调教学法,这些干预对课程概念或被"教"的技能都很敏感……(2002,p. 43)。

因此,教师必须在机构和自身经验中反思儿童,然后利用教学知识创造出一种适合儿童的方法——在他们经验发展的过程中不断调整。

制定系列课程

教学艺术、技巧和科学的历史演进

案例研究 11.6 提供了一个关于音乐的例子,说明学习领域的一个方面是如何随着时间发展的。注意技能是如何随着时间发展的,以及儿童的经验是如何在发展和成长的过程中建立起来的。

 案例研究 11.6 音乐发展

格雷丝正在学校中回顾音乐在学前教育课程中的作用,她担心教师在从事音乐活动时越来越缺乏信心。因此,格雷丝想要增强人们对音乐重要性的认识。音乐是一种基本的人类活动,是支持儿童在所有课程领域发展的理想媒介。她决定把重点放在音乐和身体发育之间的联系上。

为了确保儿童的学习建立在现有的知识和技能的基础之上,她为儿童在机构中使用乐器制订了一个长期计划,结合了音乐的五种元素:音色、力度、节奏、速度和旋律。

婴儿

让婴儿听到不同声音(音色)的机会:

- 用手或小物件轻拍物体表面
- 摇晃物体，先用一只手，然后用两只手
- 挤压各种材料
- 参与"轮到我，轮到你"的活动
- 敲打小型手提乐器/摇铃
- 用短棒敲击木琴琴键

学步儿

让学步儿体验响亮且轻柔的声音（力度）和速度（节奏）的机会：

- 双手同时交替打鼓
- 叩击、擦、扫、刮乐器
- 探索不同的音色，如由橡胶、木材、金属制成的乐器
- 玩开始和停止游戏
- 增加对节奏器的控制
- 复制、保持一个节拍和简单的节奏
- 在演奏乐器的同时随着节奏移动
- 唱简单的曲调（旋律）
- 在琴键上弹奏两个音符的旋律

学前儿童

探索创意音乐的机会：

- 为故事或图片创作音效（旋律、节奏、力度、音色和节奏）
- 在"轮到我，轮到你"的游戏中对更复杂的节奏做出反应
- 通过敲击身体打出自己的名字或常用词的音节
- 在琴键上演奏复杂的三音符曲调

分析教学法

虽然只是快速地浏览格雷丝的计划，但案例研究 11.6 的内容让我们洞悉她是如何随着时间的推移规划儿童的学习的。在这种情况下，重点是连续性和发展性。计划整

个单元的工作，需要格雷丝为儿童提供接触音乐的不同机会。在每个阶段都有各种各样的机会，但每个阶段都是建立在之前的经验之上，并加以拓展的。此外，虽然重点是音乐活动，但很明显，格雷丝也提供了社会情感发展的机会——轮流，正如我们之前提到的，学前教师关注的是过程。

反思活动 11.4

目的：探讨教学原则与我们自己的计划和教学的关系。

证据与反思：回顾一些中期或长期计划，从中找出尽可能多的教学法的不同方面，根据你所读到的内容解释和证明它们的合理性。各方面（艺术、技巧和科学）之间的平衡是什么样的？

结　　语

本章探讨了教学法相互关联的方面：艺术、技巧和科学。教学法是一个丰富而迷人的概念，每位教师都在不断形成和重新塑造它。有时，一些教学原理会显得比其他原理更加紧迫。然而，我们如何与儿童互动和回应，关键取决于我们对教学的整体理解。虽然有些关于教与学的理念是持久的，比如第4章中有效教与学的原则，但其他理念发生了变化和转变，不仅因为学前教育机构的学前教师或专业研究人员的新研究，也因为教与学是人类永无止境的事业，因此从来都不是静态的。没有两位教师是相同的，没有两个学习情境是相同的，也没有两个儿童是一样的。我们需要反思自己的教学，发展技能。我们可能会发现实践中某些方面对我们来说比其他的更容易，但必须开放地评估自己是否足够有创造性、技术性和广泛性，是否熟练地使用沟通、示范和引导，从而让实践通过反思和经验得到进一步发展。

第 12 章

交流——语言如何支持学习

引　言

　　本章探讨学前教育中语言和沟通的重要性。什么是最佳实践？这一章建立在这样一个前提之上，即儿童成功地习得语言不仅会巩固他们参与和理解世界的方式，还会增强他们与他人互动的能力。语言技能也会影响儿童学习课程（所有我们认为对他们的学习、发展和未来至关重要的事情）的机会。与第 6 章内容相一致，如果儿童被鼓励积极参与谈话、质疑、假设、好奇、计划，敢于想象，听故事和讲故事给他人听，儿童的语言习得可能会更好（Bradford, 2009）。在这个时期，语言发展的社会和文化方面同样重要，因为儿童通过交谈来学习，将自己置于特定的社会环境中。由此，语言的发展与身份的认同就被紧密相连。永远不要低估家庭生活对儿童的影响，教师花时间了解儿童的个人情况以做出适当的反应是很重要的。

　　不管是哪种文化，儿童从出生起就能快速、轻松地学习母语，并遵循相同的发展路径（Kuhl, 2004）。此外，语言是儿童学习与发展的中心（参见 Broadhead）。从出生开始，语言能力影响读写能力的萌发，多种能力伴随着语言一起发展。最终，得当、成功地运用语言的能力会影响儿童日后的生活（Sylva et al., 2010）。在本章中，这些活动支持教师对儿童口语发展的反思，以及如何在环境中支持、计划和鼓励适合儿童年龄的对话。所有教师都需要意识到示范、回应和明智地与儿童接触的作用，为儿童在日常环境中使用的语言和交流模式提供支架（参见 Manning-Morton）。为了有效地交流，儿童需要培养语言接收能力，以便理解所听到的语言，还需要发展语言表达能力来表达自己的想法、感受和愿望，并最终发展积极的关系。本章将探讨如何支持这种发展及其如何有助于推进教育实践。

> **有效教与学的原则**
>
> 以下原则与本章内容尤其相关。
>
> **原则4：有效教与学需要教师为学习提供支架。** 教师不仅应该在认知方面，还应该在社会性和情感方面提供支持学习者发展的活动。这样，一旦这些支架被撤走，学习依然可以继续。
>
> **原则6：有效教与学促进学习者的主动参与。** 教与学的首要目标应该是培养学习者的独立性和自主性。这包括获得一系列学习策略和实践能力，培养积极的学习态度，并相信自己是优秀的学习者。
>
> **原则7：有效教与学促进个体和社会的过程和结果。** 学习是一种社会活动。应该鼓励和帮助学习者与他人合作，分享想法，共同建构知识。向学习者了解他们的学习情况并给予他们发言权，这既是一种期望，又是一种权利。

语言有效发展的特点

5岁时，只要没有语言障碍，儿童就会掌握母语中成人语法的主要结构（Peccei，2006）。这在所有文化和语言中都适用。所有语言都有自己的语音系统，儿童从出生起就习惯于从周围环境中倾听语言。"习得性"一词在语境中很重要，因为语言学家把新兴语言结构和完全习得的语言结构区分开来。所有儿童都必须学会说话，语言的发展必须通过与更有经验的语言使用者的互动来推进。在继续讨论当前的内容之前，我们有必要简要回顾一下关于语言发展的先天决定论与后天培育论的争论。

美国的诺姆·乔姆斯基（Noam Chomsky，1971）是语言发展先天决定论最有影响力的倡导者之一。在他的早期研究中，他假设儿童使用语言习得装置（language acquisition device，LAD），认为这种装置是大脑的一种特殊能力，使儿童使用母语的规则系统。乔姆斯基认为，语言天生就存在于这样一个内在的系统中，因此会自然地发展。杰罗姆·布鲁纳反驳说，乔姆斯基的理论正确地识别了儿童能力的这一先天方面,但这只是语言习得过程的一部分。他认为,如果没有成人的帮助,儿童的语言习得装置是无法正常工作的。布鲁纳认为,与另一个人的互动提供了语言习得支持系统(Language Acquisition Support System,LASS)。语言习得支持系统组成或构造了语言的输入,以某种方式和儿童的语言习得装置相互作用,教儿童一些应用语言的方法。最终,"正是语言习得装置和语言习得支持系统之间的互动使得婴儿有可能进入言语天地,同时语言通向文化"(Bruner,1983,p. 19)。库尔(2004)同样认可社会影响在语言学习中的重要性,儿童从与人类的互动中学习比从同一语言材料的视听接触中学习更容易。根据这一论点,儿童的语言习得受到周围人的反应的强烈影响,如父母、照护者和其他家庭成员。

成人采用适宜的策略支持儿童语言发展的作用在研究中得到充分证明。以布鲁纳的理论为基础,维果茨基将儿童描述为在社会互动中进行认知发展的学徒。换句话说,随着语言能力越来越复杂,儿童与能力更强的人和周围文化之间的交流互动将引导他们形成成熟的思考和交流模式。"更有能力的人"包括儿童直属社会和文化网络中的一部分人,如家庭成员(父母、祖父母、兄弟姐妹)、玩伴和同龄人。

神经科学的新近发展强调了成人的作用,研究着眼于儿童出生时大脑的潜力和脆弱性。在生命的前5年,大脑的发育非常迅速且具有回应性(见第2章)。神经科学家根据连接主义网络定义了大脑的活动。儿童出生时有数十亿个脑细胞,但它们并未"连接"在一起。因此,早期的语言经验决定了大脑的语言能力。例如,来自纵向发展研究和人口研究的证据提供了这样的信息,即童年早期是儿童对环境做出反应的时期,这个时期具有"切实可塑性,触发了大脑的发育结构,通过早期经验显著地塑造了他们作为青少年和成人的身份"(Gammage,2006,p. 237)。基于大脑的研究本身没有为教师带来新策略,而是支持了神经科学告诉我们的信息与优质学前教育实践的已知联系,并帮助我们合理地实施这种实践。

语言与学前教育实践

适宜交流和语言发展的学习环境是重视谈话潜在作用的环境。儿童天生就有成为成功的语言学习者的特点。然而,重要的是要理解,他们从出生起的语言经验在语言发展中起着重要作用。本章已明确表示，不可低估成人与儿童之间互动的重要性。与人交流、倾听和理解词句机会较少的儿童，其语言习得可能会延迟（Wells，1986；Harris，1992）。虽然导致儿童语言学习问题的原因有很多，但学前教育机构糟糕的语言环境不应是其中之一。因此，与儿童的交流是学前教师非常重要的作用之一。在人生早期，儿童会：

- 发展他们对语言工作原理的知识和理解；
- 使用言语和非言语符号与他人有效沟通；
- 使用一系列多样、恰当的语境化的词汇；
- 学习连贯、清晰地说话，且能被人听懂；
- 学习自信地说话。

成人通常会意识到他们和儿童使用的语言，并调整自己的语言来适应儿童感知语言的能力。然而，他们需要深刻地意识到自己的语言使用，并能够在必要时调整它。正如第6章、第10章和第11章所述，通过反思，他们可以为所有儿童提供一系列的学习机会，包括发展有效的语言能力。

与小语言使用者交流

语言学家区分了新兴或前语言结构和完全习得的语言结构，例如，一个2岁儿童的平均词汇量是200~300个单词。虽然3岁儿童能够用复杂的句子说话，但他们的词汇和理解仍然是有限的。学前教师应该如何回应？与此相关的是对成人与儿童交谈方式的研究。这一领域的一个重要概念是"妈妈语"，它与语言互动有关，尤其是母亲和儿童之间语言互动的影响、适宜程度和益处（Tizard & Hughes，1984）。现在我们称它为"儿向言语"，因为我们认识到这样一个事实：在与儿童交谈时，不仅母亲会调整自己的言语，很多与儿童生活有关的关键人也会调整自己的说话方式。学前教师就属于这些关键人。佩切伊（Peccei，2006）观察到，儿向言语是成人对儿童使用语义和句法进行简单交谈的自然反应。因此，成人如果想要和儿童有效地交流，就需要使用一种类似的语言，一种儿童能理解的语言。

因此，成人和儿童的交流符合儿童不同阶段的语言水平，是件好事。大多数成人必须考虑到儿童有限的能力，并相应地调整自己的语言以使儿童能够直观理解。然而，我们要补充的是，儿童和教师的语言互动，其中一个非常重要的作用是对准确语法结构的重复和对句法的注意。例如，如果一个儿童说了一个"基本"可以理解的句子，如"鸟鸟在笼笼"，适宜的回答是："你是对的！小鸟在笼子里！"

倾听和回应儿童

反思型学前教师的一个主要作用是倾听和对儿童的话语做出适当的回应。通过交流，儿童将获得文化"工具"，以制定和实现目标，并成为社会的一员。

当成人理解儿童在早期经验中的所感和所需时，倾听儿童是不可或缺的。例如，大多数成人喜欢听婴儿的声音，喜欢婴儿在互动中的反应。对许多父母来说，婴儿的微笑是一种真正的快乐；咯咯笑、大笑、咿咿呀呀、挥手或踢腿都有可能带来愉悦，值得庆贺。被生活中重要的成人倾听，将有助于儿童发展一种元语言能力，从而成功地与周围人交流和互动。这是一种随着时间的推移变得越来越完善和充分发展的元语言。随着儿童进入小学教室，语言能力将是支持他们成功进入课程的关键，例如，发展相关词汇和阅读技能。对语言能力有限的儿童来说，挫折感不仅会极大地影响他们的学习能力，还会影响他们对自己作为学习者的看法。相反，忽视拥有较高语言能力的儿童也会产生类似的影响。总之，儿童通过与成人和同龄人的互动和对话来获得语言能力。

支架与示范语言

作为学前教师，我们既有优势又有特权，能够为正在发展语言能力的儿童提供一些重要条件，尤其是为有能力使用语言的儿童提供机会。此外，学前教师还为儿童提供机会，通过交流和回应来发展他们的早期沟通能力，承认儿童是合格的语言使用者。学前教师示范语言惯例，并就儿童沟通能力的有效性提供自然反馈，从而为儿童的语言学习搭建支架，使他们能够检验自己当前关于语言的假设。可以用来支持早期语言发展的具体策略包括：使用简单的词汇、使用短语或短句、重复和强调关键字或短语，以及在重复的日常活动中使用相同的词语和短语。

 案例研究 12.1　语言的不同用法

　　10 个月大的鲁比够不到泰迪熊，她看到它坐在旁边的椅子上。教师埃玛注意到她一个人摇摇晃晃地站在游戏地垫上，一边指着泰迪熊一边咿咿呀呀。埃玛把这理解为鲁比想要泰迪熊。

　　埃玛：你想要泰迪熊吗？

　　（鲁比继续指，并发出声音，同时与埃玛进行眼神交流）

　　埃玛：我们去拿泰迪熊好吗？

　　（埃玛向鲁比伸出手）

　　埃玛：你想让埃玛和你一起走吗？

　　（埃玛拉着鲁比的手来保持平衡，走在她身后）

　　埃玛：我们慢慢走。你觉得我们要走多少步才能拿到泰迪熊？

　　埃玛数着鲁比每次把一只脚挪到另一只脚前面的次数。

　　埃玛：1……2……3……4……5……

　　她们到了泰迪熊那里。埃玛松开了她的手，鲁比靠在椅子上支撑着，抓住了泰迪熊。埃玛一边鼓掌一边微笑着称赞鲁比。

　　埃玛：做得好！你做到了，鲁比！你抓到了泰迪熊！

　　鲁比抱着泰迪熊，用熊碰碰自己的脸，然后对埃玛笑。

　　埃玛：你喜欢泰迪熊，对吧，鲁比？

　　请注意，埃玛如何通过以下三种方式使用语言：
- 将拿到泰迪熊的任务分解为更小的步骤；
- 为鲁比完成任务提供动力；
- 使用上面提到的一些支架技巧，如重复的词语和短语来回应鲁比的进步。

反思活动 12.1

　　目的：分析你所在的机构和环境中的语言场景，如更换尿布、阅读故事或支持儿童发起的游戏。

　　证据与反思：你可能希望一开始对部分或整个语言场景进行录音，也可能希望请同事观察你的互动，让你有新的看法来支持反思。

　　问你自己：
- 你是如何通过语言成功地为儿童的学习提供支架的？

- 有什么证据表明你在倾听儿童说话？
- 有什么证据表明儿童在回应你的话语？

拓展：这个反思活动将如何影响你下周在幼儿园或教室里开展的语言活动计划？

创设适宜的环境支持交流与早期语言发展

儿童的语言和沟通技巧发展速度各不相同。正如我们讨论过的所有其他发展领域一样，每个儿童都是独特的。接下来将概述不同年龄段儿童发展的一些关键领域，以及如何在实践中支持他们的学习。

0—3 岁

婴儿从出生起就是有能力的交流者，对周围成人的声音大小和语调很敏感，理解这一点很重要。越早开始与婴儿说话越好。即使他们听不懂词语，说话的声音和语调也会让他们感到安心和安全（Dukes & Smith，2007），并形成早期语言学习的基础。熟悉的声音可能会引起婴儿的反应，比如表现出平静和安静，或者挥舞他们的小手和小腿。出于诸如此类原因，给婴儿安排一个熟悉的照护者很有帮助。新生儿大部分时间通过哭来交流，倾听他们、了解他们的感受很重要。与父母一样，关键人也会和婴儿建立起关系，并理解他们交流的方式，例如，哭声可能意味着"我饿了""我要换尿布了"或者"我累了"。

3个月大时，婴儿能够通过面部表情、轻微的笑声和新声音与成人交流。他们通过模仿来学习（Parker-Rees，2007），开始识别面孔、声音和触觉。因此，给婴儿读书、唱歌、玩模仿游戏，都很有价值。虽然不是神经科学家，但布鲁纳关注成人和婴儿之间的社交与游戏互动在支持语言发展方面的重要性。像"躲猫猫"和"绕着花园转圈圈"等包含重复与押韵的游戏便是游戏互动的典型例子。这类游戏包含支持和强化押韵语言的动作与结果，从而为婴儿创造有意义、情境化的语言体验。

当婴儿成为学步儿时，他们会使用越来越复杂的语言结构进行交流，从一个词开始，有时会被成人理解为完整的句子。环境背景也很重要，比如，儿童说"牛奶"并举起自己的大口杯或茶杯给成人看。在这种情况下，成人可能回答："没错，你在喝牛奶！"但是，如果儿童在说话时杯子里没有牛奶，成人可能会把他们说"牛奶"理解为一个请求，并回答："你现在想喝牛奶吗？"因此，除了倾听和回应外，支架式语言在这个发展阶段非常重要。在儿童的生活中建立有意义的语言体验，并在他们对世界的理解中融入语境，将有利于他们发展语言能力。

3—5 岁

语言能力永远不应该被臆断，实践的目标之一应该是帮助儿童发展语言和交流技能。教师应该继续扮演倾听者的角色，既要让儿童有机会看到如何成为好的倾听者，又要对儿童的话语做出适当的回应。通过这种方式，他们将发展互动技能和适当的语言反应。这些技能的发展支持儿童思考、理解和表达自己，因为他们将有一种元语言或词汇来做这些。为了实现这一切，教师必须意识到他们提供的各种语言环境，包括机构里的物理环境，还要意识到他们在一系列广泛的场景中持续为语言提供支架和示范的特定作用，包括从故事分享到支持情绪，如管理情绪和行为。

5—7 岁

随着儿童进入学校教育阶段，语言能力对于接受更结构化、以学科为基础的课程变得至关重要。儿童现在必须学会适应新的环境，比如操场可能比他们曾经习惯的户外环境更开放，显得更加空旷、设施更少、儿童更多，有些儿童甚至比他们年龄更大、个头更高。儿童在升入小学的过渡阶段需要支持，成人应当鼓励他们使用语言来表达感受和忧虑。儿童在以前的语言经验的基础上，能正确地倾听和回应他人，具备越来越多的听众意识，应该显示出日益增加的信心。与此同时，他们的词汇也处于发展中，最终能在各种情况下自信地表达。默瑟和利特尔顿（Mercer & Littleton，2007）已经表明，在小学课堂上关注口语对话的质量会显著提高儿童的学习水平。因此，反思型教师应该意识到，不能假定语言会持续发展，而应该在持续关注的氛围中对语言机会进行仔细规划，使儿童获得最佳的语言体验。策划交流的机会可以扩大儿童的词汇量，增强儿童的语言掌握能力，为他们提供一系列不同的语境以使用听说技能。如第 11 章所述，使用一对一的互动、小组工作和大组工作将是支持语言发展的不同语境的例子。

反思活动 12.2

目的：调查你所在的机构是否提供了充满刺激、友好和语言丰富的环境。

证据与反思：对机构提供的所有语言机会进行审核，如展示、资源、陈列、活动、持续供给、角色扮演区等，思考以下问题：

- 你认为"语言丰富的环境"的特征是什么？
- 你如何知道自己在机构中提供了语言丰富的机会？
- 现在对四个目标儿童进行一系列观察：
  » 他们多久获得一次你提供的语言机会？
  » 他们如何应对你提供的机会？
  » 他们表现出你期望的效果了吗？你如何了解或者评价这种效果？

拓展：你现在有什么想要改进的吗？

非言语交流

在不同的地方，如第 6 章，我们已经注意到非言语交流的重要性。在此，我们认为它与儿童沟通技能的发展有关。

对教师来说，在他们个人的人际交往和沟通技能中考虑他们与儿童的非言语交流是很重要的。非言语语言，如面部表情、有效的眼神接触、姿势、手势和人际距离或空间，通常被他人理解为个人感受的可靠反映（Nowicki & Duke，2000）。梅拉比安（Mehrabian，1971）设计了一系列实验来处理情感和态度的交流，比如喜欢—不喜欢。这些实验旨在比较面对面交流中言语和非言语线索的影响。梅拉比安得出结论，在任何面对面交流中都有三个要素：视觉线索、语调和实际措辞。通过梅拉比安的实验，人们发现55%信息的情感意义是通过视觉线索表达的，38%是通过语调表达的，而只有7%是通过实际的措辞表达的。为了使沟通有效和有意义，信息的这三个部分必须在意义上相互支持；当说的话与说话人的语调或肢体语言不一致时，就会出现歧义。

同样，教师需要意识到他们通过使用非言语语言向儿童发出的信息（参见Buckley）。要记住，当和别人在一起时，我们不管想不想，都会用非言语方式交流，并且儿童需要在成人面前感到自在舒适。根据查普莱的说法,"儿童从很小的时候就能够解释姿势的意义"（Chaplain, 2003, p. 69）。甚至交谈的地点和位置也很重要,例如,与儿童交谈时降低自己的身高,坐着、跪着或蹲在他们旁边都是有益的。这展现了尊重和友好,传达了对儿童和他们正在做的事情真诚的兴趣,而不是俯视他们。

近年来,其他有计划的非言语交流形式的使用也在增加,以支持有特殊需要或特殊语言能力的儿童,如默启通手语（Makaton）,它使用记号和符号来支持交流,非常灵活,可以很容易地适应个人需求,因此很受欢迎。

语言与学习

沟通

除了了解如何支持儿童早期语言能力的发展,教师还需要支持儿童通过语言进行学习。与这一思路相联系,语言有两个要素:交际要素和表征要素。沟通是意义的传递,本章阐述了儿童从出生那一刻起是如何进行沟通的。然而,语言也是一个表征系统,伴随着儿童的认知能力而出现,使他们能够理解和组织他们的世界。语言由不同的元素组成,这些元素对有效的理解和沟通很重要,即语音、词汇、语法和语用。这四个基本支点相互支持、相互影响,其中语音的发展目前是一个特别的研究重点,部分原因是它与学习阅读有关。表 12.1 概述了佩切伊（2006）关于儿童语言发展的介绍,显示了重要发展里程碑发生的典型年龄,特别是在以下方面。

表 12.1 儿童语言习得阶段概要（基于佩切伊 2006 年的资料）

年龄	发展
0—2 个月	语音发展:像哭泣和咕哝这样的元音
2—4 个月	语音发展:咿咿呀呀
4—6 个月	语音发展:发音包括基本音节,如 /da/ 或 /goo/
6 个月	语音发展:咿呀学语,如 /ba/ba/ba/ 或 /ga/ba/da/do/
1 岁	语音发展:发出第一个有意义的词语
9 个月—1 岁 3 个月	会话发展:前语言指令,如语音和指向

（续表）

年龄	发展
1岁6个月—1岁8个月	词汇：习得最初的50个单词
1岁3个月—2岁	会话发展：电报指令，如"我的""给我"
2岁	词汇：平均词汇量达200~300个词语 句法发展：开始把词语组合成句子；带有名词前修饰的名词短语，如"更多的饼干"；代词出现，如"我要拿"
2岁3个月	时态发展：出现过去时态的变化
2岁—2岁4个月	会话发展：有限的常规用语——"我的××在哪里？""那是什么？"
2岁6个月	词形发展：开始掌握名词和动词的变化规则，如"breaked it"（打碎了）或"mouses"（许多老鼠） 句法发展：名词的多重前置修饰，如"那个红球"
2岁8个月	句法发展：复合句，如"狗咬猫，然后它跑掉了"
2—3岁	意义联系：指范畴内所有成员是相同的，如"所有的花都是花"
2岁9个月	会话发展：在自我修正中发音更加准确，音量提高，使用对比重音，如"它在椅子上面！（不是下面）"
3岁	句子结构发展：后置修饰短语，如"乐高小镇的照片" 复杂句子 会话发展：能应对非情境性的对话
2岁4个月—3岁8个月	会话发展：嵌入请求——"我能要一双大男孩的鞋吗？"
3岁8个月—4岁	会话发展：谈话主要包括发起/回应话语轮换
4岁	会话发展：有心机地使用辅助策略——"我们好久没有吃糖果了"
4岁—4岁7个月	会话发展：助动词的习得（可能、应该、能够）和否定。儿童的反应越来越具有发起和回应的作用。
4岁7个月—4岁10个月	会话发展：有更强的能力来编码理由和因果关系，能够进行更长的交流
4岁—5岁	感觉联系：自发地使用种类名称，如玫瑰或雏菊
4岁6个月	句法发展：用省略来协调，例如，"狗咬了猫，跑了"
3岁8个月—5岁7个月	会话发展：高级嵌入，例如，"别忘了买糖果"

（续表）

年龄	发展
6岁	词汇：平均可理解的词汇量达14000个，平均口语词汇量达6000个

语音的发展：一种特定语言的内在语音和模式的发展。
会话的发展：沟通能力的发展。
词汇：儿童能够理解和使用的词语（但不一定要读或者写下来）。
词形的发展：对词义规则的理解，如时态和复数。
句法的发展：把词语组合成句子的能力。

通过谈话进行学习：持续性共享思维与学前教育实践

持续性共享思维或许最好可以描述为教师全神贯注于儿童的时间，例如，在对话或活动中，参与者对于探究真正感兴趣。它可以发生在儿童和教师一天中的任何时刻，可以是一对一的或在一个小组中，特别是当有共同的群体兴趣，比如大家一起阅读一本引人入胜的书时！持续性共享思维的一个关键方面是"思想的相遇"，为双方发生的后续学习建立了一个场景。教师可能意识到他们和完全投入活动或谈话中的儿童之间的联系。这些情景为教师提供了重要的机会，让他们通过儿童的眼睛看到儿童的世界。它们将揭示儿童的很多信息，包括认知发展水平、图式和自尊。儿童也可能学习社会互动、一门技术、创造性思考、因果关系和事实信息等。学前教育有效准备研究项目（2004）提出，有效的机构会鼓励持续性共享思维，而持续性共享思维也是有效机构的一个必要的先决条件，即关于持续性共享思维的理论有助于早期基础阶段的教育（Department for Education，2012）。这些观点明确表示，持续性共享思维应该成为儿童创造力和批判性思维的一部分，它还在学习与发展的所有领域被间接地描述。持续性共享思维也在《教师标准（学前教育）》[Teachers' Standards（Early Years），Department for Education，2013]中被确定为一种有效的策略，发展儿童的学习和思维能力，从而促进良好的发展和成果。西拉杰－布拉奇福德等人（2002，p.8）将持续性共享思维视为"两个或两个以上的个体以一种理性的方式'合作'解决问题、澄清概念、评估活动、扩展叙述等"。双方都必须思考，以发展和扩大理解。这一定义来自学前有效教学法研究项目（Researching Effective Pedagogy in the Early

Years Project，REPEY），该研究还发现，持续性共享思维等互动是改善学前教育机构实践的重要手段。

随着儿童从基础阶段进入关键阶段1，术语发生了变化，教师必须考虑对话教学法，我们认为该教学法以持续性共享思维的概念为基础。对话教学法要求教师和儿童积极基于彼此的想法，提出问题，构建共享的解释和新知识。对教师来说，它可以包括使用开放式的、更高层次的提问，传递思想，反思和解释儿童的贡献。对学习者来说，它鼓励表达和证明个人观点，欣赏和回应他人的想法，并在一对一、小组和全班的互动中轮流（Mercer & Littleton，2007）。与成人主导的传授教学法相反，对话教学法标志着教师作为学习者共同体的一员在场，引导和指导学习者，示范对话的探索性。在所有这一切中，我们强调教师需要意识到机构中的个体，以及有意义的语境和听众对发展儿童的听与说是多么关键。例如，亚历山大（2008）强调，为了进行对话式教与学，确保学习环境的风气和条件有利于对话是至关重要的。

思考的最后一个原则是强调教师使用的语言类型。说话的方式可能会帮助作为学习者的儿童对自己的学习产生积极的感觉。休斯和瓦斯（Hughes & Vass，2001）已经确定了三种有助于支持学习和激励的语言。第一是成功的语言，成人向儿童表明他们有成功的能力，例如，"我知道你可以……"。第二是充满期待的语言，这会让儿童说自己会尝试，但是可能需要一些帮助，而不是直接说："我做不到。"教师可以用诸如"我可以怎样帮助你"这样的语言来帮助儿童。第三，休斯和瓦斯提出可能性语言。学习者可能用"我不擅长……"和"我总是做错某件事"这样的语句来表达能力有限。教师可以通过回应创造一种支持氛围，比如，"是的，你确实有点弄混了这个，让我们一起看看究竟是什么导致了问题"。

反思型教师的主要教学含义，就是通过师幼、幼幼之间的对话强调社会学习的重要性。这种方法为本书的核心要点提供了支持，特别是关系和合作在促进学习中的重要作用（见第6章）以及使用持续性共享思维建构儿童的想法和拓展知识（见第2章）的重要性。对话教学法要求教师和儿童积极地以彼此的想法为基础提出问题，形成共同的解释和新的知识。学校教育中的对话教学法与教师所偏爱的教学方法更为一致。

通过谈话进行学习：倾听、提问和回应

持续性共享思维强调并融合了学前教育实践中许多重要的方面。西拉杰-布拉奇福德（2005）提出，促进有效的持续性共享思维的核心要点，就是"协调"和高效地倾听。

提问是帮助我们倾听的有力工具。我们需要问自己一个关键的问题：作为反思型教师，我们在问儿童问题、给儿童时间回应并且倾听他们的答案方面做得如何？问题可以为多种目标服务，也可以作为教与学的重要工具。教师通过思考儿童的需求来进行提问。此外，问题可以大致分为两类：低水平的问题和高水平的问题。低水平的问题通常是封闭和浅显的，需要相对简短的事实性答案，要么是"对"，要么是"错"。这种问题不能促进讨论的深入发展，因此没办法使用持续性共享思维参与对话。相反，高水平的问题具有多种可能的答案，它需要儿童运用、重新组织、扩展、评估和分析已有信息。这类问题主要出现在拓展讨论中，其中回应为讨论与学习提供了拓展的机会。重要的是，要记住这两类问题在有效的教学法中各有作用。

专家提问

对话：教师—儿童谈话会支持儿童理解、建构知识、形成学习品质，从而成为积极的学习者吗？

这个问题有助于建立一个概念框架，以展现长期存在的问题和教师的专业知识（见第16章）。

问题的提出需要符合儿童学习的需要。教师需要区分不同能力或者不同儿童的问题。

反思活动 12.3

目的：调查你所在机构中使用问题的情况。

证据与反思：你可能希望使用反思活动 12.1 的录音。或者，在与一个或多个儿童一起活动的地方录制另一段音频，可以是一对一、在一个小组里，或整个班级教学和学习中的一段，使用以下问题分析录音：

1. 我用了哪种问题支持一个或多个儿童的学习？
2. 儿童学到了什么？怎么学的？为什么？
3. 我如何拓展思考与学习？
4. 我使用了哪些具体的提问技巧？

拓展：你提问的方式对未来实践有什么启示？你需要关注你提问的类型，并把它们融合到计划之中吗？你如何针对特定儿童提出"合适"的问题？

虽然这些问题可能在你与非常小的儿童的互动中没有体现，但是要记住，提问也可以通过观察、探索来完成。你可以在与一个儿童一起进行一项活动时向自己提问。所有这些都有助于培养教师的沟通技巧,并且鼓励儿童成为对世界充满好奇的学习者。支架的概念建立在学前教育有效准备研究项目的发现(Siraj-Blatchford & Sylva,2004)之上,显示了持续性共享思维的价值。在这里,利用开放式提问激发儿童的知识和理解的重要性被认为是推动学习进步的关键。教师可使用的不同提问技术见表12.2。

表12.2 教师可使用的不同提问技术

问题类型	目的	例子
结构化问题	管理环境。	有人有问题吗? 每个人都有地方坐吗?
探究性问题	帮助儿童给出更完整的答案,并进一步思考。	能给我一个例子吗? 你以前在哪里看过?
再导向问题	将焦点从参与对话的教师或儿童身上移开。	有人可以帮忙吗? 谁有其他可以帮助我们的办法吗?
事实性问题	检查儿童是否在听,看看他们能够想起什么。	在故事中苏茜去哪儿了? 狗怎么了? 谁还记得上周谁来幼儿园看我们?
高阶问题	鼓励儿童自己解决问题。	如果我们在黑暗中饲养的植物不生长,你认为植物生长需要什么? 好吧,如果沙子不断落到地板上,你认为我们可以采取什么措施来阻止这种情况?
情感类问题	鼓励儿童发表意见并表达感受。	你喜欢今天的集体活动吗? 你认为,为什么猴子对你来说这么重要?
提示性问题	支持儿童纠正其回复的答案。例如,简化问题的结构,将其代入已知的材料中,提供提示或线索,接受正确的信息并提示更完整的答案。	那是个有趣的答案。那么,你为什么认为爸爸希望儿童保持安静呢? 你在图片中看到哪些能为我们提供线索的东西?

探索对话

默瑟和利特尔顿(2007)的研究表明,课堂对话有助于改善儿童的学习表现。研究进一步证实,与成人的互动和同伴合作都可以为儿童的学习与认知发展提供机会

（Alexander，2000，2004；Kutnick Ota & Berdondini，2008）。巴恩斯（Barnes，1971）发现，语言是一种主要的学习手段，学习者使用语言学习时会受到教师语言的强烈影响，教师的语言描述了他们作为学习者的角色。根据巴恩斯的观点，儿童有潜力不仅通过被动倾听教师来学习，还可以通过交谈、讨论和争论（说服）来学习。如果儿童从小就被鼓励参与双向对话，并被视为有能力的交流者，那么他们在很小的时候就有能力发展语言的所有方面。默瑟和霍奇金森（Mercer & Hodgkinson，2008）在巴恩斯成果的基础上进一步探索了对话在学习过程中的核心地位。通过研究师生互动，我们可以看到课堂语言如何为学生的学习提供不同的可能性。虽然对儿童来说，其中一些可能看起来很复杂，但了解儿童在未来将如何学习，从而了解他们在早期教育经验中需要观察和练习的技能是很有帮助的。事实上，在考虑儿童未来需求的同时，这种方法也佐证了本章开头所强调的，语言能力的发展对儿童学习与发展至关重要。

反思活动 12.4

目的：检查你所在机构是否为有效的谈话提供了参与式的、活跃的、语言丰富的环境。

证据与反思：对三个目标儿童在儿童主导的自由游戏环节进行观察。以下几点问题是观察的重点：

1. 儿童在一起讨论事情吗？
2. 是否有一些活动需要儿童在某些方面共同努力？
3. 学前教育机构的教师是否鼓励积极的对话并提出开放式的探究性或提示性问题？
4. 儿童是否展示出与他人交往的能力？

这是调查学习参与的四种方式，但需要注意的是，所有这些都在教师的掌控之中。

拓展：思考儿童的学习是否可以通过有效的提问得到进一步支持。你是否计划与儿童一起做些什么来支持他们良好的沟通能力？

案例研究 12.2　雏菊链幼儿园：倾听时间与"每个儿童都是言说者"项目

"每个儿童都是言说者"（Every Child a Talker，ECaT）是英格兰早期教育国家战略领导的一个国家项目，旨在通过以下方式提高0—4岁儿童的语言和沟通能力：

- 为机构提供全面培训，特别是在识别语音、语言和交流需求以及支持儿童语言发展方面；
- 促进家长对言语和语言发展的理解；
- 促进学前教育机构和家庭之间的联系；
- 提供信息帮助家长在家里支持儿童的语言发展。

该项目在不同地区的实施略有不同。在这个案例中，当地政府指定了一位专业教师与一位言语治疗师作为早期语言顾问来领导这个项目。20多家机构参加了这项活动，包括公立、志愿和独立的学前教育机构。每家机构都由一位早期语言首席教师负责管理，并与教师团队共享信息。

这一年，这位早期语言首席教师定期出席小组会议，并接受以下方面的训练：

- 言语和语言发展；
- 成人—儿童互动；
- 作为第二语言的英语；
- 使用音乐和歌曲支持言语和语言；
- 友好沟通的空间。

成人与儿童的互动是一个主要的焦点。每家机构的教师都接受了互动风格和策略的强化训练，以促进儿童的语言发展，还配备了一台摄像机，以捕捉互动并反思自己的做法，帮助确定需要改变的领域。作为这项工作的一部分，重点是敏感的干预，让儿童有时间回答问题，有时少问一些问题。

雏菊链幼儿园给出了以下解释。

> 我们更加关注每个儿童的语言，更多地停下来观察和倾听，而不是问太多问题。观察、等待、倾听的方法和"7秒规则"是非常有效的。7秒规则是指在问儿童问题或要求儿童采取行动后等待7秒钟。当我们仔细地倾听并给儿童时间回应时，我们惊讶地发现儿童掌握了这么多语言。
>
> 值得注意的是，随着教师越来越了解"每个儿童都是言说者"的原则和实践以及语言和沟通技能，所有儿童，包括那些以英语作为第二语言的儿童，都有了很大的进步。儿童的交往有了很大的改善。所有的培训都提供了在机构中实践的使用建议，我们在一些个案中立即看到了成果。例如，我们推荐了"闲聊篮子"：在一个篮子里装满物品，然后和儿童坐在一起，儿童把每一件物品都拿出来并进行谈论。在合适的情况下，教师可以介入支持他们的思考和学习。一个叫杰克的儿童在进入幼儿园时遇到了一些困难。他经常一个人玩。在与杰克的父母交谈后，我们注意到杰克对海洋生物非常感兴趣，因此在篮子里放了一张参观水族馆的门票，还有一些海洋生物的模型和照片。杰克变得比以前更活跃了，他能够用我们以前没有观察到的语言详细地阐述问题，还把家里的鱼和他去过的地方讲给其他儿童。这帮助杰克建立了新的伙伴关系。

探究儿童的已有知识和误解需要良好的沟通技巧、语言技巧和同理心。我们可以看到，熟练的提问是一种互动，而不是用一个教师的问题引出儿童的简短回答，教师和儿童有潜力发挥重要作用。制订计划是确保儿童经常有机会参与对话，建构对话实践的好方法。

语言发展与广泛的思考

语音意识发展

人们对语音意识进行了大量研究，部分原因是它与学习阅读有关。就语言习得而言，在学习阅读和写作之前，必须先获得一些理解和技能。根据这一思路，尚克韦勒和福勒（Shankweiler & Fowler，2004，p. 483）认为，在儿童准备好接受课堂上特定的、不连续语音的教学之前，他们必须经历与语言发展相关的语音意识阶段。例如，儿童早期在环境中对倾听和辨别声音的关注支持了这个论点。

语音活动从出生开始。例如，鼓励婴儿用他们的方式发出声音和咿呀学语。他们也会倾听照护者的语调和声音，因此照护者从一开始就支持他们对母语的声音、节奏和模式的辨别能力。应该鼓励儿童对声音进行实验。随着语言的发展，他们将学会控制自己的声带。声音和空气从声带中流出，以各种方式被阻挡进而形成声音，并最终成为单词。发音的位置包括牙齿、嘴唇、舌头、嘴和声门。发音的方式包括不同程度地阻碍空气流动，例如，完全阻止它或允许一些空气通过鼻子发出。随着年龄的增长，儿童有能力用不同程度的、近似的、单一的和最终的组合词汇进行有意义的沟通。这些口头词语可以以不同的方式分解成不同的组成部分或音系单位。因此，对更大的音系单位（包括词语、押韵词和音节）的敏感性比对单个音素的意识出现得更早，也可能更自然（Goswami & Bryant, 1989; Shankweiler & Fowler, 2004）。这是儿童生命中的一个重要阶段，与未来的自然拼读和学习阅读有关，在解读文本时注意单个音素的发音。儿童将被教导按照从左到右，从词语的开头到结尾的顺序使用音素混合策略。他们需要成为辨别声音或音素的专家，这样才能口头复制声音或音素，在纸上识别它们，并自信且恰当地使用它们，以便在写作时拼写正确。因此，儿童从出生起就需要接触声音、押韵词、诗歌、故事和歌曲，这样语音意识的重要基础就会嵌入他们不断增长的语言能力中（参见 Smidt）。

研究总结 12.1　早期读写方法

早期读写方法旨在提高儿童的阅读或写作技能、知识或理解。常用的方法包括讲故事和小组阅读，以及旨在发展字母知识、声音知识和早期自然拼读的活动，还有对不同写作类型的介绍。

早期读写策略可能与沟通和语言方法有共同的组成部分，也可能涉及父母的参与。

有效性

早期读写方法一直被认为对早期学习有积极的影响。迄今为止，早期读写方法的评估平均可使学习进度提前 4 个月，而最有效的方法可使学习进度提前多达 6 个月。

所有儿童似乎都受益于早期读写方法，其中一些证据表明，某些策略，特别是涉及有针对性的小组互动策略，可能对来自弱势背景的儿童产生特别积极的影响。然而，早期读写方法不应被视为"万能药"。尽管在一些研究中已经发现了其长期的积极影响，但对大多数策略来说，这些好处似乎会随着时间的推移而消失，这表明单一的干预可能不足以缩小成就差距。

有证据表明，早期读写方法的组合可能比任何单一方法更有效。此外，研究表明，让父母参与制定早期读写策略可能是有益的，在采用新方法时为教师提供培训和专业发展可能会强化影响。

证据的可靠性

有限的证据表明，早期读写方法的影响大部分集中在阅读上。证据基础的一个问题是，早期读写方法往往只是多个干预措施或课程的一部分，这使得我们很难将变化归因于特定的方法或确定哪些方面最重要。

成本

总的来说，早期读写方法的成本估计非常低。研究表明，了解儿童的发展和当前的理解水平是重要的。需要考虑一些评估和专业发展成本。其他资源，如书籍等印刷材料也可能是必要的。

进一步思考

- 如何确保早期读写方法是平衡的，并结合支持技能、知识和理解发展的方法？
- 你是否使用评估来确定儿童当前的发展水平，并监控学习情况？
- 教工是否接受了足够的培训和专业发展？
- 如何为弱势儿童提供支持？

语言能力与流利阅读

韵律阅读，或表达性阅读，被认为是流利阅读的标志之一。施瓦夫洛格等人（Schwanenflugel et al.，2004）的研究强调了词语解码速度在韵律阅读中的关键作用。当儿童有韵律地阅读时，口头阅读听起来很像演讲，有适当的措辞、停顿结构、重音、起伏和一般的表达。用这种方式阅读，儿童不仅要能够解读文本，将标点符号转化为相应的表达，还必须在日常谈话中融入正常的音调升降。因此，如果没有适当的语言能力，就会对阅读产生负面影响。然而，值得注意的是，学前教育阶段的小读者会始于一个萌发中的解码速度。他们在阅读时句子之间会出现长时间的、零星的停顿，并表现出犹犹豫豫的起止特点。小读者在阅读时也可能在句子中间出现不必要的长时间停顿。然而，他们正在发展自己的技能。重要的是，反思型教师要理解儿童在成为所谓的熟练读者方面的轨迹（参见 Harrison）。反思的一个关键问题是："我能提供什么样的机会来支持这样的轨迹？"除此之外，还要给儿童一些时间，并对他们取得的新成就给予适当的鼓励和表扬。

语言和角色扮演

我们必须把语言发展放在首位，以确保儿童知道如何成功地进行沟通。社会交往应该是儿童早期及成年后生活实践的一个基本要素。角色扮演区为儿童提供了很好的机会来学习如何在各种情境下进行交流。游戏化学习为儿童提供了一个"没有风险"的环境，在这个环境中，他们学习使用语言来表达自我以及与他人沟通。角色扮演区可以是儿童的专属区域，有时独自游戏也很重要。然而，有些时候，教师也可以进入角色扮演情境中的想象状态，和儿童一起游戏。例如，模拟在理发店里理发。知道什么时候以及如何有效地介入且不被儿童觉得受到侵扰，需要教师变得敏感和警觉。

双语学习者

库尔（2004）认为，儿童通常可以快速、轻松地学习母语，无论他们所处的文化背景如何，都遵循相同的发展路径。学习双语的儿童会听到两种语言或两种不同的语言系统，他们必须对其进行内化和回应。在儿童很小的时候，两种语言不太可能相互干扰，所以儿童可以很容易地学习两种语言。里斯等人（Reese et al., 2000）的研究表明，双语儿童学习英语阅读的成功并不仅仅取决于初级语言的输入和发展。最重要的发现是，父母参与第二语言的阅读对儿童的母语阅读和更广义的教育来说都是有益的。因此，花在以儿童母语进行读写活动的时间，无论是在家还是在学校，都不是学习阅读的损失。这些发现也支持了我们先前的主张，即与所有儿童的家庭一起合作可以提高儿童的学习能力。与母语不同于我们的家庭合作可能会带来挑战，无论是通过翻译人员或解读实用语言，我们都需要努力达成适当的沟通。

本章（实际上在整本书中）已经指出，语言发展的社会背景和文化背景因素是重要的，因为儿童通过谈话学会将自己置于特定的社会环境中，这样语言的发展和个人的发展就紧密相连了。儿童之间的社会经验和互动的质量有很大的差异，在儿童早期，教师需要意识到部分儿童可能会以自信、清晰的母语使用者的形象出现，而另一部分儿童似乎不太适应成为语言使用者。然而，教师应该警惕，不要在没有足够思考的情况下给儿童的口语贴上"差"的标签，甚至说他们"没话说"。

案例研究 12.3　双语儿童的跨国过渡

　　R（儿童的笔名）随父母出国回来后进入了一家新幼儿园，所以教师无法比较她出国之前和回来后的表现。相反，R 给人留下了她是如何融入环境的印象。教师了解 R 的妈妈担心 R 的英语交流，也注意到当 R 去一个新的地方时表现得十分安静。不过在教师看来，这是一件对所有新生来说都非常正常的事情，因为此时的新生在新环境里还没有建立起新友谊。当 R 第一天来幼儿园时，她被吸引和其他双语儿童一起游戏。她的幼儿园教师写道：

　　我倾向于寻找与 R 交往的儿童，这些儿童往往将英语作为第二语言，他们的母语也不尽相同。

　　我之前观察他们游戏，他们会使用不同的交流方法、自由的姿势，制造声音，很少说话。现在观察他们时，他们都口齿伶俐，相处融洽。他们彼此促进进步，也有信心一起进步，同时 R 的英语也越来越好，现在她已经成为一个停不下来的"演讲家"了。

　　因此，重要的是，教师要了解语言的多样性，以及如何在情境中对说话者做出判断。从这个角度来看，同样重要的是，教师要认识到自己作为语言使用者的历史和地位，并抵制把自己的社会标准强加给儿童的诱惑。正如比尔恩（Bearne）所说：

　　语言多样性是……对什么是宝贵的或有价值的社会与文化判断有很深的了解……人们常常根据说话的方式，而不是说话的内容来做出关于智力、社会地位、可信度和未来就业潜力的判断，也就是通过发音、词汇和语气。这种态度会对以后的学习产生影响。(1983，p. 155)

　　对反思型教师来说，有很多方法可以支持双语学习者在自己创造的语言环境内或教室里进行学习。鼓励儿童使用母语，但你如果对这些语言的知识很匮乏，那么可以学习一些简单的关键词，如"你好""再见""请"和"谢谢"。专注于听说活动。让儿童从一开始就参与活动和课程，将双语学习者的需求纳入整个班级的整体语言和读写目标中。将语言学习与其他学科的课程内容相结合是一个好主意，而不是读写能力——以说英语为例（年轻的单语学习者也将从此策略中受益）。可以考虑使用图片、照片和实物等视觉辅助工具来支持语言学习。最后，在合适的情况下，让父母参与儿童的学习。例如，鼓励他们用儿童的母语记录故事，这样你就可以在特定环境或教室中使用。关于全纳的更多内容将在第15章探讨。

结　语

沟通始于出生，可以是言语的或非言语的。语言发展持续很长一段时间，它是一个循序渐进的过程，必须得到适当的支持以优化未来结果。因此，教师必须为语言和沟通能力提供示范与支架。如果鼓励儿童成为谈话的积极参与者——鼓励他们质疑、假设、想象和思考，他们的语言习得能力就很有可能会更强。语言发展和身份认同是紧密相连的。为了发展和巩固沟通能力，儿童需要：

- 在学前教育环境中感到安全；
- 与教师建立相互信任和理解的关系；
- 拥有各种各样的资源和活动来鼓励、发展与支持语言能力；
- 有稳定一致的机会和情境来发展语言能力。

语言发展应该是所有学前教育课程的基本目标，原因如下：
1. 幼儿时期是语言能力发展的关键时期；
2. 语言发展为未来学习提供了机会，使儿童具备必要的沟通工具，并让他们在未来能够参与社会中的经济和公民活动。

必须学会语言。反思型教师将理解清晰的计划对于从小培养有效的沟通能力的必要性，因为没有口语，儿童将无法成功地度过求学生涯，也无法为生活做好的准备。

第 13 章

评估——评估如何促进学习

引　言

　　评估对学习有着深刻的影响。虽然"评估"一词与学前教育实践联系在一起有点格格不入，但其实评估也是教学的一个关键方面。即使在帮助儿童穿外套时，你也在使用评估能力。你将直袖子时，儿童能把手臂伸进去吗？你帮儿童把拉链的拉头和插销合拢，接下来他能自己拉好吗？每当你对儿童的理解或能力水平做出判断并有所回应，你就是在进行评估和使用评估。本章将讨论评估如何支持和加强早期学习——因为评估不仅测评或找出所学的知识，它还影响所学的知识，影响儿童如何评价自己，并因此可能影响他们的未来（参见 Nutbrown）。如果这些说法令你惊讶，那么请想想你自己的经历。也许你曾受到一位教师的鼓励、支持和善意激励，又或者曾被另一位教师批评与羞辱。也许在你认识的人当中，有人认为自己是失败者，因为他们曾在某次考试中失败，或考试成绩比他们期望得要低。你也可能是那些认为自己不会做数学题、不会唱歌或不会画画的人之一。或许情况比较乐观，你已经取得了你曾以为是天方夜谭的成就，并相信自己只要不懈努力和得到正确支持就能够在许多领域取得成功。也许你正在阅读本书，因为你计划考取新的资格证书，或在教育职业生涯中更上一层楼。毫无疑问，你曾经在正式和非正式的教育场合，在一系列的学科、主题和任务中帮助他人学习并取得成就。评估，就是所有这些场景的核心（参见 Broadfoot）。

　　评估远不止是测试。我们将在第 14 章重点讨论评估的类型，如何捕捉所学的内容，这涉及学习成果以及如何监测儿童的学习。本章主要探讨评估是如何支持学习的。"评估"这个词来自拉丁文"assidere"，意思是"坐在旁边"，这就把评估的概念扩大为包括合作活动，让人想到两个人在对话，一起看东西，一个人试图理解另一个人的工作，并提出意见和建议。

　　本章有三个主要部分："评估、学习与教学""通过评估支持学习的策略"，以及"评估中的家庭参与"。第一部分介绍和讨论了有关评估、学习和教学之间关系的关键问题、定义与原则，包括从为学习而评估（Assessment for Learning，AfL）的实践中发展出来的回应式教学。第二部分探讨了如何让儿童参与评估，并理解他们的观点。最后一部分是对学习评估的理解，并探讨家长在评估中的作用。

有效教与学的原则

以下原则与本章所阐述的评估尤其相关。

　　原则5：有效教与学需要评估与学习相适应。评估应有助于推进学习，并确定学习是否发生。评估的设计和实施应使其能够以可靠的方式衡量学习成果，并为未来的学习提供反馈。

　　原则6：有效教与学促进学习者的主动参与。教与学的首要目标应该是培养学习者的独立性和自主性。这包括获得一系列学习策略和实践能力，培养积极的学习态度，并相信自己是优秀的学习者。

评估、学习与教学

苏格兰教育部对于评估提出以下"关键信息"。

- 评估是教学以及为所有儿童计划高质量学习活动的一个组成部分。
- 评估提供了关于儿童及其成就的最新情况，并且可以成为儿童在学习中做得更好、取得更大进步的动力。
- 评估涉及教师、儿童、家长、照护者以及更广泛的社区参与，分享和使用一系列信息，以改善学习与发展。（Education Scotland，n.d.）

对我们来说，上述信息肯定了评估在学前教育中的作用。

布罗德富特（Broadfoot，1996）指出，评估：

……可以说是教育中最有力的政策工具。它不仅可以用来确定个人、机构乃至整个教育系统的优势和不足，还可以作为能够带来变革的强大杠杆。（p. 21）

对于什么是好的学前教育以及什么是评估，仍存有一定的争议。评估是为了成就和数据，还是为了促进学习？卡尔（2001，p. 3）在对"评估"的述评中，指出了一些关于评估的假设及其替代性观点。表 13.1 对此进行了总结。

表 13.1　关于评估的假设

	假设	替代性观点
目的	根据特定标准检查进展	促进学习
结果	片段化的，与情境无涉 基于学校导向的标准	积极的学习品质
重点	找到不足并改进	发现成就
有效性	客观的观察	在与他人的交流中解读观察
对教师的价值	反馈给主管部门	与父母、儿童和同事交流 改进教学

基于上述的替代性观点，评估确实可以被看作学前教育实践中的一个有价值的部分。它可以加强教师、儿童和家庭之间的关系，支持儿童的学习，并帮助他们发展对学习的积极态度。

形成性评估和回应式教学

支持持续进行的教与学的评估被称为"形成性评估"。形成性评估通常在教师与儿童的日常互动中进行。当教师打算在儿童搭积木时引入"摇摇晃晃"这个词，或者当他们发现儿童不会用剪刀时向他们演示，教师就在使用形成性评估。这种评估工作大多没有正式的记录，它是教师实践知识的一部分。

形成性评估有时被称为"回应式教学"（Fletcher-Wood，2018）。教师使用这种方法时首先要识别儿童已经知道什么，并相应地调整回应。它需要在具有支持性和回应性的氛围中进行，在儿童和教师之间建立信任与合作的关系。例如，一个儿童因为不会拼拼图而请教师过去，如果你承认他们已经做出的努力，然后给予足够的指导，帮助他们完成下一步，这就是回应式教学。"你试着把这块拼图转过来一点，怎么样……也许这样就可以了"。如果你直接帮他把拼图放进去，儿童将来就学不会如何自己解决这类问题。或者，如果你只说"再试一次"，就会把儿童抛回起点，而作为教育者，你没有做出任何贡献。

回应式教学支持当下正在进行的学习，也帮助儿童学会学习。它以一套关于学习的信念为基础，这些信念散播开来，就会建立一种学习文化，并帮助发展学习者的元认知能力和责任感。在持续性共享思维过程中发生的对话（Siraj-Blatchford et al., 2002）是一个例子，说明教师如何与儿童坐在一起进行对话，提出问题以支持儿童的思考并形成积极的学习态度。通过花时间了解儿童和评估他们目前的知识，教师能够在鼓励儿童的探索和对其新想法给予肯定的对话中引导他们的进步。

> **案例研究 13.1　小学习者日间托儿所的回应式教学**
>
> 　　小学习者日间托儿所的工作人员正在参加一个项目，以提高儿童的早期沟通能力。他们决定重点关注教师如何努力发展与儿童之间的深入谈话。团队的三位工作人员同意采用一种新方法：参与儿童游戏，等待儿童说话，然后基于儿童所说的内容发展对话，就像网球比赛中的发球、回球和连续对打一样。他们在班级里发现两个儿童似乎很少说话，游戏时间几乎沉默不语。
>
> 　　工作人员设计了一个以太空为主题的特别有趣的小宇宙游戏区，因为这是许多儿童当前感兴趣的内容。在一个上午的时间里，他们轮流与儿童一起玩，并互相观察。
>
> 　　两个儿童在上午花了相当多的时间玩小宇宙玩具。观察者注意到，当教师提出问题，试图让他们进行语言交流时，他们一般只回答一两个词语，然后又继续玩。但是，当教师参与游戏并等待孩子们时，其中一个儿童说了"火箭"。教师回答说："火箭要去月球。"然后，该儿童发出发动机的声音，说："着陆。"教师说："宇航员来了。"儿童说："在月球上……行走。"之后，他把小玩偶搬到"月球"上。
>
> 　　一天结束后，教师们一起讨论。他们的结论是需要减少向儿童提问的数量。如果他们多等一会儿，让儿童决定他们想谈的内容，然后鼓励对话，儿童

> 就会说得更多。他们同意在与儿童一起游戏时持续尝试这种方法,并在活动结束后迅速记下对话内容,以了解新方法是否奏效。

形成性评估,特别是回应式教学,可以通过以下方式改善学前教育实践:
- 支持儿童学习;
- 营造合作和回应的氛围;
- 明确学习目标;
- 培养儿童的自信、独立和自主性;
- 确保儿童的个人需求得到满足。

成长型思维与评估

美国的卡罗尔·德韦克关于成长型思维的研究(Dweck,2006)着重强调了以下两点的重要性:
- 培养儿童的信念,即他们能成为不断发展的学习者;
- 比起学习结果,更强调学习过程。

即使是非常小的儿童,也可能对学习有一种"固定思维"。他们对自己擅长什么和不能做什么的信念会限制他们的学习。成长型思维强调通往学习的过程,例如,即使事情很困难,仍然努力尝试和坚持不懈。使用这种方法,教师要避免对儿童说"做得好"或"你很会爬"之类的话,这类反馈不能帮助儿童专注于通往成功的学习策略。因为它意味着能力是固定的:有人擅长爬,也有人不擅长爬,没有说明如何从不擅长的状态中进步。

相反,教师可以对儿童说:"我注意到你不断尝试切那块木头,还使用了不同的工具,最后你终于切好了。"这促使成长型思维的形成,教师帮助儿童清楚地认识到通往成功的过程。有充分的证据表明,能够形成成长型思维的儿童会成为强大的学习者。

有时,教师将培养成长型思维的方法理解为只表扬努力。德韦克(2018)对此进行了澄清:对努力的关注,不应该以牺牲对成功学习策略的关注为代价。她建议,教师可以对儿童的努力表示赞赏,然后加上"让我们谈谈你已经尝试了什么,以及你接下来可以尝试什么"这句话。通过这种方式，我们可以表扬儿童的毅力和努力，同时给他们提供所需的指导，以克服他们所遇到的困难。

表 13.2　固定思维和成长型思维举例

固定思维	成长型思维
智力是固定不变的	智力是可以改变的
"我必须看起来很聪明！"	"我想学习更多东西"
逃避挑战	拥抱挑战
容易放弃	面对挫折，坚持不懈
认为努力是没有意义的	重视"努力"
无视有用的批评	从批评中学习

核心观点

隐藏在所有原则和实践之下的是一系列信念、价值观、理论和想法，无论我们是否承认或意识到它们，它们都在塑造我们的行动。玛丽·简·德拉蒙德（Mary Jane Drummond，2008，p.3）强调了评估和价值观之间"密切和必要的关系"，她认为通过评估，教育者做出"关于儿童、学习和成就的价值驱动的选择"。她提醒我们，多年来，儿童被不同的方式概念化，例如，作为空容器或白板（John Locke），或认为儿童经历一系列发展阶段（Jean-Jacques Rousseau）。有些概念本质上是缺陷模型，儿童在成长的过程中被视为缺乏或尚未发展出有能力的学习者的特征。相比之下，意大利瑞吉欧·艾米利亚的教育者认为儿童是"潜力无穷、强大和有力的"（引自 Drummond，2008，p.9；参见 Nutkins，McDonald，& Stephen）。

一些评估方法可能与有效的学前教育实践相违背。僵化的课程——带有基于预先确定的目标、实施步骤和检核表而预先规定的学习活动与记录机制，反映了一种儿童学习观，这种学习是标准化的、线性的和可预测的，而不是独特的、复杂的和有差别的。

但是，也可以采用评估的另一种视角，运用更合适的工具来捕捉学习。正如艾莉森·皮科克（Alison Peacock，2016，p.2）所说："关键是创造一个学习环境，将评估视为广泛意义上的关于自我完善和追求理想的终身过程。"虽然还是会有特定的要求，如记录档案袋，但可以以更全面的方式来捕捉学习，如新西兰的"学习故事"评估和记录方法（Carr，2001，2008；Carr & Lee，2012）。该方法使用叙事法记录儿童的学习，不仅是为了记录，更重要的是，它本身就是一个学习过程，便于成人与朋友、教师、家人和其他人分享。玛丽·詹姆斯（Mary James，1998，2005）探讨了三种学习理论（行为主义、建构主义和社会文化；见第2章和第14章）对评估的影响，指出关于学习的信念往往与评估实践不一致。她主张审查评估方法，看看它们在多大程度上与我们对学习的信念和理解一致。

教师所关注的内容和所说的话都在向儿童表明哪些东西是被重视的。如果反馈和评论主要是关于数据、良好的表现和遵守规则，而不是努力、与他人合作或尝试新想法，那么前者将被视为是最重要的（参与Burrell & Bubb）。如果人们总是更关注群体中的最高成就，如第一个能够读或写自己名字的人，而不那么关心每个人可以取得的最高成就，并且"正确的答案"似乎比"试一试"更重要，那么群体中的大多数人就会觉得自己永远无法成功。他们可能会停止努力，更不会通过努力和冒险获得丰富的学习。这样的话，儿童不会形成成长型思维，也不会相信通过努力、实践和毅力可以克服学习中的困难。

无论持有哪种心态，都会对教师和儿童的处境产生深远的影响。持固定思维的教师试图确定儿童的能力，然后将他们的期望与这个所谓的稳定不变的实体相匹配。儿童则关心他们在同伴和教师面前的表现，急于让自己看起来很聪明，而不是很蠢，并认为努力和挑战会暴露他们的不足。相比之下，成长型思维促进儿童努力、参与，使儿童愿意面对具有挑战性的新任务，并将失败视为学习旅程的一部分。当成长型思维在一个班级中表现出来时，人们的期望会很高。无论结果如何，每个人都在努力，而且努力都会得到重视。

儿童和教师的角色及其之间的关系，与有关儿童、学习和能力的主流观念密切相关。将儿童看作潜力无穷、强大、有力且具有无限可能性，并以复杂的不同方式成长的个体，还是将他们看作有缺陷、有待通过获得必要的知识从而在考试中取得成功的人，两者有很大的区别。此外，如果儿童被视为不完整或尚无能力，他们得到的机会和期望就会减少。许多研究者探讨了评估实践与角色、关系、自主、个体能动性和身份认同之间的关系（Pollard & Filer，1999；Carr，2001，2008；Drummond，2008，2012）。基本论点是，评估的实施方式塑造了学习者对自己的看法，这对他们作为成功（或不成功）的学习者的发展有很大的影响，也决定了课堂的文化和互动，因为这也是由教师对儿童的看法所决定的。

 反思活动 13.1

目的：反思教师所持有的儿童观的影响。

证据与反思：思考你自己的做法，你认为你对儿童持有一种固定的还是变化的看法？你认为这是否因儿童或他们的家庭而改变？这对你的工作有什么影响？是否影响你给予儿童的机会？你是否看到其他人的行为表明他们有固定的思维方式？这种思维会带来什么？

拓展：反思你对儿童身份认同的形成可能产生的影响。思考你对他们的看法，以及你所说的话，你对他们的反应会产生什么影响。这是否会影响到他们拥有的机会，如展示自己的知识和技能的机会？是否对评估有影响？请记住，作为反思型教师，你可能注意到自己已经持有一个特定的观点，并试图在新的学习基础上发展和修正这个观点，从而调整自身的行动。反思的目的不是批判自己以前的想法，而是根据最新的信息、理论和研究来改善自己的思维与行动。

通过评估支持学习的策略

让儿童参与讨论和决策

玛丽·艾丽斯·怀特（Mary Alice White）写到，如果成人想象以下内容，他们可能会理解对学习者而言教育经历是什么样的：

……在一艘航行在未知海域的船上，前往一个未知的目的地。成人会急切地想知道他要去哪里，但儿童只知道他要去学校……关于未知大海的航海图对他来说既不存在也不明白……很快，船上的日常生活变得非常重要。日常琐事、各种要求和检查成为重点，而不是航行，也不是目的地。（White，1971，p. 340）

怀特在提醒我们帮助儿童看到大局的重要性，了解他们从游戏、常规、行为管理中学到的知识如何与他们以前学到的知识和将来要做的事情相适应。这不仅支持建构主义学习观（见第2章），而且能吸引儿童的兴趣，提高他们学习的积极性。我们如果倾听儿童的心声，就能对他们的观点有深刻的了解。

不过，让儿童参与决策不仅是指询问或倾听他们的意见。沃勒（2009）认为，现代的儿童观认可儿童有理解自己世界并采取行动的能力，承认儿童从出生起就表现出非凡的能力，并积极参与自己生活的建设中。从这个角度来看，儿童被视为积极的能动者，他们构建自己的文化（Corsaro，2005），有自己的活动、时间和空间（Qvortrup et al.，1994）。因此，这个观点认为儿童积极参与自己的童年，符合马拉古奇（1993b，p.10）"丰富的儿童"的理念，即潜力无穷、强大、有力和能干的儿童。儿童可以在环境中表达他们的感觉和情绪，这一事实证明了他们是有能力的、胜任的。"能动者"一词包含一个积极的角色（Mayall，2002）。儿童作为能动者不仅可以表达欲望和愿望，还可以在环境中进行协商和互动，从而引起变化。然而，怀恩斯（Wyness，1999）指出，在实践中，学校系统既没有承认儿童是有能力的参与者，也没有承认他们是能动者，但必须让儿童有机会参与辩论和讨论。他们经常被"……剥夺为自己说话的权利，要么被认为没有能力做出判断，要么被认为是有关其生活的不可靠的证人"（Qvortrup et al.，1994，p.2）。托马斯（Thomas，2001）指出，如果假设儿童是有能力的，而非无能力的，那么儿童往往会比他们被认为的更有能力。

 反思活动 13.2

目的：反思你如何让儿童参与影响他们生活的问题的决策。

证据与反思：与同伴或同事一起思考你们是如何看待儿童的，以及你们的做法是否会让儿童认为你们把他们视为有能力的行动者。你们以何种方式让他们参与决策？是否有其他方式可以让他们参与？

拓展：思考你所照顾的儿童在参与决策过程方面有哪些技能。想一想，首先如何为他们提供展示能力的机会，其次如何支持他们发展和练习参与此类讨论所需的技能。

在英格兰进行的两项研究有助于我们了解儿童的视角，以及如何在学前教育机构中发现这些视角。

研究1：儿童在早期基础阶段的受教育经验

这项研究由加里克（Garrick，2010）等人主持，旨在收集儿童对他们在一系列学前教育机构中的经验的看法，并思考英格兰早期基础阶段教育的有效性，这些看法告诉了我们什么。我们特别考察了以游戏为基础的学习和户外活动中的儿童参与。研究人员在英格兰四个地区不同类型的学前教育机构中与146个3—5岁儿童共处。样本来自16家学前教育机构，包括一所斯坦纳－华德福学校。研究问题包括：

- 学前教育机构中以游戏为基础的活动以哪种方式在多大程度上进行？这些活动有多愉快？
- 学前教育机构中的活动在多大程度上满足了儿童的需求和兴趣？
- 学前教育机构中的活动包括多少体育活动？多少户外体育活动？
- 儿童的意见在多大程度上影响教师对于早期基础阶段教育的规划和实施？

研究人员花时间与儿童在一起，与他们交谈并分享活动。他们把注意力集中在对儿童来说似乎最重要的事情上，例如，儿童热衷于展示或谈论的游戏类型。进一步的分析包括确定一些适当的方式，将儿童的谈话与早期基础阶段和学前教育专业人员的抽象概念、语言和假设联系起来。

研究结果显示：

- 儿童特别喜欢学前教育机构中社交游戏的机会，以及其他社交场景和照顾他人的机会；
- 儿童的意见反映出他们欢迎父母、照护者和兄弟姐妹来到学前教育机构；
- 儿童谈到了成人对他们个体了解程度的差异，他们认为，在较小的机构中更有可能感觉到成人把他们视为个体；
- 儿童对机构的规则、界限和常规表现出极大的兴趣，一些儿童似乎认为这些规则是有帮助的，另一些儿童似乎希望有更多的自由；
- 儿童往往热衷于理解为什么需要特定的规则和常规；
- 大多数（尽管不是全部）儿童谈到了对体育活动的喜爱，特别是户外活动；在不同的学前教育机构中，儿童拥有这些机会的多少是不同的；
- 一些儿童对自由选择户外活动时间进行了积极的评价，但一些学前教育机构中的儿童对只能在特定时间进行户外活动感到不高兴；

- 儿童经常认为自己有能力参与计划自己的活动，他们更喜欢组织性较低的空间，这为他们提供了选择任务的自由（Garrick et al.，2010）。

这些发现既可以用来启发实践，又可以用来证明儿童如何能够对他们的学前教育经历提供独特的见解，从而积极参与评估过程。

研究2：倾听儿童的观点——马赛克方法

倾听儿童观点的马赛克方法最早由英国的艾莉森·克拉克和彼得·莫斯提出（Alison Clark & Peter Moss，2017）。他们希望在研究中加入儿童的声音，即对儿童服务的多主体评估。从那时起，这种方法被学前教师采用，他们想要探索儿童如何理解和谈论他们的生活、兴趣和担忧。克拉克（2005）对该方法的要素进行如下描述。

- 多元法：认识到儿童"声音"或语言的多样性。
- 参与性：把儿童当作他们生活中的专家和能动者。
- 反思性：收集儿童、教师和家长对意义的反思，并解决如何解读反思的问题。
- 适应性：可在各种学前教育机构中应用。
- 生活性：可用于各种目的，包括观察儿童鲜活的生活，而不仅仅是他们获得的知识或接受的照护。
- 实践性：倾听框架有可能被用作评估工具，也可以被嵌入早期教育实践中。

马赛克方法作为一种有用的工具，可以帮助儿童更多地参与学前教育机构的发展。克拉克（2005）建议使用以下方法。

- 观察：定性的观察报告。
- 儿童访谈：一对一或以小组形式进行的简短结构化访谈。
- 儿童拍照和图书制作：儿童拍的"重要事物"和书籍的照片。
- 参观：由儿童主导和记录的现场参观。
- 地图制作：使用儿童的绘画作品和照片对场地进行二维呈现。
- 儿童访谈：对教师和家长的非正式采访。
- 魔毯：展示熟悉的地方和不同地方的幻灯片。

在评估方面，马赛克方法表明，儿童在表达对学前教育机构的意见上有很强的能力，包括他们的偏好、喜恶以及对什么有助于或阻碍他们发展的看法。对许多儿童而言，他们在机构中表达自己、展示自己的思考能力和提出意见的机会是有限的。有必要在教学实践中鼓励和支持儿童成为世界的积极行动者。

反思活动 13.3

目的：回顾上述研究，思考在你所处的机构中进行研究的好处。

证据与反思：再次阅读研究报告，思考研究人员使用的工具。你是否采用了这些方法？是否可以将其作为评估过程的一部分？能找出一些你通常没有意识到的发现和结论吗？在你的实践中使用这些方法，是否有助于你更好地了解你所照顾的儿童，更好地评估他们的学习和未来需求？

拓展：找出一个你不使用或不常使用但你认为它可以改进教育实践的工具。了解更多关于该工具的信息。你一旦掌握了足够的信息，就计划将这个工具纳入工作范围，并"试试看"。回顾你收集的信息，并思考你和儿童是否会从你定期使用这个工具来收集信息中受益。

评价学习品质

美国的丽莲·凯兹（Lilian Katz, 1993）建议，教师需要考虑四种类型的学习目标，它们分别与知识、技能、性格和情感有关（1993, p.1）。我们已经注意到，评估，特别是在学前教育中，涉及发展学习品质。凯兹将"品质"定义为"思维习惯"或"以特定方式应对特定情况的倾向"（Katz, 1999, p.2），这包括友善、好奇心、愿意承担风险和坚韧。凯兹提醒我们，不是所有的品质都是积极的，建议教师专注于他们想在学前教育机构中鼓励的儿童品质，使发展这些品质成为活动计划的一部分。

自我调节能力和执行功能对学习至关重要。起初，成人通过设置一日常规、组织活动和设定界限为儿童提供大部分的规则。在学前教育阶段，儿童逐渐理解规则和界限的存在原因，并承担起这些责任。随着自我调节能力的发展，他们越来越能够理解分享和善待他人的重要性。自我调节能力强的儿童可以着手实现目标，并抵制住自己内心的冲动，例如，当一个儿童决定用积木建造一座高塔，即便其他儿童手里有一块他想要的特定积木，也不会因此放弃建造自己的塔。当儿童爬上滑梯的梯子，在轮到自己之前，他们可以忍受短暂的等待，而不是冲动插队，他们展示出了自我调节能力。如果想让儿童在情感和社会性方面有所发展，教师就需要提供友善、合作、有同理心的、界限分明的环境。

美国哈佛大学儿童发展中心（The Harvard Center for the Developing Child，2015）将执行功能和自我调节能力定义为：

使我们能够计划、集中注意力、记住指令和成功处理多项任务的心理过程。就像机场繁忙的空中交通控制系统能够安全地管理多条跑道上许多飞机的着陆和起飞一样，大脑需要这些技能来消除干扰，确定任务的优先次序，设定和实现目标并控制冲动。

有效的评估程序包括重点评估儿童的学习是如何发生的，以及他们学习的技能和知识。例如，我们期望看到儿童在集中注意力和处理多项任务方面变得更好。

元认知：鼓励儿童反思自己的学习和进步

皮亚杰等理论家认为，儿童的学习方式与成人的学习方式有质的不同。皮亚杰认为，儿童需要经过一系列的发展阶段，直到他们能够像成人一样思考和推理。然而，近年来理论家们持有不同的观点。英国的乌莎·戈斯瓦米（Usha Goswami，2015，p. 25）认为，"儿童的思考和推理方式与成人基本相同，但是他们缺乏经验，仍在发展重要的元认知和执行功能技能"。

教师可以通过"支架"来帮助儿童发展这些技能——在儿童需要这些技能之前，帮助他们练习这些技能。例如，成人可以通过倾听两个儿童的不同观点来示范解决冲突，然后帮助他们达成和解，可以说："也许你可以先玩几分钟，等你玩好了，再让他接着玩。"

意识到自己如何选择学习策略、控制和引导思维被称为"元认知"。成人可以在一开始就对此进行示范。例如，教师可能会与儿童一起看学习档案，并做出这样的评论："我看到这是你第一次画画，你还记得我帮你挑选你要的画笔吗？"反复讨论他们的学习，可以帮助儿童的元认知得到发展。刘易斯（Lewis，2018，p. 36）发现，儿童观看他们学习的简短视频片段时，更能反思自己的思维。他们从只评价行为（"他们坐得很好"）转向将思考视为一种积极、多样和具体的活动。随着这种意识的发展，儿童可以引导自己的思维，成为强大的学习者。惠特布雷德和奥沙利文（Whitbread & O'Sullivan，2012）认为，元认知的发展对儿童整个受教育过程中的学业发展有着重要而持久的影响。

评估带来的启示是，应该鼓励儿童在思考和学习中反思自己的进步。教师可以帮助儿童回顾自己的学习档案，并与儿童讨论他们的学习是如何发生的——而不仅仅关注学到的东西。刘易斯 2018 年的研究包括一个有用的汇总，显示了参与的儿童如何谈论短视频片段中所反映的进步（见表 13.3）。

表 13.3　参与儿童的进步汇总（Lewis，2018）

儿童（化名）	研究开始	研究结束
乐温	"他看着老师"	"他拍着自己的头，这有助于他脑海中画面的形成"
萨姆	"她安静地坐着"	"他们正在一起讨论"
格雷丝	"她在听"	"她在念，所以她能读出这个词"

研究总结 13.1　元认知和自我调节的学习：转移学习的责任

它是什么

元认知和自我调节是指在教学中着重帮助学习者思考自己的想法。这是通过支持他们对学习过程的各个方面负责来实现的，比如计划、监测和评估自己的进展（元认知），或者管理他们对学习的感受和动机（自我调节）。这通常要通过学习特定的策略来设定目标，并监测和评估自己的进展。这样做的目的往往是让学习者在学习活动中选择一套策略。

证据表明什么

以学校为基础的研究表明，元认知和自我调节的方法具有持续的高水平影响，与不包含元认知和自我调节的教学方法相比，学生们的学习进度提前了 8 个月。证据表明，教授这些策略对成绩差和年龄大的学生特别有效。

这些策略在小组合作教学中通常更加有效，这样学习者可以相互支持，并通过讨论明确他们的想法。

这些方法的潜在影响非常大，但实现起来很困难，因为它们要求学习者对自己的学习承担更大的责任，并发展对成功所需的理解。这方面没有简单的方法或技巧。

证据的可靠性

一些系统综述和元分析对于元认知与自我调节相关策略的影响程度有较为一致的发现。大多数研究都着眼于其对英语或数学的影响,尽管有一些来自其他学科领域的证据,如科学,表明这种方法可能是广泛适用的。在早期阶段,刘易斯(2018)发现 4—6 岁的儿童可以在元认知方面得到支持。在研究开始时,儿童将良好的工作与行为和程序性的东西(如安静地坐着)联系起来。在研究结束时,他们将良好的工作与合作或一起讨论等联系起来。

进一步思考

- 你有多重视学习的过程?
- 你是否提供支持儿童发展学习技能的任务?
- 你是否对学习的认知方面进行了示范?那么情感和动机方面呢?
- 你承认过程比结果更重要吗?

反思活动 13.4

目的:思考你所在的机构如何支持儿童谈论和发展元认知。

证据与反思:思考你所在的机构中的儿童拥有多少机会可以通过回顾和谈论他们的学习来获得提高。他们有这样做的技能吗?你是否投入时间来支持儿童这些技能的获得和发展?

拓展:与同事一起设计与儿童年龄相适应的活动以支持他们自我评估技能以及元认知的发展。

评估中的家庭参与

我们一直强调,家庭——父母、照护者等所有照顾儿童的人(祖父母、姑姨叔舅、兄弟姐妹)——必须参与儿童的教育中。首先,我们如何与家庭沟通,有必要发展出一种共有的语言,这样的沟通才有意义。父母不是一个同质化的群体,他们有不同的需求和不同的起点，希望以不同的方式参与儿童的早期教育（Whalley，1997，p. 17）。因此，沟通必须以每个家庭为基础加以考虑。虽然不同家庭之间会有共同点，但也有差异，"一刀切"的做法不会成功。正如皮科克（2016，p. 84）所言，"通常我们认为与学校缺乏接触是家庭的失败，而没有意识到对许多家长来说，学校也可能是'难以接触的'。慷慨和有同理心的领导倾向于为与父母沟通提供另一种方式"。

> **专家问题**
>
> 可靠性：儿童和家长是否理解评估过程？如何让儿童理解评估过程？
>
> 这个问题有助于建立一个概念框架，以展现长期存在的问题和教师的专业知识（见第16章）。

一直以来，教育工作者注重向家长传达有关儿童学习的信息，但不太强调倾听家长的声音。但是，父母——以及更广泛的家庭成员——是了解他们年幼孩子的兴趣和学习方式的专家。虽然家长和教师可以独自开展工作，但如果他们能够一起合作将会产生更大的影响。一个简单的切入点是：教师要思考如何将自己掌握的信息便捷地传达给家长。在和家长沟通时用浅显易懂的语言、避免专业术语是重要的考虑因素，例如，思考所有家长都能理解"精细动作"这样的术语吗？谨慎使用照片和视频，使儿童的学习与生活结合起来。定期花时间分享和讨论信息可以促进更多的对话和共同学习。反过来，这可以增强教师对儿童的理解，并给家庭提供更多关于改善家庭学习环境的思路。就像前几章所言，这可以对儿童的学习产生重大影响，这种影响可以延续到他们以后的教育生活中。父母在家里谈论儿童的游戏和学习越多，他们就越能参与评估过程，并帮助儿童的进一步学习。

技术也可以有力地促进教师与家长的合作。在撰写本书时，一些家园应用程序正显示出富有潜力的早期影响迹象。这类应用程序每周向家庭发送游戏的思路和关于儿童发展的建议，以鼓励家庭游戏和交流。席尔瓦（2016）发现，在使用该应用程序18周后，儿童在"纪律和界限方面的自我效能"和"认知自我调节"方面有了积极的改变。

关于如何与家庭合作，笔绿儿童中心的工作提供了一个很好的示例。在过去的28年里，家长参与儿童学习（Parents Involved in their Children's Learning，PICL）作为一种方法和工作方式，已经在笔绿儿童中心发展起来（参见Whalley，2007）。笔绿儿童中心将其描述为一种工作方式，而不是一个家教项目。

家长参与儿童学习这一方法鼓励家庭和教师使用"笔绿学习循环"（Pen Green Learning Loop，见图13.1）来支持儿童的学习与发展，使知识通过家长和教师之间的对话，从家庭流向学前教育机构。相应地，知识也从学前教育机构流向家庭，使父母能够在家庭学习环境中有效地支持儿童。

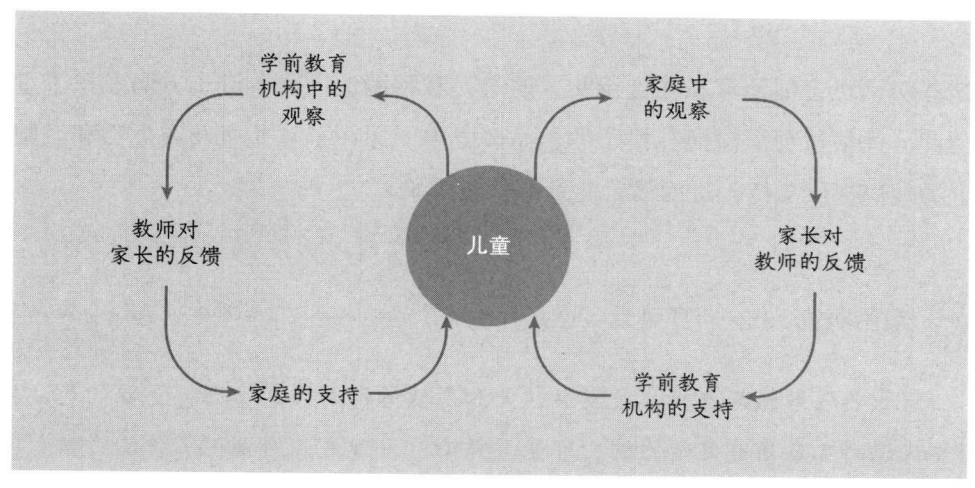

图 13.1　笔绿学习循环

来自家庭和学校的视频片段可以在家长与教师之间共享，以支持关于儿童学习的对话。家长和教师观察视频中的重要内容，并讨论儿童正在做什么，以及它与先前的学习和经验有什么关系。他们讨论如何在家庭和机构中支持儿童的学习。

该方法的核心目标之一是通过回顾视频、分享理解和分析儿童学习与发展的关键概念来增进家长和教师对儿童学习与发展的理解。通过与家长接触，发展强大而平等的伙伴关系，该方法帮助家长和教师在家庭与机构中支持儿童，并共同评估过程。这种方法以一种强烈的信念为基础，即尊重家长作为儿童的共同教育者，纠正家庭和教师之间的权利不平衡，强调实现家庭和教师之间平等关系的重要性，承认家庭成员最了解自己的孩子，并希望为他们提供最好的服务。

家长参与儿童学习这一方法不同于以内容为主导的亲子教育计划。它是一种工作方式，旨在：

- 挑战并支持教师找到让家庭参与的方法，发展有效的家园关系；
- 在持续的对话中分享有关儿童的知识；
- 增加父母与儿童在一起的乐趣和信心；
- 促进父母对儿童兴趣的了解，增强他们支持儿童的学习和成为儿童的代言人的能力；

- 促进教师对儿童兴趣和先前学习经验的了解；
- 促进有效的家庭学习环境的形成；
- 支持儿童的长期学习与发展，并改善儿童的学习成果。

这些对话机会促使家长在支持儿童的学习和帮助他们取得进步方面发挥了重要作用。因此，评估过程深深地扎根于一个循环之中，即在了解儿童及其生活和经验的基础之上为他们提供支持，进而改善儿童的学习成果。

 案例研究 13.2 "真可爱，这是什么？"

家长要理解教师支持儿童发展技能和想法的不同方式。同样重要的是，我们要认识到儿童是有直觉力的，可能会凭感觉发现成人对他们工作的评估。因此，我们与儿童的对话十分重要。

菲奥娜花了一下午的时间，根据《杰克和魔豆》（Jack and Beanstalk）的故事进行绘画。菲奥娜仔细地画了一个城堡，同时与教师聊天。她把不同的亮片和纽扣粘在一起，代表魔豆和杰克从巨人那里得到的物品。教师问她的想法，并饶有兴趣地听她解释每个不同的标记和装饰的含义。当菲奥娜工作时，教师的计划也在持续进行，支持她正确地使用剪刀和胶水。菲奥娜非常专注，对自己的画作感到很高兴。她迫不及待地想在放学的时候给她的妈妈看。当妈妈来接她时，菲奥娜急忙拉着她的手，向她展示自己一直在做的艺术作品。她的妈妈用一个封闭式的问题问道："真可爱，这是什么？"也许一个开放式问题会引发更多的讨论，消除工作受到评估的感觉，让菲奥娜更好地与妈妈分享学习成果。例如，妈妈可以说："太棒了，菲奥娜！和我好好说说你的这幅画吧！"

 反思活动 13.5

目的：反思你如何将儿童在学校的学习情况告知家长，以及你提供的双向对话的机会。

证据与反思：思考你是如何向家长发送信息的。家长是否容易获取？它是否能推动学习过程和提升经验？你是否提供了儿童如何在学校之外继续学习的建议？现在反思一下家长的经验。你是否提供机会让家长分享他们对儿童的兴趣和学习的了解？你是否创设了环境，让家长可以放心地与你分享和讨论学习？

拓展：思考一下你对上述问题的回答，还可以做什么来增加与家长的对话机会并建立积极的家校关系？这可能是什么样子的？

结　　语

　　本章重点探讨了支持学习的评估，承认评估和学习关系的复杂性，并证明评估是学前教育的一个有价值和重要的方面，强调了评估实践不仅对所学的内容有深刻的影响，更重要的是，还对学习的过程和儿童的自我意识有深刻的影响。这方面的影响不应该被低估。儿童如何看待自己和学习会影响到他们的生活经验。作为反思型教师，我们必须努力为儿童一生的学习做好准备。支持儿童发展良好的学习品质，而不是专注于结果，是我们的一个关键任务。

　　除了支持儿童之外，评估也可以让家长作为平等的伙伴参与进来，帮助他们支持儿童的学习。但也有可能让家长避之不及，甚至可能引起恐惧和担忧，特别是在我们强调结果并灌输竞争意识时。

　　评估是学前教育实践的一个重要部分。我们必须坚持适当的评估方式，抵制不适当或不符合儿童最佳利益的评估方式。我们的反思、研究和不断求知，都是为了阐明立场，使自己信心倍增。

第四部分
反思成果

第 14 章　教学成果——如何评估学习成就

第 15 章　全纳——如何创造学习机会

　　第四部分指出教师实施学前教育实践的后果。第 14 章回顾了评估，尤其是在评估儿童的需要和进步时，如何与家长合作。"全纳"（见第 15 章）要求我们思考差异的不同层面以及平常对个体进行区分的不同方式。重点是接受差异作为人类客观条件的一部分，以及如何在机构中建立更具包容性的集体，这也将有助于发展更具包容性的社会。

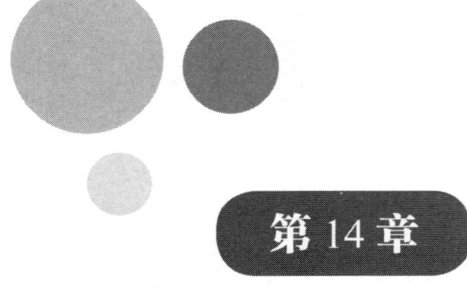

第 14 章

教学成果——如何评估学习成就

引　言

前一章讨论了如何使用评估来加强学习，本章将详细讨论评估产生的结果，即通过评估学到了什么和产生了什么。有些形式的评估会产生诸如阅读分数等结果，有些则提供不那么正式的数据。

评估是人际互动中非常自然的一种表现，例如，我们第一次见到一个人时，就会对其衣着、举止、言语进行评估。这些评估不可避免地会带有我们的价值观、经验和偏见，因此往往包含一些刻板印象，或者说并不那么实事求是。因此，人际互动虽然经常带来有效沟通和彼此理解，但也常带来沟通障碍和误解。值得注意的是，对儿童的评估经常受到类似的价值观和刻板印象的影响（Drummond，2012）。这对学前教师来说尤为重要，因为在某种程度上，教师提供的大部分反馈是基于对儿童及其行为的解读。正如前文所述（见第 3 章），我们很容易对儿童及其家庭持有偏见。同样，我们对他们的评估也带有一定的主观性和片面性（Bruce，2011）。当我们照顾年龄最小的儿童时，这种局限性更为严重，因为小宝宝还无法通过口头语言或书面语言进行自我表达。因此，为了评估儿童的发展、进步和成就，并就儿童某一阶段的发展做出说明，需要采取全面的办法，也就是说，这样的评估需要建立在全面的数据来源基础之上，包括儿童的家庭、我们的同事、儿童自身（Bruce，2011）。将这种全面的评估用于制订计划，是确保全纳、保障每个儿童安全和权利的关键。

正如前一章所述，我们认识到家长应该被纳入评估过程，广泛的形成性评估应该成为日常教学的一个重要方面。我们需要了解儿童所处的发展阶段，这样才能支持他们继续进步。至关重要的是，这不仅与儿童的认知发展有关，也适用于他们的个性、社会性和情感发展以及身体发育。

任何评估的目的都会影响评估的类型以及进行评估的时间和方式。所使用的评估类型还与政治和经济系统（Drummond，2012）以及学前教育机构所在的地方系统（信托或团体、地方学校和地方当局）有着千丝万缕的联系。政治制度决定使用哪种课程，采用哪种教学方法以及随之而来的评估程序（Fleer，2002），例如，英格兰在一年级末期引入了语音测试，测试对象是 6 岁左右的儿童。本章将继续探讨评估的类型、背后的理论和政治立场，以及评估如何使不同的利益相关者受益，之后探讨如何收集证据、理解证据，将它们用于学前教育实践中。

> **有效教与学的原则**
>
> 以下原则与本章所阐述的评估尤其相关。
>
> *原则 5：有效教与学需要评估与学习相适应*。评估应有助于推进学习，并确定学习是否发生。评估的设计和实施应使其能够以可靠的方式衡量学习成果，并为未来的学习提供反馈。
>
> *原则 6：有效教与学促进学习者的主动参与*。教与学的首要目标应该是培养学习者的独立性和自主性。这包括获得一系列学习策略和实践能力，培养积极的学习态度，并相信自己是优秀的学习者。

英国的四个地区在评估学生的学习成果方面有不同的法律规定，并且有持续的历史变化。本章回顾了一些问题和原则来帮助反思型教师，不论其在哪个司法管辖区或环境中工作。

关于评估的观点

本节将探讨教学法与评估之间的关系。为此，我们探讨了一些评估方法，以及评估如何有助于发展教学法。

标准参照的总结性评估

当一项评估表明所有儿童都应在其受教育的某个阶段达到一定的发展水平时，评估就是"以标准为参照的"。正如皮科克（2016，p. 100）所指出的，收集这类评估信息可以作为"安全的背景指标，以确保每个儿童的学习都得到关注"。因此，在英国教育体系中，在学前班结束时根据早期学习目标对儿童进行评估，这种评估被用来确定他们是否表现出良好的发展水平（Good Level of Development，GLD）。这些评估是"总结性的"，因为它们总结了儿童在某个特定时间点的学习情况（而不是"形成性的"评估，后者被用于指导计划，以帮助儿童进行下一步的学习）。

这种方法可以用作背景指标。如果你想了解自己的教育实践是否能有效地帮助处境不利的儿童，发展指标就能让你做到这一点。如果你只分析不同儿童的档案记录（可能总计数百页），就不大可能达成上述目的。发展测量还可以用于比较全国各地的儿童群体。

经济合作与发展组织使用这种基于标准的数据为各国之间的比较提供信息。标准参照评估的另一个替代方案是标准评估。标准评估提供了预期的水平，并被用作指南，而不是儿童发展的检核表。

然而，标准评估量表也有很大的缺点。如果评估是与教育的某一阶段相联系的（例如，学前班结束），那么所涉及的最大的儿童将比最小的儿童大 11 个月。对一个 5 岁儿童来说，11 个月是很长的一段时间。这可能意味着夏季出生的儿童被认为比秋季出生的儿童"能力差"，尽管他们可能只是年龄较小，因此发育相对慢一些。

而且，标准量表与年龄相关，在解释数据时也有很大的风险。儿童的发展不是简单、有序和有规律的。相反，儿童以独特的方式发展，有一些时期他们的发展突飞猛进，而另一些时候他们似乎处于落后状态，因为他们正在巩固新技能和知识。正如案例研究 14.1 所显示的，即使是使用标准量表测量婴儿的成长和体重也充满了复杂性。

 案例研究 14.1　使用标准量表评估儿童

在人生的最初几年，儿童要进行多个阶段的评估。这些评估从儿童在子宫里时就开始了，重点是身体发育和健康。出生后，婴儿的成长被测量，并与一个标准的尺度相比较：预期的成长率是多少，婴儿在这个尺度上的位置是哪里。我们有必要花点时间思考一下这个量表。这个量表是在 20 世纪 70 年代

> 开发的，基于奶瓶喂养的婴儿的平均体重发展轨迹。问题在于，虽然这个量表为保健医生提供了一个有用的方法来追踪儿童的体重，但母乳喂养的婴儿基本上被评估为体重不足。为了解决这个问题，世界卫生组织（World Health Organisation，2006）对量表进行了修订，现在反映的是母乳喂养婴儿体重的"平均增长"，结果用奶瓶喂养的婴儿的体重尽管在"正常"的范围内，但总体被评估为偏高。

案例研究14.1着重指出，将儿童与标准量表进行比照会导致父母/照护者无法认识到他们的孩子是独特的个体。你的孩子可能带有遗传自路易丝姨妈的基因，后者可能身高2米、体重70千克，也有可能身高1.2米、体重50千克。标准量表可能导致父母、照护者和教师都将注意力集中在平均值上，而不是个体的独特性上。这种对照可能会导致一系列通常毫无根据的焦虑。所有婴儿都是不同的，他们的成长和发展受到一系列因素的影响，如遗传、社会和情感。因此，仅仅基于标准的评估可能是没有帮助的。

任何发展量表，如新生儿成长量表，都不能反映出每个儿童的独特性，它们代表的是一个想象中的儿童。有些儿童的成长、发展和学习可能符合这些模式，但许多儿童并不符合。正如被评估为"体重不足"或"超重"的婴儿所引起的焦虑一样，学前教育工作者也可能无意中通过评估儿童"低于预期水平"或"低于其年龄水平"而引起父母等照护者的焦虑。我们经常会看到一些标尺，这些标尺提供了儿童发展水平的范围，测量儿童身高的量表就是一个很好的例子。虽然这种量表有助于提醒家长和教师注意儿童需要照顾与支持的潜在发展问题，但它们也可能引起不必要的压力，有时还会导致儿童之间和家庭之间的竞争加剧。

教四五岁儿童的教师向剑桥初等教育调查项目（Cambridge Primary Review）证实，他们承受着要证明儿童的学习成果有所改善的压力，这往往会扭曲他们所教授的课程（Alexander，2010，p. 165）。凯兹提醒我们提供"发展适宜性的课程，帮助儿童更好、更充分和更深入地了解自己的经验"的重要性，但没有提到目标的达成。英国教育部（2015，p. 30）也指出，教师反馈的"水平"往往成为人们关于儿童学习所讨论的主要焦点，随着时间的推移，"这促使学生形成一种固定能力的心态，尤其会伤害认为自己处于较低水平的学生"。

因此，反思型学前教师的关键职责是思考评估及其影响，时刻准备好使自己的工作符合儿童的最大利益（参见 Claxton）。

虽然我们对这类总结性评价多少持批判态度，但我们不建议放弃测试或量表。事实上，这类量表在凸显需要专业人员支持的身体或发育障碍/迟缓方面非常有用。我们的建议是，谨慎应用量表向家庭、儿童解释评估结果。

反思活动 14.1

目的：根据评估标准和水平思考你的教育实践。

证据与反思：写下你的个人反思，以下问题可能对你的写作有所帮助：

- 你是否曾感受到来自同事、学校或家长的压力，要求你确保儿童达到特定的目标？
- 这种压力从何而来？
- 你是否曾因为要"弥补儿童之间的差距"，由此窄化儿童的经验而感到有压力？
- 这些情况可以避免吗？

拓展：你如果强调了来自特定来源的压力，那么想一想如何与他人合作减轻这种压力。例如，如果父母理解儿童内心的想法和独特的发展，他们是否会不那么焦虑？你可以和同事讨论你的想法。

形成性评估

形成性评估是有效学前教育的一个重要组成部分，因为它帮助教师思考如何支持儿童在今天、明天和将来取得进步。在形成性评估中，重点是儿童的学习，而不是取得预先设定的学习结果。这有助于教师探索儿童在技能和理解方面的长处和薄弱之处。一般来说，这种评估基于对儿童的仔细观察，并把观察到的东西写下来。

这些观察的证据可用于制订计划，并为儿童提供刺激和适当的环境。在这个过程中，评估被用来鼓励儿童"生产知识而不是复制知识"（Wortham，2008，p. 108）。它不同于我们在上一部分谈到的总结性评估。因此，学前教师除了理解儿童正在学习的东西以外，还要理解儿童如何学习以便支持他们的学习。正如我们在各个章节（尤其是第 10 章）中指出的那样，这种观察是持续的，在一系列活动和互动中进行，目的是解读儿童随时间推移赋予自己经验的意义。形成性评估的过程"提供了儿童行为、思考和学习方式的丰富图景"（Dunphy，2008，p. 6），与总结性评估的"快照"特征不同。

然而，这种方法带来了许多挑战。首先，它会促使教师花费大量时间观察儿童并把他们的观察记录下来，而不是参与他们的游戏或花时间与他们交谈。观察一个儿童本身并不能帮助他们学习和进步。正如英国教育部（2015，p. 6）所言："形成性评估本身没有价值，重要的是它被付诸行动。"此外，整理大量观察数据会给教师带来繁重的工作负担。布拉德伯里（Bradbury，2012，p.179）生动地讲述了一位学前班教师吉姆如何向她述说"在年初收集证据的压力"："你拿到 22 个空文件夹，里面什么也没有，你需要填满这些文件夹来证明你在工作。"

其次，教师更注重描述而非分析儿童正在学习什么，以及如何帮助他们取得进一步发展，这很危险。由于很多学前教育实践涉及团队合作，确保所有团队成员了解收集高质量评估信息的重要性需要相当的领导力。否则，可能会收集到来自多方的准确性和适用性参差不齐且不一致的信息。

为了解决这个问题，英国伦敦的几所公立幼儿园制定了一份联合声明，概述了学前教育评估中有效实践的四个特征：

- 你可以"听到"儿童的声音，或者"感受"到他们的游戏；
- 对儿童的探索、游戏和思考有敏锐的观察；
- 教师能注意到儿童正在学习一项新技能，或在知识的各个方面之间建立新的联系；
- 有多个持续性共享思维的例子，或者儿童的反应表现出赞叹和好奇。

项目负责人根据这些关键特征帮助教师发展观察技能。幼儿园园长海伦·柯里（Helen Currie）还为教师编写了指南，帮助他们写作，以便清楚地看到儿童的进步。以下是她为教师推荐的描述性语句（见表 14.1）。

表 14.1 记录儿童的进步（Grenier, Vollans, & Finch, 2018, p.27）

记录进步——初期
你第一次尝试……首先……你开始……在最开始……当你先……最初……你开始……不确定……尝试……试验……紧张地……突然……短期的……很沮丧……新手……努力集中注意力……

记录进步——练习和重复
下一次……再次……你继续……接下来你……当你重新检查……你继续……又试了一次……再一次……乐于……重复……开心……自信地……做得更好了……更长的时间……专注地……

记录进步——掌握
最终……总是……继续……重新检查……乐于……熟练地……发展了……向别人展示如何……支持他人……现在你可以……继续……很长一段时间……乐于……放松……掌握了……可以一心两用……可以将这个与其他结合起来……与其他想法或经验建立联结……

基于高质量观察的评估能够让人认识到儿童的学习是在社会和文化背景下进行的。认真撰写的观察记录，辅以精心挑选的照片或儿童作品样本，为教师、父母和儿童之间的对话提供了良好的焦点，突出了在学前教育机构内外发展有效伙伴关系的重要性——让所有人都参与讨论"什么是教与学"。这种方法承认了教师与儿童、教师与家庭以及儿童之间的权利关系。与建构主义方法一样，在这种方法中，评估通过观察儿童来进行，需要多个利益相关者的信息输入，并且承认环境因素的重要性。因此，就像罗戈夫（Rogoff, 1995）所说，评估需要从以下三个层面展开。

个人层面：与他人一起练习技能。

人际层面：伙伴们在交流并参与结构化的集体活动。

社区/机构层面：个人通过参与来发展自己的理解。

因此，评估的重点不再是个人吸收和回忆知识的能力，而是学习发生的环境，"从头脑中的内部结构和表征转移到经验世界中的意义建构、意图和关系"（Carr, 2011, p.5）。皮科克（2016, p.61）提出创造一种"信任的氛围"，使儿童"自信地分享自己的想法"……赞扬的是思考，而不是先前积累的知识。

对学习过程的关注，会使人觉得教师的角色似乎主要是记录儿童。教师的角色也许更应该被理解为一个共同的旅行者，有时引导和教导儿童，有时站在后面让儿童来领导和探索。学习评估和回应式教学都是以这种共同旅行的假设为基础的，而不仅仅是把儿童看作孤独的探索者。评估改革小组将这一过程描述为："……儿童和教师共同合作，以实现对儿童的教育……儿童和教师共同决定儿童在学习中处于什么位置，需要去哪里，以及如何最快地到达那里"（Assessment Reform Group，2002）。这一声明既承认了儿童的声音在决定他们学习中的重要性，也承认了学习是一个通过与他人对话而产生的社会性过程。这些评估方法已在第13章中详细讨论。

评估的目的与价值

正如我们所讨论的，不同的评估方法可以产生不同的数据（或信息）并满足不同的需求。我们还注意到，教师可能面临来自不同利益相关者对儿童在学前教育阶段应收获什么的期待，这些期待有可能不一致。接下来，我们重点讨论对不同群体来说评估的目的与价值。

对政府、地方当局、学校和学前教育机构来说评估的目的和价值

正如我们所注意到的，人们对学前教育及其在儿童生活中所发挥的作用越来越重视。这导致支持学前教育资金的增加，也不可避免地导致问责制加强，证明资金对儿童的未来产生了作用（Staggs，2012）。这与课程的发展共同导致了学前教育对评估工具的使用和关注的增加。例如，英国政府使用早期基础阶段档案袋（Early Years Foundation Stage Profile）及其"良好发展水平"的衡量标准来判断儿童在结束学前教育时是否"准备好入学"。

这种评估以及修订中的英国儿童进入学前班的新评价基准，是用来衡量儿童能力的基线，随后可以定期进行测量。这些测量结果也可作为儿童发展和教师及学校有效性的指标，但并非在所有地区都使用。例如，威尔士议会在2011年推出了一个类似的措施，列出了114项关键技能、行为和知识，并对儿童进行测试。然而，5个月后，由于教师工会和西拉杰-布拉奇福德等学前教育专家认为它"不实用"，该措施被撤销（Evans，2012）。这些计划除了被人认为无法管理之外，在儿童这么小的时候就测查技能和知识这一观点也使得这个计划受到了质疑。皮科克（2016，p.52）警告说，"固定能力的限制性概念"可能来自评估工具，例如，给儿童贴标签，称其为"高成就

者"或"低能力者"。相反,皮科克(2016,p. 52)主张找到"使每个儿童都能在没有排名或标签的情况下学习的方法"。同样,对儿童进行总结性评估的要求也受到了一些教育学家和学前教育专家的批评,他们在"最好没标准"(Better without Baseline)运动中讨论了与学前教育实践相关的问题,包括学前教育测试为何以及如何有害于儿童的进步。具体来说,在提交给教育特别委员会的文件中(Better without Baseline,2016,p. 2),该小组认为,学前教育的标准化评估有可能造成教师应对"应试教育"的压力,扭曲课程,偏离强健体魄的、探索性、游戏化、创造性和知识性的经验,而研究表明这些经验对学前儿童是有益的。

尽管有这样的担忧,学校、政府和地方当局仍然在使用和要求进行总结性评估,其原因源于以下需要:

- 基于标准确定学生的成绩水平;
- 对学校和教师进行问责;
- 评估全国各地学前教育的质量。

亚历山大在《剑桥评论》(Cambridge Review,2010)中同意,成绩可以通过考试或总结性评估来获得,但他质疑这种信息是否能提供足够的数据来指导问责制,或实现学前教育的标准化。

对教师来说评估的目的与价值

正如第13章所述,我们相信总结性评估和形成性评估都能满足学前教育工作者的一系列不同目的,还主张根据既定的学前教育实践,所有的评估都是从观察开始的,在观察儿童参与游戏的过程中,教师处于一种特殊的位置,可以洞察儿童世界的奥妙(Nutbrown,2006)。正如英国教育部所说:

观察评估是准确了解儿童发展与学习情况的最可靠方式。当儿童所展示的成就不依赖于成人的公开支持的情况下,这一点尤其正确。观察评估是了解儿童真正知道什么和能够做什么的核心。(Department for Education,2019,p. 11)

正如我们所重申的,这些观察支持有效的教育计划(见第10章)。观察展现了发生的事件,但教师需要解释和分析这些行为可能意味着什么(Drummond,2003)。

儿童的能力和教师对他们的看法都有多种意义,因此反思在"使多种意义可见和……考虑主观性"方面起着关键作用（Karlsdóttir & Garðarsdóttir，2010，p. 264）。除了分析环境如何影响儿童的行为外，这种反思还需要个人以及与其他人一起进行，如家长、同事、其他专业人员和儿童（Fook，2010）。对这些因素的思考和分析被称为评价性评估，它是对儿童的全面评估。由此产生的对儿童的看法可以被用作信息性评估，因为它为计划提供了反馈（见表14.2），并且以一种有吸引力的方式确保儿童在学习中获得支持。

表14.2　对教师来说评估的目的与价值

"学习曲线"（The Learning Curve）是一个整理、总结和分析关于学校系统表现的国际数据的项目。该项目由英国的培生集团（Pearson）资助，并利用了经济学人智库（Economist Intelligence Unit）的专业知识。培生集团的首席教育顾问迈克尔·巴伯（Michael Barber）解释说：

在过去的10年里，国际教育系统的标准化评估已经变得越来越普遍。更重要的是，它在制定地方、区域和国家层面的教育政策方面变得越来越重要。随着国际学生能力评估计划（Programme for International Student Assessment，PISA）和国际数学与科学教育成就趋势调查（Trends in International Mathematics and Science Study，TIMSS）的研究越来越复杂和纵向发展，人们对成功的教育系统是什么样子的以及如何实现成功有了更多的了解。

在早期的国际基准评估中，教育部部长和其他领导人往往更担心对媒体的影响而不是对政策的影响。现在，我们可以看到世界各地的教育部部长和高级官员之间就国际基准评估的证据及其对教育改革的影响进行持续对话。

2014年11月的学习曲线报告称，英国的教育系统总体上在世界排名第六，在欧洲排名第二（与2012年的位置相同）。

韩国的教育系统表现最好，其次是日本、新加坡、中国香港、芬兰（2012年排名第一），然后是英国。高于平均水平的一组包括加拿大、荷兰、爱尔兰和波兰，中等排名的一组包括德国、俄罗斯（比2012年上升了7个名次）、美国、新西兰（比2012年下降了8个名次）和法国。2014年的最低组包括巴西、墨西哥和印度尼西亚。

学习曲线告诫人们不要得出过于简单的结论，但总结了以下与教育和生活技能有关的六个经验。

1. 在过去的10年中，发达国家的经济增长约有一半源于技能的提高。
2. 仅有"基本技能"是不够的——与社会交往密切相关的能力也非常重要。
3. 在儿童时期学习技能比在成人时期学习技能要有效得多。但如果不经常使用，技能会在成年后退化。
4. 终身学习（即使是简单的阅读）有助于减缓与年龄有关的技能退化速度，但主要针对有很高技能的人。教导成人对于弥补糟糕的学校系统的不足之处作用不大。
5. 技术可能有帮助，但不是万能的，而且它本身对帮助个人发展新技能没有什么作用。
6. 如果不具备基本的算术和读写能力，那么为培养21世纪技能的教育和技术投资就没有意义。

对教师来说，评估的另一个目的是支持与家长的联系。分享观察结果有助于开启教师与家长的对话，教师也可以邀请家长分享他们的观察结果，如果教师要全面了解儿童，那么这一点是至关重要的。家长参与所有评估，特别是诊断性评估，对于家园合作中的尊重和信任至关重要。

虽然到目前为止讨论的重点是形成性评估的好处，但总结性评估也可以为学前教育工作者服务。通过从档案和测查分数中收集数据，学前教育机构、学校和地方当局可以确定大量儿童的表现。这些信息可能会突显儿童未达到预期要求的领域，因此可以指出教师未来需要继续培训的领域，或如何重新分配资源。

案例研究 14.2　认识到教师理解上的差距

学习宝贝幼儿园（Precious Learners preschool）的主任法蒂玛担心，教师数学能力的差距可能会影响儿童的进步。因此，她决定使用早期课程研究方法，详细地了解儿童在教室中如何学习早期教育阶段的计数。法蒂玛要求团队中的两位教师为儿童提供计数的机会。教师创设了一个学习区域，里面有很多有趣的物体可以用来分类和分组，包括带有数字1~5的卡片。法蒂玛要求教师观察一群儿童是如何玩这些材料的。经评估，这些儿童在数字概念方面没有取得预期的进步。

教师很快就发现儿童不知道如何使用这些材料。一个儿童想用小人偶布置假想游戏的场景，另一个儿童拿起印有"2"的数字卡，说"那是我的生日"。当教师试图将儿童的注意力集中在计数上时，他们发现儿童一直在分心，想要拿不同的材料来玩。

一个叫贾丝明的儿童拿起3块闪亮的石头，并仔细地将它们排成一排。一位教师问她："你有多少块石头？"贾丝明回答说："3块。"然后教师说"让我们数一数"，并拿着儿童的手指点数"1、2、3"。

法蒂玛在一天结束时带领团队进行讨论。她指出，儿童有很多不同的事情可以选择去做，以至于他们分散了注意力，无法达成主要的学习目标——计数。她建议将计数更自然地融入儿童的游戏中，引发他们对计数的需要，这意味着儿童会更有动力，更不会被周围发生的一切干扰。她建议，可以利用娃娃家桌子的底板（上面有四个盘子的位置）创造有意义的学习机会，儿童可以在游戏或整理时间学习计数,如在摆桌子时可以问"有多少玩偶可以参加茶会?"法蒂玛还指出,由于贾丝明已经可以目测数到3,但教师坚持让她重新点数石头,这使她后退了一步。虽然点数在支持儿童的计数能力方面很重要,但教师在要求贾丝明重新数之前怀疑石头的数量,这会削弱儿童对自己已经会做的事情的信心,并可能导致她早期的数学思维退化。

最后,团队成员一致认为,他们将从关于早期数字概念的专业学习中受益,因此安排了一次与数学教育专家的会谈。

反思活动 14.2

目的:思考你所在机构对于评估的使用。

证据与反思:回顾你的评估过程,判断哪些是形成性的,哪些是总结性的(如果有)。思考它们的目的和使用方法,特别是它们是否被用来:

- 提供所有儿童的概况;
- 确定特定儿童的需求;
- 识别哪些儿童还没有完成任务;
- 作为审查的一部分,例如,评估平等问题。

拓展:思考这些评估方法是否符合目的——它们是否提供了你所需要的信息,这些信息是否对教师、儿童和家庭以及地方当局和政府机构有用。在阅读和思考之后,考虑这些评估中是否有任何一项可以通过调整得以改善。

研究总结 14.1 基础阶段总结:防止贫困儿童成为贫困成人

简介

弗兰克·菲尔德(Frank Field)于2010年6月受英国首相委托,对贫困和生活机会进行独立审查。审查提出的问题是"如何防止贫困儿童成为贫困成人",结论是,如果要真正改变儿童成年后的生活机会,那么英国需要以一种截然不同的方式解决儿童贫困问题。该审查报告称,有大量证据表明，儿童的生活机会在很大程度上取决于生命最初几年的发展。对儿童来说，家庭背景、父母教育、良好的养育方式以及在关键时期的学习与发展机会比金钱更重要，这些因素决定了他们的潜力能否在成年后得到发挥。最重要的是母亲孕期的身心健康、母亲与儿童的安全关系、父母的爱和回应、明确的界限，以及孩子的认知、语言、社会和情感发展的机会。良好的服务也很重要：保健服务、儿童中心和高质量的儿童保育。帮助表现不佳儿童的后期干预措施可能是有效的，但一般来说，帮助和支持年轻家庭的最有效和最经济的方式是在生命的最初几年就开始行动。

建议

审查报告建议，国家和地方政府应更加重视生命最早的几年，即从怀孕到 5 岁。报告采用了"基础阶段"这一术语，为了提高公众对婴幼儿发展的认识，以及这一关键时期儿童健康成长的重要性的认识；明确儿童和家长在早期教育阶段所需的诸多支持；在公众心目中确立基础阶段与小学和中学阶段的同等地位和重要性；并确保近几年的儿童发展和服务得到充分理解。

该报告建议政府逐步将资金转移到学前教育阶段，随着有效规划的证据基础逐渐形成，这些资金应倾斜于最弱势的儿童。2010 年支出审查中引入的"公平溢价"应该从怀孕开始。

政府应从现在开始制定一项长期战略，通过缩小贫困儿童和富裕儿童在基础阶段的成果差距，增加贫困儿童的生活机会。这将被证明是解决不平等现象的最划算的方法。

该战略应包括一项承诺，即所有处境不利儿童从 2 岁起就应获得负担得起的全日制、有大学毕业生主导的托幼服务。地方当局应汇集数据，查找其所在地区最需要支持的儿童，了解最贫困的儿童在哪里，以及他们的服务如何影响这些儿童，并开展具有强大证据基础的服务。

进一步思考

- 就确保儿童在学前教育阶段尽可能有一个好的开端而言，你的角色是什么？你是否在工作或学前教育机构中支持处境不利的儿童？
- 你如何倡导高质量的学前教育，并帮助他人了解学前教育阶段对儿童未来发展的重要性？

对家长来说评估的目的与价值

父母、照护者和家人希望了解到，儿童在教育系统中是快乐的、安定的和有所进步的。家长期望得到的信息性质和程度因家长而异，与社会地位和文化期望、家庭文化、社会和每个政府的政治议程密切相关。除了使用形成性评估和总结性评估为家园互动提供信息外，这些信息还可以用来支持建立和巩固家长—教师伙伴关系。正如前几章所述，由于家长是儿童的第一任教师，所以他们对儿童的兴趣、能力和学习品质有第一手的了解，也是教师的宝贵信息来源。如何掌握这些信息于教师而言可能是个挑战。许多学前教育机构有"兴趣表"，请父母/照护者记录他们的孩子在家里喜欢什么或参与了什么；一些机构认识到父母并不一定有足够的时间参与，所以提供一个白板让父母涂鸦记录，而有些机构使用家园沟通本和照片。

反思活动 14.3

目的：反思你所在的机构是否将来自家长的信息作为评估过程的一部分？你们如何做？

证据与反思：额外花一些时间审查你的评估过程，这次是关于你与家长的关系以及你如何分享信息，思考一下：

- 你与家长沟通的方法；
- 这些方法对所有家长都有效吗？有家长被排除在外吗？
- 收集的信息是否有用；
- 如何使用这些信息支持儿童在学前教育机构内外的发展。

拓展：与同事或同行讨论你的反思。思考是否有其他的沟通方式可以尝试，特别是如果你觉得与某些家长的沟通很少时。与家长讨论他们希望分享儿童信息的方式。

通过与家长进行信息共享，学前教育机构中的教师和家长可以互相分享儿童的具体情况，因此双方都有可能从中获益，深入了解如何在儿童的下一阶段学习中提供最佳支持。这对于向家长展示你重视儿童这个独特的个体及其对学前教育机构的宝贵贡献尤为重要。

对儿童来说评估的目的与价值

我们很可能会认为，评估对儿童没有价值，它代表了对儿童生活的侵犯。然而，正如我们已经在前一章并将继续在本章所论述的那样，评估十分重要。此外，它是以一种支持性而非禁止性的方式进行的。因此，评估的目的应该是形成儿童愉快的学习活动的一部分，或者应该是独立的，提供有用的信息来支持儿童的学习，不影响他们的活动。在任何情况下，都应该仔细思考评估，不要让儿童觉得自己是失败的，相反，要让他们觉得自己的努力和兴趣得到了尊重与关注。

行动中的评估

正如我们所注意到的，有关儿童学习的证据是通过各种来源和各种方式收集的。我们已经讨论了从家长、同事、其他专业人员和儿童那里收集信息的必要性，并注意到需要对这些信息进行反思和分析。正如前文所述，学前教育的所有评估都应该从观察开始。观察可以有多种形式：有些是有计划的，而且是在相对较长的时间内进行的，与那些类似快照的观察相比，后者往往是自发的。我们建议结合以上两种观察形式，以确定学习的模式（Nutbrown，2006）。长期观察的例子如下。

有目的的观察或叙述性观察：观察一个特定的儿童或事件，并逐字记录所发生的事情，不做判断或分析。

时间取样观察：在一定时期内定期观察儿童，以确定其行为模式（可在一天、一周或一个月内进行）。

追踪观察：记录儿童在事先确定的一个阶段内的行动（揭示兴趣、注意力集中程度、互动情况）。

频率取样观察：观察和记录每次发生的特定行为/事件（何时、何地、多长时间发生一次，可能的触发因素有哪些）。如果儿童存在行为管理问题，那么这种类型的观察特别有用。

> **专家问题**
>
> *发展*：形成性反馈和支持是否能够使儿童反思自己的成就？
>
> 这个问题有助于建立一个概念框架，以展现长期存在的问题和教师的专业知识（见第16章）。

快照观察的例子如下。

照片：记录一个行为或活动的瞬间。

作品取样：记录一种技能或经验，例如，对儿童一次访问的表述进行标记。

地图：捕捉环境的快照；这对于理解社会群体或儿童正在进行的活动很有用。

教师笔记：记录某一特定时间点的行为、行动或成就。

德拉蒙德（2003）指出了观察的三个阶段，如图 14.1 所示。

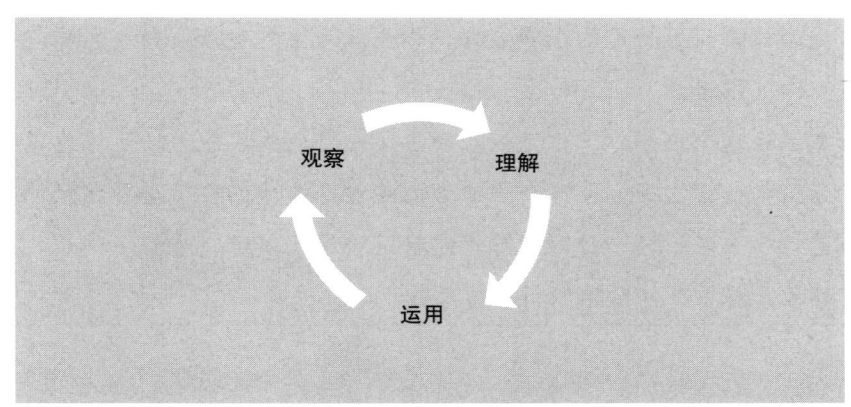

图 14.1　观察过程的三个周期性阶段

这个过程呼应了第 13 章所述的教学/计划周期，是回应式教学和学习评估的组成部分。评估时，这些方面的观察是值得思考的。

观看

教师可以通过多种方式观看儿童正在做什么、展示了什么、分享什么和努力实现什么。教师可以采用前文提到的不同类型的观察，也可以使用一些用于帮助教师捕捉信息的工具。这些工具都是经过测试的，因此当你想测查特定的事情时，它们可以为你提供很大的支持。现有的工具，如第 7 章中莱弗斯（2005）的情绪健康和参与量表。其他可以支持和帮助观察的量表有测量质量的工具，如幼儿学习环境评量表（Early Childhood Environment Rating Scale，ECERS-E，Harms，Clifford，& Cryer，2014）；婴幼儿环境评定量表（Infant Toddler Environmental Rating Scale，ITERS-3，Harms，Cryer，& Clifford，2017）、持续性共享思维与情绪健康量表以及运动环境评分表（Movement Environment Rating Scale，MOVERS，Archer & Siraj，2017）。

观察必须以开放的心态进行，教师要注意自己的想法、经验和兴趣。有充分的研究证据表明，在进行观察时，人们往往会看到自己正在寻找的东西，有时会忽略其他正在发生的事情（参见 Willan）。

> **反思活动** 14.4
>
> **目的**：反思观察的准确性。
>
> **证据与反思**：想一想你在观察技能方面学到了什么？你是否正确回答了问题？这是否让你反思自己的观察方式，你先入为主的观点会如何影响你所看到的东西？你可能错过了什么？
>
> **拓展**：在这个任务中，你可能表现出了出色的观察能力，也许你以前也观察过。无论如何，它提出了一个强有力的观点，即我们往往会看到我们在这个世界上寻找的东西。请一位同事与你同时对一个区域进行观察。稍后，比较一下观察结果，看看有什么相似和不同之处。

理解

观察后，需要对信息进行解释。当我们能从收集的信息中了解到儿童的理解能力、兴趣和学习品质时，观察就变得有用。约翰·杜威指出，"仅仅观察是不够的，我们必须了解我们所看到、听到和触摸到的东西的意义，这种意义包括对所见事物发挥作用时将产生的后果"（1938，p. 68；参见 Carr & Claxton）。如果不对观察结果进行审查或分析，它们的价值就会降低。这往往是一项复杂的任务，教师需要结合观察情况，并根据他们的解读、有关问题儿童和儿童发展的知识、与家长的讨论、与儿童的讨论以及与其他专业人员的讨论来审查这些信息，提供专业的意见。特别是在进行有特定目的的观察中，例如，观察儿童如何与他人互动或使用特定的量表，也会有关于如何分析数据、解释数据、赋予事件意义的提示和信息。并非每次观察都要查阅所有这些资料（没有那么多时间），但是当对儿童进行整体评价或理解某一特定需求或技能时，就需要查阅所有这些资料，以实现本章开头指出的理想的全局观点。仅仅认为看到了某种行为是不够的，要进行解释，就必须考虑是什么、为什么和怎么做。你可能会思考以下问题：

- 儿童展现出了哪些技能？
- 儿童对什么感兴趣？
- 儿童在探索什么概念？
- 是否有因素影响了所观察的内容？（例如，观察的行为发生在英格兰南部的一

个雪天，对学前班的观察分析表明这不是一个典型的日子，也没有记录典型的行为）

- 这与以前观察中所收集的数据相比，有何不同？
- 我是否需要与其他人——专业人员或家长讨论我的发现？

使用和分享

在分析和解释所收集的信息后，必须以某种方式加以利用（参见 Emilson & Pramling Samuelsson）。这可能包括：更新儿童的记录、文档或学习日志；与家长协商；计划采取哪些活动、策略和方法来推动进展（见第 10 章）；是否需要进行进一步的观察或征求其他意见。

评估可能会发现教师或家长的担忧，并确定是否有必要进行诊断性评估。这种评估由某个特定领域的专家进行，例如，言语治疗师、教育心理学家和听力障碍专家。专业服务机构拥有大量的策略——形成性和总结性的评估工具——来支持诊断并支持儿童及其家庭的计划。他们可以成为教师的重要支持来源，有时可以帮助解决儿童发展迟缓、残疾问题，或者消除恐惧，并提供适合活动的建议。在这个过程中，家长必须始终是合作伙伴。

这个过程的核心是理解"负责任的教学法能使每个儿童充分展现自己的学习。它通过使用评估信息来为每个儿童规划相关的学习活动，并激励儿童的学习。只有当儿童有机会在一系列环境中展示他们的理解、学习和发展时，才能进行有效的评估"（Department for Education，2019，p. 11）。

结　语

对教师来说，了解什么是评估以及评估的目的很重要。评估结果可以使儿童和家庭受益，我们用它来更好地了解儿童并制订计划。评估不仅仅是一种技能，还应该成为教师工作的重点。正如皮科克（2016，p. 82）所说，"从早期阶段开始……当儿童被给予时间和空间来表达想法，并参与持续的自我评估过程中时，他们会很高兴"。积极的学前教育工作者的作用之一是创造一种文化,支持儿童的发展与学习,让他们成为自信、好奇的学习者,对自己的学习和接下来可能的方向进行思考。作为学前教育工作者,我们必须明确评估的内容以及如何评估。毕竟,教师有责任进行评估,他们有与儿童及其家庭开展日常工作的经验,因此可以对评估结果的适用性做出详细、明智的评论。与课程一样,我们有机会这样做。第 17 章提供了更多信息,说明我们可以通过哪些方式确保自己的声音被听到。

第 15 章

全纳——如何创造学习机会

引　言

本章将探讨全纳、全纳教学法以及全纳教育实践的效果。即使儿童的个性、家庭背景有所不同,我们也认为全纳教育有益于所有儿童的发展。出于道德的角度,我们有责任意识到这些问题,并应该为儿童提供适宜的支持。作为学前教师,应认识到,我们关注的保教对象不仅仅是当下站在我们眼前的儿童,他们会成长为少年甚至是成人。因此,我们必须思考儿童的未来和终身发展。另外,我们也有必要意识到,在某些方面全纳是多重的,有些儿童在不同的方面存在差异,而且全纳也没有好坏之分,因为全纳的不同方面并不存在价值上的差异。对儿童来说,它们只是发展的不同方面,对成人来说,它们只是多样的教学经验而已。

本章由三小节组成。第一节简要探讨差异的不同方面,这可以让我们知道如何看待他人和自身,更清醒地认识到人类的多样性,以及全纳可以做些什么。第二节探讨全纳教育的实践方法和过程以及帮助儿童接纳人类的多样性。教学的过程和教育的结果都具有包容性,第二节将利用学前教育和小学(低年级)教育的例子来说明我们面临的关键问题和挑战。第三节关注全纳教育实践的重要性,探讨全纳教育支持儿童发挥潜能并实现其终身发展的方法。

本章基于以下两条关键假设:

- 所有儿童都具有学习能力;
- 多样性的存在是合理的,并且应该被欣然接受。

这些假设植根于对社会公正和平等的全球性持续关注,并且已经载入相关的法律政策之中。1948年,《世界人权宣言》(Universal Declaration of Human Rights)第26条指出:"应该促进各国、各种族和各宗教团体之间的理解、包容和友谊。"50多年后,《萨拉曼卡宣言》(Salamanca Statement,UNESCO[1],1994,p. 2)指出,建设"以全纳为目标的学校是消除歧视,创造友好社区,构建包容型社会,实现全民教育的最有效途径"。作为该宣言的签署国,英国将其纳入有关全纳和人权的国家立法中。弗洛里安(Florian,2007,p. 8)论述了如何将全纳教育理解为"人权和实现人权的途径"。

有效教与学的原则

以下原则与本章所阐述的社会差异、机会和全纳尤其相关。

原则 1：有效教与学使学习者在最广泛的意义上终身受益。学习的目的应该是帮助人们开发智力、个人和社会方面的资源,从而成长为积极的公民,为经济发展做出贡献,并在多样化和不断变化的社会中茁壮成长。这意味着要广义地看待学习成果,并认真对待平等和社会公正问题。

原则 7：有效教与学促进个体和社会的过程和结果。学习是一种社会活动。应该鼓励和帮助学习者与他人合作,分享想法,共同建构知识。向学习者了解他们的学习情况并给予他们发言权,这既是一种期望,又是一种权利。

原则 8：有效教与学重视非正式学习的重要性。非正式学习(如校外学习)至少应该被认为与正式学习同等重要。因此,非正式学习应该在正式的教育过程中得到适当的重视和使用。

---

[1] 联合国教育、科学及文化组织,英文全称为"United Nations Educational, Scientific and Cultural Organization"。——译者注

差异的不同方面

"每个人都不一样。"这是我们耳熟能详的一句话。然而，我们生活在一个对差异有着不同接受度的社会之中。差异体现在很多方面，本章探讨的差异是英国教育中存在影响的差异类别，如社会阶层、种族、性别、性取向、年龄、健康状况及能力。

当与儿童相处时，学前教师会发现学习者的差异可能受到诸多方面的影响，如原生家庭以及被理解和看待的方式。在保教的过程中，学前教师必须意识到与家长和照护者构建关系的重要性（见第14章和第15章）。教师也需要反思自己对持有不同教养方式和生活方式的他人的态度。在与家长和照护者沟通时，教师不应该以己度人，而应抱有互相尊重的态度与他们进行协商。

社会阶层

财富、收入以及物质机会的不平等显著地影响了个体的人生际遇（Feinstein et al., 2008；也见第2章）。贫穷有很多定义，大量数据统计了生活在贫穷中的人口数量，英国的独立组织社会计量委员会（Social Metrics Commission, 2019, pp. 5—6）报告：2018年英国有460万儿童生活在贫困中，其中260万儿童生活在长期贫困中。贫困是英国政府面临的一个重要问题。

并非所有的阶级定义都基于收入、财富或者经济资本，有些更注重地位和受教育水平。有学者提出"文化资本"（Bourdieu & Passeron, 1977）和"社会资本"（Coleman, 1988）的概念来描述"上流社会"家庭内部社会化可能提供的知识、态度和经验，这些知识、态度和经验补充了物质财富。关于教育不公平，他们还提出一个重要的观点：相较于那些缺乏足够社会和文化资本的同龄人，拥有富足社会和文化资本的人容易获得更好的教育。举例来说，家长可以通过有效利用经济、文化、社会和情感资本帮助自己的孩子进入优质的学前教育机构或者学校，也能够支持自己的孩子进行访学，或者在家中购置教育玩具和材料。除此之外，这样的家长也能够在保育服务上具有更多的选择，他们既可以选择利用工作时间去照顾孩子，又能够兼职照顾孩子。这反映了"社会复制"的过程，上一代期望把自己的社会地位传递给下一代（例如，Connell et al., 1982）。需要注意的是，将文化资本视为纯粹的知识基础并不能减弱社会阶级带来的负面影响。而且，将知识体的获得作为取得优势的关键是极具误导性的想法。芭布拉·布莱曼（Barbra Bleiman，2019）提出了这样的观点，并批判性地审视了迈克尔·戈夫（Michael Gove，2013）任职英国教育部部长时的演讲。他说：

你会发现，儿童运用传统的语音方法学习阅读、背诵乘法表和诗歌、严格地遵循语法和拼写的规范、正统地学习英国历史，就会进入像伊顿和威斯敏斯特这样的学校，无缝衔接地从中世纪修道院进入权力的中心。

提到"文化资本"时，我们需要问自己一个问题——"谁的文化？"正如戈夫在演讲中提到的，一种文化会受到特定群体的推崇。教师在鼓励包容性的同时还要意识到，儿童会汇集各种各样的文化资本并且意识到它们各自的价值。

因此，我们面临的挑战是，一方面了解特定的儿童在经济、社会和文化方面的优势和不足，另一方面肯定和利用家庭与社区内的不同背景和文化资源。

当我们开始思考包容性和它所带来的后果时，我们就能成为反思型教师。我们必须考虑到儿童获得了什么样的支持，哪些儿童能够获得学前教育机构的支持，以及学前教育机构是否确实具有包容性并可以使所有人都感受到友好的氛围。员工分布平衡吗？是否因为总是以同样的方式发布招聘广告而错过了就社会阶层而言多样化的教师？

值得注意的是，虽然贫困是一个非常现实的问题，但仍然有一些没有获得良好社会和文化资本的儿童在接受教育的过程中茁壮成长（Sirah-Blatchford，2010）。

种族

提到"种族"往往会令人想到血统、遗产、宗教、文化、国籍、语言等词语。严格来说，我们每个人都是有种族归属的。全球化和日益变化的移民模式让"种族是一成不变的"这一观点受到前所未有的挑战。文化、社会结构以及历史发展的不同，会对人们的经历产生很大的影响，进而导致种族之间的差异。种族或少数种族的定义通常包含一系列的要素，如人种、肤色、国家起源和语言（如英国白人）等。了解当前的社会和经济趋势时，也往往会参照与种族有关的问题。

英国人口越来越明显地呈现出民族多样化的特征。阿利布海-布朗（Alibhai-Brown，2000）声称，无论是过去还是现在，英国都应该以某种方法对待贡献程度不同的各种文化和群体，包括那些富有或贫穷的白人，他们也有一种被现代社会的主流排斥的感觉，也许含有种族主义（参见 Gay，2010）。

"种族主义"是指根据种族身份影响人们生活的社会过程。种族主义在英国有着悠久的历史，这可以追溯到帝国主义时期甚至更久远，它已经根植于社会话语和社会结构之中。吉尔博恩（Gillborn，2006）基于批判种族理论对英国的研究进行了分析，用他的话说，这是"对教育系统的种族主义本质的一种谴责"。这种偏见可能会因长期发展的社会、文化、法律和政治结构而进一步扩大。我们可以在幼儿阶段减少这种偏见，鼓励他们欣然接纳多样性，以及我们作为独特的个体所能提供的一切，也许能够在一定程度上改变未来。

同样，与社会阶级一样，反思型教师不能假定只有那些特定种族、人种或文化的儿童才有特定的特征或面临特定的挑战。所有儿童都是独一无二的，所有家庭都是独一无二的。这种认知的作用是了解社会背景，并确保我们不会在有意或无意中助长长期存在的不平等现象。

性别

对两性差异的接纳有着公认的科学基础，例如，生育过程中就存在性别差异。然而，"性别"描述的是社会定义的性别角色，而不是生理上的性别区别。的确，男性气质和女性气质并非固有的生物学特性，而是社会建构的产物。它们产生于社会过程，并影响着社会过程（Money，1985）。

"性别歧视"是一种社会力量的运动，通过这种力量，一种性别成员比另一种性别成员更具优势。"父权制"一词用来描述男性的优势和特权。歧视模式促使我们开始思考学校生活如何影响社会化的过程等问题，例如，在过去的20年里，研究人员探讨女孩在学校的表现往往比男孩好的原因（Younger et al，2005；Warrington et al.，2006）。其中有研究表明，这种情况从学龄前就已经开始了（Miller et al.，2009）。这一类的研究假设，既然这种情况是可以避免的，那么我们可以改变这种情况产生的潜在过程（Murphy，2001）。这是一项复杂的任务，因为我们不应该为了改善一个群体的经验、成就而故意让另一个群体处于不利的境地。

性和性别

我们需要明确：在与儿童谈论性和性别探究时，我们并不是在谈论性行为。在这么小的年纪探索性，与性行为无关，而与探索的途径有关：

性别化的方式不受限制，对女孩、男孩和他们的教师来说充满了可能性……它们

不是静态的或固定的,而是一种有关持续协商的意义与关系的表达。(MacNaughton,2000,p.3)

英国早期基础阶段教育课程不强调性别,更多地使用"多样性"一词。阿德里尼和韦林(Adriany & Warin,2014)揭示了流于表面的多样性和明显加大性别差异的实践之间的鲜明矛盾。相比之下,瑞典的课程设立了明确目标以挑战性别刻板印象。

有些儿童对某些性别角色感到不舒服,可能因为他们是跨性别者。其他人感到不舒服,可能仅仅是因为他们想表现得与众不同。幼儿可能也在寻找表达他们独立性的方法。这些方法并没有优劣之分。成为男孩或女孩有很多不同的方式,在这个年龄段,儿童正在探索性别角色之间的异同。作为教师,我们要支持他们,并确保他们不会表现出性别的刻板特征,或者因为我们的期望和实践而使儿童觉得必须以特定的方式行事。

超越性别二元对立的思考和实践是困难的,因为它根深蒂固并且影响着我们所有的社会交往。学前教育为教师提供了挑战性别刻板印象、质疑性别二元对立的丰富机会,其中,性别二元对立是性别本质主义的持久话语。从广义上来说,学前教育和小学教育可能成为指引性别敏感性和性别意识形成的潜在力量。

学前教育需要开始讨论性别问题,其原因有很多:

- 儿童不愿意遵守性别一致性的规定——我们可以在他们自发地游戏和使用资源的方式中发现这一点;
- 具有支持性的学前教育和小学教育环境有助于日后可能出现的性别差异;
- 所有儿童都能从成人充满同情心和鼓励的回应中受益,因为这有助于打破僵化的性别二元对立;
- 思维灵活的儿童未来更有可能包容一切。

这些讨论和积极的环境不仅能够为儿童提供支持,还可以为父母、照护者和工作人员提供支持。

没有哪个领域比学前教育更容易引发人们对性别探索的质疑和担忧。从传统来看,童年被认为应远离成人的忧虑。童年的天真无邪与"艰深知识"作为两个相对的概念(Britzman,1998)是社会中根深蒂固的思想。然而,天真无邪的观念也让儿童无法获得有益于他们成长和发展的知识。一个人如果觉得自己不"适应"身上被赋予的角色和期望，那么在以后的生活中便会出现一些严重的问题。作为反思型教师，我们必须意识到这一点，并确保我们的行为不会导致这些问题。

年龄

《世界儿童权利宣言》（Universal Declaration of Children's Rights）明确了一项原则——儿童和年轻人不应该因为年龄而受到歧视。确实，今天我们提倡儿童是完整的个体，不应被视为不完整或者没有能力的个体。儿童哲学、历史、心理学和社会学研究反复验证了成人是如何安排、忽视或者限制儿童的观点、活动和权利的（Archard & MacLeod，2002；James & James，2004；Johnson，Hart，& Colwell，2014）。

英国和美国学校教育中的一个方面受到特别的关注，即出生日期与入学时间的偶然联系，使得整个小学和中学阶段的学业成就因年龄差异而受到影响（Crawford，Dearden，& Maghir，2007）。尤其是当不成熟被误解为能力不足时，那些在同龄人中年龄较小的儿童可能会处于不利地位，他们往往被排斥在外。过去，学前教师曾因为错误地坚持皮亚杰的"发展阶段"理论而被指责限制了儿童的教育（Walkerdine，1984）。确实，仍然存在一种风险，课程中对进步或成就的线性假设可能有类似的限制效果（Hart et al., 2004）。因此，学前教师必须继续将儿童视为独一无二的个体，并尽可能地支持他们过渡到学校。此外，就年龄问题而言，学前教育机构的儿童在"教室"或者"小组"之间过渡的精确年龄也可能是不合适的。我们如果相信儿童有不同的进步速度，就必须以最适合他们的需求的方式来提供帮助，也需要支持儿童，让他们从生命的早期开始表达自己的需求，这需要教师富有创造性和灵活的思维。

外表

人们发现，无论是我们对自己的期望，还是他人对我们的反应，外表和外表的吸引力对我们的身份、行为和经验都具有重要影响。20世纪六七十年代的社会和心理研究关注教师对学生的期望。研究结果表明，儿童的吸引力与教师对他们的期望、父母对他们在教育上的投入程度、他们在学校可能得到的发展以及在同龄人中的受欢迎程度等方面显著相关（Clifford & Walster，1973；Seligman，Tucker，& Lambert，1972）。

瓦卡科（Wakako，2013）的一项研究发现，5岁儿童会根据他人与自己的相似程度来选择朋友，其中包括他人与自己外表的相似程度。这意味着儿童会远离那些因种族、性别、残疾或其他原因而看起来与自己不同的同龄人。

第 2 章探讨了与身体残疾相关的问题，它会让人被贴上无能力的标签（Thomas & Loxley）。这一观点对于我们如何看待学前教育机构中的全纳至关重要，即消除障碍并确保儿童被接纳。《儿童法案》（1989）规定：

如果儿童盲、聋、哑或患有任何类型的精神障碍，或由于疾病、伤害、先天畸形或规定的其他残疾而严重且永久残疾，那么该儿童为残疾儿童。

虽然情况不尽相同，但除了身体上的残疾，特殊教育需求（Special Education Needs）经常与缺陷放在一起探讨（Laisidou）。1996 年的《教育法》规定：

如果学习困难的儿童有特殊教育需求，他们就需要得到特殊的教育支持。以下儿童有学习困难，如果他们：

- 比大多数同龄儿童的学习过程要明显困难得多；
- 患有残疾，这导致他们无法或者只能一定程度地利用当地教育主管部门为学校中同龄儿童提供的设施等教育资源；
- 在上述定义范围内但未达到义务教育年龄，或者因为没有为他们提供的特殊教育而无法接受义务教育。

不能仅仅因为儿童的母语与学校教育使用的语言不同就把他们视为学习困难者。**特殊教育是指**：

- 就 2 岁或 2 岁以上儿童而言，以当地教育局为学校中同龄儿童提供的教育为基础，而不是在当地设立的特殊学校；
- 就 2 岁以下的儿童而言，所提供的任何形式的教育。（Section 312，Education Act，1996）

当你反思自身的教育实践以及为儿童提供的教育时，可参考以上定义。可能你刚好遇到一个正在接受特殊教育需求和残疾评估的儿童，或者一位还没有意识到自己的孩子有特殊教育需求的家长。通过系统的诊断和支持，学前教师将帮助儿童及其家人生活得更好。在帮助他们积极应对所有诊断并制订未来计划的过程中，学前教师扮演着重要角色。

研究总结 15.1　全纳理论与实践的启示

本文呈现的是一项质性研究的结论。这一研究是早期教育与发展研究的一部分，探讨了 3—4 岁有特殊教育需求和残疾（special educational needs and disabilities，SEND）儿童的经验。

该研究采用质性方法探究有特殊教育需求和残疾的儿童在家庭中的经验，其中也涉及他们入学后的经验。这是一个小样本的案例研究，研究对象为 16 个有特殊教育需求和残疾的儿童家长及为他们提供教育的机构。

有关特殊教育需求和残疾的儿童和学前教育经历之间关系的现有研究表明，学前教育对有特殊教育需求和残疾风险的儿童认知发展（包括言语和非言语技能）会产生积极的影响（Sammons et al.，2004）。学前教育有效准备研究项目也表明，接受学前教育的时间越长，认知水平提升越明显，在学龄前至 6 岁期间有特殊教育需求的风险越低（Sylva et al.，2004a）。

结论和建议

为有特殊教育需求和残疾的儿童提供服务的学前教育：家长和学前教育机构普遍认为当地已经为儿童提供了足够的教育机会，也为家长提供了获取相关信息的渠道。然而，仍有证据表明，关于有特殊教育需求和残疾的儿童的教育信息的获取还需要更便捷。

有特殊教育需求和残疾的儿童的辨识：所有学前教育都有识别有特殊教育需求和残疾的儿童的流程；它们大多以非正式观察和正式的监测程序相结合的方式进行。如果能够从地区特殊教育需求协调员（Special Educational Needs Coordinators，SENCOs）或其他机构获得支持和建议，辨识会更加有效。

家园沟通：家长和学前教师往往都认为沟通渠道是有效的，家长有足够的机会与教师沟通来探讨儿童的发展，可以正式或者非正式地提出自己的疑虑。尽管有参与的机会，但当涉及改善教育过程时，家长参与度往往不足。家长们解释说，这是因为他们相信学前教师知道对儿童来说什么才是最好的教育。

教育、卫生和保健计划[1]（Education，Health and Care Plan，EHC）的推出：人们普遍认为，这一计划是一项积极的发展。不过，一些学前教师依赖于其他为有特殊教育需求和残疾的儿童提供服务和支持的教育者，而这些帮助远远不能满足他们自身的需要。此外，这一计划还存在推进较为缓慢、增加行政负担等问题。

---

[1] 类似于我国的"医教结合"项目。——译者注

资源和资金：在充分满足有特殊教育需求和残疾的儿童的需要时面临的最大障碍来自资源的限制，其中包括经费的缺乏。此外，资金申请流程的复杂性、获得额外经费所需的等待时间以及资金是否充足都是需要解决的问题。

进一步思考

- 你为家长提供容易获取的相关信息了吗？
- 你为家长创造了分享信息及教育儿童的机会了吗？
- 如果在资助安排上存在困难，你向相关部门反馈这一情况了吗？

能力

对一些人来说，学习"易如反掌"，而对另一些人来说，在学校课堂上获取知识、观念、能力和态度的过程要难得多。心理学家、神经科学家和遗传学家研究个体在学习过程中的能力差异，发现这种能力对人的一生可能会产生非常显著的影响。大多数人对特定话题的兴趣各不相同，在学习一些与自身相关或感兴趣的内容时会感觉更容易一些。我们可以轻易地发现，社会阶层、种族或者性别等以上因素如何促进或限制特定类型的学习。有些儿童更容易表现出对阅读的兴趣，因为他们来自把阅读作为家庭生活中重要组成部分的家庭。有些儿童希望留在户外，也许他们更乐意帮助家人在花园里劳作或参加体育活动。社会、经济和文化环境往往会对教育效果产生影响。

学前教师在计划教育活动时有必要对儿童在学习过程中表现出的自信、气质、态度等方面的差异和变化进行思考。这个过程可以让学前教师有针对性地准备教育内容来满足儿童的兴趣和需要。实际上，学前教师很快就能够分辨出学习得"快"或"慢"的儿童，或介于两者之间不同速度的儿童。尽管这种思考有益于教师在教育实践过程中进行细微调整，但是它如果导致学前教师降低对一部分儿童的期望值，而对另一部分儿童的期望值过高，就会有潜在的风险（Hartet et al., 2004）。我们决不能以偏概全地以儿童不感兴趣的方面来判定其这一方面或其他方面的能力。

为什么这些因素如此重要？因为正是这些因素塑造了个体。它们反映了我们身处的社会。作为学前教师，我们需要创设多元化的环境并示范如何接纳和学习彼此差异的模式。学前教师的最大动力之一是这一年龄段的儿童有着最大的发展空间。我们要通过创造一个为儿童准备的世界来为儿童奠定基础,在这里他们能够拥有稳定的生活,获得适宜的能力,他们看重并接纳多样性,将它作为丰富生活的一部分。

需要

特殊或额外的需求和残疾有着许多不同的类别,或者说不同的情形,能获取特定的信息显得十分重要。幸运的是,有关这些问题的书籍在市面上有很多,也有许多网站可以为学前教师提供建议。有些是国家政府部门的门户网站,许多慈善机构和组织也通过它们的网站提供指导、建议和资料。

许多学校内外的成人都在为有特殊或额外教育需求的儿童提供帮助的过程中发挥着各自的作用,为学前教师提供宝贵的专业信息和建议。

本章的目的不在于深入探讨有关儿童和青少年的特殊或额外需求的立法。然而,在英国有两个值得关注的关键问题,因为它们目前正影响着与有特殊或额外需求的儿童和青年相关的立法。这两个关键问题如下:第一,增强父母/照护者在为儿童提供教育方面所发挥的作用;第二,持续关注以确保教育、卫生和社会服务的一致性。人们期待这两个关键问题得以完善,因为它们关乎儿童及其家庭在生活中的整体性。

反思活动 15.1

目的:反思全纳的含义。

证据与反思:请思考上文所述差异的不同方面。结合自己的教育实践,你可以从两个角度思考,哪一项与你所在的学前教育机构更相关,哪一项与你所在的学前教育机构没有那么大的关联?在你所在的学前教育机构中全纳意味着什么?当你思考以上因素时,你会通过什么方式确保儿童获得全纳教育?除此之外,你还能够做些什么?用"停下来,开始,继续"这三个词语思考你的教育实践:你想停下来的没有意义的教育实践;你可以开始实施的新计划;你正付诸实践但可能还需要继续拓展或稍做调整的行动。

案例研究 15.1　帮助不专心的一年级男生提升故事写作能力

学校：格拉夫顿小学（Grafton Primary School）是位于英国伦敦伊斯灵顿市中心的一所综合性学校，有 511 名年龄跨度为 2—11 岁的学生。在这些学生中，20% 是具有特殊教育需求和残疾的儿童，55% 学生的母语并非英语，59% 学生需要学生津贴资助。

想让学生学习的内容：我们想培养学生在写作中运用叙事的关键特征的能力，使用"为写而谈"（Talk for Writing）的方法聚焦于他们的兴趣。

研究的可行性：有研究文章建议，教师应将写作与男生的"身份标记"联系起来，与他们在校外的爱好和兴趣联系起来。

在研究课程中的发现

研究课程 1：在这节教育活动中，我们借助男孩的兴趣吸引他们，让他们的写作出于真实的目的。由此，我们提出了"为乐高公司创造一个新的乐高世界"的任务。然后，我们让儿童分组用乐高构建一个故事背景。我们发现，许多男孩缺乏想象力，缺少与小组同伴分享想法的自信心。有些男孩不会自然地在游戏中引入叙述，所以他们需要更多的机会来发展基本的想象游戏技能，然后才能开始编写故事。

研究课程 2：第 2 节课开始时，学生用"故事骰子"（Story Dice）中讲故事的关键特征（背景和人物）口头讲述一个故事。这一环节鼓励学生用讲故事的语言来表达，并与他人分享富有创造性的想法。然而我们发现，这一过程需要通过教师为学生进行明确的示范来帮助他们建立口头讲故事和书面故事之间的联系，进而支持他们生成并使用故事地图来创编乐高世界故事。

研究课程 3：这节课的目标是让儿童独立完成一篇创造性叙述。我们首先通过两个环节来强化叙述的基本语言特征和结构：（1）回想故事骰子；（2）用学生的想法写故事的开头（使用全班共享的写作技巧）。

这些活动表明，许多学生已经内化了他们在之前课程中所学到的经验，特别是讲故事的语言。所有学生都尽可能地想出一个富有创造性的故事，并与同伴进行口头分享。经过这次口语演习的准备阶段，所有男生在实际写作过程中都全神贯注且动力十足。大多数男孩的写作水平都比以前有所提高。

学生的收获：就学生的直接学习成果而言，他们全部取得了预期的或加速

> 的进步。
>
> **我们的收获**：当男孩有机会根据自己的兴趣写作时，他们表现出了更大的写作热情。学生们在一次采访中说，乐高故事背景让他们产生了许多构思故事的想法。

现在，我们通过为儿童提供有意义的写作背景，萌发想法的思考时间，谈论、表达和提炼想法的时间，并在计划写作活动时安排时间让无所事事的儿童根据自己的兴趣发挥，以及确保儿童理解且重视所学内容来改变教育实践。

实践与过程

对人类来说，得到平等的接纳对幸福和心理健康很重要，对一生（以及我们周围的人）都有影响。将这种需要迁移到学前教育，我们可以发现，将接纳多样性看作一件积极的事情是多么重要。差异不是一种观点，而是生活中一个客观存在的现象，因此在日常实践中我们对它的追问也应该是积极的（参见 Borkett）。这一观点在联合国《儿童权利公约》中得到了认可。联合国《儿童权利公约》是一个有重要价值的准则，也是我们努力实现的理想。

接纳他人作为独特个体的关键要素在于认识和接纳我们的相似之处。然而，这并不意味着我们需要创造一个以相同方式待人的"中立的环境"（Brown，1998，p. 53）。这可能会导致个人的差异和需求被忽视，最终影响他们对"自我和自我价值感"的感知（1998，p. 54）。因此，积极辨识差异可以鼓励"儿童了解并重视彼此的文化、语言、能力和生活方式，并从自己的身上汲取力量"（1998，p. 55）。我们应该公正而不是毫无差别地对待彼此和我们所关心、教育的儿童，考虑他们的个体需要。一个儿童在某个特定的时间里可能比另一个儿童有更多的需要，这可能意味着这个儿童需要获得比"公平"更多的关注或资源。

由于以上种种，我们会发现在考虑整个机构的教育政策和程序时，实现全纳并不简单。不可否认，来自时间、资源和专业知识的挑战会增加全纳的实施难度。有时，你可能会担心对一些儿童的接纳是以牺牲其他儿童的利益为代价的，比如，当儿童较多地干扰活动的顺利进行时。这是对反思型教师的挑战：什么才是合适的？什么时候需要额外的支持？教工团队需要共同努力来发展和审视全纳教育实践。

 反思活动 15.2

目的：教工团队一起回顾所在学前教育机构的宗旨。

证据与反思：在下次教工会议上，（如果无法与同事一同进行，那么）查看你所在学前教育机构的宗旨。它与全纳教育有什么联系？你能建立任何关联吗？在会议开始前将发言内容分发给教工团队并征求建议，这会对反思活动有所帮助。宗旨通常是家长和照护者了解学校的第一个标示，你需要在初次沟通时表明机构将提供富有支持性和包容性的环境。

教工团队中的讨论非常重要，因为在日常实践中，宗旨应该是所有教工理解、认同和坚持的内容。良好的全纳教育实践应落实在学前教育机构的各个方面，即使是最平凡的方面也是如此。例如，让儿童按照性别排队并不是进行整理活动的包容性方式，反而会凸显二元对立。教师可以采用如卡片或有趣分类的方式把儿童分成不同的小组。

全纳教育原则

全纳教育的前提是辨识和包容学前教育机构中所有儿童的需要。全纳教育在于对不同群体需要的满足，以及通过积极的互动为儿童提供经验和选择。在学前教育中，我们看到了"各种形式的资源拼凑在一起，匹配同样多样化的教职工"的情况（Sylva et al.，1992；Siraj-Blatchford，1995）。每位学前教师和家长都有独特的教育方法。团队精神、环境，以及我们与儿童、家长及彼此的互动都有助于提供包容、尊重和滋养的环境，每个儿童都可以满足自己的需要并获得成长。

全纳教育是我们一直在做且不断反思的事情，而不是偶然地为某一特定个体或小组提供的、额外的或与众不同的支持，这样我们就能够为所有人提供丰富而多样的机会。卡尔·罗杰斯（Carl Rogers）认为，我们需要诚实的透明度，保持开放的心态进行沟通，接纳他人作为独立的个体拥有"自身权利的价值"和"深刻的情感体认"（1961，1969，1980）。罗杰斯称之为"无条件的积极尊重"（见第 6 章）。

全纳教育强调所有学习者作为一个群体共同努力。这需要学前教师思维上发生微妙但重要的转变（Florian et al., 2010）。克什纳（Kershner，2009）重申，这种全纳教育的集体经验关注的是所有的学习者（而不仅仅是其中的一些人）。正如我们所讨论的，儿童是通过与他人的对话而学习的，因此应该支持他们与其他同伴互动，而不只是那些与他们相似的同伴，从而增加他们的学习机会。我们不能采用传统的全纳方法，这种方法着眼于大多数学习者，然后为那些有特殊学习需要或残疾的学习者提供"特别的"或"额外的"支持。而当下全纳教育应着眼于为每一个学习者提供拓展学习的丰富机会，这样所有的学习者都能参与学前教育机构的生活。这再次说明了建立良好关系的必要性。

无论有时看起来多么可怕，既然已经认识到多样性是生命的一个客观存在，对于多样性的探究就应该秉持积极的心态，在模拟想象中的未来时还有什么是比活在当下更好的方法呢？通过记录和探索而不是躲避或远离差异与多样性，我们能够为儿童创造发展的机会。

 反思活动 15.3

目的：拓展反思活动 15.2，思考你和教工团队如何实现包含特殊儿童的全纳教育。

证据与反思：罗宾是一个跨性别的青少年，正在反思自己在幼儿园和学校的经历。

"我一直觉得自己是个男孩。我有三个兄弟，每个人都对我妈妈说'她身边都是男孩，所以她长大了就不会这样想了'。但我从来没有摆脱这种想法。在幼儿园我总是想和男孩打闹，但是他们总为此挨骂，因为我是个女孩，所以大人总会告诉他们跟我玩时要小心一些。大人认为我想把粉红色的贴纸贴在饭盒或者夹子上，也认为我不想在户外淋雨或踩在泥巴上。这些想法快要让我爆炸了！我想大喊一声，'我并不是一块珍贵的瓷器！我是个普通的小男孩'。"

"我从来不想把头发留长，上学对我来说就是个噩梦，因为我不能穿裤子。我都不知道该去哪里，女孩们害怕和我相处，而男孩们不知道该怎么和我相处。我很孤独，我会花很长时间在操场上一个人吃午餐，我想远离所有的辱骂和欺凌……"

> 请你和一位同伴一起思考做些什么来支持罗宾在幼儿园和小学的学习，再想想如何让儿童按照自己的意愿而不是按照对于未来的假设去探索世界。可参考"停下来，开始，继续"三步法。

为了探究自己是谁、自己能成为什么样子，儿童的周围应该充满对多样性持积极态度的人，他们肯定差异性并乐于了解世界中的人。我们应该接受自己和他人的文化认同，"必须关注儿童认同感形成的复杂性。忽视它就是忽视儿童的个性"（Siraj-Blatchford & Clarke，2000，p. 5）。因此，全纳教育的原则需要一种特定的观念模式，学前教师也需要接纳这种心态，接纳他们自己。在反思活动中，教工团队的讨论有助于这一过程的进行。我们可以认为，对高质量、公平的教育实践的思考可以引发教师对自己核心价值观和道德的反思——也许他们会质疑自己长期以来的信仰和认同感。如果一群教师能够坦诚、公开地讨论这些敏感话题，那么他们就会营造充满信任和支持的氛围。开展建立信任感的活动是很有用的，这让人们觉得自己可以畅所欲言，不必担心遭到报复或批判。

回应学习者的多样性

如前文所述，人与人之间有许多不同的地方。人们普遍认为应该对多样性持积极的心态，多样性本身也应该得到辨识和认可。当然，对许多教师而言，这项工作最有意义的内容之一就是了解儿童以及认识到他们是独特的。然而，我们需要明白：人的差异也会导致不适甚至恐惧，在对差异不熟悉或认为它不正常的情况下尤其如此。托马斯和洛克斯利（Thomas & Loxley，2007）探讨了学校中的这些紧张关系，他们认为："差异究竟被视为积极的、多样性的，还是被视为偏差或不足等消极因素，这取决于观察到这种差异的个人或群体的心态"（2007，p. 93）。也许关键问题正如米诺（Minow，1990）的提问：什么可以归为差异？差异会产生什么区别？

在课程进行到一半时，一组实习教师按照要求反思他们"教授不同学习者"时的感受，然后以比喻的方式表达感受，并对他们的选择做出解释。实习教师的答案有趣而各不相同。他们列举的三个比喻如下所示，提出了一系列不同的观点，这也是他们被选中的原因。虽然他们面对的儿童可能比你面对的儿童年龄更大，但是你们的感受可能是相似的。

以比喻的方式思考，面对富有多样性的学习者时，教师的感受是……

1. ……复杂的海洋！因为……完全不同。你可能需要多年的经验、专业知识来理解和满足他们的需求。

2. ……照料一座花园。因为……每一株植物都需要食物、水和温暖的滋养，但每一株植物也需要稍有差别的呵护。每株植物都有自己的生长速度，对所处环境的反应也不相同，这些都需要顾及。

3. ……发现埋藏的宝藏。因为……通常你面对的孩子已经根据他们的差异进行了区分，有时他们会被简化为标签。我想，不管你已经掌握了多少情况，能够发现有不同需求的孩子的潜力，然后发现他们在成长过程中获得的发展，总会令人兴奋且惊喜。

反思活动 15.4

目的：反思自己对学习者多样性的理解。

证据与反思：从相似和差异这两个角度思考以上三个有关教育不同学习者的比喻。它们之中有没有与你的经历有所相似的，或者你感兴趣的，甚至令你惊讶的？然后想一想你熟悉的一群儿童，反思一下你在教育不同学习者时的感受。你会如何比喻教育过程？为什么？

拓展：反思你的比喻所表达的：（1）"相同性"；（2）"差异性"；（3）"归属感"。

这些比喻（实习教师的比喻和反思活动15.4中你自己的比喻）的意义在于阐明学习者与负责教育、照顾他们的成人之间的关系。在应对多样性学习者时，实习教师表现出了不同程度的信心。然而，他们都达成了一个共识，即他们的教育实践需要对儿童的需要（并非一成不变）做出回应，他们甚至可能因为意外而感到高兴。如此，他们的观念反映出了这样的思想：在教与学的过程中，儿童是共同的主体，他们具有互动性和多样性。此外，这些比喻和解释表明，自信很可能是伴随经验而来的。这个例子很好地说明了在团队中进行反思对于学前教师是非常有用的（参见Rix）。

全纳教育原则的实施

本节将讨论为了构建全纳的学习共同体，我们可以在日常生活和教育实践中做些什么。你可以根据保教对象的年龄和需要对这些活动建议进行调整。

感受

在教工团队中,为构建良好的公平教育实践需要开展一系列基础活动。应该鼓励儿童提升情感素养以及命名和理解自身情感的能力。教师可以进行角色示范:"我今天早上感觉有点暴躁,各位——你们的感觉如何?"不同感觉的图片以及其他材料可以帮助儿童扩展词汇量,从简单的"高兴"或"悲伤"扩展到更复杂的概念,如"害怕"或"兴奋"。

另一个有效的活动是使用筛选过的图片,既可以是照片,也可以是艺术卡片或图画——重要的是,它们提供了一个范畴。然后,可以让儿童或站或坐,或指出他们喜欢的卡片或最能表达他们此刻感受的卡片。敏感的教师可以用这个活动激发儿童更全面的回应,而不仅仅是简单地问儿童感觉如何。

资源和环境

资源和环境是全纳型学前教育机构很重要的一个方面。书籍和玩具需要定期进行仔细地审核,以确保它们呈现出积极的多样化形象。陈列展示也很重要,需要呈现出一系列的图像,例如,男人扮演着关爱的角色;女人扮演着活跃的角色;儿童来自不同的背景和家庭;选定的、各不相同的环境。即使学前教育机构并非处于具有多样性的地区,我们也必须记住,儿童会离开这里,他们需要具备广泛的经验,为长大成人做好准备。

我们还必须处理儿童在其他地方获得的经验。媒体是一个强有力的工具,它传递的信息可以是积极的,也会有固定的、具有刻板印象的信息,这些经验会成为儿童理解世界的一部分。

一位妈妈对我说:"我是单亲妈妈,我女儿在家中总见我在忙碌——装饰、整理东西、修车,等等。她上学前班时,看见我拿出工具箱,她指着工具箱说:'那是爸爸用的。'"(幼儿园教师)

许多制造商为玩具和衣服赋予了狭隘的性别角色。男孩的物品有更暗、更强烈的颜色,而且印在上面的标志是富于活力的,可能有宇航员、足球运动员、英雄等形象。女孩的物品颜色柔和清淡,被赋予被动的特征,印有和朋友坐在一起的场景,照顾动物的场景或她们自己的形象。

书籍需要呈现多样性:女孩扮演活跃的角色,男孩表现出体贴他人的个性特征。现在有很多书令儿童质疑自己的性别。

学前教育机构的空间是如何划分的？所有户外活动都是男孩主导吗？室内更具创意和工艺性的活动更欢迎女孩参与吗？

最后，教工团队是最重要的资源。如果有男教师，那么如何分配他们的工作？学前教育机构是否更期望他们在户外组织活动并表现得更为活跃？

学前教育机构中的成人是最重要的可用资源。无意识的偏见是我们都应该警觉的，而自我编辑（self-edit）是一个起点。我们必须扪心自问，是否所有与儿童互动的成人都意识到全纳及其重要性？他们是否意识到自己的行为和选择能够影响儿童对彼此和自己的看法？这种思考应该包括非教学人员，如负责午餐的人员和行政人员。只有全纳教育成为一套完整的政策和教育实践时，它才能为儿童提供持续的支持性体验。

多主体讨论

当遇到你不完全认同的家庭生活方式时，如何与对方家庭进行专业的全纳教育？

从创建一个有凝聚力的教工团队来实施平等教育实践来看，有一件事是我们无法预测的，那就是与我们一起合作的家长的观念。

这就是宗旨的价值所在。家长在寻找学前教育机构或学校时非常清楚机构或学校的理念及其对待多样性的方式。在受到来自父母和照护者的质疑时，教师可以通过向他们解释这是机构的理念而撇清这种质疑与自身的关系。

全纳教育中可能会有冲突，例如，父母和幼儿园有关儿童了解同性恋（女同性恋、男同性恋、双性恋和变性人）的问题。可以参见人们对《无人置身事外：人人不同，人人欢迎》(*No Outsiders: Everyone Different, Everyone Welcome*，Moffat，2015）的回应。这是一个很好的例子，说明教师需要有意识地了解学前教育机构的理念和可以获得的法律支持，而不是只关注自己的想法。这样，他们就可以专业地与父母以及照护者沟通、合作。

有些父母和照护者可能对多样性持有不同看法，当与他们沟通时你最好从一致的观点开始，然后逐渐深入。教师和父母都希望儿童获得尽可能好的经验，在这一点上他们的想法能够达成一致。那么，这就是沟通的起点。虽然教师和学前教育机构如何实现这一目标仍是有待讨论的问题，但共识可以确立一种友好和相互尊重的基调。

将全纳教育付诸实践的关键是它的周期性。我们既要反思进行中的教育实践，又要反思已完成的教育实践（参见 Schön，见第 2 章）。全纳教育蕴藏在我们所做的一切事务之中。任何一个走进教室的人都能立即看到并感受到你富有多样性的全纳教育。

从墙上的图片、你的书、你与儿童和成人交往时使用的资源和语言——所有这些都开始于每个人感受到的第一个微笑和欢迎。全纳应该是透明的、开放的，所有人都可以看到、尝试、质疑、认可和反思。在反思为学习者创设全纳学习环境的复杂性时，本章导言概述的两个原则可以提供一些帮助：第一，所有儿童都具有学习能力；第二，差异是人类生存条件的一部分，因此学习者群体的多样性是值得期待和欢迎的。作为教师，我们既有责任也要有能力减轻不利或限制性影响。

 案例研究 15.2　团队合作促进儿童的学习

　　有特殊需求的儿童在刚刚进入学前教育机构时需要一对一的支持。管理者要主持教工会议来讨论有特殊需求的儿童的加入和需要。考虑到儿童对特殊教育教师的需求并非是长期的，同时雇用这类教师也需要花费一定的时间，因此经讨论决定本学期先使用一项可用资金雇用机动教师，腾出一位教师轮流从事一对一的照护工作。这样做还有另一个好处，那就是能够让整个教工团队都有一对一支持工作的经历，这样儿童就会了解所有教师，所有教师也会了解儿童的需求和特点。这也让儿童与所有教师都能建立关系，在学前教育机构中的其他儿童不会产生该儿童有专属教师的想法。

　　最初，每天都要写日记来分享观察结果，记录兴趣点、优势以及支持和发展的领域，所有这些都有助于学前教育机构一对一工作指导方针的形成，也可以促成儿童个性化教育计划的形成。日记在家庭和学前教育机构间共享，贯穿于双方的沟通合作过程之中。

　　"三角照护"（Siraj-Blatchford et al.，2003）使一位来自外部机构的、有资质的特殊教育工作者一同参与进来，在学前教育机构和家庭中为儿童提供一对一的支持。

　　儿童与教师建立的关系是发展持久而有意义的关系和同伴之间友谊的基础，以确保他们能够完全融入社会。

　　儿童的发展超出了其周围专业团队的期望；事实证明，这是一个对所有参与者都有帮助的、积极的学习经验。

　　正如谚语所说，"养育一个孩子需要一个村庄的努力"。个人或小组合作的收获远多于单打独斗的收获，这一观点并不新鲜。实施全纳教育，需要发挥整

> 个围绕儿童开展工作的团队的专业作用，而这个团队应该积极地让父母／照护者和儿童一同参与进来。作为教师个体，我们不能假装了解每个儿童及其独特的存在方式。通过多方合作，我们分享知识和经验，才能满足个体的需求，也能够学习如何让他们在学前教育机构和家庭环境中都有选择权和发言权。团队越多样化、越开放，教育结果就越具有包容性，这是有道理的。然而，也应该认识到，这种看似完美的模式需要技巧、投入和敏感性，不仅要建立也要维护伙伴关系。

结　　果

最后一节探讨全纳教育的结果或不足之处。

这是一个关键问题。我们是保教体系的一部分，也是儿童生活的一部分。我们希望他们茁壮成长，并且知道不快乐的儿童会很难学习。我们已经知道，要让学习真正发生，儿童需要有高度的自尊、自信和抗逆力。与自我相处舒适是其中的一个关键方面，被所生活的社区接纳是另一个方面。这很复杂，但关键在于对多样性的认可和接纳。和平倡议研究所（Peace Initiatives Institiute，引自 Nutbrown & Clough，2010）的目标是教会儿童尊重和接纳不同人的价值，因为他们相信这将"影响他们成年后的信仰和行为"。库克和纳特布朗（Cook & Nutbrown，2006，p. 153）及克拉夫（Nutbrown & Clough，2010）指出：

……和平教育是公民权利和义务的一个重要组成部分，它创造了一个儿童能够和平地、互相尊重地共同生活和学习的社会，他们认可并接纳让他们独一无二的独特性。

正如第 17 章所述，对于这些问题的反思有助于社会发展。全纳教育不仅对社会有潜在的作用，也为儿童个体提供教育机会并支持儿童个体发挥潜能。本章第 1 节探讨了不同方面的差异，这些差异可能导致儿童在教育系统中

> **专家问题**
>
> 机构背景：学前教育机构能否为丰富教育经验、激励儿童而提出共同的愿景？
>
> 这个问题有助于建立一个概念框架，以展现长期存在的问题和教师的专业知识（见第 16 章）。

处于不利处境。这种不利处境，如社会资本和文化资本，可能导致儿童生活在贫困之中，已有研究证明贫困（见第2章）会影响儿童教育和生活的机会。因此，它会影响我们为学前教育所付出的一切努力。

作为学前教师和小学教师，我们不能改变社会结构，也不能自欺欺人地说它们不存在。例如，关于教育和贫困的统计数字是众所周知的，而文化资本不能从广泛的社会角度来缓解这一问题。然而作为个人，我们可以改变儿童的个体经验，成为他们生活中的正能量。

思考反思活动15.3中的罗宾，作为一位教师，当罗宾回顾过去时，你希望他记住你是他们生活中富有正能量的人，还是一个没有意识到他正生活在艰难之中的人？在全纳教育中，教师和学校可以成为他们的一盏明灯。

结　语

本章探讨了学前教师和小学教师如何支持对所有儿童的全纳教育，以及青少年、父母和照护者及教工团队的全员参与。全纳关注对所有儿童和青少年的理解和态度，包含他们的年龄、性别、种族、性取向、社会阶层、外貌、残疾以及在学前教育机构和学校的表现。歧视可以是微妙而复杂的，它紧密地交织在社会结构中。歧视有时是无意的，而且很少会直截了当地表现出来。然而，无论出于何种原因，对任何人的边缘化或污名化都会成为全纳的障碍。我们面临的挑战让我们意识到，在学前教育机构中，多样性是值得期待和欢迎的，每个学习者都有权利实现。对反思型教师来说，挑战在于如何管理这些过程，以限制对儿童和青少年的生活造成分裂的可能性，而不是儿童学习的可能性。

不应仅在学前教育机构和小学中积极实现全纳与社会正义。单靠教育可能无法改变社会（Bernstein，1970），但在可能的情况下，教师应该努力消除其中分裂的因素。在这个过程中，每迈出的积极一步，每一个尊重和重视他人的人，都能为改变社会添砖加瓦。这些都是难以实现的目标，但朝着这些目标努力是一份持续的责任。

关于如何做到全纳，虽然没有一个简单的答案，但却需要采取很多小步骤。无论对个人还是学前教育机构来说，这都应该是一个持续的过程。本章为反思性实践提供了一些思考，以支持其发生和发展。与学前教育和小学教育的所有领域一样，全纳教育也存在挑战，因为在具有包容性和反歧视的框架下，敞开胸怀迎接多样性需要教师的灵活性、敏感性，以及愿意尝试新思想和敢于犯错。

第五部分
深入理解

第 16 章　专业知识——概念工具如何让职业生涯充满魅力

第 17 章　专业化——反思性教学如何为社会做出贡献

  第五部分是本书的最后概述部分。该部分回顾了前几章的关键概念，探讨了学前教育和专业化的核心。第 16 章提供了学前教育教与学中持续存在的问题的概念框架，同时构建了一个阐述专业思维维度的框架。案例研究阐释了深入理解的宽度和广度及其在学前教育中的应用。

  第 17 章探讨了学前教育在社会中的作用，并提出了反思型教师如何为民主进程做出贡献。专业化的重要性及其在社会中的地位是当前人们讨论和思考的主题，涉及有关成为一名专业教师的多方面思考，以及在广泛的社会中的影响。

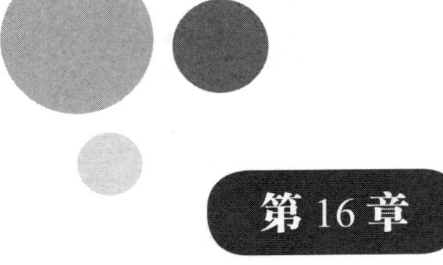

第 16 章

专业知识——概念工具如何让职业生涯充满魅力

引 言

当今世界是复杂、充满挑战且快速发展的世界。正如科勒博恩（Collarbone，2009）所说，我们必须适应变化。虽然变化可能会给教育工作者带来压力，但它同时也为发展、兴趣的引发和智力激发创造了机会。从这个角度来看，我们可以把工作看成一件可以理解和享受的事情。

本书贯穿了近年来有关学前教育对儿童当下教育及未来的潜在影响的分析研究。这些发现为高质量教育及其效果提供了精彩的观点。然而，具体的发现也需要更全面地融入教师的日常实践和思维方式中。作为学前教师，对不同领域产生兴趣有助于他们加深对这一职业的终身热爱和坚守。对一些学前教育机构来说，这可能相对容易一些，因为员工素质很高，培训、员工发展和反思的时间构成了日常工作的一部分。对其他学前教育机构来说，这可能并不简单。机构中许多教职工几乎没有时间交谈，在资金匮乏的地方，会议和培训可能需要克服很大的困难，而且教师人数不足，他们需要一直和儿童在一起。这促使我们开始讨论教师专业知识的逐渐发展和深化（参见Eaude；Happo & Määttä）。本章将本书所明确的教育实践的关键要素整合到一目了然的表格中，希望你能使用它们来指导教育实践。

> **有效教与学的原则**
>
> 以下原则与本章所阐述的专业知识尤其相关。
>
> **原则 9：有效教与学取决于教师的学习**。教师需要不断学习，特别是通过课堂探究来发展知识和技能，并适应与发展教师这一身份。这一点应得到承认和支持。

深化专业知识

教师专业知识的提升是近年来学前教育领域的研究热点。本节的第一部分按照时间顺序探讨专业知识。格拉泽（Glaser，1999）提出专业知识发展的三个关键"认知阶段"，由此强调了从依赖到独立的实践思维方式的转变：

外部支持阶段——过渡阶段——自我调节阶段

格拉泽指出，从外部支持阶段开始，然后经历一个外部支持逐步减少的过渡阶段，在这个过程中教师的专业知识、专业自信不断积累，对外部资源的依赖逐渐减弱。虽然这一过程具有其合理性，但专业知识的另一要素在于对工作环境做出愈加合适的判断。换言之，仅仅积累一箱"技能"是不够的，正如第 7 章所述，教一些可以像食谱一样产生并应用于各种情境的技能——尽管这些技能可能很有价值。不过，教育能力的关键在于适时、适当地运用这些能力。伯利纳（Berliner，2004）在其有关教师发展五阶段〔最早由德赖弗斯（Dreyfus）于 1986 年提出〕的论述中强调了情境判断和实践本身的重要性。艾德（2018）的总结见表 16.1，他完善了亚历山大提出的专业知识发展模型（2010，pp. 416—417）。

表 16.1 专业发展的策略、方法和特征（Eaude，2018，p. 73）

阶段	策略	整体方法	特征
新手教师	情境无涉的规则和指南	相对刻板、有限的能力	小心谨慎
高级新手教师	实践案例知识	深入理解情境，并在此基础上使用规则	有想法

（续表）

阶段	策略	整体方法	特征
胜任教师	能够辨析重点	有意识地选择，但还不够快速、流畅和灵活	较理性
熟练教师	积累案例知识，把握重点	基于儿童反应预测的直觉程度	有直觉力
专家教师	充足的隐性知识储备	轻松、流畅、本能、深思熟虑的分析方法	非理性

在这里，我们探讨的是"深化专业知识"的基本原理。作为教师行业的"新手"，遵守规则和指南为我们提供了教育实践的边界、支持，帮助我们做出合理的决定。不过，虽然这个过程很有用，而且往往是非常必要的，但它并不足以支持我们以灵活的工作方式来帮助教育工作中所面对的家庭和儿童。随着时间的推移，我们必须认识到，不同的人在不同的环境中发展所需要的时间会大有不同，因此我们开始思考在特定的情境、时间点如何做能够发挥更好的作用。例如，有位教师想起一个案例：一个游居者家庭的儿童刚刚入园，他们把食物带进了幼儿园，但这种行为在幼儿园是明令禁止的。因此，这个家庭的家长与教师进行了几次长时间的谈话，提及上幼儿园对这个家庭来说是重大的进步和变化，教师出乎意料。基于这些谈话，大家认为对食物规定的严格遵守并不是家园关系建立的基础，因此，这一"既定的规则"被"搁置一边"。有信心、有经验并且能够轻松地向他人证明决定的合理性，这些都需要教师具备高级的专业知识。

对情境的理解以及多年的实践经验可以解释许多跨部门工作的教师对"新潮"或"新政策"持怀疑态度的原因。这些政策和潮流可能来自媒体、政府或其他地方。哈格里夫斯（Hargreaves，2008）将这种"当下主义"描述为一种保守的力量。但他也承认这是专业知识和专业保障的一种基本形式，新的实践要发展就需要与教师合作，这个过程中教师的能动性、价值观、视野和专业知识应该得到切实的尊重。

总之，专业知识的发展是随着时间的推移而发生的，从本质上说，在于积累成熟的教学思维方式，以及实践技能和知识的完善（Winch，2012）。依靠应对挑战的一般规则（如行为管理），专家教师能够"阅读"情境，并依据直觉来做出反应（参见Osborn et al.）。如表16.1所示，这看起来"似乎毫不费力"，但也有可能需要"依靠深思熟虑的分析方法"（Eaude，2018，p.73）。

本书逐节论述了教育目的的原则、学习条件、教学过程和结果等几个方面的渐进内容。每一章都聚焦于教育实践中的挑战，也着眼于教师专业知识的积累发展，同时本书也持有如下观点：与儿童打交道的教师不应该仅仅满足于达到标准。教师的角色更多地涉及态度、观念和热情（Siraj-Blatchford & Hallet，2014；Moloney & McCarthy，2018）。为此，本书各章都提出了一些强有力的概念和专家问题来引发读者对学前教育的教与学的思考。

本章从书中积累经验，为专业知识的深化提供一个综合的概念基础。

概念框架与专家问题

我们提供了（见表16.2）稍加修订的教师专业知识概念框架，该框架是反思性教学与英格兰教学总会的同事合作开发的（Pollard，2010）。这个框架基于如下观点，即教师会不可避免地以各种各样的方式面对教育目标、社会背景、教育过程和学习成果的问题，并且他们的做法受到课程、教学法以及评估的影响。虽然学前教育与学校教育的重点不同，例如，学前教育强调关注保育和游戏这两个元素，但是这些问题不仅出现在当下而且会持久存在，提供了一个有用的框架，它们也正是本书所呈现的关键点。

表 16.2　教师专业知识框架：有力的概念和专家问题[1]

	持续存在的问题	课程概念	教学法概念	评估概念
教育目标	1. **社会教育目标** "保教"愿景是什么？	广度 课程是否代表了社会对其公民的教育期望？是否支持儿童发展安全的好奇品质？	原则 我们的教学方法是否符合有效教与学的既定原则？	一致性 对儿童的观察和与家长的沟通是否有助于了解儿童及其需要，以及他们下一步的学习？
	2. **学习要素** 需要学习哪些知识、概念、技能、价值观和态度？	平衡 经验课程是否提供了每个儿童有权期待的一切？	本领 我们的教育专业知识是否有足够的创造性、熟练性和广泛性来支持学习的所有要素？	有效性 评估方式是否有助于基于儿童个体的需要和兴趣确定后续的教育行为？

---

[1] 改编自《教师专业框架》（A Framework for Teacher Expertise，Pollard，2010）。——译者注

（续表）

	持续存在的问题	课程概念	教学法概念	评估概念
社会背景	3. **社区背景** 家长、社区和社会是否重视和认可教育？	联系 课程是否涉及家庭和社区的文化资源与知识储备？	依据 我们的教学策略是否有依据、有说服力和有道理？	可靠性 儿童和家长是否理解评估过程？如何让儿童理解评估过程？
	4. **机构背景** 学前教育机构能否为丰富教育经验、激励儿童而提出共同的愿景？	连贯性 课程的目的、内容和组织是否清晰？能否提供全面的学习经验？	文化 学前教育机构能否通过肯定儿童的贡献、建立合作关系以及提供有吸引力的机会来支持更多的学习？	期望 我们对所有儿童都抱有很高的期望吗？它们是否现实可行？如何让儿童知道我们对他们的期望？
教育过程	5. **儿童的社会需求** 教育是否基于社会关系、文化理解和儿童身份？	个性化 课程是否适宜于不同儿童的多样化社会和文化需求，并提供适当的学习机会？	关系 关系是共同幸福的基础吗？	全纳 在正式和非正式的互动中，所有儿童及其家庭是否都受到了尊重和公平对待？信息是否有用并且便于获取？
	6. **儿童的情感需求** 教育是否充分考虑了儿童的观点、感受和特点？	相关性 课程是否以对儿童有意义的方式呈现，从而激发他们的想象力？	参与 我们的教学策略和环境创设是否允许教师与儿童在室内外开展有计划和无计划的学习活动？	真实性 是否允许儿童以自己的速度和节奏发展？他们是否被视为独特的个体，每个人都有自己的需要和兴趣？
	7. **儿童的认知需求** 教育是否适应儿童的认知需求并提供适宜的挑战？	差异化 课程任务和活动的组织是否符合儿童的需求和兴趣？	对话 师幼对话是否能够支持儿童的理解，在儿童现有知识的基础上强化学习品质，让儿童成为积极的学习者？	反馈 是否有形成性反馈的常规流程来支持儿童的学习与发展？常规流程是否能够灵活地满足所有儿童的需要？

（续表）

持续存在的问题		课程概念	教学法概念	评估概念
学习成果	8. 持续改善学习成果 教育能否促进知识、概念、技能和态度的发展？	进展 课程是否对学习经验和活动提供了适宜的顺序和深度？	反思 我们的教育实践是否基于循序渐进、有据可依和协作性的改进策略？	发展 形成性反馈和支持是否能够使儿童反思自己的成就？
	9. 终身学习成果 教育是否让儿童有能力面对未知的未来？	有效性 课程能否帮助儿童实现社会教育目标？我们的教育能否达成社会教育目标？	赋权 我们的教学法是否能够成功地增强儿童的幸福感、学习品质、能力和能动性？	结果 儿童能否形成自信的个性？成为好奇的独立学习者？

每个专家问题都强调了反思型教师需要思考的持久存在的问题，正如我们在本书中所指出的那样，这需要循证的专业判断。然而，思考和讨论这些证据的概念分析能力也极为重要。没有这一能力，无论是与同事探究还是讨论不仅不能建立可持续的专业理解，也不会达成一致的工作方式。正如第6章所述，对优质的教学法和学前教育来说，与同事交流至关重要。

我们需要明确说明的是，概念工具的表述建立在一个重要的假设之上：我们关心的是提供某种形式的"高质量保教"。换言之，框架中的理念是由特定的教育价值观和关于"高质量保教"的现有证据所决定的。因此，本书认同的概念的具体含义和用法肯定会受到挑战。这个框架只是一个表述教师专业知识的分析工具。毫无疑问，它能够以不同的方式进行编写和再现。事实上，为了确保与学前教师有更明确的相关性，我们已经做出了调整。

对课程、教学法和评估等内容的回顾是使用该框架的一种重要方式。例如，学前教育机构中的教师、教工团队等利益相关群体可能仅关注课程设置，在这种情况下，该表中的专家问题可以为此提供有效的探讨，进而思考课程的目标、背景、过程和结果（第8、9和10章也涉及这一点）。教学法也可以使用专家问题进行类似的思考（第5、6、7、11、12和15章也关注这些问题）。评估是第三栏的主题（它与第13章和第14章直接相关）。

我们也要根据学前教育的目标、背景、过程和结果方面持续存在的问题思考课程、教学法和评估之间的关系。

或者，探索框架不同部分中概念和问题之间的关系也是明智的。框架只是一个用于思考和讨论的工具，读者可以根据需要使用。

 反思活动 16.1

　　目的：反思持续存在的教育问题。

　　证据与反思：在接下来的表格中选出两三个问题，先单独思考，然后与同事讨论各自的答案。

教育目标

社会目标

教育目标			
社会教育目标			
"保教"愿景是什么？	广度：课程是否代表了社会对其公民的教育期望？是否支持儿童发展安全的好奇品质？	原则：我们的教学方法是否符合有效教与学的既定原则？	一致性：对儿童的观察和与家长的沟通是否有助于了解儿童及其需要，以及他们下一步的学习？

社会教育目标

教育将我们的过去与未来联系起来，但真正发生的一切需要通过当下的讨论和行动来实现。

儿童和青少年是我们最宝贵的财富。他们体现了我们的文化，他们的价值观和能力将决定21世纪的经济和社会发展方式。教育既反映社会，又有助于社会发展。教育再现了社会差异还是提供了新的机会？诸如此类问题变得非常重要。正如本书所指出的，生命最初阶段的发展在这方面发挥着至关重要的作用。我们应该对保教持什么样的愿景？

- 在引入课程的过程中，许多国家以法律法规来规范学前教育。这是一种新的发展。然而，注重入学准备和教育目标的实现可能会影响儿童教育经验的广度，限制儿童探索和自由游戏的机会。这种做法可能会带来不良的后果：不仅限制学校（或幼儿园）的发展，也会阻碍儿童成为好奇、安全和自信的学习者。

广度

当下有各种各样的法定学前教育课程，这些课程通常基于如下前提：儿童能够在不同的情境中获得发展，如与教师一对一的互动；教师引导的小组活动；儿童主导的游戏活动（包括独自游戏）。独自游戏是儿童发展的关键部分，也被认为具有潜在的重要发展作用（Broadhead, Howard, & Wood, 2010）。

原则

这一挑战涉及教师的教学判断在多大程度上取决于对教学以及相关因素的深刻理解。英国教与学研究项目的有效教与学的十大原则（见第4章）是一种全面呈现这些因素的方法，它强调了各因素之间的相互联系。当你读完这本书时，你会发现各章反复出现其中持续存在的问题。

有效教与学的十大原则可分为四组。第一组原则涉及教育的目标和道德目的、学习的知识和学习者的已有经验。第二组原则涉及教师专业知识的三个方面，即支架式学习、学习评估和主动参与。第三组原则涉及社会化过程和非正式学习的特征。最后一组原则强调教师学习的重要性和统一的政策框架的必要性。

一致性

评估活动应该支持儿童的学习，因此它应该是"学习评估"（见第13章）。观察记录用于创设充满趣味且适宜的学习环境。评估的目的是增加我们对儿童及其需求的理解，同时鼓励儿童"创造知识而不是复制知识"（Wortham, 2008, p.108）。

学习要素

教育目标			
学习要素			
需要学习哪些知识、概念、技能、价值观和态度？	平衡：经验课程是否提供了每个儿童有权期待的一切？	本领：我们的教育专业知识是否有足够的创造性、熟练性和广泛性来支持学习的所有要素？	有效性：评估方式是否有助于基于儿童个体的需要和兴趣确定后续的教育行为？

学习要素

在教育经历中，儿童获得知识、概念、技能、价值观和态度。

- 通常由国家课程框架提出需要学习的知识和概念，特别是学前教育阶段，这些框架还需要支持"学会学习"的技能和品质。虽然正式课程可能倡导特定的价值观，但日常经验中的"隐性课程"蕴藏的隐性经验也会对儿童产生影响。正如第2章和第6章所述，儿童在观察成人、同伴和与其互动中学习。通过这些方式传递给儿童的经验与正式课程所包含的经验一样有价值（而且往往更有价值）。
- 因此，教师不仅要对儿童学习的内容及其如何影响儿童的发展负责，而且要对未来公民的价值观和态度负责。这种责任是不可推卸的，因为儿童在任何情况下都会形成价值观和态度。

> **平衡**
>
> 许多教育家认为,在学前教育阶段过分强调知识或技能的获得是不恰当的,尤其是因为这可能会妨碍儿童的自由游戏和探索。然而,我们也越来越意识到高质量学前教育的潜在好处。灵活地支持儿童个体的发展显然取决于成人是否运用适当的教学方法。
>
> **本领**
>
> 教育的目标是广泛的,因此多种教学方法是必需的。基于对儿童需要、预期结果和其他情况的考虑,教师可以从多种教学方法中进行选择。早期学习中教学有效性的研究框架(见第11章)概述了有效教学法的关键组成部分。虽然这一研究框架看起来有些过时,但就教学法的关键组成部分而言,它的内容仍然是通用的,这包括教师:
> - 陪伴儿童游戏,支架并拓展儿童的学习;
> - 基于儿童的发展水平进行沟通,倾听并与儿童交谈,重视儿童所说的话;
> - 在有目的的教学活动中吸引儿童的注意力,激发儿童的兴趣和动机;
> - 教授和示范语言及沟通技能、思维能力、合作能力、积极的态度;
> - 知道何时介入(旁观)儿童的学习;
> - 积极寻找给予儿童积极反馈的机会,赞美儿童真正的成功;
> - 明确地向儿童说明学习期望、意图、结果和目标;
> - 结合儿童的经验和理论,与儿童分享经验和学习。(改编自 Moyles, Adams, & Musgrove, 2002, p.52)
>
> 这份清单并非详尽无遗,但它表明教师需要自信地运用各种教学方法,以确保儿童有机会进行游戏(室内和室外),有机会与同伴和教师对话。
>
> **有效性**
>
> 评估具有复杂的特点。为了了解儿童当下的发展和兴趣,评估需要随着时间推移进行观察,也需要采用各种观察方式,还需要与儿童及其家人协商。对儿童未来学习的计划可以基于以上信息。

正式教育教授哪些知识、概念、技能和态度

儿童及其学习影响我们在计划、促进、鼓励和支持他们的学习时所做的选择。如何理解这一点呢?政治议程、社会期许、父母和家庭的需要与期待也会影响人们对学前教育机构的期望。

本书反复强调,支持儿童学习品质的形成可以让他们充满好奇心,并愿意尝试。学习品质有助于终身学习的实现。

本节探讨了儿童有权期望从教育,特别是学前教育中获得什么。基于这一点,并思考儿童通过教育可以获得的显性或隐性经验,以及参考联合国《儿童权利公约》是有用的,其中特别相关的内容如下。

第2条(无歧视行为):无论居住地、使用的语言、父母的工作、性别、文化是什么，无论身体残疾与否、贫穷或富有，任何儿童都不应受到不公平的待遇。

第3条（儿童的最大利益）：在做出可能影响儿童的决定时，必须首先考虑儿童的最大利益。所有成人都应该做最适合儿童的事。当成人做决定时，他们应该考虑自己的决定对儿童的影响。

第12条（尊重儿童的意见）：成人做出与儿童有关的决定时，儿童有权说出他们的看法，成人应考虑他们的意见。

第28条（受教育的权利）：所有儿童都有权接受免费的初等教育。

第29条（教育目标）：儿童的教育应充分发展每个儿童的个性、才能和能力。教育应该鼓励儿童尊重他人、人权以及他们自己的和其他的文化。

第30条（少数民族/土著群体的儿童）：少数民族或土著儿童有权了解和实践自己的文化、语言和宗教。

第31条（休闲、游戏和文化）：儿童有权休息和游戏，有权广泛参加文化、艺术和其他娱乐活动。

几乎所有的国家都签署了联合国《儿童权利公约》。作为法律条款，它与我们所有人相关，特别是那些从事与儿童相关的工作的人。

社 会 背 景

社区背景

社会背景			
社区背景			
家长、社区和社会是否重视和认可教育？	联系：课程是否涉及家庭和社区的文化资源与知识储备？	依据：我们的教学策略是否有依据、有说服力和有道理？	可靠性：儿童和家长是否理解评估过程？如何让儿童理解评估过程？

社区背景

"社区"与社会关系、文化和历史以及集体的地方意识和认同感有关（见第5章）。

- 有些人和家庭可能会深深地融入他们所在的社区，并从广泛的社交网络中获益；这种社会资本往往能够带来地位和优势。而其他人（也许是少数群体）可能愈加感到被边缘化，甚至被排斥。这种多样性是当代生活的一个突出特征（见第15章）。

英国教与学研究项目显示了非正式校外学习的重要性：理解发生在教育之外的一切，能够丰富教育内部发生的事情。因此，如果建立具有建设性和信任的关系，那么家长和社区中的其他人可以为教育提供相当大的帮助。

然而，家长、儿童和整个社区也是教育的消费者。家长希望儿童得到高质量的教育和保育，督查者和媒体在发现保教不能达到质量标准时会迅速加以谴责。出于这个原因，我们越来越需要证明教学形式的合理性。

联系

教师可以通过多种方式与家庭和社区建立联系。本书多次提到这点，案例研究16.1提供了其中一个例子。这里潜在的主题是课程的情境意义。虽然威尔士、苏格兰、北爱尔兰和英格兰都有法定框架，但以适合儿童年龄的方式对儿童个体进行地方适应和调节，可能会提高教育的认知价值和学习质量。

依据

就教学法而言，依据的概念要求我们向家长、机构管理者和儿童等利益相关者证明我们的做法是适宜的。我们将教学法定义为教师的技能性知识和他们对特定情况富有创造力的应对之间巧妙的相互作用。因此，鉴于这种复杂的相互作用，反思型教育实践可以支持专业判断能力的持续提升。

可靠性

在生命的前几年，儿童的理解和发展往往迅速变化。为了确保评估过程有助于了解儿童当下的需要，我们应该采用一致、可靠的观察和对话形式。此外，重要的是，家长和儿童需要适当地理解评估的过程、程序和做出的判断。同样重要的是，应该以适当的方式、便于沟通的语言（也许是翻译的）分享这些信息，进而促成对话。学前教育评估的目的应该是获取信息来计划儿童的学习，而不是给其"打分"。想要了解更多的相关信息，请参阅第13章和第14章。

 案例研究 16.1　社会背景

建立有效的合作关系：字母和发音项目

柯克利斯（Kirklees）"早期学习家长伙伴项目"（Parents as Partners in Early Learning，PPEL）解决了两个基本问题：

- 如何更好地实现家庭和学前教育机构之间的沟通？

- 能为家长提供哪些技能和知识，从而帮助他们理解和支持儿童的语言发展？

项目邀请来自三个经济贫困地区的教师记录不同关系建立过程中的计划和影响，也旨在明确和记录学前教育机构如何在儿童的家庭生活与园所活动之间建立有效的联结，分析这一过程中的经验教训。

为了了解如何改进教育实践，教师探讨了家长参与教育实践的障碍。一位儿童中心协调员经过深思熟虑对此进行了回应："我一直认为，大多数家长都希望自己的孩子得到最好的发展，专业人员有责任提升家长对自身教育实践的意识，并以此作为出发点。"

野餐是"早期学习家长伙伴项目"的重点内容，通过共享食物达到"破冰"的效果。教师仔细探讨了让聚会尽可能易于邀请家长参加的方法。另一个需要探讨的重要内容是如何与家长沟通。

通过野餐，教师有机会消除家长对游戏的教育价值的怀疑，让家长意识到建立学前教育机构活动和家庭生活之间联系的必要性。每一次野餐都展示了富有想象力与趣味性的字母和发音活动。

其中，以下活动最受欢迎。
- 合唱：提供音乐录音来帮助家长在家和儿童一起练习唱歌。
- 盒子游戏：帮助儿童把音素（声音）和盒子里面的物品匹配起来。
- 听日记：家长和儿童讨论并记录他们在家里和周围听到的所有声音。

野餐时，家长和儿童尝试各种各样的字母和发音活动，包括在指甲上写自己名字的首字母、演奏乐器、制作吵闹的珠宝和乐器。

每次活动都做详细的记录，记录家长的观点——这一练习加深了教师对资源调整的理解——同时判断家长在家里尝试他们在活动中看到和做过的事情的意愿。在一次野餐中，大孩子帮助弟弟妹妹学习的能力着实令人惊讶。

一位母亲对学习的看法发生了很大变化："现在我知道，他不必知道对错。我们可以在家里一起完成……希望以后有更多这样的聚会。"

"早期学习家长伙伴项目"已经证实，尽管家长参与仍存在明显的障碍，但教师建立与家长合作的模式是很重要的。

该项目的主要发现包括：

- 需要解决家长参与的认知障碍;
- 可以通过想象力、灵活性以及活动的精心安排和推广来打破这些障碍;
- 了解家长参与儿童学习的意愿,即使他们通常看起来不愿意参与;
- 如何调整使活动实现向家庭的过渡;
- 鼓励将听日记作为家庭中积极倾听的一种方式;
- 家庭学习和更多的学校教育在与家长以及传统的学校教育建立联系方面具有潜力。

教师必须善于发现并重视家长在家里进行的教育实践,并将其融入幼儿园的教育中。

机构背景

社会背景			
机构背景			
学前教育机构能否为丰富教育经验、激励儿童而提出共同的愿景?	连贯性:课程的目的、内容和组织是否清晰?能否提供全面的学习经验?	文化:学前教育机构能否通过肯定儿童的贡献、建立合作关系以及提供有吸引力的机会来支持更多的学习?	期望:我们对所有儿童都抱有很高的期望吗?它们是否现实可行?如何让儿童知道我们对他们的期望?

机构背景

在英国,对高质量学前教育特征的理解很大程度上取决于14个详细的幼儿园案例研究结果,它们被著名的学前教育有效准备研究项目鉴定为"杰出"幼儿园。该项目的研究团队运用幼儿学习环境评量表以及其他方式对这14所幼儿园进行评估,其中包括保育和教学实践质量(包括儿童、教师和环境之间的关系)(Siraj-Blatchford et al., 2003)。本研究得出的主要结论(Sylva et al., 2004a)包括提供高质量或"杰出"教育的幼儿园:

- 认为认知发展和社会发展是不可分割、相互联系的;
- 既组织由教师发起的小组活动,又支持儿童在自由游戏中的学习;
- 鼓励儿童参与师幼互动,涉及持续性共享思维,也包含开放式的提问;
- 通过形成性反馈来拓展儿童的思维;
- 支持儿童解决冲突。

这种理解有助于指导实践。然而我们也必须记住,正如本书所坚信的:教师的学习可以显著地改善儿童的学习。

连贯性

学习领域的连贯性和进展让儿童能够不断地积累经验。苏格兰的《卓越课程》规定:"所有的儿童和青少年都有权接受连贯的、完整的课程,伴随学习经验和结果平稳、有序地发展"(Education Scotland,2013)。

文化

学校文化对教学有很大影响。最大的影响之一是学前教育机构中的关系(见第6章)。在理想的氛围中,教工团队所有成员之间存在合作文化。其中,个人的价值观、责任和身份与机构的教学计划和愿景完全一致。但是现实中的情况通常更为复杂,处理这种复杂性的方式至关重要。

教与学研究项目在对机构文化的研究中比较了"扩展型"和"限制型"两种学习环境(Fuller & Unwin,2003)。

在扩展型学习环境中,教师从事着有意义的工作,他们有支持性的领导,并拥有个人学习和进步的机会。英国教与学研究项目的另一个发现是,教师的幸福感和工作满意度是其教学有效性的一个关键因素,如果教师"有奉献精神和适应力",那么他们的学生会比其他人获得更多的成就(Day et al.,2007)。这些发现会对学前教师和公认的、报酬丰厚的职业发展产生影响。

在形成支持员工、促进合作和进步文化的过程中,领导力起着关键作用。意识到领导和管理中的角色与责任能够促进教育实践的发展。形成共同的目标意识、高度的信任感和共同的责任感有助于打造积极、高效的学前教育机构。

期望

当获得生活中重要他人的信任时,学习者就会从中受益。家长和教师的期望对儿童尤其重要。期望通常基于对能力和潜力的判断,在感知、人际关系和日常生活中无处不在。因此,尽管它们是缄默的,但对学习者来说具有特别的意义,并对自我信念的形成产生影响(Dweck,1986)。

反思型学前教师必须对儿童持有适当的、实际的期望,并且得到家长和儿童的理解。第2章和第13章围绕固定思维模式和成长型思维模式展开的讨论与此有关,对教师有所助益。

教 育 过 程

儿童的社会需求：案例研究

教育过程			
儿童的社会需求			
教育是否基于社会关系、文化理解和儿童身份？	个性化：课程是否适宜于不同儿童的多样化社会和文化需求，并提供适当的学习机会？	关系：关系是共同幸福的基础吗？	全纳：在正式和非正式的互动中，所有儿童及其家庭是否都受到了尊重和公平对待？信息是否有用并且便于获取？
儿童的社会需求 　　关系对于儿童的健康和学习具有重要意义。反思型教师一直在思考儿童的发展，努力使儿童在学前教育机构中获得最大的乐趣和可能。其中包括建立机构中的师幼关系、社区和家庭关系，以及支持儿童建立同伴关系。			
个性化 　　关系的建立有助于教师了解儿童及其兴趣和需要。如果没有开放的沟通和积极的关系，就不可能为儿童制订个性化的计划。在为不同年龄或能力的儿童提供个性化经验时，需要专业判断和一定的评估来了解儿童的需求。			
关系 　　良好的师幼关系、同伴关系、同事关系、家园关系是教学有效性的核心。但它到底意味着什么？良好的关系是学前教育机构文化和氛围的基础。道格拉斯在探讨学前教师同事关系时，使用了"关系协调理论"这一术语。这一理论强调积极的关系，包括相互尊重、共同的目标和共享的知识，以及高质量的沟通。高质量的沟通包括频繁、及时、准确、聚焦于问题解决等特征（2018，p.97）。			
全纳 　　如第15章所述，全纳远不止是对有特定学习需求的儿童提供支持。 　　接受和承认各种形式的多样性，可以为儿童顺利地从受教育阶段走向工作岗位提供重要的支持。正如许多章节所指出的，教育系统面临的一个持续存在的问题是：一些群体往往表现不佳。也就是说，我们既然相信每个儿童都很重要，就要确保没有人"落后"，所以学前教师必须能够辨别儿童可能需要支持的时机，并与家长和其他专业人员一起仔细、认真地进行判断。 　　有特殊教育需求的儿童需要得到特别的关注，这样教师才能尽可能地消除他们在学习中的潜在障碍。儿童存在身体障碍时，可能需要切实可行的服务支持。			

案例研究 16.2　儿童的社会需求

教育是否基于社会关系、文化理解和儿童身份？

梨树学校探索支持儿童语言发展的教育策略

梨树学校的教职工希望有针对性地促进儿童的语言发展。学校的许多儿童从二年级开始在语言理解方面遇到困难。教师认为，早期对语言发展的关注有益于后续学年的学习。通过专业发展和后续围绕语言发展的教职工会议，教师发现了强有力的证据，表明师幼之间的对话质量对语言发展起着积极作用。然而，这是一个相当广泛的主体，所以他们决定聚焦于研究谈话的等待时间。教师决定使用观察—等待—倾听（Weitzman & Greenberg，2002）策略，特别是当儿童进行游戏时，这为谈话中的等待时间提供了机会。研究过程如下。

观察：花时间观察儿童感兴趣和正在做的事情（例如，当他们玩橡皮泥时，观察他们捏出的造型和谈论的话题）；

等待：为儿童创造发起对话的机会并回应他们；

倾听：倾听且不打断儿童的回应。

在接下来的教职工会议上，教师对这一策略进行了反思。他们发现，这一策略的使用可以增加儿童与成人交谈的次数。而且，教师对儿童能表达的语言类型有了更好的了解。不过，他们也发现，过多地询问儿童往往会中断谈话。为了与家长分享这一策略，教师制作了一张海报，并把它张贴在布告栏和教室的门上进行宣传，还发放了家长信息单来分享他们在学校中所关注的内容。

儿童的情感需求

教育过程			
儿童的情感需求			
教育是否充分考虑了儿童的观点、感受和特点？	相关性：课程是否以对儿童有意义的方式呈现，从而激发他们的想象力？	参与：我们的教学策略和环境创设是否允许教师与儿童在室内外开展有计划和无计划的学习活动？	真实性：是否允许儿童以自己的速度和节奏发展？他们是否被视为独特的个体，每个人都有自己的需要和兴趣？

儿童的情感需求

无论年长或年幼，每个人都珍视自己的尊严，当我们的个性被接纳时，我们会满怀感激。作为个体发展的一部分，我们也必须学会尊重他人的需要。戈尔曼（Goleman，1995）称之为"情商"——包括社交同理心、自我觉察能力和情绪管理能力。

学前教师一直努力工作以促进儿童个性、社会性和情感的发展。

- 第6章指出，通过建立安全关系来为儿童创造学习条件是高质量教育的基础。学前教育必须为儿童提供在室内外进行有意义学习的机会，儿童如果能够互相帮助，就会有更大的学习潜力。

对学习的感受也具有重要意义，想要让儿童成为终身学习者，我们就需要培养他们的好奇心和信心。

相关性

教师必须观察儿童，并与儿童及其家人讨论他们的兴趣，以确保为儿童提供参与度高且有价值的活动（见第13章和第14章）。此外，在考虑自身文化和价值观的前提下，儿童和家人需要意识到学习活动对生活的重要性。这是创设全纳环境的一部分，也是提供满足儿童多样性需要的课程的一个方面。

参与

英国教与学研究项目对于小学生咨询（Rudduck & McIntyre，2007）和学习者身份（参见Pollard & Filer，2007a）的这两项研究表明，学生如果觉得他们在学校很重要，并且得到了尊重，就会表现出更多的积极性。在这里，潜在的驱动力被称为"能动性"——自我主导的行动和成就。与空间有关的第8章讨论了学前教育的这一点对儿童的重要性，我们发现，为儿童提供民主的空间并让儿童参与决策十分重要。

我们也提出，为引导儿童参与其中，教师必须尽力提供一系列的室内外学习机会，思考支持儿童的内容和方式（Moyles, Adams, & Musgrove, 2002）。

真实性

在儿童学习的真实性中，最重要的是他们必须有机会通过游戏来进行学习，同时儿童在机构内外的学习要同频共振。通过与家庭和社区的沟通可以了解儿童先前的学习情况，进而实现这一目标。

儿童的认知需求

教育过程			
儿童的认知需求			
教育是否适应儿童的认知需求并提供适宜的挑战？	差异化：课程任务和活动的组织是否符合儿童的需求和兴趣？	对话：师幼对话是否能够支持儿童的理解，在儿童现有知识的基础上强化学习品质，让儿童成为积极的学习者？	反馈：是否有形成性反馈的常规流程来支持儿童的学习与发展？常规流程是否能够灵活地满足所有儿童的需要？

儿童的认知需求

维果茨基的心理理论来源于他将认知、社会和文化因素联系在一起所形成的观点。因此，我们通过教学这一社会化过程来满足儿童个体的认知需求，儿童由此获得的认知带有文化底色。教师是知识和学习者之间的重要桥梁，其解释、提问、讨论或组织的活动是支架的另一种方式，但它们必须是专业的。在这些情况下，教师将挑战和支持建立了联系，这个过程通常是在讨论中进行的，因为讨论能够鼓励儿童建构自己的理解。若要更多地了解持续性共享思维，请参见本书第2章、第6章和第13章。

差异化

课程内容必须转化为任务和活动，进而以适合儿童的方式呈现给他们。难度太大，儿童会产生挫折感；难度太小，儿童会觉得无趣。过多成人引导的活动可能会减少儿童基于游戏的学习体验，降低他们的能动性。教师应致力于让儿童参与感兴趣的活动，给予儿童适宜的挑战，并为他们的学习提供支持。由于儿童各不相同，实现差异性的发展也需要很好的教育技巧。总的来说，儿童既需要儿童主导也需要成人引导的活动。如何计划和建构这些取决于反思型教师认为什么是最适宜儿童的。

对话

师幼互动可以为学习提供支持。在支架和持续性共享思维的过程中，师幼互动都特别有益（见第2章和第6章）。《教师标准（学前教育）》（Department for Education，2013）将持续性共享思维确定为培养儿童学习和思维能力的有效策略，它能够帮助儿童取得良好的进步和成果（Siraj-Blatchford et al.，2002，p. 8）。这需要师幼或同伴之间以扩展思维的方式进行交流。随着儿童从早期基础阶段进入关键阶段1，教学法使用的术语发生了变化，教师会考虑采用对话教学法。我们认为它遵循的依然是持续性共享思维这一策略。对教师来说，这一教学法可以使用开放式的高阶提问，抛出观点，反思并解读儿童的思考。

由西拉杰、金斯顿和梅尔休伊什（Siraj，Kingston，& Melhuish，2015）开发的持续性共享思维与情绪健康量表是一个不错的互动质量评估工具。

反馈

在所有教学策略中，适当地对儿童进行反馈能产生最大化的可测评效果（Hattie，2009）。这是学习评估的基础（Black & Wiliam，1998）。这种形成性评估是教学法不可分割的一部分，旨在帮助儿童增强管理自我学习的能力。教学档案是我们对儿童进行反馈的方法之一，可以记录儿童在一段时间内的学习情况。事实上，与儿童一起回顾教学档案，可以帮助他们了解自己的能力并随着时间发展看到自己的进步和取得的成就。可参见案例研究16.3，该案例研究呈现了儿童参与评估的过程。

 案例研究16.3　教学档案：儿童参与评估过程

剪贴簿、观察、在线观察和展示板最后由成人整理、编辑和制作，儿童会有不同程度的参与。此外，可以集体创作"地板书"，这是大型的、在地板上创作的剪贴簿，它在成人的协作下由儿童完成。如果儿童使用照相机（我所在的学前教育机构有一个旧的数码照相机和一台小型照片打印机），那么会对"地板书"的创作有所帮助，因为照片能够呈现物体和环境的图像（而不是局限于二维的图画和标记）。

许多记录儿童发展的方式都是由成人主导的，剪贴簿（如上所述）是由教师编辑并创作的。即使儿童可以对放入的作品进行选择，但最终还是由成人记录和整理。成人没有给儿童足够的空间——他们选择展示或带回家的所有物品几乎都是纸上的作品或照片。幼儿园的空间很珍贵。我们在距离地面较近的高度为较大的儿童提供小格子作为过渡空间，这样他们就拥有了一定的控制权；从家里带来的物品与衣物方便"妥善保管"，便条和信件方便父母带回家。同样，"晾衣钩"有一个功能：挂外套和备用衣服。

为了给儿童创造空间，教师给他们发放了盒子（25厘米×35厘米×10厘米）。儿童花了很长一段时间才适应，不过他们一旦意识到这些盒子属于自己并且可以随心所欲地使用，就开始每天都用它们。有趣的是，拥有这个空间的儿童开始更多地参与评估过程——他们在盒子上做"标记"以便与他人进行区分，收集物品并经常与同伴和教师谈论如下话题：盒子里的物品；接下来做的事情；图片或照片记录的内容；喜欢或记得的经历。这些内容随后被纳入教师的观察之中，并成为教学档案。

教师描述儿童持续长时间的单一活动，或儿童对某个主题的注意力会持续多少天。超过一半的教师说，被某种类型的活动深深吸引的经历能够让儿童的兴趣更广泛、更多样。以一个喜欢"实践游戏"的男孩为例，在这个项目进行的过程中，他对绘画和拼贴产生了兴趣。于是，硬纸管在他手中变成了剑，然后他把彩色玻璃纸做成的火把旋转180°，创造出航天飞机、飞机和火箭，让"火焰"变成"爆炸物"。

一组男孩在几天内多次回到这个主题，他们偶尔会要求把自己在触摸屏计算机上研究过的图片打印出来，或者补充一些额外的材料，如可以覆盖"火箭"的锡箔纸。

学 习 成 果

持续改善学习成果

学习成果			
持续改善学习成果			
教育能否促进知识、概念、技能和态度的发展?	进展:课程是否对学习经验和活动提供了适宜的顺序和深度?	反思:我们的教育实践是否基于循序渐进、有据可依和协作性的改进策略?	发展:形成性反馈和支持是否能够使儿童反思自己的成就?

持续改善学习成果
在某种意义上,教育总是与"是什么"和"可能是什么"之间的紧张关系有关。专业的教师引导儿童在学习中发展。因此,支持儿童在教育中获得进步至关重要。儿童只有通过新的挑战才能深化和拓宽知识。然而,最终的教育目标是培养有自主性、适应能力的学习者。他们不仅知识渊博,而且能够自主管理学习,有足够的好奇心和自信进行"尝试"。在鼓励儿童实现个人学习目标的过程中,我们播撒终身学习的种子。   • 反思的过程提供了一种可以将这些愿景结合起来的方法,它能够调和"是什么"和"可能是什么",使教师关注自己的教育实践(包括下意识的表现和与他人的合作),从而推动自身持续的专业发展。
进展
虽然我们已经注意到具备终身学习能力的重要性,但学习学科知识也很重要,它可以为儿童的计算和读写打下基础。此外,我们主张:学习学科知识的基础必须来自儿童的兴趣。其中,可以通过观察和与家庭成员的讨论来了解儿童的兴趣。专业的教师要为儿童提供有序的学习活动,让他们在不同的领域(如身体、社会和认知发展)都有一定程度的学习,获得基本概念和技能。所有这些都基于对儿童当前认知水平的了解!
反思
"反思"意味着致力于持续、有原则地提高专业能力。开放的调查且愿意用证据来质疑自己的教育实践是反思性实践的基础(见第3章)。反思性实践是基于教育行为的外部证据、阅读研究结果、小规模的个人调查、观察、讨论或与同事合作来实施的活动。无论采用什么样的方式,证据都会被用于重新评估。由此,理所当然的观点受到了质疑,专业判断也会得以完善(参见 Heilbronn, 2010)。   反思性调查可以聚焦于特定问题,调查最好确立特定的目的并采用系统的方式进行。由此,通过调查获得的信息可以丰富教师的专业知识,有助于教师在其他时间的决策。

发展

教育与身体、认知、社会和情感等方面的发展相互影响。众所周知,这是一个持续存在的过程(例如,Blyth,1984)。当教学将适当的挑战和支持结合起来时,有抗挫力且能随机应变的学习者就会获得发展,如卡尔和克拉克斯顿(2002)所说的"建构学习能力"。

学习评估(见第13章)鼓励儿童参与评估,由此,学习者能够反思自己当下的水平、下一步可以达到的水平以及实现的方法(Assessment Reform Group,2002;Blandford & Knowles,2012)。这需要对预期结果和适宜的学习过程有充分的了解。教师可以鼓励和帮助儿童看到自身成就,以此帮助儿童掌握自我调节的学习方法。长期的发展目标关注儿童对自己作为学习者的信念、判断学习挑战的能力和未来个人发展的能力。

终身学习成果

学习成果			
终身学习成果			
教育是否让儿童有能力面对未知的未来?	有效性:课程能否帮助儿童实现社会教育目标?我们的教育能否达成社会教育目标?	赋权:我们的教学法是否能够成功地增强儿童的幸福感、学习品质、能力和能动性?	结果:儿童能否形成自信的个性?成为好奇的独立学习者?

终身学习成果

我们希望教育产生什么样的效果?

在劳动力市场中,我们当然需要能够在经济方面做出贡献的人,还需要具有社会和全球意识的公民,以应对日益增长的文化多样性和生态环境的挑战。我们需要能够成为"好"父母并对社区和社会做出贡献的人。此外,我们还需要未来的技术专家、艺术家、企业家,等等。

- 虽然优先重视的目标普遍具有相对的连续性,但随着时间的推移,特定的需要和情况确实会发生变化。一个长期的关键目标是儿童应该自信,而且拥有积极的学习品质。毕竟,我们不知道儿童在20年、30年或50年后将面临什么样的世界。学前教师处于教育过程的开始阶段,需要帮助儿童获得终身的、适应环境的个人能力。

有效性

教学成果是一个重大的公共问题,也将一直是家长、地方当局、媒体和政界人士关注的问题。它与提供适宜的保教这一问题并驾齐驱。在教育机构中,教学质量是通过学前教育和法定教育激发学生潜力的最重要因素,这一观点是国际公认的(Ofsted,2013;OECD,2005)。

一方面,必须反对政府将目标放在儿童身上,牺牲他们游戏、娱乐的权利;另一方面,应该支持儿童获得终身学习的能力。实现特定目标的压力过大可能会让儿童厌学、丧失动机,无法发挥潜力。

学前教育的督查似乎越来越注重教学质量和学习本身,以及儿童的成绩。值得注意的是,督查员的专业判断有可能解决数据本身无法解决的问题。

赋权

英国教与学研究项目的十大原则中的第一条指出:"学习的目的应该是帮助人们开发智力、个人和社会方面的资源,从而成长为积极的公民,为经济发展做出贡献,并在多样化和不断变化的社会中茁壮成长"(见第4章)。因此,从广义上讲,赋权就是"教育"的本质。但这在学前教育中意味着什么?

德韦克(2000)对那些在学校中表现出"习得性无助"的学生与"掌控"取向的学生进行了区分。学校生活的条件和经历促成了自我信念的形成。通过创造机会让儿童独立地完成任务并获得成功的体验,教师能够为儿童发展自信和积极的学习品质提供支持。

英国教与学研究项目研究了人生许多阶段的学习后发现,在每个年龄段(幼儿园、学校、大学、工作场所、家庭),能动性和自信都至关重要。

结果

在整体评估工作时,教师需要考虑自己在教育实践中是否丰富了儿童的生活,增加了儿童的生活机会(见第2章和第15章)。儿童能更好地参与学习吗?准备好进入小学了吗?是否有自信和强烈的个人认同感?教育有时被描述为"成为"一个人的过程。可以断言:教师对自信的个体和未来公民的培养发挥着重要作用〔见英国教与学研究的学习生活项目(Learning Lives project),Biesta et al., 2010〕。毕竟,生命最初的几年正处于形成阶段。

反思活动 16.2

目的:思考教师在赋权儿童中的作用。

证据与反思:选择上述框架的一个组成部分,并选出一个你面临过的挑战或你认为与你所在机构的实践特别相关的特定问题。在审视这一点时,该框架是否有所帮助?

拓展:请使用该框架与一群同事讨论重要的共同问题。它是否引起了新的讨论?

案例研究 16.4　**终身学习成果**

教育是否让儿童有能力面对未知的未来?

李在幼儿园工作,但这不是他最初想做的。他回忆道:"我在爱尔兰长大,那里很不一样,我的经历受到许多纪律和权威的约束。我尽快离开了学校,我并不属于那里。我离开家去了美国,在那里做了很多不同的工作。我变得自

> 信。后来，我来到英格兰，并需要一份工作。我开始做一名与儿童打交道的志愿者。我意识到这就是我想要的工作。我想把这件事当作一份工作来做，所以我必须获得相应的资格。我读了夜校，获得了普通中等教育证书，然后得到了一个在幼儿园实习的机会。在幼儿园里工作并不容易，因为我是男性，而且不那么年轻，之前也没上过大学。但我坚持到现在，且达到了三级教师的水平。我正在计划提升学位和担任领导岗位。路漫漫其修远兮。"

结　语

本章提出了一个概念框架，完整地呈现了教师专业知识的主要方面。这一概念框架是在大量教育研究的基础上提出的，它的优势在于具备强有力的证据基础。该框架呈现了教师日常需要面对的道德和专业问题，可以作为鼓励反思和深化专业知识的工具。在教育实践中，当对许多无法回避的问题进行判断时，它可以作为参考。

该框架围绕九个持续存在的问题展开，其中包括：教育目标、社会背景、教育过程和学习成果。每个问题都与课程、教学法和评估有关。

概念框架有助于促进共同专业语言的发展，为专业思考和讨论提供支持。然而，这个框架也肯定了教师的专业性，因为事实是，无论它看起来多么复杂，但教师一直在这个领域工作并不断前进。实际上，教师在职业生涯中的很多专业成就都来自对框架中问题的探索。

当下的挑战是明确地界定专业知识，找到清晰地表达专业知识的方法。如果能做到这点，教师就会变得更加自信，也更加有效能感。教育工作者表现出的技能、知识、理解和道德承诺会获得公众更多的赏识。

第 17 章

专业化——反思性教学如何为社会做出贡献

引 言

本章在分析"专业化"这一概念的同时,强调了我们处在一个美好、强大、有原则的学前教育专业群体之中。当一群学前教育专业人员一同工作时,他们能够发出强有力的集体声音,既能表达我们的需求,重要的是,又能表达我们所关心的儿童的声音。

本章对两部分的若干主题进行探讨。第一部分是社会中的专业化,主要讨论:专业化的内涵是什么?在学前教育中,对学前教师而言,专业化的内涵是什么?第二部分是教育与社会,主要讨论:教育在社会中的作用是什么?教育者与家庭之间的关系是什么?这种关系对学前教师意味着什么?这一部分将探讨教育在实现社会正义方面所起的作用,也将探讨运用反思性教学实现社会正义的方法。我们建议,作为致力于实现公平的反思型教师,我们有权通过反思和专业化促进并倡导精彩且多样的学前教育与儿童。

> **有效教与学的原则**
>
> 以下原则与本章所阐述的专业化尤其相关。
>
> **原则 1:有效教与学使学习者在最广泛的意义上终身受益。** 学习的目的应该是帮助人们开发智力、个人和社会方面的资源,从而成长为积极的公民,为经济发展做出贡献,并在多样化和不断变化的社会中茁壮成长。这意味着要广义地看

待学习成果，并认真对待平等和社会公正问题。

原则7：有效教与学促进个体和社会的过程和结果。 学习是一种社会活动。应该鼓励和帮助学习者与他人合作，分享想法，共同建构知识。向学习者了解他们的学习情况并给予他们发言权，这既是一种期望，又是一种权利。

原则10：有效教与学需要以支持教与学为首要重点的统一政策框架。 国家、地方和教育机构必须认识到教与学的根本重要性，其所制定的政策应该有助于创设让所有学习者都能茁壮成长的有效学习环境。

专业化与社会

学前教育领域的专业化：什么是职业

公众对某一行业领域的态度和尊重，对该行业与专业化之间的关系影响很大。在政策层面，高质量的学前教育与公平和社会正义问题有长期的相关性。因此，学前教育是各国的一个关键的政治优先事项，旨在使母亲重返工作岗位，改善儿童的生活，减少儿童贫困，缩小成就差距（Moloney & Pettersen，2016）。以英格兰为例，为了实现这些耗时、耗资的目标，政府推行了30小时免费托儿服务，并扩大了招收5岁以下儿童的学前教育中心的招生名额。

由于与公平和社会正义有着密切的联系，因此学前教育行业应得到高度的重视，并在专业化的层面得到肯定。但现实并非如此。"尽管学前教育服务与儿童、家庭和国家相关，但该行业的价值远未得到重视，资源也严重不足，而且没有被确立为公认的专业职业"（Moloney et al.，2019，p.1）。学前教育行业一直在为职业得到认可而努力。这个过程与许多因素有关，包括社会如何看待和评价学前教育、学前教育工作所需的资格水平、薪资和职业道路。如图17.1所示，其中的许多因素被认为是职业的标志。

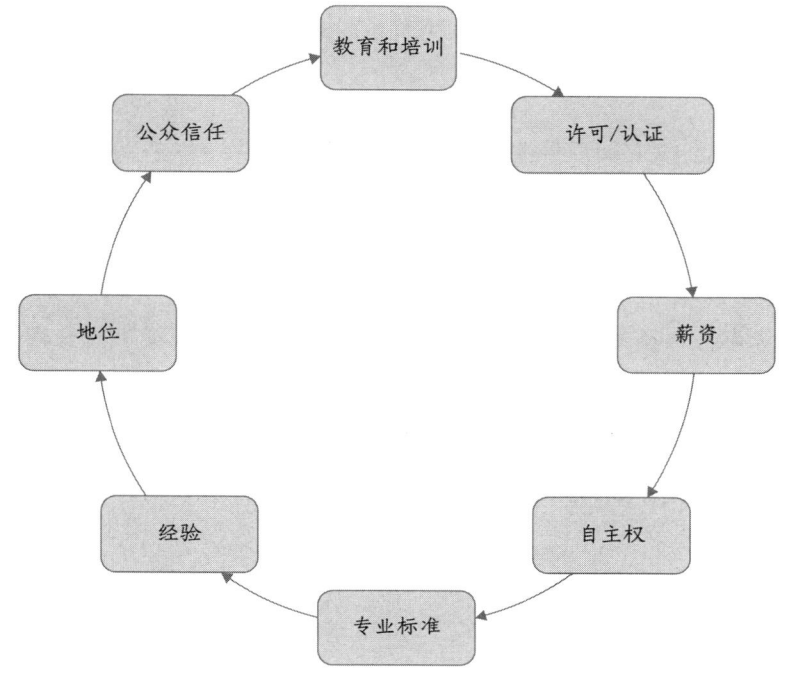

图 17.1　职业的特征

在学前教育领域，职业、专业化和专业性之间的界限往往是模糊的。虽然这些概念相互关联，而且经常被互换使用，但它们之间仍有区别。首先，我们探讨"职业"的概念，这意味着"一群人以明确的方式、为明确的目的而工作"（Whalley，2008，p. 140）。基于这一定义，我们认为，无论哪个学科如何，职业都具有某些特征（见图17.1），例如，教育和培训，被认为是职业的先决条件。

如图 17.1 所示，从事某一职业的人具备大量的知识和专业技能，他们通过由该领域的专家实施的长期教育和培训获得了知识和专业技能。虽然非专业人员不具备这些知识和专业技能，但他们认为这些知识和专业技能对他们的福祉（如医疗服务）至关重要。此外，专业人员通常需要获得许可或完成认证，该过程"设定了专业标准，并为提供的服务质量设置预期的底线"（Uhlmann et al.，2010，p. 468）。因为许可或者认证表达了对高标准专业性的承诺，并制定了明确的教育、认证和继续教育标准，它影响公众对某一职业的认知，也意味着获得了许可或认证的人毕业于一个得到认可的、可信赖的专业课程（Nutbrown，2011）。

专业人员还享有自主权、责任、自我管理和公众信任（Whitty，2000），受到国家和专业机构（如医疗或教学委员会）的保护（Whitty，2000）。这些机构赋予专业人员职业社会地位和经济回报。

> **反思活动** 17.1
>
> **目的**：反思学前教育行业，并思考它不被某些人认可为一种职业的原因。
>
> **证据与反思**：花点时间思考以下问题。
>
> 有人认为，从事某一职业的人需要经历过该领域专家提供的长期教育和培训。你认为，长期的教育和培训是否应作为从事学前教育工作的先决条件？目前，哪些人从事学前教育工作？他们的教育背景是什么？当前的教育要求如何支持或阻碍学前教育成为一种公认的职业？你认为，公众对合格的学前教育师资的需求有何看法？
>
> **拓展**：与同事一起讨论。

挑战：认可学前教育是一个职业

如前所述，学前教育行业受到有关幼儿期、教养和母性的社会观念与特定文化信仰的限制。历史上，它一直与保育、母性本能和情感劳动密切相关。这些关联可能是该行业"超女性化"的原因（Osgood et al., 2017），女性比例通常可以达到98%。近年来，英格兰从事学前教育工作的男性人数略有增加，2018年从事该行业的男性占7.4%。然而，如表17.1所示，不同工作之间存在显著差异。

表17.1 2018年从事学前教育工作的男性占比（Bonetti, 2019）

职业	男性工作者占比
幼儿园保育员和助手	1.8%
儿童照护者	4%
游戏工作者	13%
助理教师	9.1%
教育支持助理	13.2%

希达（Ceeda, 2017）认为，学前教育的性别特征源自根深蒂固的文化刻板观念以及该行业的职业和薪酬结构。也就是说，英国教育部（Department for Education,

2017，Bonetti，2019）认识到了儿童需要由男性和女性榜样共同引领幼年时期的成长，因此鼓励更多男性从事这一领域的工作。

该行业不仅以女性为主，而且在社会、种族和语言等方面也缺乏多样性。例如，博纳提（Bonetti，2019）指出，英国该行业的工作者历来以白人为主（2018年为86.9%）。同样，84%的工作者出生在英格兰，1.9%的工作者出生在英国其他地区，6.2%（即45000名工作者）出生在不同的欧洲国家（Bonetti，2019）。考虑到英格兰人口的多样性，以及2018年154960个2岁儿童和120多万个3—4岁儿童接受了全民免费学前教育，因此学前教育工作者的多样性可以更好地体现多样化的社会。多样性的师资也有助于提升儿童的体验。

展望未来，有人表达了对学前教育师资的担心。例如，博纳提（2019）担心英国脱欧对外来移民的影响，可能会对该行业未来合格（具备专业能力）员工的招募产生负面作用。

毫无疑问，该行业的资质水平存在问题。纳特布朗批判性地指出，自20世纪70年代以来，英国学前教育资格证书泛滥（400多个），其中许多证书不够严格、缺乏深度。如本章后文所述，纳特布朗教授的观点引起了劳动力战略的发展和资格等级的迫切变革需求（Department for Education，2017）。

早期基础阶段教育体系是针对从出生到5岁儿童制定的法定框架，也对资格要求有所规定。为了达到早期基础阶段教育体系的要求，学前教育机构必须至少雇用一名具有相关儿童保育资格三级证书的工作人员，其他从事学前教育的工作人员中必须至少有50%持有儿童保育资格二级证书。持有学前教育者三级资格证书（Level 3 Early Years Educator，EYE）的员工必须在英语和数学方面达到普通中等教育证书C级或以上才能计入三级师幼比。这项普通中等教育证书的要求源于纳特布朗的报告，它强调在支持儿童的学习并促进他们进一步学习的过程中，学前教育工作人员具备适当的读写、算术知识和技能的重要性。

截至2018年，25.7%的英国儿童保育工作者持有国家职业资格证书一级或二级，62.4%持有三级证书，仅有5.8%持有四级或以上证书，其中25.1%的人取得学位（Department for Education，2017）。令人担忧的是，86718（46.9%）名学前教育机构保育员和助手的最高学历为普通中等教育、A级或同等学力。同样令人担忧的是，在716000名儿童保育工作人员（学前教育机构工作人员和助手、儿童照护者、游戏工作者、助教和教育支持助理）中，1.5%（10740人）根本不具备资格。马瑟斯和斯米斯（Mathers & Smees，2014）的研究表明，聘用接受过培训的毕业生的学前教育机构的质量更高，并缩小了贫困地区和富裕地区学前教育机构之间的差距。此外，与学前教育服务有效性相关的纵向研究，如学前有效教学法研究项目（Siraj-Blatchford et al., 2002）和学前教育有效准备研究项目（Sylva et al., 2004a）发现，证据表明，有强大的领导力、训练有素的教师、有相当一部分大学毕业并具备教师资格的师资比例的学前教育机构的质量更高。根据以上调查结果，持有较低学位的工作人员以及不具备从事学前教育资格的工作人员的数量令人不安。资格要求的不一致，加上行业内水平的参差不齐，大大削弱和阻碍了该行业得到专业认可的进程。

传统立场认为，儿童保育基本上是实践性的，教育和保育被两极分化，这导致了职业间的持久差异。学前教育行业（尤其是小学学前班以外的机构）并没有与公众对职业和专业性的看法保持一致。然而，如果我们认为一个职业基于"特定的知识、培训以及工作规范标准"（Black & Gruen，2005，p. 33），那么"专业人员"一词应该与领域内的认证培训路径相关联，使用特定的语言和实践，其中明确包括或排除那些接受或不接受培训的人。将"专业人员"这一观点应用到学前教育领域，有助于揭示这样一个荒诞的事实：任何人都可以从事学前教育工作，或者更具体地说，这一行业所需要的只是热爱并关心儿童的人（通常是女人）。

随着人们日益认识到儿童教育工作的复杂性，各种举措已付诸行动：建立一支有能力的学前教育者队伍，提高服务质量，并支持行业的专业化发展。最近，英国学前教师资格标准有所发展，引入了以下两项新的资格认证。

- 三级：学前教育者
- 六级：学前教师资格（Early Years Teacher Status，EYTS）取代早期教育专业资格（Early Years Professional Status，EYPS）。

可想而知，学前教师资格的授予可能标志着随着时间的推移，行业会建立一支学前教育专业本科毕业的教师队伍。然而，有研究显示，这一数量在下降（National Day Nurseries Association，2019）。在多大程度上能够成功地打造并维持大学毕业的师资队伍，仍有待观察。

走向专业化

广义地说，专业化是一个职业"获得独立的专业地位"的过程（Black & Gruen，

2005，p. 33）。如图17.1所示，专业人员享有专业自主权，就会有根据工作内容做出决定的自由和能力，并从事履行其专业职责的活动。当论及学前教育时，与早期基础阶段相关的责任压力资助机制和严格的问责文化阻碍了专业自主的实现。当面对基于教育成果的风气时，学前教育机构工作人员往往没有能力为自己的行为辩护，只能屈服于自上而下的压力。

在其他职业中，知识和专长是专业自主的同义词。因此，许多职业在入职时需要单一、特定的资格认证，如教学、医学、法律或护理。尽管已经制定了资格标准，但英格兰的学前教育行业还没有一个单一、特定的资格认证。相反，整个行业的资质水平存在差异。

在纳特布朗发表报告之后，英国教育部发布了《学前教育工作者战略》（Early Years Workforce Strategy）。马瑟斯和斯米斯（2014）、西拉杰-布拉奇福德（2002）和席尔瓦（2004a, 2004b）等人一致认为，英国教育部承认"受过学前教育专业培训的本科毕业生对学前教育机构的教育质量能够产生积极的影响，并最终促进儿童的发展"（Bonetti，2019，p. 14）。因此，在早期教育专业资格的基础上，英国政府于2013年推出了学前教师资格方案（Early Years Teacher Initiative，EYTI），并颁发了学前教师资格证书。同年，英国国家教学与领导学院（National College for Teaching and Leadership，NCTL）负责学前教师资格认证，现在领衔学前教师资格方案。虽然学前教师资格方案的培训学员需要达到与小学教师培训学员相同的入学要求，但培训内容和培训评估都是围绕学前教育的八项教学标准而设计的，即《教师标准（学前教育）》（Department for Education，2013）。

一旦受训学员证明他们符合要求，能够达成全部38个二级标准，他们就将获得学前教师资格。该资格与颁给小学教师的合格教师资格（Qualified Teacher Status，QTS）不同，它是为愿意专门从事学前教育工作的人员设置的。获得学前教师资格，意味着获得者要在学前教育机构中遵循早期基础阶段教育体系的指导，提供教学领导力。他们应该正直、诚实地工作；对早期儿童的发展有深入的了解，并对当下行业发展保持敏感；对早期基础阶段教育如何与关键阶段1和2相适应有总体的了解；具备与其他专业人员建立积极关系的能力；具备为了儿童的最大利益与父母和照护者合作的能力（Department for Education,，2017）。当然，从专业的角度来看，这些毕业生"可以带给学前教育机构工作者一种真正的专业感"（Department for Education，2017）。因此，考虑到额外的培训和专业知识，学前教育机构可以在3—4岁年龄段的班级设置

1∶13 的师幼比。

传统与当下学前保教观的对立

由于获得学前教师资格的毕业生没有合格教师资格证书，因此他们无法获得与其他类型的教师职业相同的认可、地位、薪酬、条件或机会。这也意味着他们不被允许在公立学校进行教学，这大大限制了他们的职业选择。奥斯古德等人（Osgood et al., 2017）的研究表明，许多学前教师的薪酬、职业前景和职业路径与具有学前教育者三级资格证书的同事相似。此外，他们的时薪一般只有具备合格教师资格同行的一半。因此，学前教育职业的地位因工作条件的差异而进一步下降（Osgood et al., 2017）。

案例研究 17.1　学前教师资格：意义何在

穆尼扎拥有学前教育者三级资格。她在英国兰开夏郡一个社会经济欠发达地区的幼儿园工作。穆尼扎一直在考虑获得学前教师资格六级，因为她认为幼儿园中的儿童值得拥有最好的教育者。她觉得需要通过学习更多地支持儿童得到更好的早期发展。她已经和幼儿园管理者讨论了自己的想法并得到了鼓励和支持。园长鼓励穆尼扎探索获取六级培训的方法，并承诺提供资金支持她参加培训学习。穆尼扎既激动又动力十足，在休息时间与同事阿斯特丽德分享了自己考取学前教师资格六级的计划。阿斯特丽德也拥有学前教育者三级资格。然而，当阿斯特丽德告诉她考取学前教师资格六级是"浪费时间"时，她大吃一惊。阿斯特丽德说："即使你获得了六级资格，薪水也不会增加。你也要继续一如既往地工作，所以具备什么资格并不重要。"当穆尼扎为自己的决定辩护时，阿斯特丽德暗示说，她想要获得学前教师资格的唯一原因是她"只想拥有一个教师头衔"。

反思活动 17.2

目的：思考你对学前教师资格认证的看法。

证据与反思：思考案例研究 17.1。回答如下问题：

> 1. 穆尼扎想考取学前教师资格的动机是什么？
> 2. 阿斯特丽德为什么对穆尼扎考取学前教师资格的想法的反应如此消极？
> 3. 阿斯特丽德的反应是如何削弱学前教育机构专业化发展的？
> 4. 你会给穆尼扎提供什么建议？
> 5. 为了让阿斯特丽德对学前教育行业持积极的态度，园长可以如何支持？

根据卡加、贝内特和莫斯（Kaga，Bennett，& Moss，2010）的看法，在低资质或无资质的员工与高资质且强调教师作用的员工之间仍然存在巨大差异。传统观念认为，学前教育的主要内容是保育、母性和情感劳动，而如今的观点对儿童教育的重视则体现为早期基础阶段教育体系、资格标准和新启动的资格认证奖励。显然，将资格合理化的尝试并没有解决这两种观点之间隐含的对立关系。由于涉及儿童的园外生活，因此"职业"一词的使用是复杂而有争议的。但是必须强调的是，光靠知识和专业技能并不足以支持儿童的发展。一些作者认为，专业人员也必须具备动机、激情和对实践高质量的学前保教的承诺（Moloney & McCarthy，2018）。因此，专业性是指专业人员需要以特定的方式行动和表现。它与专业化过程中对职业的态度和行为相关（Moloney & McCarthy，2018）。用埃文斯（Evans，2008，p.25）的话来说，这是"对专业人员要求和期望的认同与表达"。因此，我们假设你将自己视为一名专业人员，对这一角色采取伦理和道德立场，努力提高公众对你作为一名教育工作者的重要工作的认识，并提倡儿童和学前教育应得到关注。我们这些作者也是如此。

下一节将详细地讨论地方、国家和国际等各个层面学前教育行业的专业人员如何作为个人和群体在学前教育广泛的工作环境中实现专业发展，以及学前教育与社会之间的关系。

专业性：限制型和扩展型的专业模式

罗德（2006）曾论述过国际上职业领导力的限制型模型的持久性，不愿看到职业角色的广泛概念化，包括提出共同愿景、确定目标和实现目标的方法、有效沟通、示范和指导（Moloney & McCarthy，2018）。其他有关学前教育实践和领导力的作者（例如，Whalley，2008）呼吁作为学前教育职业道德不可或缺的组成部分，教师应该参与更广泛的社会政治环境。然而，学前教育领域中许多早已确立的原则和实践面临的大量变化和威胁，特别是对游戏化教学法的关注可能正在唤醒教师，即"当你是一名学前教师时,你也是一名活动家——这两种角色是相辅相成的"(Edgington,2004,p. 236)。倡导可以被定义为一种满足儿童和家庭需要的专业承诺,以及促进人们对学前保教专业的尊重(Liebovich & Adler,2009)。它涉及运用技能、信息、资源和行动来支持事业、想法或政策,以改善那些不能有效地为自己发声的人的境况。吉布斯(Gibbs,2003)认为,正是由于教师的价值,学前教师在道德上有义务成为儿童和家庭的倡导者。实际上,他们可以而且应该倡导儿童、父母、学前教育专业人员和专业的权利。

这对于作为教师的我们意味着什么?至少,它呼吁我们改变现状,在社区、地区和国家各个层面为有远见的政策和学前教育机构的教育发展做出贡献。当然,并不是每位教师都希望或有能力成为倡导者。因此,霍伊尔(Hoyle,1975)的教师专业性模式提供了一个有用的视角,通过这个视角我们可以探索出现这种情况的原因。

如图17.2所示,霍伊尔提出了教师专业性的两种模式:限制型和扩展型。

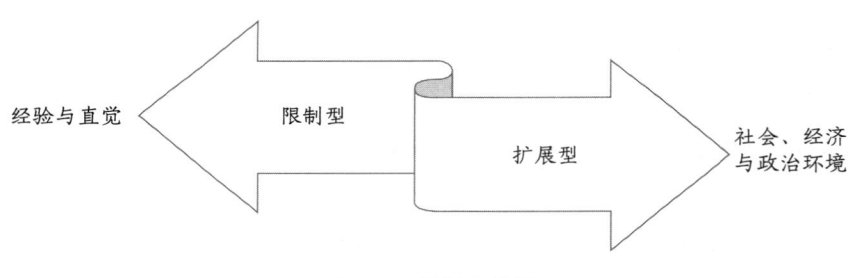

图17.2 教师专业性

它并非两个极端的分界线,而是一个连续的统一体。其中,一端是"限制型"专业人员,他们基本上依靠经验和直觉,并受到狭隘的、根植于日常教学实例的课堂视角的指导(Evans,2007)。对这些专业人员来说,技能和观点来自直接的经验;在工作场所中按部就班的学习大多是被动发生的;孤立地认知工作事件(Hoyle,1975)。限制型专业性阻碍了有关社会、经济和政治环境对专业人员的工作及其专业产生影响的大局思维。尽管如此,埃文斯(2007,p.3)认为"限制型"专业人员并不一定是"差的"或"无效"的教师。问题在于,他们通常:

缺乏远见——或者更准确地说,他们的眼界狭窄。他们一般接受而不是批评自己的实践,这使得他们经常抵制变革和创新;他们对研究自己的实践不感兴趣,而且在很大程度上,局限于课堂中的视角和经验,不关心自己的领域外更广泛的教育和社会问题。尽管存在不足，但他们可能非常认真、关心他人、勤奋、敬业、高效地组织和交付工作、细致地规划工作、成功地完成任务并实现目标。

另一端是"扩展型"专业人员，他们能够意识到并思考专业和工作所处的更大的社会、经济和政治环境，认为工作场所的教育实践与制度、整体的教育目的以及行业内外不断变化的需求有关。例如，国际学生能力评估计划的结果影响了人们对于入学准备的态度。经济合作与发展组织发起了国际早期学习研究（International Early Learning Study，IELS），这是一项针对4.5—5.5岁儿童早期学习成果的跨国评估研究，最初只有少数国家参与。这种对比较教育的关注受到了大量的批评。例如，厄本和斯瓦德纳（Urban & Swadener，2016，p. 10）认为，国际早期学习研究提出的标准化评估和排名不会：

为儿童、家庭和更广泛的社会达成公正、公平的结果奠定有意义的基础。他们担心资源会从急需的地方和国家的改善进程转移到创建一个基本上毫无意义的国际排行榜上。

扩展型教师将抵制和摧毁这种自上而下的学业推动。他们认为，这削弱了儿童全面发展的概念，儿童的学习不能被简单地划分为学习方式、智力、态度、性格或创造力等不同领域。扩展型教师会捍卫和证明他们的立场，倡导变革，并不断努力寻找方法，以减少或消除系统及实践中的不足和弱点。

在扩展型专业性中，教师高度重视专业协作的作用。霍伊尔和梅加里（Hoyle & Megarry，2005）指出，应该以积极、投入和开放的方式更新教学能力与学科知识。教师因抱有"共同的理想"而走到一起（例如，普及教育、游戏化教学法和专业地位），而不是独自思考和工作的个体（Urban et al.，2011）。

变革是学前教育领域的明显特点，其中教师的作用正在变化和扩展（Fasoli, Scrivens, & Woodrow，2007，p. 232），教师从与儿童和家庭打交道转向对政策要求的响应与追随，并参与倡导活动。在学前教育不断变化的背景下，"旧的问题解决方案并非一直见效"。

这些"变革挑战"表明，该领域亟须开发新的、强有力的领导框架，支持人们面对、应对、发起和促进变革，而不仅仅是简单地做出反应（2007，pp. 232—233）。

如本书和相关材料所定义的，反思型学前教师应该是扩展型教师，倡导他们视为重要的专业和道德责任。接下来提出了一些可以在学前教育行业运用的方法,可供参考。

> **反思活动** 17.3
>
> **目的**:思考专业教师的特征。
>
> **证据与反思**:思考一位与你共同工作的学前教师,或者你曾经共同工作过的人。如果你认为他们是具有启发性的专业教师,那么他们有什么特征?
>
> **拓展**:你的同事如何与工作单位内外的其他专业人员建立联系?他们是学前教育的倡导者吗?

网络操作专业性

前文提到,专业性是指专业人员以某种方式行事和表现,致力于专业内正确的事情。专业行为不仅受限于学前教育物理环境之中,而且会扩展到其外部。本文重点关注"网络操作专业性",这涉及使用电子通信时与职业标准和道德相关的行为(Evans & Gerwitz,2008)。网络操作专业性包括通过电子邮件、社交网站和在线论坛等方式进行的在线行为,所有这些都对专业行为提出了挑战。

网络让教师能够分享评论、照片和视频。然而,网络环境对社交抑制的削弱让人们的行为与现实有所不同。这种现象被称为网络去抑制效应(online disinhibition effect,Suler,2004),它会导致不专业的网络行为,包括泄露机密信息、不当评论和咒骂。哈特(Harte,2011)指出,特别是在网上分享照片和视频时,个人生活和职业生活之间的界限很容易变得模糊。

学前教师通常需要处理有关儿童、家庭和员工的私密信息。教师必须意识到他们在保护私密信息以及家庭和个人隐私方面应担负的法律和道德责任。保密至关重要,因为它有助于建立和维持信任,并保证学前教育机构、教师、家长和家庭之间的坦诚沟通。

机构使用网络必须遵守《通用数据保护条例》的规定。在这方面,学前教育机构以及教师应该意识到,包括电子邮件在内的在线通信,其保密性很容易被侵犯。虽然电子邮件增加了高效、即时沟通的机会(Harte,2011),但与其他沟通形式一样,电子邮件也可能被有意或无意地滥用。例如,包含私密信息的电子邮件可以被轻易地转发给收件人以外的人(无意识的做法),或者邮件中的语气是唐突的或恶语相向的(有意识的做法)。卡特、福尔杰和尤班克(Carter, Foulger, & Ewbank, 2008)警告说,信息一旦"被泄露出去,就无法被撤回"。因此,不适宜的言论或照片可能永远存在于电子媒介(电子邮件、短信或社交网站)中,并最终进入公共视野,披露令人尴尬的非专业行为(Kuzma & Spector, 2019)。

反思活动 17.4

目的:思考与家长成为网络社交好友的意义。

证据与反思:卡梅伦在社交网站收到了来自她就职的学前教育机构的儿童父母发出的好友申请。她接受了申请并经常在网上与家长交流。卡梅伦和儿童母亲的网络好友关系可能会引发哪些专业问题?

拓展:你会向卡梅伦提出哪些建议?思考如果出台一项网络操作专业性政策,那么该政策应该包含哪些内容?

学前教师备受儿童父母推崇,他们认为教师是儿童的榜样。教师不能让自己的私人行为影响自己的专业形象。如果教师在社交网站上的个人资料不同于其在学前教育机构中的表现,那么专业性就会遭到严重损害。我们在工作过程中遇到的同事、家长和其他专业人员都会使用社交网站。他们可能会查看儿童的教师是否使用社交网站。此外,潜在的雇主也可能正在查看这些网站。如果个人简介对教师的工作形象产生负面影响,那么肯定会影响父母、其他专业人员和潜在雇主对教师及其专业性的看法。套用哈特(2011)的话,教师需要努力才能成为专业人员并得到他人的认可,然而一次点击就可以将多年的专业性推翻。因此,"三思而后行"总是明智的。

教育与社会

本节参照前几章所述的理论框架,讨论学前教育与社会的关系。这可以概括为社会建构主义的观点。我们将探讨学前教育如何与它所处的社会、经济、文化和政治环境相联系，如何受到环境的影响，以及如何为广泛的社会力量、过程和关系做出贡献。

学前教育的社会作用

在理解社会中学前教育当下和潜在作用时，有两种主要的问题或假设会有所助益。第一种是从政策制定者的角度进行思考，即"对学前教育的期望是什么"；第二种是思考"通过学前教育可以实现哪些合理的目标"。在解决这些问题时，我们需要阐述反思型专业教师的内涵。

尽管学前教育投入的重要性与经济利益密切相关，但最初推动讨论的是以下这些与经济无关的论点：儿童的发展（如入学准备）、不平等（如缩小成就差距）、社会凝聚力（特别是在日益多样化的背景下）和融合（即在家庭流动性增加及新移民和难民融入的背景下）（Vandenbroeck et al., 2018）。直到21世纪初，政策制定者、教育家、经济学家和倡导者才逐渐达成共识，一致认为有必要在学前教育阶段进行投资。这一共识受到了不同学科（如神经科学、心理学和社会学）日益增多的科学研究机构的影响。这些机构指出，高质量的学前教育具有重大的经济、社会、教育和发展效益。然而，尽管人们认为它会带来益处，但相较于法定学校阶段的教育，政府对学前教育的资助仍然很低，而且各国之间的差异也很大。在资助较多的一端，北欧国家的投入占国内生产总值的1.3%~1.9%，而在另一端，英国在这一领域的投入仅占国内生产总值的0.5%（EU Social Justice Index[1], Schraad-Tischler et al., 2017）。在大多数国家，对学前教育的资助包括家长津贴和财政资金，有些国家还提供慈善资助。

下一节将讨论投资学前教育的经济效益，主要从节流和开源两要素展开。

投资学前教育的经济效益

关于投资学前教育经济效益的讨论往往集中在两个特定的结果上：

1. 接受学前教育的儿童更可能达到较高的教育标准，为就业做好准备，形成一支富有成效、创造财富和适应能力强的劳动力队伍；

2. 从对投资的成本效益来说，学前教育投资能够减少儿童成年后进行社会干预的

---

[1] 欧盟社会公正指数。——译者注

资金。(Vandenbroeck et al., 2018; Pascal & Bertram, 2013)

国际纵向研究强调了这些结果,其中包括英国学前教育有效准备研究项目(1997—2004)和学前有效教学法研究项目(2002)、美国的高瞻佩里学前教育研究(High Scope Perry Preschool Study, 1962—2002)以及"新西兰能干的儿童,能干的学习者研究"(Competent Children Competent Learners study in New Zealand, 1993—2013)。美国经济学家、诺贝尔奖获得者詹姆斯·赫克曼(James Heckman, 2006)基于高瞻佩里学前教育研究确定了投资学前教育的四个益处,如图17.3所示。

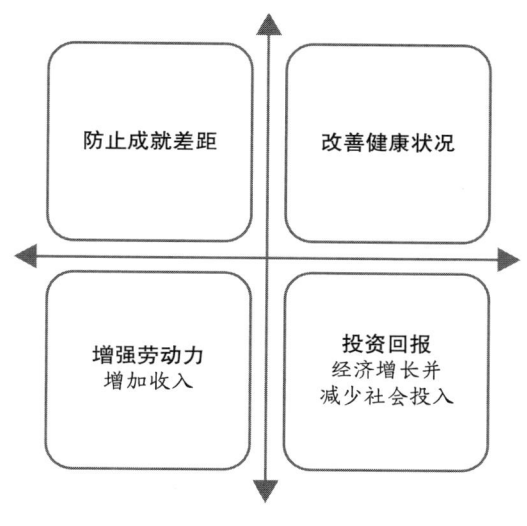

图 17.3　投资学前教育的益处

借鉴赫克曼的研究,范登布鲁克等人(Vandenbroeck et al., 2018)明确了生态环境中的投资收益,指出投资收益可以在个人和社会层面进行累积,并进一步指出社会效益与个人层面的结果密切相关(见图17.4)。

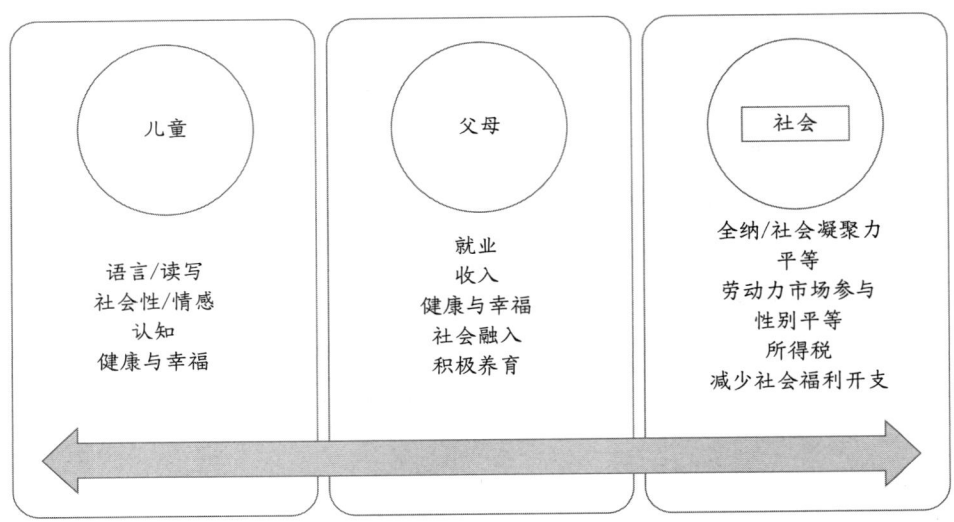

图 17.4　在个体和社会层面投资学前教育的益处（改编自 Vandenbroeck et al., 2018）

女性劳动力被经济合作与发展组织国家视为"从福利到工作"政策的一个组成部分，在国际上，女性进入劳动力市场被视为经济发展和可持续性的一个指标。在最富裕的经济合作与发展组织国家中，瑞典和北欧国家的女性就业率被公认为特别高。这些国家对学前教育的投资使得家庭负担得起且易获得儿童照护服务，这对母亲的就业倾向产生了积极的影响。因此，儿童保育费成为工作的阻碍。此外，产假和育儿假以及有利于家庭的工作政策都有助于女性参加工作。在过去的 20 年里，与确保开端计划（Sure Start）相辅相成，学前教育服务与女性参加或保留带薪工作的可能性之间的联系一直是英国学前教育政策的基石。

代际效益

研究进一步表明，投资学前教育会产生代际效益（Karoly et al., 2005；Wolfe & Haveman, 2002）。这意味着，学前教育带来的好处不仅限于儿童及其父母，还延续至他们的子孙。因此，投资效益是广泛且持久的（Vandenbroeck et al., 2018），有助于打破劣势循环。因此，学前教育能够使劳动力市场参与率更高，下一代在贫困或低收入家庭中依靠福利生存长大的儿童将减少（Vandenbroeck et al., 2018）。此外，赫克曼（2006）坚持认为，学前教育在每个儿童身上的经济投资收益高于任何其他时期的投资收益。

在这里，我们回到政策制定者对学前教育的期望。很明显，学前教育积极地支持着劳动力市场，它是减少儿童贫困、促进社会全纳和奠定终身学习基础的一种手段。关于学前教育与终身学习之间的关系，有两个因素对学前教育政策产生了特别的影响。一是儿童成绩的总体标准，特别是在读写、数学和信息与通信技术方面，二是最高和最低成绩获得者之间的差距。如前所述，在这一构想中，学前教育的基础是对学校意识形态的准备，其中学前教育课程是小学学业学习的基础，儿童大部分时间待在室内学习字母和数字，为进入小学做准备（Pantazis & Potsi，2012；Ring et al.，2016），而不是关注其社交技能、独立性、好奇心和能动性的发展（PACEY，2013）。

创造财富、适应未来的劳动力

除了既定的教育目标外，新技术和创新的影响也持续不断地引发人们对未来工作者所需技能和知识的思考。大脑结构的基础是在生命早期通过一系列连续的动态作用建立起来的。在这些相互作用中，基因、环境条件、个人经验和关系在塑造大脑的智力方面发挥着重要作用（Center on the Developing Child[1]，2007；Gammage，2008）。未来的劳动力可能需要具有高度的适应性和灵活性，能够接受新的思维方式和工作方式。新西兰学前教育课程大纲将儿童定位为21世纪的公民，他们要学会如何在瞬息万变的全球化世界中学习（Ministry of Education，2017，p. 2）。因此，"儿童需要具备适应力、创造力和抗挫力。他们需要'学会学习'，才能乐观、机智地面对新的环境、机遇和挑战"（p. 7）。

因此，优先考虑基于过程的学前教育教学法最适合培养"生活技能"，让儿童为未来瞬息万变的世界做好准备（Pascal & Bertram，2013；Stewart，2011）。

文化效益

前文狭隘地将学前教育描述为一种投资策略，它能够使女性参与劳动，在全球知识经济背景下为儿童的终身学习奠定基础，为来自社会经济不利地区的儿童提供早期干预，促进儿童之间的机会平等。

除了学前教育与教育、经济和广泛的社会效益之间的关系外，还有一场关于学前教育与广泛的文化之间关系的讨论。问题涉及社会价值的生产和再生产，因为它们涉及学前教育系统内的儿童、家庭和教师的生活。在本节中，文化再生产被认为是一个

---

[1] 儿童发展中心。——译者注

社会现有的（通常是主流的）价值观和习俗的延续，它通常由政府和决策者定义。如前所述，英国学前教育从业者绝大多数是女性，他们大部分是白人（参见 Bonetti，2019）。在这种劳动力构成中，有关学前教育性别角色的主流文化假设一直存在。

同样，托宾（Tobin，2005）认为，围绕投资学前教育展开的论文中所描述的"正常的"儿童很可能是西方的儿童。因此，理想型发展的构建"受到西方社会认为（猜测）儿童作为未来公民所需能力的约束"（Campbell Barr & Bogatić，2017，p. 1464）。因此，文化生产是指通过联合几种不同的文化创造新的价值观和生活方式。

已有文献探讨了与法定学校教育和教育系统相关的教育社会学视角（参见 Pollardd et al.，2018）。非法定的学前教育行业则将分析重点放在一些项目上，例如，致力于使每个儿童都有良好的生活开端的确保开端计划（1998），以及适用于从出生到19岁的儿童和青少年的"每个儿童都重要"（2003）议程。

社会中的儿童

布朗芬布伦纳（1979）的模式将学前教育和儿童的关系嵌套于一种包括家庭、学前教育机构、学校和社区等持续的互动关系中。一些国家，特别是新西兰学前教育课程大纲，强调了儿童周围的文化和价值观之间的复杂相互作用，以及儿童在构建与共同构建其信仰和价值观方面发挥的积极作用。新西兰学前教育课程大纲认为：

> 他们（儿童）怀着对学习的渴望来到世界，来到对他们寄予厚望的家庭。学前教育机构中的教育工作者和毛利语教师与家长合作实现这些期望（Ministry of Education，2017，p. 6）。

正如新西兰学前教育课程大纲所述，态度、价值观和信仰强烈地影响着儿童的形象以及他们在学前教育机构中与家长和其他儿童合作的方式（Moloney & McCarthy，2018）。这些态度、价值观和信仰来自内部（Moloney & McCarthy，2018），它们根深蒂固并通过一系列过程以各种方式发展（Mulvihill, Shearer, & Van Horn，2002），其中包括个人的成长、教育和生活经历。

现在，我们要讨论一些话题，它们被强调为联合国等国际非政府组织优先重视的价值观的关键特征。

社区凝聚力

公民伦理和道德价值观以及社区凝聚力与《世界人权宣言》（1948）和《儿童权

利公约》（1989）相伴而行。共同价值观、集体和归属感、相似性以及尊重差异是学前教育和幼儿文学中长期存在的主题。事实上，如第6章所述，对依恋和关键人的关注与这些主题高度契合。

联合国《儿童权利公约》特别呼吁学前教育机构在其制度和日常实践中采纳、促进和融入全纳原则。最近，欧盟理事会（Council of the European Union，2018，p.1）指出：

儿童从小接受的各级各类教育在树立共同价值观方面发挥着关键作用。通过为每个儿童提供公平、平等的成功机会确保社会全纳的实现。

这是一个持久的承诺，也是反思性实践的持续过程，旨在确保所有儿童及其家人感觉自己受到欢迎、重视和尊重。

在英国可以随时获取由国际组织如乐施会（Oxfam）和联合国儿童基金会出版的资料，以及由独立的英国咨询机构和教育部出版的相关主题的资料以支持课程中的相关领域。

国家认同感

联合国《儿童权利公约》（1989）第7条（姓名和国籍）和第8条（身份保护）提到了儿童拥有国家身份的权利。在所有情境下，全球大部分的国家都将提升（特别是儿童的）国家身份作为一个高度优先的事项，尤其是在战争和冲突之后国家身份已经形成的情况下。其中，宗教和语言往往是国家身份的主要方面。联合国儿童基金会、乐施会和大赦国际（Amnesty International）等组织都有重要的链接和资料为相关的教师提供支持。

在英格兰，教学标准（Teaching Standards，Department for Education，2012）规定教师必须遵守"英国基本价值观"。2011年6月，联合政府启动极端主义的预防战略，这个短语取自该战略中对极端主义的定义，包括"民主、法治、个人自由以及不同信仰和信念之间的相互尊重与宽容"（Department for Education，Teachers Standards，2012）。

联合国《儿童权利公约》第12条（儿童的意见）和第29条（教育的目的）在这方面有高度的相关性。反思型学前教师欣然接受了"倾听教学法"，这是瑞吉欧教学法的核心原则。倾听教学法强调尊重他人、重视关系、社会纽带以及在社区中创建和重新创建理论在持续的学习过程中的重要性。持续的学习过程包括形成理论、反思和协商（Malaguzzi，1998）。在倾听教学法中，教师寻求、重视儿童的声音并将儿童的想法付诸行动,"成人做出与儿童有关的决定时,儿童有权说出他们的看法,成人应考虑他们的意见"(第 12 条)。

将文化与日常家庭生活、共同经验相关联的国籍定义是可以将儿童和家庭纳入或排除在某个环境或社区之外的深层次的"潜在"因素。其中,共同经验涉及大众传播媒介以及对包括儿童文学在内的文学"正典"的认识。反思型教师应该仔细思考日常文化中这些强大但含蓄的元素,确保儿童和家庭得到接纳,而不是被边缘化或排斥。

反思活动 17.5

目的:通过个人、团队或网络讨论等形式深入探讨价值观、态度和信仰。

证据与反思:联合国《儿童权利公约》第 29 条呼吁尊重和接纳不同的信仰。为此,可以问自己以下问题:

我能退后一步客观地审视和讨论自己的种族与文化吗?

我能否轻松自然地分享我第一次意识到差异的感受和经历?

讨论我如何理解刻板印象、偏见和歧视在社会中的存在?

解释什么是刻板印象、偏见、歧视和种族主义?

如果因为自己的种族而成为刻板印象、偏见或歧视的对象,我如何为自己辩护?

能否在电视、广播、报纸或社交媒体的讨论中发现针对少数民族的不公平、不真实的图像、评论和行为?(改编自 Department of Children and Youth Affairs,2016)

地区和国家身份

前文从儿童的角度讨论的国家身份也与学前教育机构相关的成人群体有关。从成人的角度来看,维护已确立但却受到威胁的地区和国家身份可能是学前教育的一个基本目标。例如,威尔士人通过在学校教授威尔士语来保护其文化的重要组成部分。

广义而言,学前教育机构重视传统的地区庆祝活动、食物和方言。教师希望在学前教育机构中庆祝一年中各种各样的文化活动,如圣诞节、复活节,等等。反思型教师专注于在学前教育机构中实施与家庭相关的文化活动,并积极地让家长和儿童一同参与这些活动的规划和实施过程中。重要的是,要避免文化象征主义的出现,即对文化某些方面的肤浅认知或初衷仅仅出于迫不得已。即使是出于善意，文化象征主义也会过分简化文化差异，而最糟糕的情况是它会加剧对某些文化群体持续存在的刻板印象和偏见的问题（Australian Human Rights Commission[1]，2016，p. 11）。

家庭教育

如前所述，生态系统理论的前提是，儿童在一个复杂的关系系统中发展，该系统受到周围多层次环境的影响：家庭、学前教育机构、学校和社区。学前教育机构通常是儿童与其直系亲属以外的成人建立关系的场所。考虑到父母是儿童最初的教育者，学前教育机构和父母之间的"双向"关系（Bronfenbrenner，1979）是促进儿童学习与发展的重要方面。

在当地社区，学前教育机构是为家长提供支持和建议的核心来源。对第一次当父母的人、社会经济地位不高的家庭或子女有特殊教育需求的家长来说，情况肯定如此。事实上，如前所述，确保开端计划已经正式明确了学前教育机构向家庭提供育儿建议的作用。更广泛地说，早期基础阶段教育体系的一项基本原则承认"儿童在有利的环境中能获得良好的学习与发展。在这种环境中，他们的经验能够满足个体需求，教师与父母或照护者之间建立了牢固的合作关系"（Department for Education，2017，p. 6）。这一原则在《学前教师标准》中得到了进一步强调，该标准要求实习教师了解在支持儿童的福祉、学习和发展过程中与父母或照护者合作的重要作用（NCTL，2013）。事实上，在学前教育中与父母合作并让他们参与其中，与教师的态度、价值观和信仰具有相关性（Moloney & McCarthy，2018）。

对许多家庭来说，学前教育机构是儿童在家庭之外第一个长期参与的具有规范性、有组织的场所。学前教育机构或明确或隐含地遵循并促进强烈的文化期望和规范。虽然这在非正式家庭或社区网络缺失或无法获得的情况下至关重要，但对一些家庭来说，这可能使他们置身于一种受到威胁和不安的环境。家庭可能会面临来自其他家庭的偏见，也可能受到与他们的观点和做法不一致的育儿准则的威胁。在自己的文化背景中，我们通过与家人生活学习文化规范，因此对我们来说"普遍"的东西对其他人来说可能非常陌生（Ring et al.，2016）。反思型教师有专业责任去捕捉这些矛盾，并退后一步客观、清醒地意识到不同的育儿实践、文化规范和价值观都具有合理性。

---

[1] 澳大利亚人权委员会。——译者注

他们负有专业责任让学前教育机构中的所有家庭都感觉自己受到欢迎、包容和重视。

 案例研究 17.2　一个杰出的合作关系模式

笔绿儿童中心在儿童保育和学习服务方面享有国际声誉。该中心一直与当地社区合作，并开创了与家长合作的方式。英国教育标准局对该模式给出了"杰出"的评价，特别提到教师：

- 从一开始就与父母建立良好的关系，收集全面的儿童信息，并利用这些信息开展丰富多彩的课程；
- 重视儿童和家长的观点，并赋予他们权利让他们参与进来；
- 重视并尊重差异，努力确保来自不同文化背景的人都能受到包容和重视；儿童积极地看待自己和家人，乐于向教师讲述他们与父母及其他家庭成员的冒险经历；
- 与父母和其他学前教育专业人员共同合作照顾儿童；
- 与家长及当地学校的教职员工合作，让儿童充分做好准备以实现向学校的轻松过渡。

文化生产和再生产

国际学前教育领域的思想家认为，该领域是一个潜在的、强大的社会文化生产和意义创造之处。当拥有创造力蓬勃发展的条件时，儿童能够在与同伴、教师和环境互动的过程中赋予世界意义。对许多受马拉古奇等先驱思想家启发的学前教育家来说，儿童通过"一百种语言"表达自己，这象征着"他们能够通过无限的方式表达、探索和联结他们的思想、感情与想象"。因此，儿童以多种方式表达自己，这些方式超越了人类的语言，包括但不限于绘画、舞蹈、假装游戏、音乐、造型、运动、建造、雕刻和着色。通过多种表达方式，儿童将视觉、听觉、味觉、嗅觉和触觉全部融入学习中，同时获得了亲身实践的学习经验。

反思型教师需要捕捉这些多样的表达方式，并努力支持、促进和共同构建它们。他们还需要理解让"失去身份和自主权"的儿童难民，或其家庭正在寻求庇护的儿童在适应新的国家、文化、语言、价值观、信仰体系、社区和学习环境时使用"一百种语言"的重要性（Moloney & McCarthy，2018）。对父母和家庭来说，学前教育机构可以成为融入的核心来源，并通过广泛的成人和儿童关系网在发展社会凝聚力方面发挥至关重要的作用。通过这种方式，学前教育机构可以成为所有公民在公共空间的相遇之地（Moss，2014）。

学前教育与社会公正

本章强调了学前教育与社会公平、公正的关系。根据包括《世界人权宣言》（1948）和联合国《儿童权利公约》（1989）在内的国际人权承诺，许多学前教育机构和教师都有坚定而明确的道德目标：致力于实现社会正义。因此，他们在自己的政策和实践中将全纳和养育教学法作为核心目标。在这里，我们从教育社会学的角度强调两个广泛的定义，并思考反思型学前教师如何在这两个层面创造性地工作以实现有意义的变化。

对社会公正的定义可以特别关注个体层面或广泛的社会文化结构层面。这样，社会正义就涉及：

- 促进个人人权以及儿童实现个人、社会与教育的权利；
- 挑战现有的社会结构。

与获得学前教育服务相关的国际比较数据引起了人们对全球在充分性、可承担性和文化准则方面差异的关注（Economist Intelligence Unit，2012）。20世纪90年代，英格兰在新工党的领导下，尽可能增加学前教育机会被列为高度优先事项。越来越多的证据表明，在教育成就方面进行早期干预对消除整个社会经济领域差距产生影响，这进一步推动了全国各地（包括不太富裕地区）努力提供足够的入学名额。这一议程受到英国教育标准局的高度重视，《入学和成就评估》（Acess and Achievement review）中的研究论文详细地阐述了包括有关充分性的议题在内的特定项目的影响，并提出应长期呼吁对学前教育质量的关注（Pascal & Bertram，2013）。

当然，有关激进的、政治上活跃的教育著作由来已久。自20世纪70年代以来，巴西教育家和活动家保罗·弗莱雷的著作一直激励着教师和教育家。弗莱雷提出"被压迫者教育学"，即社会正义教育（参见 Irwin）。他认为，虽然个人可能通过教育获得权利，但这只有在直面现有的财富、地位和权力的结构性不平等时才有意义。因此，如果忽视这些问题，通过教育促进社会正义就不可能成功（Freire，1995）。

英国的学前教育受到早期社会学家、反贫困活动家和慈善家有影响力的工作启发（Gammage，2008）。融入学前教育的政治激进主义在许多传统和非传统地区继续蓬勃发展。笔绿儿童中心（见案例研究17.2）多年来一直在失业和经济困难的背景下运作，致力于促进成人再就业和社区复兴以及成为儿童保教中心，现在已经发展为世界闻名的教育和培训中心（Whalley，2006）。

教育工作者以其他方式回应政治压迫。对许多学前教师来说，马拉古奇是一位鼓舞人心的教师。作为对意大利法西斯主义的回应，瑞吉欧方法明确地强调了对儿童个体声音的关注，促进原创思想和自由表达，创设以艺术为基础的社区环境，成人与儿童在这样的环境中一起创造性地工作。马拉古奇和那些延续其工作的人都清楚他们工作的具体背景，并呼吁进行个性化的解读（Rinaldi，2006）。

结　语

愿景照进现实：学前教育可以实现什么

学前教育能实现多少目标？激进思想家和有道德目标的人的愿景能带来有意义的改变吗？20世纪70年代，鲍尔斯和金蒂斯（Bowles & Gintis，1976）等学者认为，教育对社会的阶级结构影响不大，它应该被视为再现现有关系的主导社会体系的一部分，而不是其中的一种自主力量。像皮特里这样的作家认为，尽管文化和价值观会改变，个体可能改善他们的经济状况，但"贫困的社会经济根源在于经济结构，而经济结构不能完全通过教育来弥补"（Petrie，2003，p. 77）。

帕斯卡尔和伯特伦在报告中指出：与其他G20国家相比，英国社会流动性低下的模式长期存在。他们特别注意到，英国教育成就的显著不平等和"入学准备"的巨大差距，都与收入、社会阶层和种族的模式大体一致（2013）。然而，他们研究报告的意图是成为"现实主义者，而不是失败主义者"。报告接着详细介绍了在克服社会经济不利条件方面已被证明有效的方案。

帕斯卡尔和伯特伦警告说，现有评估方案的方式十分有限，他们呼吁：尤其是在涉及广泛的社会正义和减少不平等观念的前提下，应该以其他方式关注价值和影响。许多其他的教育家和理论家认为，由于我们对现实的感知是通过人们在一起互动过程中形成的，因此个体真正具有对未来社会发展进程产生独立、强大和深远影响的能力（Gammage，2008）。在这一系列书籍和相关资料中，可以找到通过教育积极改变个人、社区和广泛社会的具体发展实例。

本书作者坚信，学前教育有能力对变革产生影响。我们已经讨论了许多政策制定者和教师如何看待学前教育，以及如何促进社会的经济和文化发展。然而我们也认识到，社会的主要结构特征极难改变。因此，我们需要的是一种意识到行动和约束的重要性的理论立场。这一立场认可：教育具有一定程度的相对自主权，从而使个体能够通过采取合法的行动为未来的社会发展做出贡献。

个体和社会的辩证模式提供了一个理论框架。正如伯兰克（Berlak）等人所总结的，"有意识的创造性活动受到盛行的社会安排的限制，但人类行为和制度形式不仅是这些安排的反映"（1981，p. 121）。这显然意味着，尽管人们可以创造自己的影响和历史，但他们也必须在自身所处的情境下这样做。如果采用这一理论框架，社会发展可以被视为社会中不同个体和群体之间竞争过程的产物。因此，我们认为学前教育不可避免地在这些过程中发挥作用。

我们对学前教育究竟能实现什么目标的回答必须基于谨慎而现实的乐观态度。个体和社会结构影响的辩证模式认识到了制约因素，但肯定了行动的可能性。正如第1章所述，反思型教师的专业工作既受社会和身份的影响，又影响着社会和身份的发展这使得我们肩负使命、任重道远。

参考文献

Adams, C. (2008) 'Intervention for Children with Pragmatic Language Impairments: Frameworks, Evidence and Diversity'. In Norbury, C. F., Tomblin J. B. and Bishop D. V. M. (eds) *Understanding Developmental Language Disorders in Children: From Theory to Practice*. London: Taylor and Francis.

Adler, A. (1927) *The Practice and Theory of Individual Psychology*. New York: Harcourt.

Adriany, V. and Warin, J. (2014) 'Preschool teachers' approaches to gender differences within a child-centered pedagogy: findings from an Indonesian kindergarten', *International Journal of Early Years Education*, 22(3), 315–28.

Aigner, J. C., Huber, J., Traxl, B., Poscheschnik, G., and Burkhardt, L. (2013) *Zur Wirkung männlicher Kindergartenpädagogen auf Kinder im Elementarpädagogischen Alltag. W-INN, Wirkungsstudie Innsbruck* [The influence of male early childhood teachers on children in daily pedagogical practice]. Vienna, Austria: Bundesministerium für Arbeit, Soziales und Konsumentenschutz.

Ainsworth, M. D. and Bell, S. M. (1970) 'Attachment, exploration, and separation: Illustrated by the behavior of one-year-olds in a strange situation', *Child Development*, 41(1), 49–67.

Alexander, R. J. (2000) *Culture and Pedagogy: International Comparisons in Primary Education*. Oxford: Blackwell.

---

* 为了环保，也为了节省您的购书开支，本书参考文献不在此一一列出。如果您需要完整的参考文献，请通过电子邮箱 1012305542@qq.com 联系下载，或者登录 www.wqedu.com 下载。您在下载中若遇到问题，可拨打 010-65181109 咨询。